U0450033

本书于 2012 年获江西省普通高校优秀教材一等奖,系国家级一流本科课程《当代教育新理念》使用的教材。

当代教育新理念（修订本）

何齐宗◎编著

NEW CONCEPTS OF
CONTEMPORARY EDUCATION

中国社会科学出版社

图书在版编目（CIP）数据

当代教育新理念 / 何齐宗编著. -- 修订本. 北京：中国社会科学出版社，2024.9. -- ISBN 978-7-5227-3712-6

Ⅰ. G40

中国国家版本馆 CIP 数据核字第 2024YT8962 号

出 版 人	赵剑英
责任编辑	许　琳
责任校对	苏　颖
责任印制	郝美娜

出　　版	中国社会科学出版社
社　　址	北京鼓楼西大街甲 158 号
邮　　编	100720
网　　址	http://www.csspw.cn
发 行 部	010-84083685
门 市 部	010-84029450
经　　销	新华书店及其他书店
印　　刷	北京君升印刷有限公司
装　　订	廊坊市广阳区广增装订厂
版　　次	2024 年 9 月第 1 版
印　　次	2024 年 9 月第 1 次印刷
开　　本	710×1000　1/16
印　　张	23
插　　页	2
字　　数	331 千字
定　　价	128.00 元

凡购买中国社会科学出版社图书，如有质量问题请与本社营销中心联系调换
电话：010-84083683
版权所有　侵权必究

目　录

第一章　终身教育理念 ……………………………………………… 1
 第一节　终身教育理念产生的背景 ……………………………… 1
 第二节　终身教育的内涵与特点 ………………………………… 13
 第三节　终身教育的目的 ………………………………………… 19
 第四节　终身教育理念的影响 …………………………………… 25

第二章　全民教育理念 ……………………………………………… 31
 第一节　全民教育理念提出的背景 ……………………………… 31
 第二节　全民教育的内涵与意义 ………………………………… 34
 第三节　全民教育的目标与实施 ………………………………… 39
 第四节　全民教育理念的影响 …………………………………… 46

第三章　全纳教育理念 ……………………………………………… 52
 第一节　全纳教育理念提出的过程 ……………………………… 52
 第二节　全纳教育的内涵 ………………………………………… 56
 第三节　全纳教育的意义 ………………………………………… 67
 第四节　全纳教育理念的影响 …………………………………… 69

第四章　公民教育理念 ……………………………………… 86
第一节　公民教育理念的产生 ……………………………… 86
第二节　公民教育的目的与内容 …………………………… 90
第三节　公民教育的实施策略 ……………………………… 95
第四节　公民教育理念的影响 ……………………………… 99

第五章　环境教育理念 …………………………………… 115
第一节　环境教育理念的产生与发展 …………………… 115
第二节　环境教育的内涵与目的 ………………………… 120
第三节　环境教育的内容 ………………………………… 124
第四节　环境教育理念的影响 …………………………… 128

第六章　可持续发展教育理念 …………………………… 133
第一节　可持续发展教育的内涵 ………………………… 133
第二节　可持续发展教育的目标与内容 ………………… 139
第三节　可持续发展教育的实施策略 …………………… 143
第四节　可持续发展教育理念的影响 …………………… 146

第七章　国际理解教育理念 ……………………………… 154
第一节　国际理解教育理念的提出 ……………………… 154
第二节　国际理解教育的内涵与目的 …………………… 160
第三节　国际理解教育的内容与方式 …………………… 167
第四节　国际理解教育理念的影响 ……………………… 169

第八章　和谐教育理念 …………………………………… 179
第一节　和谐教育的历史与内涵 ………………………… 179

第二节　和谐教育的目标 …………………………………… 181
　　第三节　教育内容的和谐 …………………………………… 186
　　第四节　教育方式的和谐 …………………………………… 193

第九章　主体性教育理念 …………………………………………… 225
　　第一节　主体性教育理念的产生与发展 …………………… 225
　　第二节　主体性教育的内涵 ………………………………… 229
　　第三节　主体性教育的目的 ………………………………… 239
　　第四节　主体性教育的课程与教学 ………………………… 242

第十章　个性教育理念 ……………………………………………… 245
　　第一节　个性教育的内涵与意义 …………………………… 245
　　第二节　个性教育的目标 …………………………………… 251
　　第三节　当代教育的个性化趋势 …………………………… 266
　　第四节　个性教育的实施策略 ……………………………… 269

第十一章　自由教育理念 …………………………………………… 281
　　第一节　自由教育的意义 …………………………………… 281
　　第二节　自由教育的目标 …………………………………… 283
　　第三节　对人性的乐观估计与自由教育 …………………… 289
　　第四节　自由教育的实施策略 ……………………………… 292

第十二章　超越教育理念 …………………………………………… 304
　　第一节　超越教育的意义 …………………………………… 304
　　第二节　超越教育的目标 …………………………………… 310
　　第三节　超越教育中的审美教育 …………………………… 325

第十三章 创造教育理念 ……………………………………… 332
第一节 创造教育的简要回顾 …………………………… 332
第二节 创造教育的内涵与特点 ………………………… 335
第三节 创造教育的目标 ………………………………… 340
第四节 创造教育的实施策略 …………………………… 346

参考文献 …………………………………………………… 358

后　记 ……………………………………………………… 362

第一章
终身教育理念

20世纪以来教育领域出现了许多新的理念，终身教育理念在其中占据着非常重要的地位，是当代最基本的教育理念之一。与此同时，世界上很多国家都将终身教育理论作为教育改革的重要指导思想和基本原则。曾经在联合国教科文组织任职的瑞士教育家查尔斯·赫梅尔在谈到终身教育理念时深刻地指出："终身教育是正在使整个世界教育制度革命化的过程中的一种新概念。"并认为该理念"可以与哥白尼学说带来的革命相媲美"，是"教育史上最惊人的事件之一。"[①]

第一节 终身教育理念产生的背景

众所周知，终身教育的思想观点很早就已经存在。但是它作为有着相对明确内涵的概念并发展成为一种影响广泛而深远的教育理念，则无疑是20世纪60年代才出现的现象。现代终身教育理念产生的原因主要有以下几个方面：

一 科学技术的发展

20世纪五六十年代以来，世界科学技术迅猛发展，并且直接推动着现代终身教育理念的产生并逐步付诸实践。

---

① ［瑞士］查尔斯·赫梅尔：《今日的教育为了明日的世界——为国际教育局写的研究报告》，王静、赵穗生译，中国对外翻译出版公司1983年版，第22页。

当代教育新理念

1. 知识总量迅速增加

由于科学技术的发展，人类积累的知识总量快速增加。美国未来学家阿尔温·托夫勒（Alvin Toffler）在《未来的震荡》中说："就知识增长的速率来说，从现在一个小孩出生到他大学毕业，全世界的知识量将增加四倍。当这个孩子五十岁时，全世界的知识总量将增加三十二倍，而且，全世界百分之九十七的知识都是在他出生以后才研究出来的。"①"如果说，工业革命初期就有知识量猛增的现象，那么，第二次世界大战之后这种现象则更为显著。80年代每年全世界发表的科学论文大约500万篇，平均每天发表包含新知识的论文已达1.3万—1.4万篇；登记的发明创造专利每年超过30万件，平均每天有800—900件专利问世。……70年代以来，全世界每年出版图书50万种，每一分钟就有一种新书出版。"② 随着人类知识总量的增加，一个人即使花费毕生精力也不可能掌握人类全部的科学技术知识，即使是对某个领域的知识掌握，全靠学校教育这段时间也远远不够。

2. 知识更新不断加快

当今世界知识的变化不仅体现在总量的不断增加上，而且表现为知识更新或者说老化的速度越来越快。美国学者R.巴尔顿等借用放射性衰变的"半衰期"③概念来描述知识老化的现象。他们的研究表明，生物医学的半衰期为3年，冶金学为3.9年，物理学为4.6年，化工为4.8年，社会学为5年，机械学为5.2年，生理学为7.2年，化学为8年，数学为10.5年，地质学为11.8年，地理学为16年。另据统计，知识的陈旧周期在18世纪为80至90年，19世纪到20世纪初为30年，近50

---

① [美]阿尔温·托夫勒：《未来的震荡》，任小明译，四川人民出版社1985年版，第173页。
② 冯之浚：《决策研究与软科学》，浙江教育出版社2013年版，第186页。
③ "半衰期"概念是由美国图书馆学家巴尔顿（R.E. Burton）和物理学家凯普勒（R.W. Kebler）于1960年提出的作为衡量已发表文献的老化程度的指标，它指某学科现时尚在利用的全部文献中较新的一半是在多长一段时间内发表或出版的，这与该学科一半文献的失效所经历的时间大体相当。

年为15年，目前进一步缩短为5到10年。①

3. 电子技术迅猛发展

20世纪五六十年代，晶体管的发明及集成电路的出现，使计算机、电视、录音机、广播设备的造价大大降低，这些大众传播媒体也开始进入了人们的日常生活。每个家庭可通过这些大众媒体经常得到大量的信息，同时也使课堂教学走出了四面围墙的教室，走向更为广阔的世界。国际互联网的出现更使信息的传播发生了革命性的变化，也使教育手段进一步走向现代化。"由于这些传播媒介，教育正在从时间和空间的束缚下解放出来。它不再局限在学校里，也不再在某些固定的时间内教学了。学校以外的活动已经开始了。……大众传播媒介的存在也促进着不同教育部门的结合，以及各种教育方法的结合。换言之，这些传播媒介不仅提供了实现终身教育制度的技术手段，而且，一旦它们参与这种进程，它们就加快了这种制度的实现。"② 大众传播媒体的广泛运用使终身教育成为可能，因为它打破了各种教育和教学之间的壁垒，并且尽力根据个人特点安排不同的学习形式。

总之，当今时代是一个知识日益膨胀和更新不断加速的时代，在这样一个时代，终身教育更显示出客观必要性和紧迫性。

二 政治形势的变化

第二次世界大战结束以后，世界的政治形势发生了巨大的变化，许多殖民地国家纷纷走上了独立的民族国家的道路。在新的国际局势面前，发达国家考虑的是如何促进科学技术的发展并通过文化教育继续掌握控制权。发展中国家则试图通过发展科学技术和文化教育以摆脱经济落后的地位，并缩小与第一世界的差距。因此，20世纪五六十年代各国政府都对教育表现出了前所未有的关注。也就是在这个时候，在人力资本理

---

① 参见教育部高等教育司编《学会学习》，教育科学出版社1999年版，第4页。
② [瑞士] 查尔斯·赫梅尔：《今日的教育为了明日的世界——为国际教育局写的研究报告》，王静、赵穗生译，中国对外翻译出版公司1983年版，第53页。

论的鼓励下，许多国家都倾其所能进行教育投资，大力发展教育事业。但是，后来人们发现教育投资根本满足不了教育的实际需求。于是，不少国家都开始调整战略，转而对现有的教育体制进行改革。发展中国家着力改造旧的教育制度，特别注重通过扫盲运动及成人培训来提高民族的素质。同时，在各发达国家，由于争取人权的民主运动的高涨，人民大众要求在教育上实现真正的机会均等。形势的发展迫使这些国家调整教育制度，纷纷扩大教育的对象与范围，延长教育的年限，为成人阶段的教育提供多样化的形式，将正规教育与非正规教育、正式教育与非正式教育更好地结合起来。也就是说通过终身教育的模式来实现和满足教育民主化的需要。各个国家面临的教育挑战以及为适应这些挑战所作的教育改革尝试，为终身教育思想的提出创造了必要的条件。

三　人口结构的变化

20世纪以来，世界人口结构发生了许多重要的变化，人口剧增和人的寿命延长是其中的两个主要的方面。世界人口的增长速度越来越快，这是20世纪人口结构变化的一个非常明显的趋势。世界总人口达到10亿（1830年左右）用了几千年，而达到20亿却仅用了不到100年的时间（1925年）。在此之后，人口增长速度持续加快：达到30亿人口用了37年，达到40亿人口则只用了13年（1975年）。1980年，世界人口已经增长到45亿。① 只过去了20年，即2000年更是达到了60亿。仅20世纪这100年的时间世界人口就增加了40多亿。人口的剧增对教育提出了严峻的挑战，要求教育快速地发展，但正规的学校教育远远无法满足需要。在这种情况下，各个国家都在尝试采取一些新的措施发展非正规教育。另外，与人口增长相一致，在20世纪60年代末，出现了大量青年失业人口，成为国家极不稳定的因素。于是各国纷纷扩充高中后教育，如英国的开放大学、美国的社区学院、日本的短期大学等，以减少失业

---

① ［伊朗］S.拉塞克、［罗马尼亚］G.维迪努：《从现在到2000年教育内容发展的全球展望》，马胜利等译，教育科学出版社1996年版，第13页。

人口。

随着医疗条件的不断改善和生活水平的不断提高，人类的平均寿命在不断地延长。世界卫生组织（WHO）发布的《2022年世界卫生统计》报告显示，全球人口寿命在不断延长，全球预期寿命从2000年的66.8岁增加至2019年的73.3岁。国家卫生健康委员会发布的2022年卫生健康公报显示，我国居民人均预期寿命已提高到77.4岁。按照世界卫生组织的最新定义：65岁以前算中年人，65—75岁算中老年人，75—90岁才算正式老年人，90—120岁算高龄老年人。表1-1清楚地表明了人均寿命的演变历程及其发展趋势。

表1-1　　　　　　　　人均寿命的演变　　　　　　　单位：岁

地区	1950—1955年	1975—1980年	1995—2000年
全世界	47.0	57.5	63.9
较发达地区	65.2	71.9	73.7
较不发达地区	42.4	55.1	62.5

资料来源：《联合国1980年对世界人口的展望和估计》（1981年）。转引自［伊朗］S.拉塞克、［罗马尼亚］G.维迪努《从现在到2000年教育内容发展的全球展望》，马胜利等译，教育科学出版社1996年版，第21页。

德国和英国两位科学家的最新研究显示，人类的预期寿命还会不断延长，至少在可预见的未来没有极限，百岁以上的寿星将越来越多。德国马克斯-普朗克人口研究所的沃佩尔和英国剑桥大学的奥彭介绍说，他们对日本、美国、澳大利亚、挪威、瑞典、瑞士和荷兰等发达国家的人口数据进行了分析。结果发现，在过去160年中，以国家为单位，各国女性的预期寿命一直在稳步上升。1860年，发达国家中最长寿的是瑞典妇女，预期寿命是45岁。如今，日本妇女是各国妇女中的长寿冠军，预期寿命约85岁。两位科学家在美国《科学》杂志上发表的文章中指出，过去160年，各国妇女的最高预期寿命不仅以平均每年3个多月的速率增长，而且这种增长呈现出高度的线性关系。同期各国男子最高预期寿命的上升虽然幅度相对较小，但也属于线性上升。在20世纪，有不少学者预言说人类预期寿命将很快达到极限,但这些预言都先后被事实打破。沃佩尔和奥彭指出,如果过去一个多世纪来的增长势头得以持续,那么未来60年中,世界各国女性的预期寿命有可能会突破100岁大关。对今天在地球上生活的一代人来说,在其有生之年,百岁寿星也许会成为平常事。①

随着人的寿命的延长,高龄者所占比例增大,他们的继续学习问题也日益引起社会的重视,老年大学迅速发展起来。

四 闲暇时间的增加

人们工作时间的减少和闲暇时间的增加,是现代社会的一个重要特征。它与科学技术的进步和劳动生产率的提高有着密切的关系。有资料说,原始人一生中的劳动时间占33%,闲暇时间只有16%;在农业社会,一生中的劳动时间占28%,闲暇时间占22.9%;到了工业社会,人的一生中的劳动时间约占10.4%,闲暇时间能占到38.6%。②另有资料说,蒸汽机的发明,使人们的闲暇时间提高到23%;电动机器的普及,使人们的闲暇时间提高到41%;信息时代的到来,使工作时间越来越短,闲暇时间越来越长。20世纪90年代,许多国家的周工作时间已不到40小时,一些欧洲国家仅为30小时。由于机械化和自动化的发展大量替代了人工劳动,人们的工作强度和工作时间将不断下降,可自由支配的休闲时间越来越多。③我国自1995年5月起开始实行每周5天工作制,1999年又推出"五一"、"十一"和春节三个长假。虽然从2008年起取消了"五一"长假,但同时增加了清明、端午、中秋、除夕等四个传统节日作为法定假日,总的休假时间比过去还多了一天,现在每年已有法定假日115天。值得一提的是,2007年12月7日我国又公布了《职工带薪年

---

① 《人类预期寿命将继续延长 百岁寿星成为平常事》,http://www.china.com.cn/chinese/health/146397.htm.2002-5-16.
② 《新闻背景:休闲时间的历史性增长》,新华网,2006年5月2日。
③ 《休闲时代到来的必然性》,http://culture.mty.com.cn,2004年8月24日。

休假条例》。该条例规定，职工累计工作已满 1 年不满 10 年的，年休假为 5 天；已满 10 年不满 20 年的，年休假 10 天；已满 20 年的，年休假 15 天。该条例自 2008 年 1 月 1 日起施行，职工在年休假期间享受与正常工作期间相同的工资收入。这意味着人们有超过三分之一的时间是在闲暇之中度过的。以上事实说明，闲暇已成为现代生活中的一个很重要的方面。

全面地看，闲暇并不只是纯粹的休息。早在古希腊，亚里士多德就论述过闲暇对于人生的意义。他说："人的本性谋求的不仅是能够胜任劳作，而且是能够安然享有闲暇，这里我们需要再次强调，闲暇是全部人生的唯一本原。"[①] 爱因斯坦也认为："人的差异产生在业余时间。"这是因为，业余时间为人们发展个人的多种兴趣、爱好和特长，不断充实和丰富自己提供了客观基础和现实可能性。马克思将闲暇时间称为自由时间。他说，自由时间就是"可以自由支配的时间，这种时间不被直接生产劳动所吸收，而是用于娱乐和休息，从而为自由活动和发展开辟广阔天地"[②]。"自由时间，可以支配的时间，就是财富本身：一部分用于消费产品，一部分用于从事自由活动，这种自由活动不像劳动那样是在必须实现的外在目的的压力下决定的，而这种外在目的实现是自然的必然性，或者说社会义务——怎么说都行。"[③] 纵观马克思的观点，可以看出它主要包括以下几层内涵：第一，自由时间是主体可以自己支配和随意使用的时间，在自由时间所从事的活动不是来自任何外在压力、目的和义务，而完全是出于自我之目的；第二，自由时间所从事的活动内容主要是娱乐、休息和消费；第三，自由时间的使用是为自由活动和发展开辟广阔天地。自由时间现在一般也叫闲暇时间或业余时间，是指个人没有必须做的事情因而可以随意支配和使用的时间。正由于自由时间具有

---

① [古希腊] 亚里士多德：《亚里士多德全集》第 9 卷，苗力田主编，中国人民大学出版社 1994 年版，第 273 页。
② 《马克思恩格斯全集》第 26 卷（第三册），人民出版社 1974 年版，第 281 页。
③ 《马克思恩格斯全集》第 26 卷（第三册），人民出版社 1974 年版，第 282 页。

这种特点，所以它对于人的发展具有重要的意义。

在闲暇时间日益增多的情况下，如何利用闲暇时间就成了一个迫切需要研究和解决的问题。利用闲暇时间充实和丰富人们的生活，提高生活的质量，自然也就成了当代教育的重要使命。

五　人类自我认识的深化

终身教育理论主张教育过程贯穿于从婴儿期到老年期的整个人生的各个阶段，这种观念是以对人类自身认识的深化为基础的。尤其是关于幼儿和成年人的智力及学习能力的研究成果，对终身教育的推动发挥了重要的作用。

1. 早期儿童学习潜能的研究

人们对早期儿童学习的潜力有了新的认识。有充分证据证明，学龄前儿童已进行了大量的学习活动。可是，由于学龄前的大部分学习是获取那些在成年人看来是理所当然的技能，所以也就没有引起人们的注意。婴幼儿在这一时期进行的大量卓有成效的学习活动，因此也没有受到应有的重视。试验证明，婴幼儿有着惊人的学习潜力，正常足月的新生儿已具备一定的学习能力，出生不到两分钟的婴儿已能感知某些事物，听到声音就能抬头追逐声源，有听觉、视觉、动作的空间定向的协同活动；在出生两三天后，能在30分钟内学会对某种声音的反应，这表明新生儿已有相当良好的听觉辨别能力，已具有知识和动作协调的学习能力。甚至可以用实验证明，胎儿在母腹中就已经开始了学习活动。这是通过研究胎儿心跳对外部刺激，如门铃响声的反应来加以验证的。婴幼儿时期人脑处于旺盛的发展时期，因此具有接受早期教育的学习能力。[①]

贝利（Bayley）于 1968 年进行的研究及其他一些专家的研究成果表明，甚至在初生婴儿阶段，婴儿已经进行了今后整个生命赖以存在和发

---

① 参阅乔冰、张德祥《终身教育论》，辽宁教育出版社 1992 年版，第 31 页。

展的基础学习。因此,不能因为在婴儿阶段能够轻易学得那些后来在童年和成人阶段也能学到的技能而忽视该阶段学习的重要意义。初生数月的婴儿和年仅几岁的幼儿所学到的,对他们整个生命进程都会产生影响。这种影响作用正如克罗普利所说的:"一方面,在幼儿时期,儿童的智力和认知能力的发展为以后在学习态度和动机方面提供了重要基础;另一方面,学龄前所学到的学习动机和态度又为他们在未来生活中如何运用智力和认知技能,提供了一个完整的框架。"①

加拿大学者沃斯(Worth)在1972年发表的一份报告认为,6岁以下的儿童不应被拒绝在教育之外。他建议实行早期正规教育。他把早期教育目标概括为三个方面:给予刺激,培养个性意识,提供适当的社会化经验。沃斯竭力反对早期教育是现存教育体系向下延伸的观点。他认为早期教育的主要作用不应是提供学习训练,而应作为终身教育体系的第一个阶段。它应包括以下一些目标:培养处理信息和符号的能力、学会评价自我表现的各种形式、培养好奇心和思维能力、帮助每个孩子对自己的学习能力树立信心、培养自我价值的意识及提高与人相处的能力。由此看来,沃斯已把早期教育看作一个包含有认知、动机、社会——情感因素的综合体。他认为,如果进行适当的早期教育,就可以为一生的自我发展奠定基础。这说明,沃斯已认识到把正规学校教育之前的教育作为终身教育一个阶段的重要性。②

2. 成人学习能力的研究

传统的观点认为,成人已丧失了可教性,对于成人来说教与学都是徒劳无益的。但是,20世纪20年代以后的研究否定了这种观点。

克罗普利指出:"在成年前期、中年甚至老年期内,人的智力功能仍

---

① [加]阿瑟·克罗普利:《终身教育——心理学的分析》,沈金荣、徐云、虞绍荣译,职工教育出版社1990年版,第69—70页。
② [加]阿瑟·克罗普利:《终身教育——心理学的分析》,沈金荣、徐云、虞绍荣译,职工教育出版社1990年版,第21—22页。

> 当代教育新理念

然非常活跃……终身教育的心理依据是非常充分可靠的。"[1] 他的观点是有根据的。美国心理学家桑代克在《成人的学习》一书中以实验研究为依托，提出了与传统观念相悖的结论。他确认人的学习能力在22岁达到顶点，从25岁起开始下降，但速度极为缓慢。在22—45岁的20余年内，其学习能力总量约降低15%，平均每年降低1%。这说明，成人在25岁之后仍然可以继续学习。[2]

许多研究证明，人的能力的变化趋势具有差异性，有些能力会随着年龄的增长而下降，而另一些能力则不会出现这种情况。克罗普利在《终身教育——心理学的分析》一书中引用了不少这方面的研究成果，这里择其要者作一介绍。泰勒（Tyler）和阿纳斯塔西（Anastasi）分别于1965年和1958年就人的智力和年龄之间的关系进行了归纳和总结。他们认为，经过数序、类比、推理等项目方面对人的各种智力能力测验后发现，随着人的年龄的增大，这些项目方面的智力随之下降；而在运用词汇和算术的测验中，很少或根本没有智力衰退的记录。沙艾（Schaie）和拉布维-维夫（Labouvier-Vief）于1974年经研究发现，在算术和词汇方面的技能至少在55岁之前不会退化。哈维格斯特（Havighurst）于1969年得出的研究结论说，在需要速度和高度敏感性的项目中，智力随年龄增大而衰退；但在需要经验和专门技能的项目中以及词汇等方面，并不存在类似的衰退现象。[3]

成人教育理论家休伯曼证明，进行智力练习能延缓衰老。[4] 智力的训练及持续不断的学习是学习能力得以巩固、发展及保持长久的重要因素，也是延缓智力衰退的有效手段。有关研究认为，40岁以后，人的理解记忆会不断增强，批判性思考能力会不断提高，逻辑思维能力及分析

---

[1] ［加］阿瑟·克罗普利：《终身教育——心理学的分析》，沈金荣、徐云、虞绍荣译，职工教育出版社1990年版，第76—77页。
[2] 转引自毕淑芝、司荫贞《比较成人教育》，北京师范大学出版社1994年版，第209页。
[3] ［加］阿瑟·克罗普利：《终身教育——心理学的分析》，沈金荣、徐云、虞绍荣译，职工教育出版社1990年版，第50页。
[4] 王铁军：《现代教育思潮》，南京大学出版社2000年版，第129页。

问题和解决问题的能力日臻成熟。因此，成人的智力是可以不断发展的，这主要取决于他是否不断地学习。反过来说，智力的发展又是他继续学习取得成就的必要条件。智力与学习是互相影响、互相促进的。

对早期儿童和成人智力与学习能力认识的深化，为将人的一生都纳入教育范畴中奠定了理论基础。

六 传统教育的弊端

不可否认，传统的学校教育在社会发展中发挥过并将继续发挥其重要的作用。但是，现在看来，传统的教育制度已经日益显示出诸多弊端。具体表现在以下方面：

1. 传统教育仅限于学校教育阶段

这种教育将人的一生人为地分割成孤立的两个部分，前半生用于受教育，后半生用于工作，学校教育的结束也就意味着人整个一生受教育的结束。克罗普利对此进行过深入的分析。他说，有关学校教育的三个假设在传统上是至关重要的。其中第一种假设是：学校教育应是一个强化过程，它在相对短的一个时期中完成。第二个假设是：在这一学习强化阶段中，至少应让儿童学到长大成人后必需具备的基本知识。随之而来的第三个假设是：学校是儿童期和青少年早期进行学习的主要场所。这些假设的结果是，学习不再被当作日常生活的一部分，而被认为要在游离于生活主流的特殊场所才能进行。同样，既然学校教育的主要目的是为学生的将来作准备，因而学习被认为与学习者的现实生活关系不大。今天的学习只是在于明天会有更多的收获。不仅如此，教育还被认为只有在学校里，在教师的指导下才能进行。[①] 这种把教育与生活相割裂的情况，既不利于人的发展和完善，也不利于人们适应快速变化的社会。

2. 传统教育具有保守性

传统的学校教育内容基本上是已有的知识，并且认为青少年掌握这

---

① [加] 阿瑟·克罗普利：《终身教育——心理学的分析》，沈金荣、徐云、虞绍荣译，职工教育出版社1990年版，第24—25页。

当代教育新理念

些知识以后就可以享用一辈子。随着社会文化机构的普及以及现代通信和传播技术的发展,学校作为传授知识的唯一途径的地位开始动摇。图书馆、博物馆、文化宫、少年宫以及电视、电影、广播、网络等大众传播媒体对人们的影响作用日益增大。因此,如何利用和控制各种传播途径与工具,以使之与学校一道发挥最佳的教育功能,是当今教育面临的一个重大课题。

3. 传统教育不能满足人的多方面的需求

传统教育的功能主要局限于知识的传授。随着科学技术的进步和经济的发展,人们的物质生活水平得到了极大的提高,再加上闲暇时间的日益增多,人们希望不断充实和改善个人的生活,丰富自己的精神世界。以传授知识为己任的传统学校教育显然不能满足人们的这些多样化的要求。

4. 传统教育脱离了社会需要

20世纪60年代,出现了一种新的令人关注的现象:社会拒绝使用学校的毕业生。这是教育成果与社会需要之间的矛盾的直接反映。正如《学会生存》一书所指出的:在过去,社会的进展是缓慢的,因而也容易自动地吸收教育成果,至少也可以设法去适应教育的成果,但是今天的情况就不总是这样的了。传统的教育体系难以适应日益发展的社会的需要,当它给学生传授的知识和技术不能满足社会的要求时,社会便拒绝接受这些毕业生。① 在这种情况下,教育的出路在于全面而系统的改革,通过改革建立起一种更加灵活、更能适应社会需要的教育体系。在反思和批判传统教育的过程中,人们提出了不少教育改革的主张并进行了各种教育改革的实验。这些教育改革的主张和实验为终身教育思想的产生和发展提供了丰富的养料。

综上所述,现代终身教育理念在20世纪60年代出现并不是偶然的,

---

① 联合国教科文组织国际教育发展委员会:《学会生存——教育世界的今天和明天》,华东师范大学比较教育研究所译,教育科学出版社1996年版,第37页。

是教育在与社会的互动过程中为适应社会的变化和时代的要求而做出的必然回答。

第二节 终身教育的内涵与特点

一 终身教育的内涵

为了对终身教育有一个较全面的理解，需要先分析与终身教育有关的概念，在此基础上概括其基本内涵。

1. 终身教育与相关概念的辨析

与终身教育相关的概念主要有成人教育、继续教育、回归教育、终身学习和学习化社会等。

终身教育与成人教育、继续教育、回归教育既有联系，也有区别。它们的联系体现在，成人教育、继续教育、回归教育与教育的其他形式共同构成整个终身教育体系，没有它们终身教育就将成为一个空壳。但是我们不能在这几个概念之间画等号。毕竟成人教育、继续教育和回归教育都只是终身教育的一个部分、一种形式、一个阶段或一个环节，而远远不是其全部。成人教育主要是指对已经走上生产或工作岗位的从业人员进行的教育活动。成人教育与终身教育有着非常密切的联系。没有成人教育就不可能产生现代终身教育理论。但是，成人教育并不是终身教育的全部。事实上，终身教育不仅仅是教育时间的延长——从青少年时期延续到成年甚至老年时期，它的内涵要丰富得多。继续教育可以有广义和狭义两种含义。广义的继续教育泛指对所有已接受过一定学历教育的人所进行的教育。狭义的继续教育则是指接受过一定的学历教育且获得了某种专业技术职称的在职人员进行的教育活动。我们这里主要取广义的继续教育概念。成人教育与继续教育是有一定联系而又内涵不同的概念。成人教育从对象上看，可能是原来从来没有受过任何教育的文盲，因而对他们来说成人教育就只是扫盲教育，而不属于继续教育的范畴。而继续教育从对象看也可能还不是成人。成人是一个特定概念，一般是指年满18周岁的人。比如一个人只是刚接受完义务教育，这时他就还处于少年期，并未到成年阶段，对他们的教育就不能说是成人教育，而只能称为继续教育。当然，这两种教育也可能存在交叉的地方。比如一个人属年满18周岁的成人，他原来受过一定的学历教育，现在又在继续接受教育，那么，对他来说这时所受的教育就既是成人教育，也是继续教育。回归教育是20世纪60年代在欧洲出现的教育思潮，也是一种教育制度。① 它主张教育不要一次受完，而是分几次完成，使人们在生活环节的各个阶段、自己认为最需要学习的时候都有受教育的机会；在青年人的教育和成年人的教育之间建立起平衡；根据个人的选择、兴趣、职业、社会经济状况等在人的一生中接受灵活的、有效的教育。从回归教育的基本内涵来看，它体现了终身教育思想，却不是终身教育的全部，它实质上是终身教育实施的一种具体的策略或模式。

　　终身教育与终身学习、学习化社会也是既有联系又有区别的概念。终身学习的概念是20世纪70年代出现的。1976年11月召开的联合国教科文组织第19次全体会议上通过的《关于发展成人教育的建议》中，与终身教育并列，提出了终身学习的概念。1994年在意大利罗马举行的首届世界终身学习会议所采纳的定义是："终身学习是通过一个不断的支持过程来发挥人类的潜能，它激励并使人们有权利去获得他们终身所需要的全部知识、价值、技能与理解，并在任何任务、情况和环境中有信心、有创造地愉快地应用它们。"② "学习化社会"这一术语最早由美国教育思想家、原芝加哥大学校长哈钦斯提出。他对学习化社会的界定是："除了能够为每个人在其成年以后的每个阶段提供部分时间的成人教育外，还成功地实现了价值转换的社会。成功的价值转换即指学习、自我实现

---

　　① 参阅顾明远主编《教育大辞典》（增订合编本）上册，上海教育出版社1998年版，第613页。
　　② 转引自吴咏诗《终身学习——教育面向21世纪的重大发展》，《教育研究》1995年第12期。

和成为真正意义上的人已经成了社会目标,并且所有的社会制度均以这个目标为指向。"① 也即整个社会要从"学校化社会"变为学习化社会,构成社会的所有部门都要提供学习资源并参与教育活动,所有社会成员都要充分利用学校以外的制度和机构去自觉地进行学习。终身教育、终身学习与学习化社会这几个概念之间既存在共同点,又具有一定的差异。② 它们的共同点体现在:(1)都主张教与学过程的延续性和终身性。(2)都主张教与学内容的广泛性和全面性。(3)都主张教与学空间的开放性和社会性。(4)都主张教与学目的的双重性。即既服务于人的终身全面发展,又服务于社会的持续发展。它们的差异表现在:(1)目标指向不同。终身教育目标倾向于实现对现行教育制度的超越,要求构建一种充分考虑社会和人生发展需要的,具有持续而全面、有机而开放特征的教育体系。终身学习的目标则倾向于实现对传统教育范畴的超越,即学习不再是一个仅仅属于教育范畴的问题,而且还是一个属于生存范畴的问题。也就是说,学习与生存、学习与生活之间不存在任何界线。学习化社会的目的则是为了实现社会形态的超越,变少数人拥有学习权利,部分人参与学习活动为学习权利人人保障,学习活动人人介入的理想社会。(2)战略选择不同。终身教育为了实现对传统教育制度的超越,必然更多地从社会的角度出发,强调一个国家的教育制度应当整合各种资源,为每一个公民创造终身参与各种教育活动的可能性,即把建立为所有公民开放的终身教育体系作为战略选择。终身学习为了实现对传统教育范畴的超越,则又必然更多地从个人的角度出发,强调具备终身学习的态度与能力以及人人参与学习的重要性。也就是说,引导每个公民把终身学习作为生存方式,提高其学习自觉性和学习能力,是终身学习理念的战略首选。学习化社会为了实现对现行社会形态的超越,它的战略

---

① 转引自陈廷柱《学习型社会的高等教育》,南京师范大学出版社2004年版,第12—13页。
② 高志敏:《终身教育、终身学习与学习化社会》,华东师范大学出版社2005年版,第21—25页。

核心就是努力清除学习障碍，公平地提供教育机会，使社会变成一种学习形态的社会。（3）实践重点不同。终身教育更多地将注意力集中于改革传统的教育制度，包括对其资源、体系、结构、布局、形式、目标、内容、方法等的系统思考。终身学习更多地将精力放在确立学习者的主体地位、尊重学习者意愿、关注学习者需要、端正学习态度、增强学习信心、提高学习能力、利用学习资源、拓展学习场所等方面。学习化社会则除此以外还关注下列各个方面：落实学习者的学习权利；树立以学习者为中心的观念；构建多元开放的学习网络；动员社会各方的共同参与；促进个人成为学习型的个人、家庭成为学习型的家庭、组织成为学习型的组织、社区成为学习型的社区、城市成为学习型的城市、政府成为学习型的政府等等。

2. 终身教育的基本内涵

根据上面的阐述，我们可以给终身教育作出如下界定：终身教育是人们在一生中所受到的各种培养的总和，它包括一切教育活动、一切教育机会和教育的一切方面。终身教育可以从多个角度进行考察。从教育的对象来看，终身教育指向所有具有学习能力的人；从教育的横向结构看，终身教育包括学校、家庭和社会等各个领域的教育；从教育的纵向结构看，终身教育指贯穿于人的一生的胎儿期、婴幼儿期、童年期、青少年期、成人期和老年期等各个阶段的教育；从教育目的来看，终身教育的目的既指向个体的全面发展，又指向社会的全面进步和健康发展；从教育的内容来看，终身教育包括文化科学教育、职业（专业）教育和生活教育；从教育的形式来看，终身教育包括正规教育、非正规教育及非正式教育在内；从教育方法来看，终身教育强调人们主动积极的自我导向学习。

二 终身教育的特点

从20世纪60年代到现在，终身教育走过了近60年的历程。从各个国家的实践来看，终身教育具有以下几个基本特点：

1. 教育时间的终生性

终身教育从纵向看，它要实现使人的一生（从幼儿、童年、青少年到成年及老年）都受教育，而不是局限于某一个年龄阶段。"欧洲 2000 年规划"项目主任施瓦茨（B. Schwartz）对终身教育解释道："终身教育与其说是一整套新的教育目的，不如说是在实现这些目的的过程中要执行的一系列战略计划的总设计（就最近的意义而言）。我们在此把它定义为，通过实施一系列有可能进行整合的手段（机构的、物质的、人力的手段），在一个真实的时空连续中整合教育的所有阶段的过程。"① 终身教育的最大特点是它突破了青少年儿童的学校教育的框框，将教育看成是贯穿于人的整个一生的事情。

2. 教育空间的广延性

终身教育从横向看，家庭、社区、工作场所以及大众媒体对人生的每一个时期都发挥着教育的作用，而不是仅仅局限于学校这一种场所。终身教育既包括正规的学校教育，也包括家庭教育、社会教育等校外的一切非正规教育和非正式教育，还包括教育的特殊形式——自我教育。终身教育"并非局限于学校教育。相反，它的影响扩展到学习者的私人生活和公众生活的所有方面——它的家庭和职业关系、他的政治、他的社会活动、他的业余爱好等等。终身教育求助于各种各样的机构：学校，学院和大学，同时还有家庭，社区和工作领域、书籍、出版社、剧场和大众传播媒介。"②

3. 教育对象的全员性

终身教育观主张教育的大门应向所有社会成员敞开，实现教育机会均等，对每个人进行适合其自身特点和需要的教育。终身教育所强调的是面向全体社会成员的全民教育而不是面向少数人的英才教育，好的教育要满足全民的基本学习需要，而不是少数人的学习需要。在终身教育

---

① 瞿葆奎主编：《教育学文集·教育制度》，人民教育出版社 1990 年版，第 552 页。
② 瞿葆奎主编：《教育学文集·教育制度》，人民教育出版社 1990 年版，第 553 页。

观看来，所有社会成员（包括婴幼儿、童年、青少年、中壮年和老年人）都需要不间断地接受教育。因此，终身教育体现了教育的民主化，它是为一切人的教育。

4. 教育内容的多样性

就教育内容来说，终身教育包括普通教育、职业教育、生活教育、闲暇教育等，它追求专业（职业）和教养（自我实现）的协调和整合。一句话，凡是人们为了适应当代社会生活和职业所需要的知识、技能、智力、品德、健身、审美等各方面的素养，终身教育都予以关注。

5. 教育结构的协调性

协调性是终身教育的基本特性。保罗·朗格朗在阐述终身教育的特性时，曾经指出："终身教育，其原理之一就是强调发展的综合统一性。"[1] 联合国教科文组织教育研究所研究员 R.H. 戴维认为："终身教育应该是个人或诸集团为了自身生活水准的提高，而通过每个人的一生所经历的一种人性的、社会的、职业的过程。这是在人生的各种阶段及生活领域，以带来启发及向上为目的，并包括全部的'正规的（formal）'、'非正规的（non-formal）'及'非正式（informal）'学习在内的，一种综合和统一的理念。"[2] 克罗普利将上述观点概括为"横向一体化"与"纵向一体化"。[3] 横向一体化的主要思想是：学校教育应和与之相关的社会其他各个组成部分相协调。这些组成部分包括家庭、俱乐部、社会团体、工作场所、与同龄人接触等等。这种观点还意味着，不应把学校以外获得的各种知识与在校获得的知识看作是毫不相干的东西；学习的过程不应分为学校与非学校两个部分，所有的知识应被看成是一个相互联系的统一体。所谓纵向一体化，是指学习应贯穿于人的一生，人在

---

[1] ［日］持田荣一等编：《终身教育大全》，龚同等译，中国妇女出版社1987年版，第448页。
[2] 转引自吴遵民《现代国际终身教育论》，上海教育出版社1999年版，第13页。
[3] ［加］阿瑟·克罗普利：《终身教育——心理学的分析》，沈金荣、徐云、虞绍荣译，职工教育出版社1990年版，第25页。

任何年龄段都能进行学习。同时，任何年龄段上的学习都是先前学习的部分结果，它部分地影响未来学习的性质和深度。因此，教育机构应注意和利用跨越各年龄段学习的纵向联系。这里所谓的"综合"、"统一"或"协调"，从宏观角度看实际上涉及到两个维度：一是时间维度，指把人从学前期到老年期的整个发展过程中所受到的各种教育有机地统一起来；二是空间维度，指把学校教育、家庭教育、社会教育、正规教育、非正规教育、非正式教育有机地结合起来。

6. 教育方式的灵活性

人的生活在其一生中是多样的和丰富多彩的，作为与此相适应的终身教育也必须是灵活多样的。终身教育观主张打破传统教育体系中不合理的规定与限制，建立富有弹性的学习制度。终身教育尊重每个人的个性和独立性，重视学习者的自主发展。在学习方式、进度、时间与地点等方面可以因人而异，由学生本人自行安排、自主选择，尽最大可能减少人为的学习障碍，最大限度地发挥学生学习的主动性和创造性。教育的类型可以采取研讨型、座谈型与专题型等等，教育的方式和途径可以有面授、函授、网络教育等。

第三节　终身教育的目的

按照关于教育目的的一般划分方法，我们可以从个体目的和社会目的两个方面讨论终身教育的目的。

一　终身教育的个体目的

终身教育的个体目的是指终身教育对个体发展所应发挥的作用。终身教育的个体目的如下：

1. 激发学习动机，培养学习能力

众所周知，终身教育强调人的整个一生都要受教育，学习是人的一种生活方式和生存状态。因此，学习的欲望和动机对个人来说就显得非常关键。作为教育，不能只是传授知识，其更重要的职责是培养学习的欲望和动机，使受教育者在离开学校以后仍然能够保持对学习的浓厚兴趣，学习成为他们自觉地贯穿整个人生的行为。

在当今这个瞬息万变的时代，一个人只是通过青少年时期的学历教育已远远不能满足终身的需要。只有当一个人在完成学历教育以后，仍然不断地学习才能跟上时代的步伐。而要做到这一点的一个重要前提是人们必须掌握不断更新自己知识和拓展自己能力的方法。因此，各级各类教育的一个重要的出发点，即是培养人们学会如何学习，使他们掌握学习的方法。美国学者刘易斯曾指出：我们应当"鼓励学生对他们自己的学习负起责任来——使他们成为自我定向的、终身的学习者。教育的最终目的是要把追求自身教育的担子转到个体的肩上"[1]。克罗普利也强调说："终身教育的一个重要目的是培养一生都学习的能力。这被看成主要是促进学习意愿产生和引导个人发展适当的技能的问题。因此，终身教育制度的较早阶段有特定的责任去促进发挥个人终身教育的必要条件，如有利于这种学习的积极动机、价值观、态度和自我形象，以及这种学习所必需的技能。"[2]

2. 培养判断力和创造性

当今世界已进入信息化社会，信息量不断激增，各种信息如潮涌入，使人应接不暇；同时，信息本身又良莠不齐，泥沙俱下。如果没有一定的批判精神和良好的判断能力，就会在信息的海洋中迷失方向。在这种情况下，培养人们对信息的判断能力就显得很有必要。《学会生存——教育世界的今天和明天》一书说得好：现代人处于一种前所未有的情境中，可方便地获得全部学习资源，这不仅有助于自己解决问题，而且能帮助自己过一种更充实的生活，但愿他懂得怎样利用这些资源就好了。一个

---

[1] 瞿葆奎主编：《教育学文集·国际教育展望》，人民教育出版社1993年版，第385页。
[2] 瞿葆奎主编：《教育学文集·教育制度》，人民教育出版社1990年版，第580页。

信息丰富的社会并非必然是一个教育的或学习的社会，除非社会的成员能系统地、有选择地、批判地利用他们所能得到的这些资源。《教育——财富蕴藏其中》一书也指出了培养批判精神的必要性："教育系统承担着重大责任：它应使每个人拥有控制信息大量增加的手段，即有办法本着批判精神，对信息进行筛选，将其分出主次；它还应帮助人们与传媒和信息社会（逐渐变成短暂性和瞬时性的社会）保持一定的距离。……教育系统在提供必不可少的融入社会生活的方式的同时，也应为树立适合于信息社会的公民意识奠定基础。"[1]

《学会生存——教育世界的今天和明天》一书深刻地指出："人是在创造活动中并通过创造活动来完善他自己的。"[2] 不可否认，每个人生来就具有创造的潜能，但要使这种潜能转变为现实的创造能力，则需要长期的有意识的鼓励和培养。《教育——财富蕴藏其中》一书呼吁"为了迎接下一个世纪的挑战，必须给教育确定新的目标，必须改变人们对教育的作用的看法。扩大了的教育新概念应该使每一个人都能发现、发挥和加强自己的创造潜力，也应有助于挖掘出隐藏在我们每个人身上的财富"[3]。当今时代是一个知识日益膨胀和更新不断加速的时代。在这样一个时代，只是满足于继承已有知识已远远不能适应需要，只有发展创造性才能与时俱进。创造精神不但是社会发展的动力，而且也是个体幸福生活之源。生活需要不断地创造，只有创造的人生才是有意义的人生、幸福的人生。"构成幸福生活的种种因素只能是一个人所创造的永恒的意义性环境。所有幸福都来自创造性的生活，重复性活动只是生存，而生存只是一个自然过程，无所谓幸福还是不幸。诸如爱情、友谊、艺术和真理都是人类最富有创造性的成就，它们都以意义性的方式存在，所以

---

[1] 国际21世纪教育委员会：《教育——财富蕴藏其中》，联合国教科文组织总部中文科译，教育科学出版社1996年版，第52页。
[2] 联合国教科文组织国际教育发展委员会：《学会生存——教育世界的今天和明天》，华东师范大学比较教育研究所译，教育科学出版社1996年版，第188页。
[3] 国际21世纪教育委员会：《教育——财富蕴藏其中》，联合国教科文组织总部中文科译，教育科学出版社1996年版，第76页。

永恒，所以不被消费掉。"① 创造精神和创造力的发挥，可以使人及其生活世界的发展具有无限的可能性，可以在更高的境界中实现自己的价值理想，生成美好的生活意义。具有创造性的人不时享有自我创造性所带来的成功喜悦的机会。同时，这种创造反过来又促使其积极地对待生活，促使其不断进步，增强自信心，使其更有效地生活。

3. 培养全面发展的人

终身教育的目的不只是为了提高人们的职业能力和适应职业要求，它的最终目标是培养"完人"——全面发展的人。保罗·朗格朗指出："教育的目的是为了适应作为肉体的、智力的、情感的、性别的、社会的以及精神存在的个人的各个方面和各种范围的需要。这些成分中没有一个能够或者应该被孤立，每一个成分都互相依赖。"②《学会生存》一书从"完人"的反面"被分裂的人"入手论述了教育的目的问题。该书认为，目前的社会仍存在有"被分裂的人"的现象。该书在谈到"人的分裂"时指出："他在各方面都遇到分裂、紧张和不协调状态。……社会分成各个阶级；人与工作的脱离以及工作的零星杂乱；体力劳动与脑力劳动之间人为的对立；意识形态上的危机；人们所信仰的神话的崩溃；身心之间或物质价值与精神价值之间分为两端——人们周围的这些情况看来都在促使一个人的人格产生分裂。"有鉴于此，该书鲜明地提出了培养"完人"的目标，认为教育的基本目的是"把一个人在体力、智力、情绪、伦理各方面的因素综合起来，使他成为一个完善的人"。③

二 终身教育的社会目的

终身教育的社会目的是指终身教育对社会发展所应发挥的作用。终身教育的社会目的如下：

---

① 赵汀阳：《论可能生活》，生活·读书·新知三联书店1994年版，第21页。
② [法]保罗·朗格朗：《终身教育导论》，滕星等译，华夏出版社1988年版，第88页。
③ 联合国教科文组织国际教育发展委员会：《学会生存——教育世界的今天和明天》，华东师范大学比较教育研究所译，教育科学出版社1996年版，第194页。

1. 实现教育平等

教育平等是人类不断追求的崇高理想。以往人们谈论教育平等问题，一般都聚焦于学校教育，尤其是义务教育阶段。因为学校教育，尤其是义务教育是每个现代人所接受的最基本的教育，因此教育的平等首先应当保证学校教育，尤其是义务教育阶段的平等。但是，仅仅做到这一点还远远不够。如果青少年在结束连续的学校教育以后，不能得到各种进一步学习和提高的机会，仍然会在社会生活和职业市场中处于不利的地位。终身教育是贯穿整个人生的教育，它大大延长了人的受教育的时间。在这种情况下，不仅可以在学校教育阶段，而且在人的终身过程中考虑实现教育机会平等。在当今社会，学校以外的教育（如社会教育）和学校以后的教育（如成人教育）早已发展得如火如荼，构成许多人所受教育的非常重要的组成部分。这样一来，教育平等的实现就可以把眼光放得更远一些，而不是局限于学校教育阶段。也就是说，我们可以从一个人一生中全面规划和评价教育平等问题。换句话说，即使由于某种原因，一个人在学校教育阶段所受到的教育是不平等的，但由于终身教育不再局限于青少年时期，以后还有各种机会得到弥补。当然，这种教育平等不会自动地得到实现，它有赖于各级政府和社会各有关部门（尤其是用人单位）拿出切实有效的措施来加以具体落实。正如《教育——财富蕴藏其中》一书所指出的：如果我们认识到教育领域的不平等现象和努力采取有力措施予以纠正，"终身教育就会为那些因种种原因而未能完成全部学业或因学业失败而离开教育系统的人提供新的机会。实际上，只要提高处境不利居民的入学率或加强对过早辍学之青年的非正规教育等，教育机会不均等现象就不会全部地和自动地重新出现"[①]。

2. 推动社会进步

终身教育是实现社会民主的重要手段和条件。保罗·朗格朗认为，

[①] 国际21世纪教育委员会：《教育——财富蕴藏其中》，联合国教科文组织总部中文科译，教育科学出版社1996年版，第91页。

> 当代教育新理念

教育把现在的、过去的以及未来的一代又一代的人联系起来,向年轻人传播他们的祖先思考过、感受过、创造过的东西,这不仅是为他们自己,而且也具有世界意义。在他看来,终身教育的最终目标是努力建设更美好的生活,而从长远来说"为寻求更好生活的唯一解决办法,在于社会彻底地贯彻终身教育的原则,并且把教育同社会的进步和成就紧密地联系在一起"。①

阅读与思考1-1 终身教育的必然与使命

终身教育是不断造就人、不断扩展其知识和才能以及不断培养其判断能力和行动能力的过程。它应使每个人了解自己及其环境,并在职业界和居住区发挥作用。知识、技能、共同生活知识和生存知识是同一个现实的四个密切相关的方面。终身教育是日复一日的经历,并穿插有为了解复杂的数据和事实而付出巨大努力的时刻,它是多方面逻辑论证的产物。尽管它要求重复或模仿动作和作法,但它也是一种独特的学习途径和个人的创作途径。它把非正规学习与正规学习结合在一起,把发挥天资与掌握新技能结合在一起。它要求竭尽全力,但它也会带来探索的欢乐。它是每个人的独特经历,但也是最为复杂的一种社会关系,因为它同时属于文化范畴、工作范畴及公民的权利与义务范畴。

然而,是否可以说这基本上是人类的一种新的尝试呢?在传统社会,生产、社会和政治结构的稳定,为拥有一种相对不变的、带有循规蹈矩的启蒙习俗色彩的教育和社会环境提供了保证。现在这个时代扰乱了传统的教育空间:教会、家庭和四邻。此外,由于社会生活的变革和科技进步及其对个人工作和环境的影响,认为学校可独自满足人生所有教育需要的一种理性主义幻想已经破灭。首先是各工业社会的职业界有了调整和再培训的迫切需要;随后,其他国家和其他活动领域也逐渐有了这种需要。随着时间的推移而逐步建立的非正规和正规教育系统的针对性已引起争议,它们的适应能力使人产生了怀疑。虽然入学人数剧增,但

---

① [法]保罗·朗格朗:《终身教育导论》,滕星等译,华夏出版社1988年版,第18页。

由于教育系统本质上就不大灵活，只要预测工作出现一点点偏差，它们就会受到影响，尤其是在培训人们掌握未来技能方面。

——国际21世纪教育委员会：《教育——财富蕴藏其中》，联合国教科文组织总部中文科译，教育科学出版社1996年版，第92—93页。

第四节　终身教育理念的影响

终身教育作为当代重要的教育思潮，它不仅从理论上冲破了传统教育的桎梏，提出了令人耳目一新的教育理念，而且在世界范围内掀起了教育改革的高潮。

一　终身教育理念对教育理论的影响

终身教育的倡导者在系统考察当代社会变革对人类生存的挑战以及人类迎接挑战的需要，并在充分吸取现代教育学、心理学、社会学、人类学、生理学等众多学科最新研究成果的基础上，提出了完整的终身教育理论体系，这是人类教育理论发展历史上具有深远意义的重大变革。正如有的学者所说："终身教育绝非是心血来潮的时髦名词，也绝非是一种对原先某种教育类型或形式的替代或叠加，更不是出于一时所需的权宜之计，而是高屋建瓴，饱含持续发展意识，旨在超百年传统学校教育之'凡'，脱现行教育及其各种形式之间壁垒森严之'俗'，实现教育彻底变革以及勾画未来教育前景的一种创新思维和系统思考。"[①]

终身教育理论是对教育的全新认识和全新理解。它冲破了旧的传统教育的定义，扩大了人们对教育研究的视野。虽然以往人们也把教育划分为广义和狭义两种内涵，但是在探讨教育问题的过程中总是自觉或不自觉地把研究的中心放在学校教育上。"当人们谈起教育问题时，头脑中

---

① 高志敏等：《终身教育、终身学习与学习化社会》，华东师范大学出版社2005年版，第14—15页。

总是在考虑那四周围墙的校园，整齐划一的教室，按部就班的课堂教学和天真幼稚的儿童们。"① 显然，这是一种狭隘的教育观念。它把教育局限于学校之内和青少年之时，束缚了教育理论研究的视野。在这种教育观念指导下的教育理论研究，它关注的只是教育的部分领域（即学校）和教育的某些阶段（即青少年时期），缺乏系统性和全局性。在变化缓慢的传统社会里，这种教育观念也许问题不大，但在当今快速变革的现代社会则日显落伍。一句话，传统教育理论对教育的解释力太弱，远远不能适应当代教育改革与发展的需要。终身教育理论则不然，它之所以能成为当代统领全局的教育根本指导思想，原因在于它不再将教育局限于社会的某个领域和人生的某个阶段。在它看来，教育是一个纵横交错、相互衔接，并贯穿于整个人生的活动。这样一来，就最大限度地丰富和拓展了"教育"这一概念的内涵和外延，实现了对传统教育观念的根本性超越。"这一超越开拓了人们的研究视野，使人们认识到当代教育改革是一项全人类的系统工程，必须自觉地把自己对某一具体教育问题或领域中的研究置于这一大的系统中去思考，才能得出与之相适应的有益的成果"。②

此外，由于终身教育大大地扩展了教育的时间和空间，因而当代教育理论研究除了继续关注学校教育以外，已把视角伸向众多的其他教育领域，如学前教育、成人教育、老年教育、家庭教育、社会教育（社区教育）、网络教育、企业教育、自我教育等等，这些领域的研究成果不断涌现和日益丰富。

二 终身教育理念对教育实践的影响

终身教育理念不仅对当代教育理论研究具有积极的启示意义，同时对当代教育实践也具有重要的影响作用。从当代各国教育的实践来看，毫无疑问，终身教育已经成为当代教育改革与发展的根本指导思想。

---

① 乔冰、张德祥：《终身教育论》，辽宁教育出版社1992年版，第35页。
② 乔冰、张德祥：《终身教育论》，辽宁教育出版社1992年版，第36页。

第一章　终身教育理念

1. 促进了非正规教育和非正式教育的发展

终身教育理论要求在改造现有学校教育的同时，把其他各种教育（如家庭教育、社会教育、学前教育、成人教育、老年教育、自我教育等）有机地统一起来。终身教育理论认为，在当代庞大的教育系统中，各个层次和各种类型的正规教育、非正规教育和非正式教育，对于当代人类应付各种纷繁复杂的挑战具有不可或缺的作用。它把学校教育以外的一切教育因素都包容到教育概念之中，目的在于尽最大可能地弥补学校教育在当代社会发展中日益暴露出来的局限和不足，为人们提供更多的学习机会，增强人们应付挑战的能力。正是在终身教育理论的影响下，当代各国的各种非正规教育和非正式教育得到了长足的发展。

2. 推动了学校教育的改革

从全面的观点看，终身教育不仅仅是扩大了教育的范围和延长了教育的时间，而且要求对传统的学校教育进行全面的改革。终身教育的提出，其中一个重要原因是传统的学校教育存在着许多弊端。因此，终身教育理论成为整个教育改革的重要指导思想，当然也是当代学校教育改革的基本原则。"在这一原则的影响下，人们把学校的培养目标从单纯的传授知识转变到培养适应社会变革的各种能力，尤其是学习能力上。"[①]当代学校教育努力追求的目标正是要教会人们如何学习，为将来的继续学习打下良好的基础。托斯顿·胡森等主编的《国际教育百科全书》在谈到终身教育影响下学校教育的改革问题时也曾深刻地揭示道："学校的作用要完全地改变。基础教育应该成为一种序曲，而不是基本上是一个获得知识的过程。它应该使未来的成人掌握自我表达和与别人交流的方法，而不是提供各种不同学科的课程。主要强调的应该是掌握语言、发展注意和观察的能力、知道怎样和在哪里可以获得信息、与其他人合作

---

① 乔冰、张德祥：《终身教育论》，辽宁教育出版社1992年版，第42页。

工作的能力。"①

同时，在终身教育思潮的影响下，当代学校已不是传统意义上的自我封闭的教育机构，而是更多地向社会开放，为成人提供各种受教育的机会。此外，一些新型的学校机构不断涌现和快速发展，如开放大学、函授大学、广播电视大学、网络学院等等。

3. 有利于人的个性发展

众所周知，每个人都有自己区别于他人的独特的个性。"每一个学习者的确是一个非常具体的人。他有他自己的历史，这个历史是不能和任何别人的历史混淆的。他有他自己的个性，这种个性随着年龄的增长而越来越被一个由许多因素组成的复合体所决定。这个复合体是由生物的、生理的、地理的、社会的、经济的、文化的和职业的因素所组成的，而这些方面对于每一个人来说，都是各不相同的。当我们决定教育的最终目的、内容和方法时，我们又如何能够不考虑这一点呢？"② 但是，事实上，传统的教育很难顾及到人的个性的发展。而终身教育则不同，它将教育贯穿于整个人的一生，从而为每个人提供更宽广的发展范围和更多的发展机会，同时还由于它的内容和形式的多种多样，因而能适合人们更多的不同的需要。

4. 有助于改变传统的学习成败观

在传统的教育体制下，学生被分为两类：一类是成功者，另一类则是失败者。有时候，一次关键性的考试失败，很可能意味着他终身都丧失成功的机会。而在终身教育理论看来，失败和成功都只具有相对的意义。"如果有合适的教育结构，人们参加了继续教育的过程，不断地学习新的东西，那么失败就只不过是相对的。如果他们在一次特有的冒险行动中没有得到成功，许多其他的机会还是对他们开放着的，他们还可以

---

① ［瑞典］托斯顿·胡森等主编：《国际教育百科全书》第5卷，贵州教育出版社1990年版，第729页。
② 联合国教科文组织国际教育发展委员会：《学会生存——教育世界的今天和明天》，华东师范大学比较教育研究所译，教育科学出版社1996年版，第195—196页。

在那些机会中试试自己的能力。他们没有成为失败者，他们只不过在自己的生活中有过一次失败。同样地，成功也是相对的，仅仅在一系列事业的一桩中有所成就未必一定能证明获得了成功。"①

从以上所述可以清楚地看出，终身教育理念无论是对现代教育理论还是教育实践都产生了非常重要的影响。我们完全有理由相信，随着时代的不断发展，终身教育理念的影响还会进一步扩大，终身教育的理念必将进一步深入人心，并将日益显示其旺盛而强大的生命力。

阅读与思考1-2　终身教育的前景

终身教育至今尚处于概念化阶段。正像自由、正义、平等及其他不确定的原理一样，毫无疑问地将与具体成果之间长期保持着相当的距离，这对于一个概念来说是非常自然的。可是，如果这段距离太大了，……人们将会产生怀疑，说这个概念不成形，不清楚，不精确，没有多少理性。他们对这一概念的非难并不是没有理由的。每当一种概念从被遗忘的角落发掘出来，放射出其真实性光彩，它就一定要从实际活动中得到反映，并使自己从中获取力量。只要对终身教育的分析没有实地情景、结构和计划，简而言之，没有那些被适当地称为"具体事物"的东西来作为基础，那么想取得广泛支持将是十分困难的，因为这些概念的基础迄今是被高度地理论化了的。

毋庸讳言，终身教育的全部目标基本上只是一个理想中的东西，但某些力量无疑已经在起作用。在适应环境和人类发展变化的教育形式形成之前，世界并未坐等理论家们阐明其观点，也不等待某些协会提出什么建议，那些推动新教育理论框架形成的基本因素，是在个体和群体日复一日、年复一年用于解决问题的办法中形成的。由于种种新途径的开拓，终身教育已经不仅仅是可以期望的，并且也是可能的了。例如，倘若我们没有得益于成人教育以及更一般地说通过正规教育以外的训练途

---

① ［瑞典］托斯顿·胡森等主编：《国际教育百科全书》第5卷，贵州教育出版社1990年版，第729—730页。

> 当代教育新理念

径所作的贡献，倘若没有通过广播和电视建立起庞大的信息传播网络，倘若人类通用的教学仪器还没掌握在手，那么与终身教育有关的思想毫无疑问就不可能产生。恰恰相反，现在这一事业是可能实现的。就目前来看，终身教育是大有希望的。这希望是建立在相信人、相信人的能力的基础上，即相信人能发展成为对自己思想、情感、选择负有责任的成年人。

——［法］保罗·朗格朗：《终身教育导论》，滕星等译，华夏出版社1988年版，第83—84页。

阅读与思考1-3 终身教育是学习化社会的基石

每一个人必须终身继续不断地学习。终身教育是学习化社会的基石。

终身教育这个概念包括教育的一切方面，包括其中的每一件事情。整体大于其部分的总和。世界上没有一个非终身教育的而又分割开来的"永恒"的教育部分。换言之，终身教育并不是一个教育体系，而是建立一个体系的全面组织所根据的原则，而这个原则又是贯穿在这个体系的每个部分的发展过程之中的。

这个概念在各个不同的方面应用的方式是大不相同的。……我们甚至可以说，世界上有多少国家，就有多少种不同的方式去应用这个概念。当然，在所有的国家中，采用和进展的程度也不会是一样的；各个国家彼此各不相同，但我们仍然深信：终身教育的问题，为了达到终身教育所作出的决定和所应采取的途径，在世界所有的国家中，甚至在那些尚未完全认识到终身教育这个概念的国家中，乃是我们时代的关键问题。

教育必须按照每一个人的需要和方便在他的一生中进行。所以我们必须指导他把教育（包括亲身学习、自我教学、自我训练）的真正宗旨记在心里，从一开始起直到在各个阶段上给他指明方向。教育不应限于学校的围墙之内。所有现有的机构（无论是否为了教学而设置的）和各种方式的社会经济活动都必须用来为教育宗旨服务。

——联合国教科文组织国际教育发展委员会：《学会生存——教育世界的今天和明天》，华东师范大学比较教育研究所译，教育科学出版社1996年版，第223—225页。

第二章

全民教育理念

人类长期以来不懈追求的一个重要理想是，人人都享有受教育的机会。1990年由联合国教科文组织等发起召开的"世界全民教育大会"是这种追求的集中体现。"全民教育"也从此成为当代最具影响力的教育理念之一，在世界教育改革与发展过程中发挥着非常重要的指导作用。世界上大多数国家和地区都在积极地将全民教育付诸行动，并且取得了举世公认的进展。

第一节 全民教育理念提出的背景

全民教育的理念并非始于20世纪90年代。早在19世纪末20世纪初，受西方人本主义教育思潮的影响，全民教育理念就开始萌芽。1948年12月联合国大会通过的《世界人权宣言》为教育的全民化奠定了重要基础。该宣言第26条庄严地提出：人人都有受教育的权利。此后数十年，国际社会和联合国有关机构为实现这一目标作出了持续不懈的努力。当然，"全民教育"这一概念的正式提出，则是始于1990年在泰国宗迪恩召开的"世界全民教育大会"。1990年3月5日至9日，由联合国教科文组织、联合国儿童基金会、联合国开发计划署和世界银行共同发起，在泰国的宗迪恩召开了"世界全民教育大会"，来自世界150多个国家以及联合国系统各机构、20个政府间组织和150多个非政府组织约1500名代表、观察员及专家出席了会议。会议的主要成就是讨论并通过了《世

当代教育新理念

界全民教育宣言：满足基本学习需要》和实施宣言的《满足基本学习需要的行动纲领》。"全民教育（Education for All）"概念由此而被正式提出，并成为影响深远的重要教育理念。全民教育理念的提出主要有以下几个原因：

一 受到世界卫生组织"全民健康"政策倡议的激励

1978年在苏联阿拉木图举行的国际基本保健会议指出，世界上亿万人民的卫生状况很不理想，要求全球社会在世界各国人民间"对保健资金做到更为公平的分配"，从而使他们在社会生活和经济生活方面能够过得更好。在联合国大会的同意下，世界卫生组织立刻接受了这一要求，并于1981年通过了到2000年达到全民健康的全球战略。受到世界卫生组织"全民健康"大胆倡议的鼓舞，并且看到其口号的巨大力量，联合国教科文组织适时提出了"全民教育"的倡议。[①]

二 得益于联合国儿童基金会的参与

不过，"全民教育"理念提出以后并没有立即受到广泛的关注。这种状况的改善得益于联合国儿童基金会（UNICEF）的参与。联合国儿童基金会不满足于只在支持儿童健康发展方面的努力，它计划将教育纳入自己对"儿童的综合服务"中，并希望有一次大的国际行动。已故儿童基金会执行主席格兰特（Jim Grant）和教科文组织前总干事马约尔（Federico Mayor）结成联盟，他们请求世界银行一起参与全民教育国际行动。此后，联合国开发计划署（UNDP）主动希望加入这一国际行动。至此，教科文组织、儿童基金会、世界银行和开发计划署结成了组织召开有史以来最重要的世界教育大会的联盟，并由一个联合秘书处为大会的召开作出了富有成效的努力。这一切，使"世界全民教育大会"得以成功地于1990年在泰国的宗迪恩举行，并吸引了150多个国家的国家元

---

① 参见［印］哈本斯·S. 波拉《成人识字教育：从观念到实施策略》，曾子达译，《教育展望》（中文版）1990年第24期。

首或政府首脑前往参加。① 这次会议提出的"全民教育"目标，代表了世界各国和国际教育界做出的一项庄严的承诺。

三 与当时的世界教育形势密切相关

全民教育理念的提出并得到广泛的传播，与当时世界教育的形势也具有密切的关系。第二次世界大战以后，世界教育事业得到了空前的发展，而在发展中国家尤为突出。就初等教育而言，发展中国家入学的儿童从1960年的21700万人增加到1987年的47800万人，估计1990年达到50530万人。6—11岁儿童的入学率从1960年的48%提高到90年代初的77.8%。另一方面，世界范围内的成人扫盲也取得了巨大的成就。在20世纪50年代，15岁及15岁以上的非文盲人口为89000万人，到90年代初则达到263300万人，也就是说在将近40年中增加了两倍。全世界的文盲率从1950年的44%降至1990年的26.5%。在发展中国家，只用了短短的20年（1970—1990），非文盲成年人数就增加了2.5倍，文盲率从54.7%降至34.9%。② 但是，在世界范围内，尤其在发展中国家，基本教育也存在一些严重的问题。《世界全民教育宣言》对此归纳如下：③（1）1亿多儿童，其中包括至少6000万女童，未能接受初等学校教育；（2）9.6亿多成人文盲，其中2/3是妇女；（3）功能性文盲已成为包括工业化国家和发展中国家在内的所有国家的严重问题；（4）世界1/3以上的成年人未能学习能改进其生活质量并帮助他们适应社会和文化变化的文字知识及新技能和新技术；（5）1亿多儿童和不计其数的成人未能完成基础教育计划；（6）更多的人虽能满足上学的要求，但并未掌握基本的知识和技能。出现上述问题的重要原因在于，世界面临着许多令人生畏的问题，如明显加重的债务负担、经济停滞和衰退的威胁、

---

① 赵中建：《全民教育——世纪之交的重任》，四川教育出版社1999年版，第12页。
② ［西班牙］费德里科·马约尔：《全民教育：2000年的挑战》，《教育展望》（中文版）1991年第28期。
③ 赵中建编：《教育的使命——面向二十一世纪的教育宣言和行动纲领》，教育科学出版社1996年版，第13页。

当代教育新理念

人口的迅速增长、国家之间及各国内部日益扩大的经济差距、战争、侵占、内乱、暴力犯罪、本可预防的无数儿童的夭亡以及普遍的环境退化。《世界全民教育宣言》指出,"这一系列问题限制了为满足基本学习需要所作的努力,而相当一部分人基础教育的缺乏又阻碍了各社会全力且有目的地解决这些问题。这些问题导致了20世纪80年代基础教育在许多最不发达国家的明显倒退。在其他一些国家里,经济的增长使资助教育的扩展成为可能;但即使如此,仍有许许多多的人处于贫困之中,未受过教育或仍为文盲。在某些工业化国家,整个80年代政府开支的削减也造成了教育状况的恶化。"[①]

第二节 全民教育的内涵与意义

全民教育理念涉及的内容十分丰富,概括起来主要包括全民教育的内涵、全民教育的意义、全民教育的目标、全民教育的实施等几个方面。本节先探讨全民教育的内涵与意义。

一 全民教育的内涵

全民教育的基本内涵是指教育要满足每一个人——儿童、青年和成人——的基本学习需要。什么是基本学习需要?《世界全民教育宣言》作了如下界定:"基本学习需要包括基本的学习手段(如读、写、口头表达、演算和问题解决)和基本的学习内容(如知识、技能、价值观念和态度)。这些内容和手段是人们为能生存下去、充分发展自己的能力、有尊严地生活和工作、充分参与发展、改善自己的生活质量、做出有见识的决策并能继续学习所需要的。"[②] 全民教育的重点主要包括普及初等

[①] 赵中建编:《教育的使命——面向二十一世纪的教育宣言和行动纲领》,教育科学出版社1996年版,第14页。
[②] 赵中建编:《教育的使命——面向二十一世纪的教育宣言和行动纲领》,教育科学出版社1996年版,第15—16页。

教育，消除受教育的男女差距，扫除成人文盲等。

二 全民教育的意义

全民教育无论是对于社会的进步还是个人的发展都具有重要的意义。这里拟从满足基本学习需要和教育中的性别平等对个人与社会的影响作用进行具体的分析。

1. 满足基本学习需要可以促进个人与社会的发展

满足基本学习需要可以使人有能力理解人类共同的文化遗产，掌握共同的文化和道德价值观念，并有效地参与社会生活。联合国教科文组织前总干事松浦晃一郎在为《性别与全民教育：跃上平等》（2003—2004年全民教育全球监测报告）所写的序言中，将教育看成是引导和照亮人们生活的火炬，认为教育不仅有益于个人，而且也是社会的根本利益所在，因为经济与社会的进步依赖于它。同时，满足基本学习需要本身不仅仅是目的，它还是终身学习的基础，决定着人们后续教育的质量。教科文组织前总干事费德里科·马约尔在《全民教育：2000年的挑战》一文中也曾指出："全民教育，或者更确切地说，基础教育和文化教育——这是教育的基础，在很大程度上也是在其后各阶段提高质量和获得成功的决定因素"。[1]

作为1990年泰国宗迪恩"世界全民教育大会"和1993年印度新德里"九个人口大国全民教育首脑会议"的后续活动，1995年3月10日在"世界社会发展问题首脑会议"期间，出席会议的九个人口大国领导人在联合国教科文组织以及联合国开发计划署、人口基金和儿童基金会的组织下举行了另一个首脑会议。九国领导人发表的联合公报《九个人口大国代表团团长的联合公报》强调了全民教育在社会发展中的重要作用，指出："全民教育是现代社会中克服排斥和实现社会融合之必需，是

---

[1] [西班牙] 费德里科·马约尔：《全民教育：2000年的挑战》，《教育展望》（中文版）1991年第28期。

成功地减少失业和消灭贫困之手段。"① 联合国有关组织和机构也就全民教育发表了公报——《联合国机构和组织领导人就全民教育的公报——社会发展之必需》也指出:"接受基础教育和终身教育机会既是一项基本人权,也是人类发展之必需;特别是女童和妇女的教育,通过扩大她们选择的机会以使她们充分发挥其潜力,极大地促进了社会发展和社会公正。"②

《教育展望》1990年发表的题为《谁从文盲现象中获益?扫盲与赋予权力》的文章详细地阐述了扫盲对于个人和社会进步的深刻影响。文章认为,摆脱文盲状态可以使人们获得自信并从依赖的束缚中解放出来;使人们能更好地支配他们自己的生活;使人们具有政治意识和鉴别能力,认识到并能争取和捍卫自己的权利。作者最后总结说,"文盲必定软弱无能,必定受到忽视。扫除文盲则赋予人们以权力,而这种权力是其他各种益处的基础,是人们及其社会进步的基础。"③

2. 教育中的性别平等符合个人和社会的利益

《世界全民教育宣言》在谈到教育机会平等问题时指出,所有儿童、青年和成人都必须获得达到必要的学习水平的机会,而"最为紧迫之事就是要确保女童和妇女的入学机会,改善其教育质量,并清除阻碍她们积极参与的一切障碍。应该摒弃教育中任何有关性别的陈规陋习。"④ 为什么强调教育中的性别平等?原因就在于,减少教育中的性别不平等符合公民的个人和社会利益。具体来说,教育的性别平等具有以下意义:

第一,教育中的性别平等可以提高妇女的地位。联合国人口基金会

---

① 赵中建编:《教育的使命——面向二十一世纪的教育宣言和行动纲领》,教育科学出版社1996年版,第223页。
② 赵中建编:《教育的使命——面向二十一世纪的教育宣言和行动纲领》,教育科学出版社1996年版,第225页。
③ [坦桑尼亚] 优素福·卡赛姆:《谁从文盲现象中获益?扫盲与赋予权力》,《教育展望》(中文版)1990年第24期。
④ 赵中建编:《教育的使命——面向二十一世纪的教育宣言和行动纲领》,教育科学出版社1996年版,第17页。

执行主席萨迪克（Nafis Sadik）博士指出："教育即权利——而且妇女必须有权掌握自己的命运。教育为妇女打开了机会之门，并给她们以选择。教育是克服那些将女童和妇女在家庭和社会中归入'二等公民'的陋习和传统的关键之所在。"① 1993年召开的"九个人口大国全民教育首脑会议"除全体会议外，还举行了"女童和妇女教育、妇女权益与人口问题"专题会议。专题会议发表的同名专题报告指出，"通过接受与其需要和环境相适应的教育，妇女可以在家庭和整个社会的主要活动中逐渐变得更加为人瞩目并为众人所承认。就个人而言，教育可以加强妇女的自我价值、自信的能力感"。②

第二，教育中的性别平等可以提高经济和社会效益。1995年在北京举行的第四次世界妇女大会通过的《行动纲领》认为，投资于女孩和妇女的教育具有很高的经济效益，是实现可持续发展的最佳手段之一。《性别与全民教育：跃上平等》报告也充分肯定减少教育中性别不平等的经济效益。该报告援引经济学的分析成果指出：在受各级教育个人成本和随之的教育对个人的一生收益的影响关系基础上估计得出的个人教育收益率是很明显的，至少与家庭在别处投资的回报率一样高。报告还论述了教育性别平等的社会效益，认为提高妇女的受教育水平，有利于她们充分行使其公民权利。而如果将女童排除在外，会对她们的社会主体感产生负面影响，也会限制她们的公民和政治生活。报告最后总结说："妇女教育的这些直接或间接的益处表明，当女性比男性更少接受教育时，社会便衰败。"而"一个促进教育中性别平等的决定性步骤，可以对经济增长和其他的发展政策的目标产生一个整体的积极影响。"③

第三，教育中的性别平等可以降低生育率和儿童死亡率。《教育——

---

① 赵中建编：《教育的使命——面向二十一世纪的教育宣言和行动纲领》，教育科学出版社1996年版，第246页。
② 赵中建编：《教育的使命——面向二十一世纪的教育宣言和行动纲领》，教育科学出版社1996年版，第246页。
③ 联合国教科文组织：《性别与全民教育：跃上平等（2003—2004年全民教育全球监测报告）》，王晓辉等译，人民教育出版社2004年版，第30页。

财富蕴藏其中》一书认为，妇女受教育的水平与人口出生率的下降具有明显的关系。该书引用教科文组织1995年《世界教育报告》对这个问题的研究结果指出，在世界最贫困的地区，"妇女和女孩都受到一种循环的束缚，那就是有文盲母亲，就有文盲女儿；女儿早早结婚，就又像前辈那样被迫处于贫困和文盲状态，受高生育率和早亡之害"。因此，这是一个将贫困与男女不平等结合在一起的恶性循环。[①] 关于教育与儿童死亡率的关系，"九个人口大国全民教育首脑会议"专题会议发表的报告认为：适当水平的教育，可以大大降低儿童的死亡率。该报告指出："有证据显示，母亲每多受一年学校教育，孩子的死亡率可以相应地降低5%—10%。例如，在每1000个新生儿中，母亲为文盲的婴儿平均死亡170个，而母亲受过不少于六年教育的婴儿的死亡率约为100稍多一点。"[②] 报告认为，其中的原因在于，教育与接受新思想和革新观念密切相关，受过教育的母亲更倾向于关注孩子的健康卫生与营养，并在孩子生病时及时求医治病。

阅读与思考2-1　**妇女与女青少年：争取平等的教育**

妇女在世界多数地区仍旧是男子的牺牲品，其表现形式因传统和环境不同而异。有的是大规模的，有的则比较隐蔽。这种对男女平等的否认涉及面广，性质严重，因此它在20世纪末依然是对人权的一种侵犯。国际社会有责任竭尽全力消除这些不平等现象，确保女青年和妇女能够接受可使其尽快弥补同男子的差距的教育，以便在工作中、在社会上、在政治方面为她们开展活动和执政开辟至今仍被堵塞的道路。这不仅仅是一种伦理要求。许多论著都强调了一个重要的社会现实：在全世界，妇女已成为第一线的经济参与者，即使所用指标往往倾向于贬低或掩盖她们对发展的真正贡献也改变不了这一现实。从这一观点来看，对妇女

---

① 国际21世纪教育委员会：《教育——财富蕴藏其中》，联合国教科文组织总部中文科译，教育科学出版社1996年版，第63—64页。

② 赵中建编：《教育的使命——面向二十一世纪的教育宣言和行动纲领》，教育科学出版社1996年版，第248页。

和女青少年进行教育是对未来的最好的投资方式之一。不管是为了改善家庭的健康状况，还是为了提高儿童入学率或改善社区生活，各个社会只有通过教育母亲和普遍提高妇女的地位，才最有可能看到自己的努力达到目标。我们这个过于专一地被男子统治的世界应从妇女解放中学习许多东西，也期待着许多东西。

——国际 21 世纪教育委员会：《教育——财富蕴藏其中》，联合国教科文组织总部中文科译，教育科学出版社 1996 年版，第 177—178 页。

阅读与思考 2-2　妇女教育——促进发展的必要手段

在男女教育平等方面已取得了若干进步。但是，差异仍然很明显：全球 2/3 的成人文盲，即 5.56 亿人是妇女，她们中大多数人生活在非洲、亚洲和拉丁美洲发展中地区。在世界范围内，上学的女孩子比男孩子少：4 个女孩中就有一个不上学，而男孩的情况是 6 个中有一个不上学（女孩不上学者占小学年龄组的 24.5%，即 8500 万人，而男孩占 16.4%，即 6000 万人）。这种差异主要是由最不发达地区的落后状态造成的。例如在撒哈拉以南非洲地区，6 至 11 岁的女孩子上学的不到一半，年龄段越高，入学的比例就越明显降低。

为遵守公正原则，就必须做出特别的努力，来消除男女之间在教育方面存在着的所有不平等现象。事实上，这些不平等现象长期以来造成妇女都处于低人一等的地位。另外，所有的专家今天都一致承认妇女教育对于发展的战略作用。特别是妇女受教育的水平与人民健康和营养的普遍改善以及出生率的下降明显地有关。

从少数女青年和妇女已完成的工作看，女青年和妇女教育看来是整个居民积极参与发展行动的基本条件。

——国际 21 世纪教育委员会：《教育——财富蕴藏其中》，联合国教科文组织总部中文科译，教育科学出版社 1996 年版，第 63—64 页。

第三节　全民教育的目标与实施

全民教育有哪些目标？这些目标又如何通过具体的策略来达成？这

📝 当代教育新理念

里主要结合《世界全民教育宣言》的基本精神予以简要的阐述。

一 全民教育的目标

《世界全民教育宣言》确认的全民教育的最终目标是要满足全体儿童、青年和成人的基本学习需要。《满足基本学习需要的行动纲领》提出了各国在20世纪90年代全民教育的具体目标:[①] （1）扩大幼儿的看护和发展活动，包括家庭和社区的参与，尤其要针对贫困儿童、处境不利儿童和残疾儿童的看护和活动发展；（2）到2000年普及并完成初等教育（或任何被认为是"基础"的更高层次的教育）；（3）提高学习成绩，使商定的适当年龄组的百分比（如14岁年龄组的80%）达到或超过规定的必要学习成绩的水平；（4）降低成人文盲率（各国自定适当的年龄组），例如到2000年减少至1990年水平的一半，要特别重视妇女扫盲以明显地减少男女文盲率之间的差异；（5）扩大提供基础教育和青年及成人所需要的其他必需技能的培训，并根据行为变化及对健康、就业和生产力的影响来评估计划的有效性；（6）通过包括新闻媒介、现代或传统的其他交流形式以及社会行动在内的所有教育渠道，使个人和家庭更多地获得更好地生活和合理地可持续发展所需要的知识、技能和价值观念，并根据行为变化来评估其有效性。

2000年4月在塞内加尔的首都达喀尔召开了"世界全民教育论坛"，对全民教育的十年历程进行了全面的总结，通过了新的《全民教育行动纲领》。它对《世界全民教育宣言》提出的目标作了一定的修正，提出了全民教育的六个新的目标:[②] （1）扩大和改善幼儿教育，尤其是最脆弱和条件最差的幼儿的全面保育与教育；（2）确保在2015年以前所有的儿童，尤其是女童、各方面条件较差的儿童和少数民族儿童，都能接受

---

① 赵中建编:《教育的使命——面向二十一世纪的教育宣言和行动纲领》，教育科学出版社1996年版，第28页。

② 转引自国家教育发展研究中心编著《2004年中国教育绿皮书——中国教育政策年度分析报告》，教育科学出版社2004年版，第219页。

和完成免费的和高质量的义务初等教育;(3)确保通过公平获得必要的学习机会,学习各种生活技能,来满足所有青年人和成年人的学习需求;(4)2015年以前,使成人脱盲人数,尤其是妇女脱盲人数增加50%,所有的成年人都能有接受基础教育和继续教育的平等的机会;(5)在2015年以前,消除初等教育和中等教育中男女生人数不平衡的现象,并在2015年以前实现教育方面的男女平等,重点是确保女青少年有充分和平等的机会接受和完成高质量的基础教育;(6)全面提高教育质量,确保人人都能学好,在读、写、算和基本生活技能方面都能达到一定的标准。

2014年5月,联合国教科文组织在阿曼首都马斯喀特召开了2014年全球全民教育会议。教科文组织提出了2015年后全球教育议程总体目标:"确保到2030年实现全民享有公平、包容的良好教育和终身学习"。七项具体目标是:到2030年,大幅提升学前教育的入园率;使所有儿童完成10年免费义务教育,包括1年学前教育;提升成人识字率,使其拥有参与社会生活必须的读写算技能;提高青年与成人获得体面工作所需要的知识技能和能力水平;所有学习者都具备全球公民和可持续发展的知识技能与态度;政府保证提供充足的教师;将公共教育经费增加至占GDP的4%—6%,政府公共支出的15%—20%。在这七项建议中,前5项为产出型指标,后两项为投入型指标。①

二 全民教育的实施策略

《世界全民教育宣言》将政府的作用放在首要位置,要求各国政府把开展全民教育作为国家一级的优先行动,每个国家都要制定或更新综合的长期行动计划,并给予必要的资源保证。政府要创造良好的政策环境,通过采取立法及其他措施以推动并促进各有关部门之间的合作。它特别呼吁政府要加强对全民教育的投入,认为一些国家对教育的财政总

---

① 王力:《全球全民教育会议在阿曼召开》,《世界教育信息》2014年第11期。

投入很低，它们必须探索将用于其他一些目的的部分公共经费重新分配给基础教育的可能性。《世界全民教育宣言》指出，满足全民的基本学习需要，光靠加强现存的基础教育是不够的。它需要一种"扩大的设想"，在依靠现行实践优点的同时，能超越现有的资源水平、制度结构、课程和通常的传授体系。

1. 普及入学机会并促进平等

这方面的工作包括：（1）向所有儿童、青年和成人提供基础教育。为达此目的应扩大高质量的基础教育服务，而且必须采取始终如一的措施来减少差异。（2）为实现基础教育机会均等，所有儿童、青年和成人都必须获得达到和维持必要的学习水平的机会。（3）确保女童和妇女的入学机会，改善其教育质量，并消除阻碍她们积极参与的一切障碍，应该摈弃教育中任何有关性别的陈规陋习。（4）必须积极消除教育差异。不应使如下一些社会地位低下的群体在获得学习机会上受到任何歧视——穷人、街头流浪儿和童工，农村和边远地区人口、游牧民和移民工人、土著居民，种族、民族和语言方面属于少数的群体，难民、因战争而流离失所者以及被占领区居民。（5）残疾人的学习需要应受到特别的关注。必须采取步骤为各类残疾人提供平等的受教育机会。

2. 强调学习

对个人或对社会来说，扩大了的教育机会是否会表现为有意义的发展，最终取决于作为这些教育机会的结果，人们是否实际地学到了什么，即他们是否学到了有用的知识、推理能力、各种技能以及价值观念。因此，基础教育必须把重点放在知识的实际获得和结果上，而不单纯注重入学及完成证书的要求。积极参与的方法对于确保知识的获得和学习者充分开发自己的潜力，具有特殊的价值。

3. 扩大基础教育的手段和范围

儿童、青年和成人基本学习需要的多样、复杂以及变化着的特性，要求扩大并不断重新确定基础教育的范围以便包容如下项目：（1）出生即为学习之始。这就要求早期的幼儿看护和初始教育，而这一切可以通过家庭、社区或机构作出适当的安排。（2）初等学校教育是除家庭教育外对儿童进行基础教育的主要传授系统。初等教育必须普及以确保所有儿童的基本学习需要得到满足，并考虑社区的文化、需要和机会。倘若补充的可选计划具有与普通学校相同的学习标准并得到充分的支持，它们就能有助于满足那些没有或很少有机会接受正规学校教育的儿童的基本学习需要。（3）青年和成人的学习需要是多样的，应该通过多种传授系统予以满足。扫盲项目必不可少，因为识字本身就是一种必要的技能，也是其他生活技能的基础。其他的学习需要可通过下述方式予以满足：技能培训、学徒，以及涉及保健、营养、人口、农业技术、环境、科学、技术、包括生育意识的家庭生活以及其他社会问题的各种正规和非正规教育计划。（4）可以利用信息、通信和社会活动方面所有可能的手段和渠道来帮助传播必要知识，并就社会问题向人们进行宣传和教育。除传统的手段外，还可以调动图书馆、电视、广播和其他传播媒介并发挥其潜力以满足全民的基础教育需要。

4. 改善学习环境

学习不是在孤立的状态下进行的。因此，社会各方面都必须确保使所有学习者都得到他们所需要的营养、卫生保健以及一般的物质和情感支持，从而使他们能积极参与教育并从中获益。

5. 加强伙伴关系

国家、地区和地方各教育当局对提供全民基础教育有着各自的责任，但不能期望它们提供实现这一任务所需要的所有人力、财力和组织力量。在所有各级建立新型有活力的伙伴关系是必要的：在所有下属教育部门和所有教育形式之间的伙伴关系中，确认教师、行政管理人员和其他教育人员的特殊作用；教育部门同规划、财政、劳动、通信等其他政府部门以及其他社会部门之间的伙伴关系；政府同非政府组织、私营部门、地方社团、宗教团体以及家庭之间的伙伴关系。

2014年联合国教科文组织发布的《全民教育全球监测报告》提出了确保高质量教育的六条建议。第一，改变课堂和营造多元化的学习场景，改变死气沉沉的学习环境，使学生能够主动接受信息，通过与教师、同辈、课程、学习资源和当地社区的合作自学。第二，改善教师的工作条件，提供持续的支持和培训，综合实施校本专业支持和发展的系统项目。第三，修订学校课程以反映技能、知识、态度和价值观，体现21世纪所有群体的幸福和体面就业的相关性。第四，提供促进课堂学习的材料，这些学习材料既能反映相关技能、知识、态度和价值观，又能促进学生主动自学。技术资源需要跟上社会生活其他领域应用的步伐。第五，扩展学习结果，除了基本阅读和算术技能之外，更要反映当地的教育价值、需要和期望。第六，通过政府、援助机构和私人企业增加全球教育投资。①

由上所述可见，全民教育理念开阔了教育的视野。其核心内容即基础教育必须以满足全民的基本学习需求为手段，以提高大众的生存质量、促进人和社会可持续发展为根本宗旨的思想符合当代社会的发展观和教育的内在规律。不能仅仅将满足每个人的基本学习需要看成是人的一项基本权利，它同时还应当被看作是传承人类优秀文化遗产，提高人的素质的重要手段。

阅读与思考2-3　全民教育是一种极为重要的必需

我们的教育制度以及确实作为整体的社会是以排斥原则为基础的。教育是为少数人服务的，而愚昧则是大多数人的事。随着通信和交通的发展，我们既有能力支付教育又有能力维持教育，这已成为现实。在一种非常确切的意义上，我们大家在地球村中互为邻居。无论我们是否愿意如此，我们不可避免地要分享各自的欢乐和痛苦。在将一种强制的关系转变为一种共有的意识的过程中，教育是可供我们自由支配的为数不

---

① 引自《中国教育报》2014年5月14日。

多的手段之一。

如果我们不增强对我们生活在一个全球共同体——即我们分担责任并共享相同的命运——这一事实的意识，我们社会所面临的许多问题就可能无法得到解决。所需要的不仅仅是一些新的方法和新的了解，还必须有——的的确确是最重要的——应用可获得方法的共同的目标意识和努力。这种相互负责的意识对我们共同的幸福至关重要，如何才能使它得到宣传和发展呢？

发展这种全球共同体（global community）的意识难道不是基础教育的最重要作用吗？是的，"共同体"在基础教育中不是一个共同的科目。但我们都知道，学校所教的和学生所学的东西之间通常存在着相当的差异。学校教阅读、写作、数学、基础科学以及其他许多科目。但是除了一系列科目外，学生还要学习的是，他们是社会的参与者。在年幼阶段，儿童对社会或社区的意识或许主要局限于村庄或邻居，但是参与的观念——参与或承担一部分集体的责任——一旦获得，这种观念就会扩展至县、地区、国家以及最终至全球社会。

正是在这一意义上，我看到了基础教育的作用——作为加入具有共同关心问题和责任的社会的一种仪式，而且正因为此，我才如此看重基础教育的重要性。学校和成人识字中心是所有社会中最具普遍性的机构。它们通常是最初进入学习世界的场所。学校和成人识字中心向学习者提供无穷的自我改善和社会进步的可能性，这种观念是基本一课。为了带来变革，人们必须首先相信，变革确实是可能的，我们的世界不是凝固的，而是不断处于进步之中。对于一个以所有人的参与为基础的社会来说，全民教育是一个前提条件。如果没有参与，没有参与所引起的一致和相互负责的意识，事实将证明我们的社会与我们将面临的巨大挑战是不相符合的。

——科林·N. 鲍尔：《教育的使命》，见赵中建编《教育的使命——面向二十一世纪的教育宣言和行动纲领》序，教育科学出版社1996年版，第3—4页。

> 当代教育新理念

第四节 全民教育理念的影响

全民教育理念提出以后，在世界上产生了广泛而持久的影响。20世纪90年代以来的一系列重大国际性教育会议或与教育相关的会议反复出现这个主题，得到许多国际性机构的热烈响应，越来越多的国家将它作为教育改革与发展的重要指导思想在实践中积极地加以落实。

一 全民教育取得的重要进展

1. 全民教育推行的总体成果

《安曼公报》显示，自宗迪恩会议以来全民教育在六年间取得了较大的成绩，基础教育虽没有达到预期目标，但取得的进步却毋庸置疑。发展中国家小学入学人数大幅度增加，1995年小学在学人数比1990年增加了5000多万；连续几十年小学失学人数不断上升的状况开始扭转。这些成绩应归功于各国政府的共同努力。一些国家在提高教育质量和针对性方面的深入思考和取得的经验为进一步推进全民教育奠定了基础。联合国教科文组织前总干事马约尔在总结安曼中期评估时也充分肯定了全民教育的成绩：1990年以来普及初等教育在80%的发展中国家取得了进展，这可能是中期评估中最积极、最有说服力的成果。虽然许多贫穷国在这期间遭受经济危机，但80年代儿童入学率持续倒退的趋势开始扭转。1990—1995年期间，发展中国家在学儿童人数的增长速度比80年代快两倍。南亚和撒哈拉以南非洲地区的成绩最为显著，小学入学人数增长了3000万。90年代前五年可以说是教育复兴的时期。发展中国家小学适龄儿童入学率普遍提高，撒哈拉以南非洲地区的教育普及率达到60%，拉丁美洲和亚洲地区的教育普及率更高，20世纪末可达90%。据统计，1990年世界失学儿童人数约1.28亿，1995年下降到约1.1亿人，有史以来首次实现失学儿童人数下降。五年期间，幼儿教育在经费不足的情况下（只占国家教育经费总数的4%）得到较快的发展。参与幼儿教育计划的人数增加了近20%，即有5600万儿童接受幼儿教育，占3~6岁年龄组的1/5。联合国教科文组织发表的统计和预测表明，在1995年到2000年期间，全球文盲人数减少了1000万。全球成人文盲由1995年的8.72亿减少到了2000年的8.62亿，在总人口中所占的比例也由22.4%下降为20.3%。联合国教科文组织认为，妇女识字率的提高尤为令人鼓舞。1995年到2000年，全球15岁及15岁以上的女性文盲在这个年龄段女性中所占的比例已由28.5%下降为25.8%。①

联合国教科文组织2006年和2007年发表的《全民教育全球监测报告》显示，2000年以来世界全民教育又取得了新的进展，特别是在全民教育进展缓慢的地区，其增长速度更是超出了曾经的预期。主要表现为：拉美、加勒比和太平洋地区的学前教育毛入园率，分别为60.8%、101%和71.9%，北美和欧洲地区为78.5%。世界上约半数以上的国家为3岁以下儿童提供了某种形式的正规保育和教育；发展中国家的小学入学人数比1997年增加了1.56亿，增长近27%，其中1999—2004年撒哈拉以南非洲和西南亚地区增加了2000万，分别为27%和19%。世界小学净入学率达到86%，47个国家实现了普及初等教育的目标；性别平等目标在低性别平等指数的国家取得了长足的进步，在181个国家中，2004年有三分之二的国家实现了小学入学人数男女相同的目标，小学入学的女童与男童的人数比例为94∶100，而1999年为92∶100；升入初中的学生数得到了实质性增长，是小学人数的四倍；成人扫盲进展尽管缓慢，但世界成人识字人数增加了近一亿，文盲人数从2000年的8.62亿降至7.8亿。②

2. 九个人口大国推行全民教育的成果

据联合国教科文组织1990年的统计，九国人口总和为29.68亿，占世界总人口的一半以上；九国的成人文盲人数占世界成人文盲总人数的

---

① 《全球文盲五年减少一千万》，南方网新闻中心，2002年9月3日。
② 转引自董建红《达喀尔论坛后的世界全民教育：进展、特点、挑战及前景》，《比较教育研究》2007年第8期。

> 当代教育新理念

70%以上；九国未入小学的儿童人数在7000万左右，其辍学人数也占到世界辍学总人数的一半以上。时任联合国教科文组织总干事的马约尔为此而指出："除非这些国家取得进步，否则整个世界的教育不会有实质的进步。可以说，这些国家是解决文盲和缺少教育等问题的关键所在。如果全民教育在这些国家取得了进展，全世界的全民教育亦有进展；如果这些国家的教育发展缓慢，或者说它们之中有的国家拖了后腿，世界统计数字将反映出它们的失败……在实现全民教育的神圣追求中，这九个国家完全可以作为地区和全球的实验室和资源库。"① 在九个人口大国和国际社会的共同努力之下，九国全民教育取得了显著的成绩。据联合国教科文组织统计，1990—1995年期间，九国接受初等教育的儿童增加了3000万人；九个人口大国几乎都增加了国家对基础教育的经费投入；成人文盲大量减少。九国在基础教育方面取得的显著成就加速了世界全民教育的进程。

3. 中国推行全民教育的成绩

2005年11月10日，中国教育部发布了《中国全民教育国家报告》。该报告全面总结了2000年达喀尔世界全民教育会议以来，中国在学前教育、义务教育、职业教育、成人扫盲及少数民族教育等方面所取得的进展，记述了中国推进全民教育的历程。报告显示，2000年以来，中国义务教育发展取得了历史性进步。2004年，全国"两基"（指基本普及九年义务教育和基本扫除青壮年文盲）人口覆盖率由2000年的85%提高到93.6%。成人扫盲也取得了巨大成就，2001—2004年，全国共扫除文盲803万人，年均扫除文盲200多万人，青壮年文盲率控制在4%左右，成人识字率居发展中人口大国前列。教育的性别差异进一步缩小，中国小学适龄女童基本都能接受教育，2004年女童小学入学率达到98.93%。报告还宣布了中国在新世纪前20年全民教育发展的战略目标：（1）到

---

① 赵中建编：《教育的使命——面向二十一世纪的教育宣言和行动纲领》，教育科学出版社1996年版，第108页。

2010年,全国实现高质量的全面普及九年义务教育,普及九年义务教育人口覆盖率达到98%以上;扫除15至24岁文盲,全国青壮年文盲率降到2%以下,成人文盲率降到5%以下。(2)重视儿童保养和早期教育。到2015年,全国平均学前3年幼儿教育毛入园率达到65%以上,所有儿童都有机会受到学前一年的教育。(3)构建全方位、多层次的信息技术教育和现代远程教育体系。积极发展职业教育、成人教育和培训,构建学习型社会。

二 全民教育面临的严峻挑战

近年来,全民教育尽管取得了诸多可喜的成就,但远远没有达到令人满意的程度,还存在不少值得关注和需要改进的问题。①

第一,尽管入学人数的增加已超过人口的增长,但世界上仍有1亿适龄儿童失学,约占学龄儿童总数的18%,其中70%在撒哈拉以南非洲地区、南亚和西亚,57%是女童。50%的初中适龄青少年不能进入中学学习。此外,大多数国家的学前教育毛入学率仍低于50%,处境不利地区的儿童和弱势群体基本被排斥在外;城市的在学率大大高于农村地区。

第二,世界上仍然有7.8亿成人文盲,其中大部分是女性并居住在农村地区。根据教科文组织的统计数字,九个人口大国中成人文盲人口位居前四位的均在亚洲:印度34%、中国9.08%、孟加拉6.5%和巴基斯坦6.4%。而在最不发达国家,两人中就有一人是文盲。在非洲撒哈拉以南地区、阿拉伯国家、南亚与西亚地区的成人识字率只有60%。

第三,60多个国家在初等教育阶段仍然存在着男女童入学不均衡问题,有些地区女童面对着的是高度不平等的受教育机会;而在中等教育阶段,有56个国家却是男童入学不足。有94个国家未实现2005年消除性别差异的目标。

---

① 董建红:《达喀尔论坛后的世界全民教育:进展、特点、挑战及前景》,《比较教育研究》2007年第8期。

> 当代教育新理念

第四,作为普及全民教育和质量保证主力军的教师的地位、待遇和培训机会等在过去十余年几乎没有任何改善。而在非洲地区,由于艾滋病等流行病的传播,教师已严重减员,以至于有些学校由于教师的匮乏而不得不关闭。此外,在诸如南亚等国家,女性教师严重匮乏,在相当程度上影响了女童的入学和学习。

第五,若要在2015年以前实现全民教育目标,资金缺口仍然巨大,发展中国家除最大限度地动员国内资金以外,估计每年尚需要120亿美元的外部援助,仅基础教育和性别平等目标预计每年将需要70亿美元。而八国峰会承诺加大对基础教育的支持力度,到2010年每年为33亿美元。尽管过去几年中全民教育所需资金在持续增长,但总计尚有76亿美元的资金缺口。

第六,由于以上各种原因,教育质量的低下和不均衡便不可避免。学习过程中的学生流失、辍学和复盲现象普遍存在,即使完成了初等教育的学生,掌握和能够运用知识的状况也令人担忧。世界银行等国际机构认为,初等教育完成率比净入学率更能体现教育质量的水平。根据世界银行的推算,发展中国家小学学龄儿童的初等教育未完成率接近40%,大大超出教科文组织公布的数字。南亚和撒哈拉以南非洲地区的状况最为严重,只有不到四分之三的学生最终能达到小学五年级水平。

根据2007年全民教育全球监测报告,截至2015年,将有40%的贫困国家难以如期实现全民教育目标。有23个国家的净入学率不升反降,80多个国家仍维持收费教育。对于大多数国家而言,每年保证5%的入学增长率并持续15年,就能够实现全民教育目标;但另外一些国家则需要每年以10%的速度增长,才能实现目标。许多低收入国家,三分之一强的儿童即使在学4—6年也只掌握有限的阅读技能。辍学问题依然严重,在91个提供数据的国家中,有30个国家读到小学五年级的儿童不足75%;在那些教育扩张迅速的国家,师生比不断增高;在许多低收入国家,缺乏师资培训和教师条件并直接对教育质量产生不良的影响;几乎没有国家达到建议的年均850—1000学时的教学时间。

以上所述表明，世界全民教育面临着严峻的挑战。但是，我们不必为此而感到悲观。在全民教育的实施过程中，国际社会和国家领导层表现出了强烈的政治意愿并对实现目标作出了承诺；国家层面所作出的各种努力也取得了切实的成效；国际组织和发达国家对全民教育所做的承诺，也在很大程度上为实现全民教育的目标提供了可能性。我们有理由相信，只要人们进一步认识全民教育的重大意义并努力采取持续有效的行动，世界全民教育一定会取得新的更大的进展！

第三章

全纳教育理念

全纳教育（inclusive education）理念是在国际教育民主化的潮流中，尤其是在联合国教科文组织的大力推动下兴起和发展起来的。从时间上看，全纳教育理念产生于20世纪90年代。1994年6月7—10日，联合国教科文组织和西班牙政府在西班牙萨拉曼卡市联合召开了"世界特殊需要教育大会"并发表了《萨拉曼卡宣言——关于特殊需要教育的原则、方针和实践》，第一次明确提出了"全纳教育"的概念。当时的出发点是：相信受教育是基本的人权，也是维系社会正义的基础。这一基本观点的产生受到《联合国宪章》和《世界人权宣言》关于"每个人都有接受教育的权利"的思想的影响。自此以后，全纳教育逐渐成为一个影响广泛并被普遍接受的新的教育理念。

第一节 全纳教育理念提出的过程

"全纳教育"的提出经历了一个长期而渐进的过程。[①] 人类最初并没有特殊教育，残疾儿童一诞生就受到社会的歧视，被认为是不祥之物，甚至连生存的权利都没有保障。在古代的斯巴达，身体羸弱或有残疾的新生儿甚至被弃之荒野。直到18世纪才出现专门的特殊教育。世界上最早的特殊教育学校于1770年在法国创立。在长达两个多世纪的发展历程

---

① 彭霞光：《全纳教育概念的起源与发展》，《现代特殊教育》2008年第6期；冯永刚：《全纳教育理念及其在我国的实践反思》，《世界教育信息》2006年第7期。

中，特殊教育基本上是一种与普通教育相隔离的独立的教育体系。传统的特殊教育是将鉴定为残疾的学生安置在专门为他们而建立的特殊学校或机构内，通常这些特殊学校设施相对比较齐全，有接受过专门教育训练的专业教师，大多数残疾学生住校，基本上是与有同样残疾的学生在一起，较少与家庭、社会的普通人接触。后来人们逐渐认识到这种隔离式教育的诸多不足，尤其对残疾学生回归社会非常不利。

20世纪60年代，瑞典人本格特·尼尔耶（Bengt Nirje）提出了使特殊教育正常化的所谓"正常化原则"（normalization）。其基本主张是：使残疾人能够在与正常人相同或近似的条件下生活。[①]他要求改革原有的隔离封闭式的特殊教育机构，建议将残疾儿童安置到正常社会环境中生活和学习，以使其能够适应社会生活。其实施的途径有两种：（1）通过改革特殊教育和养护机构使其在隔离的环境中尽量提供正常的设施和环境；（2）使残疾儿童融合到普通教育及机构中，与普通儿童主流社会文化保持联系。这样做的目的在于，向隔离式教养院中的残疾儿童提供正常的生活和学习条件。但早期正常化指的是轻度智能不足的儿童，后来才逐渐从广度和深度上向其他类型的残疾以及中重度残疾儿童拓展开来。

在20世纪70年代中期，美国开展了一场"回归主流"（mainstreaming）教育运动。一般认为，美国1975年发布的《所有残疾儿童教育法》标志着回归主流教育运动的开始。该法最被人称道的是三大保证：即零拒绝（Zero Reject）、个别化教育方案（Individualized Education Prgram）和最少限制的环境（The Least Restrictive Environment）。"零拒绝"即不拒绝，意即各种教育机构都不能以任何理由、任何形式拒绝残疾儿童接受教育的需要。个别化教育不一定是一对一的教学，但不可能是大班级的教学，有时候也可用小组的方式进行。在个别化教学方案的要求下，所有学校要为学生拟定个别教育计划。即必须把各种限制的环境（含交通、建筑、课程、教学、态度等）加以排除，使身心障碍者能够接受各

[①] 李金波、包万平：《全纳教育核心理念的嬗变与评析》，《中国电力教育》2008年第1期。

> 当代教育新理念

种社会资源，能够参与各种社会活动。美国特殊儿童学会在1976年的代表大会上对"回归主流"定义为：回归主流是一种有关特殊儿童教育安置的措施和过程的理论。这个理论认识到每个儿童应该在最少受限制的环境中接受教育，因为在最少受限制的环境中儿童的教育和发展上的有关需要才可以得到满足。"回归主流"教育运动的基本要求是将特殊学校的学生统合到普通学校来，打破传统"隔离式"的特殊教育的围墙，让特殊儿童与正常儿童一起学习和生活，以使特殊儿童接触正常儿童，将主流社会对他们的限制减少到最低程度。但回归主流并不是简单地把残疾儿童安置到普通的班级中，Schubert和Glick就提出了七项标准来决定残疾儿童是否应该回归主流：（1）学生应具有学习同年级部分课业的能力；（2）学生应具有不靠太多的帮助（特殊教材、设备或者普通班教师）而学习课业的能力；（3）学生应具有在普通班级中安静学习而无须太多注意的能力；（4）学生应具有适应普通班常规学习的能力；（5）学生应具有在普通班级中与人活动、并模仿楷模行为的能力；（6）普通班的各项设备应该适合特殊学生的需要；（7）课表应具有弹性，以适合特殊学生的需要，并能随着其进步而进行相应的调整。如果学生和学校未具备上述条件，就不能盲目地回归主流。①

此外，英国的"一体化"（integration）教育（或译"融合教育"）和中国的"随班就读"教育以及其他国家的"特殊需要教育"等也属此列。随着经济和社会的发展，针对特殊教育面临的问题和国际教育发展的趋势，美国、英国、澳大利亚等国也先后颁布了法规和法律，支持把残疾儿童安置于普通学校的做法。

然而很快人们发现一体化教育仍有其不合理性：它要求特殊学生进入普通班级，结果使得特殊学生被动适应普通学校的课程与教学，忽视了特殊学生身心发展的特点，使其在课堂中处于被排斥地位，这对于特殊学生的学习和成长是十分不利的。许多研究揭示，有些被安置在普通

---

① 吴武典：《从特殊儿童的教育安置谈特殊教育的发展——台湾的经验与省思》，《中国特殊教育》1997年第3期。

班的特殊儿童整天被正常的儿童孤立。实际上,这些特殊学生虽然身体处在一体化的环境中,但仍然处于被完全隔离的状态。这种情况导致全纳教育理念的提出和发展。

在全纳教育理念的形成和发展过程中,国际组织或机构,尤其是联合国教科文组织发挥了重要的推动作用。1990年,在泰国召开的世界全民教育大会上通过的《世界全民教育宣言——满足基本学习需要》指出:"残疾人的学习需要应受到特别的关注。必须采取步骤为各种残疾人提供平等的受教育机会,并且使这种教育成为教育体系中的一个组成部分。"

1994年"世界特殊需要教育大会"通过的《萨拉曼卡宣言》正式提出全纳教育和全纳学校的概念,并对全纳教育这一全新的思想和概念进行了阐释。宣言提出了特殊需要教育的基本原则:每个儿童都有接受教育的基本权利,必须给与他们实现可达到的并保持可接受的水平的学习机会;每个儿童都有独一无二的个人特点、兴趣、能力和学习需要;教育体系的设计和教育方案的实施应充分考虑到这些特性与需要的广泛差异;有特殊教育需要的儿童必须有机会进入普通学校,这些学校应将他们吸收在能满足其特殊需要的以儿童为中心的教育活动中;以全纳性为导向的普通学校,是反对歧视态度,创造欢迎残疾人的社区,建立全纳性社会以及实现全纳教育的最有效的途径。总而言之,普通学校应为绝大多数的儿童提供一种有效的教育,提高整个教育体系的效益。

2005年联合国教科文组织发布的《全纳教育指南:确保全民教育的通路》对全纳教育的定义重新进行了梳理和发展。它指出:"全纳教育是通过增加学习、文化和社区参与,减少教育系统外的排斥,应对所有学习者的多样化需求,并对其作出反应的过程。以覆盖所有适龄儿童为共识,以常规体制负责教育所有儿童为信念,全纳教育涉及教育内容、教育途径、教育结构和教育战略的变革和调整。"这些国际性文件为全纳教育理念的形成提供了理论依据,同时直接推动了全纳教育的发展。

2008年11月25—28日,联合国教科文组织国际教育局在日内瓦组

当代教育新理念

织召开了第 48 届国际教育大会，会议发表了题为《全纳教育：未来之路》的报告。该报告提出："各国政府和所有社会行动者在提供高质量的全民教育方面发挥着重要的作用。与此同时，政府和社会部门应该认识到，应拓展全纳教育的概念，使之面向所有学习者的不同需要，合理、公平和切实有效。"报告认为，全纳教育对消除贫困、改善健康、提高收入和生活水平具有重要意义。会议呼吁会员国采用全纳教育的视角来制定、实施、监督和评估教育政策，以加快实现全民教育的目标，并促进建设更加包容的社会。会议明确指出，经拓展的全纳教育概念可被视为一项总体原则，指导可持续发展教育及全民终身教育的发展，保证社会各阶层平等享有学习的机会，从而落实全纳教育的原则。

第二节 全纳教育的内涵

尽管"全纳教育"的概念已在世界各国广泛使用，而且在许多国家中已或多或少地进行了实践，但对于全纳教育内涵的认识却并没有达成完全一致的意见。

一 关于全纳教育的几种理解

近年来，不少机构和学者都对全纳教育的内涵作过各自的解释。这里简要介绍其中有代表性的几种观点：

美国的全国全纳教育重建中心（National Centre on Inclusive Education and Restructuring）将全纳教育定义为：给所有学生（包括严重残疾的学生）提供均等的接受有效教育的机会；为了培养学生作为社会的正式成员来面对未来的生活，在就近的学校中的相适年龄的班级中，给予他们充分的帮助和支持。[①]

英国的全纳教育研究中心（Centre for Studies on Inclusive Education）

---

① 黄志成：《试论全纳教育的价值取向》，《外国教育研究》2001 年第 3 期。

认为：全纳教育指的是在适当的帮助下残疾和非残疾儿童与青少年在各级普通学校的共同学习。全纳意味着充分发挥学生的能力，所有学生能参与到学校的学习和生活中去。尽管学生的能力和学习成绩会有差异，但学生毕业后都要进入社会发挥其作用。因此，越早全纳越有益于融入社会生活。①

英国全纳教育专家托尼·布思（Tony Booth）认为：全纳教育是要加强学生参与的一种过程，主张促进参与就近入学的文化、课程和社区的活动并减少学生被排斥。布思对全纳教育的理解已超越了狭隘的特殊教育的范畴，涉及整个普通教育，甚至是整个社会的合作与参与。②

英国另一位全纳教育专家爱因斯卡（Mel Ainscow）指出：尽管人们对全纳教育的理解各有特点，但从众多的定义中可以看出其中共同的要素：(1) 全纳是一个过程。这就是说，全纳应当被看作没有终点的寻找过程，其目的是要找到能够回应各种差异和不同的较好的方式。它教我们怎样向与我们不同的人学习，怎样与他们共同生活。在这种意义上，不同或者是差别对人们的相互学习都起到了积极的作用。(2) 全纳与鉴别和排除障碍有关。全纳涉及收集、整理、评估广泛的外部的资料，目的是促进教育政策和实践的改善。(3) 全纳教育关注所有学生的存在、参与和成绩。此处"存在"意思是指儿童在哪里接受的教育，其稳妥性和及时性如何。"参与"指的是儿童所处环境中的体验的质量，因此必须包含学习者自己的看法；"成绩"指的是通过课程的实施而获得的学习结果，而不仅仅指测验和考试的结果。(4) 全纳关注那些被边缘化了的、被排除在主流学校之外和低成就的学习者。这表明：出于道义上的责任能够保证那些处于危险境地的团体得到一定程度的监管和控制，如果必要的话就会在教育中采取能够保证他们的"存在"、"参与"和"成绩"的措施。③

2005 年由联合国教科文组织出版的《全纳指南：确保所有的人受教

---

① 黄志成：《试论全纳教育的价值取向》，《外国教育研究》2001 年第 3 期。
② 黄志成：《试论全纳教育的价值取向》，《外国教育研究》2001 年第 3 期。
③ 张会敏：《英国全纳教育的经验与启发》，《文教资料》2009 年第 7 期（中旬刊）。

育的机会》是爱因斯卡（Mel Ainscow）、玛琳·克鲁斯（Marlene Cruz）等20多位专家撰写的报告。报告将全纳教育理解为：全纳教育是这样一种过程——它通过增加学习者在学习过程、文化及社区中的参与和减少被排除在教育之外的方式满足和回应各种学习者的不同需要，以一种普通的、涵盖所有适龄儿童的视角和普通教育有责任使所有儿童受教育的信念，关注教育在内容、方法及策略等方面的变化和改动。报告还提出，全纳教育赞同多样性，使全体学习者受益，而不仅仅关照被排斥在教育之外的儿童，还关注那些在学校中感觉被排斥的儿童；给其提供均等的教育机会，或给不同类型的儿童提供不同类型的教育等。[1]

澳大利亚学者贝利（Bailey）认为：全纳教育指的是残疾学生和其他学生一起在普通学校，在同样的时间和同样的班级内学习同样的课程，使所有的学生融合在一起，让他们感觉自己与其他学生没有差异。[2]

我国学者黄志成的解释是：全纳教育是一种新的教育理念和持续的教育过程，全纳教育接纳所有学生，反对歧视排斥，促进积极参与，注重集体合作，满足不同需求。[3] 他解释说，之所以对全纳教育作出这个界定，主要的理由是：(1) 根据全纳教育的本义，"inclussion"（接纳）指的是普通学校要接纳所有的儿童。只要可能，所有儿童都应该在一起学习，而不论他们在身体的、智力的、社会的、情感的、语言的、文化的、种族的差异或可能存在的障碍。这实际上是提出了人具有受教育的平等权利的问题。全纳就是针对其反义"exclusion"（排斥）而提出的。所以全纳教育最根本的含义即"接纳所有的人，不排斥任何人。"(2) 根据全纳教育的理念，不仅要把所有的人接纳进来，更重要的是如何对待他们。全纳教育主张学校要促进所有学生积极参与学校的学习和生活，主要是通过集体的合作和相互的帮助。(3) 根据全纳教育的目的，人是有

---

[1] 张会敏：《英国全纳教育的经验与启发》，《文教资料》2009年第7期（中旬刊）。
[2] 转引自李金波、包万平《全纳教育核心理念的嬗变与评析》，《中国电力教育》2008年第1期。
[3] 黄志成：《全纳教育——国际教育新思潮》，《中国民族教育》2004年第3期。

差异的,教育必须适应儿童的不同需要,而不是不同的儿童去适应固定的学习过程。因此,满足学生的不同需要,即是全纳教育的主要目的。(4)根据全纳教育的性质,它是一种持续的教育过程。全纳教育不可能是一种短期的行为,不是将所有儿童纳入到普通学校就完事,而是要向所有儿童提供高质量的教育。并且还要改变社会存在的歧视和排斥的现象,创造人人受欢迎的社区和建立一种人人参与的全纳社会。

二 全纳教育与相关概念的辨析

为了更好地理解全纳教育的内涵,有必要对与全纳教育相关的几个概念,即特殊教育、全民教育、普通教育进行辨析。

1. 全纳教育与全民教育

全民教育坚持人人都有受教育的权利的原则,提出了要满足所有人的基本学习需要这一思想,主张从普及初等教育、扫除成人文盲、重视女性教育等方面进行教育改革,以消除教育上的不平等。这与全纳教育的基本理念是相通的。全民教育的思想主张满足所有人接受基本教育的需求,要解决的是保证所有的人有平等的入学机会。然而,现在仍有许多儿童被排斥在主流社会之外,还有一些儿童(包括残疾儿童)被排斥在主流学校之外。这说明,虽然我们可以达到全民教育的目标,但并没有使所有的人都参与到学校的学习和生活中去,也即教育在"全民"方面做得较好,但还没有做到"全纳"。苏珊·J. 彼特斯(Susan J Peters)所做的 2004 年世界银行的一份题为《全纳教育:为了所有儿童的全民教育策略》的报告对全民教育与全纳教育的关系有较深入的认识。[①] 这份报告指出,全民教育的基本宗旨是:所有的孩子都应该有学习的机会。而全纳教育的基本宗旨则是:所有的孩子都应该有与其同龄伙伴一起学习的机会。全民教育的理念为:人人都有学习的权利,都有接受高质量的教育的权利;高质量的教育不仅能够促进人的认知学习,提高人的生

---

① 杜晓萍:《全纳教育及其在中国面临的挑战》,《现代特殊教育》2007 年第 3 期。

活能力和工作能力，而且是一种能够培养人的积极情感、态度和价值观的教育。全纳教育要求教育者为每一个人的学习寻找适切的资源、使用适切的方式。从这个意义上说，全民教育必然走向全纳教育，全纳教育是全民教育思想和实践的延伸，是实现全民教育的助推器。全纳教育的最终目的是为了建立全纳社会和实现真正意义上的全民教育。

2. 全纳教育与特殊教育

以往人们一提到全纳教育，往往认为这是特殊教育方面的问题。造成这种现象的原因在于，全纳教育的兴起确实与特殊教育的发展具有密切的关系。[1] 全纳教育源出于特殊教育，主要是关于残疾学生和其他在主流学校就读的有"特殊需要的"学生的教育。之后，全纳教育被认为与接纳"不良行为"儿童有关。现在的趋势是，将全纳教育更广泛地看成克服歧视、关注易受排斥的弱势群体的教育。从特殊教育的发展来看，特殊教育经历了三个阶段。第一阶段可以说是医学模式占主导，注重诊断和治疗。第二阶段是心理学模式占主导，注重测试和分类。这两种模式是特殊教育的传统模式。其主要特征是：由专家对残疾人进行诊断，然后开出处方，给学生分类，最后将残疾者分门别类送进与外界隔离的各种特殊教育学校。当然，在许多情况下，实施特殊教育都是在关心和帮助残疾人的名义下进行的，而且绝大多数人也确实是出于好意。但是，当时的出发点是从"我们"、从"专家"开始的，是由专家来做出决定的，残疾人没有选择的权利。因为他们是残疾人，是所谓的"不正常的人"。随着世界人权运动的兴起和发展，特殊教育进入到第三阶段。第三阶段是以社会学模式占主导，主张每个儿童都有平等的受教育的权利，反对将残疾儿童安置在具有隔离性质的特殊学校中，认为让残疾儿童终日生活在残疾人这个狭小的圈子里，不利于他们的身心发展。在这一阶段，特殊教育的形式发生了巨大的变化，产生了回归"主流学校"（mainstream school）运动，进行"一体化"（integration）的教育。"一体化"

---

[1] 黄志成：《全纳教育——国际教育新思潮》，《中国民族教育》2004年第3期。

教育无疑比传统的隔离式教育更为先进。但是，"一体化"教育的指导思想仍然存在一个根本性的问题。其基本立足点还是在"我们"、"主流学校"、"正常人"上，是"我们"统合"他们"和同化"他们"，因为"我们"是"正常人"，而"他们"是"不正常的人"。"一体化"教育注重的是使特殊儿童适应普通学校的课程，适应普通学校的氛围。因此，这种教育的主要问题在于不是根据学生的不同需要来进行教育。正是由于这个原因，人们逐渐不再使用"一体化"教育的概念，转而改用日益流行的"全纳教育"概念。根据全纳教育的思想，特殊教育必须进行改革，特殊学校应逐渐减少，甚至走向消亡。近年来国外许多国家的特殊学校实际上已大幅度减少，大量的残疾学生已纳入到普通学校之中。这已成为国际教育发展的一种趋势。

3. 全纳教育与融合教育

全纳教育与融合教育这两个概念既有区别也有联系。它们的区别主要体现为关注的领域与范围存在较大差异。融合教育发端于特殊教育领域，是专指将特殊儿童融入到普通教育与社会中的教育方式，它主要关注的是特殊教育领域，关注的是特殊儿童。而全纳教育虽然也以残疾人为重点关注对象，但却远远超出了特殊教育的范畴。它反对任何歧视与排斥，指向整个教育领域，要求满足所有有特殊教育需要的儿童的教育需求。全纳教育与融合教育的联系在于，二者都是以追求教育公平和实现平等人权为哲学基础和价值观，反映了全人类对平等、人权的共同诉求与期望。同时，全纳教育是融合教育发展的目标与方向。融合教育的发展需要一种新的指引，而全纳教育的出现迎合了特殊教育领域内融合教育发展的需要，它从一种更高的理念和层次为融合教育的发展指明了方向。在全纳教育理念的指引下，融合教育将吸纳更多的有特殊教育需要的儿童，融合教育的规模与质量将进一步提升，并逐渐向接收所有具有特殊教育需要儿童的全纳之路迈进。[1]

---

[1] 李拉：《"全纳教育"与"融合教育"关系辨析》，《上海教育科研》2011年第5期。

4. 全纳教育与普通教育

全纳教育的实施将导致特殊学校的取消和具有特殊需求的学生进入普通学校。这说明，全纳教育不仅仅是把特殊教育体系中的儿童放到普通教育体系之中，让他们和普通儿童一起学习这样一个简单的问题。全纳教育涉及整个普通教育的改革问题。① 首先是教育体制的改革。在现行的教育体制中，仍然存在着普通学校和特殊学校这两种不同类型的学校。按照全纳教育的要求，所有的学校都应成为全纳学校。这种全纳学校将为所有儿童平等地享受教育机会提供一种制度上的保障和有利的环境条件。其次是课程与教学的改革。全纳学校的课程应当是灵活的，应该提供各种课程机会以适应具有不同能力和兴趣的儿童。但全纳学校的一个原则是有特殊需要的儿童应该在接受常规课程的基础上（而不是在接受不同的课程的情况下），受到额外的教学帮助。全纳学校的教学应当是多样的，应该适应学生的不同的学习速度和学习方式。学校要给有特殊需要的儿童提供额外的学习辅助计划并可利用先进的技术辅助手段。再次是教育观念的转变。其中最重要的观念是，普通学校要接纳所有的儿童。以往的观念认为，一般正常的儿童是在普通学校学习的；而对残疾儿童来说，他们是属于"不正常的人"，如果他们在普通学校学习的话，是不可能学好的，并且会妨碍其他人的学习，因此，他们应该进特殊学校学习。这种观念不转变，全纳教育就不可能得到真正的实现。

三 全纳教育的基本立场

尽管国内外不少机构和学者对全纳教育的内涵进行了各自的解释，具体的表述存在着一定的差异。但是，我们从各种不同的表述中也可以发现其基本思想并没有大的分歧。以下是其共同立场：②

---

① 黄志成：《全纳教育——国际教育新思潮》，《中国民族教育》2004年第3期。
② 李金波、包万平：《全纳教育核心理念的嬗变与评析》，《中国电力教育》2008年第1期；彭霞光：《全纳教育概念的起源与发展》，《现代特殊教育》2008年第6期。

1. 坚持平等，反对歧视

全纳教育力求让残疾儿童从隔离制的教育中解放出来，让残疾儿童和其他特殊教育需要的儿童享受平等的教育。目前世界各国的残疾儿童的辍学率都高于普通儿童，而且越是经济不发达的地区，残疾儿童接受教育的机会越少。在教育过程中，由于世界各国的特殊教育师资普遍弱于普通学校的师资，许多残疾儿童受教育的质量也令人担忧。此外，一般残疾儿童接受完义务教育后，很难进入高等学校继续其学业；并且由于残疾人的职业教育发展相对缓慢，容易造成教育和就业之间的断裂。正是由于残疾人的教育平等问题日益突出，全纳教育也把残疾人的教育平等问题作为核心理念加以阐述和推广，以使每一个儿童都能够享受到平等的教育。

教育平等不仅是全纳教育的基本理念，而且也是其核心内涵。在这一认识指导下，全纳教育不再只是停留在普通学校能够接纳特殊儿童，使其有机会与正常儿童接受相同的教育，更强调教育要面向所有的学生，主张人人都有平等的受教育的权利。因而全纳教育所关注的是全体学生平等地共同参与、共同活动和共同发展。联合国教科文组织第48届国际教育大会明确指出，全纳教育是指通过增加学习、文化和社区参与，努力使所有的人受到同样的教育，特别是帮助那些由于身体、智力、经济、环境等原因可能被边缘化和遭歧视的孩子受到同样的教育。根据联合国教科文组织的文件精神，易被边缘化和遭歧视的群体至少应该包括：残疾儿童、艾滋病儿童、少数民族儿童、移民、难民和国内迁移儿童、贫困/饥饿儿童、冲突/灾难儿童，或是来自其他弱势群体或者社会边缘群体的儿童。所有这些儿童都应该享有平等的教育权利，并要通过恰当的课程设计、有效教学策略的采用和内容的有序安排，合理利用教学资源，与社区紧密合作，以保证全体学生都能享受到高质量的教育。

2. 尊重差异，反对排斥

每个人生下来都是一个独立的个体，具有与众不同的个性。但目前

> 当代教育新理念

对教育的评价往往都采用统一的标准，常常忽视学生之间的差异。全纳教育理念的核心之一就是引导社会各界正确地对待学生的差异问题，能够平等公正地对待每一个学生，而不把那些有特殊教育需要的学生排斥在主流社会之外。《萨拉曼卡宣言》申明，每一个儿童都是不同的，都有各自独特的特性、兴趣、能力和学习需求。这些差异不应该成为排斥学习或行为有问题的学生的理由。相反，我们更应该切实地关注他们，给他们提供合适的学习条件和环境。学校应当根据学生的差异特点，设计各种不同特色的课程、教学策略、教学方式，改变单一的只重视测试结果的评价模式，做到真正地尊重学生的差异，容纳所有学生，让学生从心理上感受到社会的尊重和接纳。

3. 鼓励参与，反对孤立

从特殊教育的发展历程可以看出，二元制的教育体制把有特殊教育需要的学生和普通学校的学生完全隔离开来。在特殊教育学校中，由于学生的生理方面的缺陷，他们需要进行一些康复性的治疗和简单的课程教学。后来随着回归主流运动、一体化运动的兴起和发展，逐渐打破了隔离制的藩篱，有特殊教育需要的学生回到普通学校与正常儿童一起接受同样的教育。但实践证明，由于特殊需要教育的儿童心理或生理上的缺陷，他们很难真正地融入到班级活动中，仍是处于被孤立的状态。这样一来，很多有特殊教育需要的儿童在普通学校的学习生活中，更加感到自卑，不断体验到挫折和失败。按照全纳教育的观点，教师和学生都是教学和学校生活中的主体，都应积极参与和投入到教学过程和学校生活中去。全纳教育反对任何形式的孤立，反对任何学生被孤立在教学过程和学校生活之外，主张学校要努力促进所有的学生以主体的身份积极参与到教学和学校生活中去；要求教师灵活地调整课堂组织策略，发现每个学生的闪光点，扬长避短，激发学生的自信心，鼓励有特殊教育需要的学生与正常儿童交往和合作。

第三章　全纳教育理念

阅读与思考3-1　**关于特殊需要教育的原则与方针**

◎每个儿童都有受教育的基本权利，必须获得可达到的并保持可接受的学习水平之机会。

◎每个儿童都有其独特的特性、兴趣、能力和学习需要，教育制度的设计和教育计划的实施应该考虑到这些特性和需要的广泛差异。

◎有特殊教育需要的儿童必须有机会进入普通学校，而这些学校应以一种能满足其特殊需要的儿童中心教育学思想接纳他们。

◎以全纳为导向的普通学校是反对歧视态度，创造受人欢迎的社区，建立全纳性社会以及实现全民教育的最有效途径；此外，普通学校应向绝大多数儿童提供一种有效的教育，提高整个教育系统的效率并最终提高其成本效益。

◎在改善教育制度方面给予政策和预算的最优先考虑，以使教育制度能容纳所有儿童而不论其个体差异或个人困难如何。

◎以法律或方针的形式通过全纳性教育原则，在普通学校招收所有儿童，除非有不这样做的令人信服的理由。

◎建立示范性项目并鼓励同具有全纳性学校经验的国家进行交流。

◎建立分权的参与性机制，以规划、监测和评价用于有特殊教育需要的儿童和成人的教育设施。

◎鼓励并促进家长、社区和残疾人组织参与有关特殊教育需要设施的规划和决策过程。

◎在早期鉴别和干预的策略乃至职业的全纳性教育方面投入更大的努力。

◎确保在制度变革的情况下，职前和在职师范教育计划都涉及全纳性学校中特殊需要教育的内容。

——《萨拉曼卡宣言——关于特殊需要教育的原则、方针和实践》，见赵中建编《教育的使命——面向二十一世纪的教育宣言和行动纲领》，教育科学出版社1996年版，第131—132页。

当代教育新理念

阅读与思考3-2 全纳性学校的原则与使命

在过去20年中，社会政策的趋势一直是促进融合和参与，反对排斥。接纳和参与对于人的尊严和人权的享有与行使是必不可少的。在教育领域，这一点反映在那些寻求真正机会平等的策略的制定中。许多国家的经历都说明，服务于社区内所有儿童的全纳性学校，可以最佳地实现有特殊教育需要的儿童和青年的融合。正是在这种情况下，特殊教育需要者才能最充分地实现教育进步和社会融合。尽管全纳性学校为实现平等机会和全面参与提供了有利的环境，但它们的成功仍需要一种不仅仅是教师和学校其他人员的努力，而且还包括同伴、家长、家庭和自愿者的共同努力。

全纳性学校的基本原则是：只要可能，所有儿童就应一起学习，而不论他们可能有的困难或差异如何。全纳性学校必须认识到学生的不同需要并对此作出反应，并通过适当的课程、组织安排、教学策略、资源使用以及与社区的合作，来满足学生不同的学习风格和学习速度，并确保每个人受到高质量的教育。支持和服务应该有一种延续性，以便与每一所学校面临的特殊需要的延续性相吻合。

在全纳性学校中，对有特殊教育需要的儿童应该受到他们所需要的任何额外的帮助，以确保他们受到有效的教育。全纳性学校教育是在特殊需要儿童同他们的同伴之间建立团结关系的最有效手段。将儿童安排进特殊学校或进普通学校中固定设立的特殊班级或小组，应该是种例外。只有在如下不多见的情况下，即普通班级明显表明不能满足儿童的教育需要或社会需要，或为了特殊需要儿童的福利或其他儿童的福利需要这样做时，才可建议有这种例外。

——世界特殊需要教育大会：《特殊需要教育行动纲领》，见赵中建编《教育的使命——面向二十一世纪的教育宣言和行动纲领》，教育科学出版社1996年版，第136—137页。

第三节 全纳教育的意义

联合国教科文组织的文件表明,当今世界所面临的一个严重的社会问题是不能有效参与社会生活的人在不断增多。其原因之一就是当前社会的教育体系中存在着排斥和歧视弱势儿童和青少年的现象。当今国际社会强调全纳教育的重要目的正在于改变这种社会现象。全纳教育对于丰富人权理念、构建和谐社会以及促进个体的健康发展都具有重大的意义。[①]

一 全纳教育丰富了人权理念

全纳教育的兴起和发展得益于当代人权理念的支撑,反过来又丰富了人权理念。所谓"人权",是指在一定的社会历史条件下每个人按其本质和尊严享有或应该享有的基本权利。联合国的多个行动宣言都指出,教育是一种权利,而不是一种慈善模式的福利需要。西方发达国家在"自由、平等、博爱"思想的影响下,主张人生而平等,因此人人应享有同等的教育权利,对有学习和参与障碍的儿童也不例外。全纳教育理念使人们认识到,残疾人也有和其他人一起平等接受教育的权利,教育权是他们最基本的人权。任何人或任何组织都不能以任何理由对残疾人接受教育予以歧视和排斥。平等的受教育权不仅包括拥有受教育的机会,还包括教育过程中的平等,全纳教育的目的正在于创造一个没有排斥的全新的教育,所有的人都是民主的教育世界中的一分子。

二 全纳教育有利于社会和谐

全纳教育的最终目的是更好地为所有人提供平等的学习环境和学习机会,从而为建立和谐、融合的社会服务。这样的社会也就是全纳的社

[①] 彭霞光:《全纳教育概念的起源与发展》,《现代特殊教育》2008年第6期;黄志成、仲建维:《全纳教育的理据:三个维度的分析》,《外国教育研究》2002年第11期。

会。在这种社会中，必然要增加人民参与社会政治经济和文化生活的程度。全纳教育的原则揭示了全纳教育的社会性和民主性。教育是社会发展的重要组成部分，非隔离、非歧视的全纳教育必将促进社会向更和谐、更融合的方向发展。让弱势群体的残疾人士参与社会的文化和社区的活动，并不是基于对他们的同情和怜悯，而是基于对他们人权和主体的承认与尊重。残疾人士不再为了生存刻意改变自己去适应社会，而是以社会中的一分子、人民中的一员积极参与到社会的建设中去，是以主人翁的身份参与社会发展的决策和实践，这样的社会就是人人参与的和谐民主的社会。

三 全纳教育可促进个体健康

传统的特殊教育有两个目的：一是保护残疾人接受教育的权利，使他们在人为的隔离的群体内得到安全感；二是保护其他正常学生的利益，维护普通教育秩序的安全。但实际上，残疾人在狭隘群体内建立的安全感是脆弱的，一旦生活的范围扩大，不安全感就会随之而来。这就是说，隔离教育一方面保护了孩子的偏狭的自我，另一方面又妨碍了他们健全自我的建构。国外的研究表明，全纳教育实践对全体学生产生的影响不管是学术方面或是态度方面都是积极的、正面的。可能有人会担心，将学习和参与方面有障碍的儿童放置在普通的常规班级中比让他们接受隔离式的特殊教育更加有害。因为他们的身心障碍正是他们遭受来自大多数身心健康的人的歧视的根源。但是，问题在于这些有学习和参与障碍的儿童迟早总要离开学校进入社会。如果让他们进入专门的特殊教育体系中学习，当他们进入特殊学校之时，就不可避免地会遭受各种显性或隐性的歧视和排斥，遭受各种不公正的待遇，从而生活在阴暗和自卑的心理世界中。这不仅不利于他们身心的健康成长，不利于他们享受平等的教育权利和参与各种社会生活，也不利于主流社会对他们的理解和接纳。待他们从特殊学校毕业的时候，他们早已经被排斥在主流社会之外。而如果将他们放置在普通学校的常规班级中就读，在经历了最初的不适应之后,他们会逐渐融入班级和学校的生活之中。全纳教育可以帮助儿童发展健康的人际关系,可以使他们为在主流环境下生活做好基本的准备。其实,全纳教育不仅有利于身心有障碍的儿童的成长,同时也有利于无身心障碍的儿童的健康成长。这种教育由于增加了学生之间的交往和对话,因而可以促进他们的相互理解和尊重。丹尼尔·所罗门(Daniel Solomon)等学者说得好:"公平、宽容、关爱、尊重他人等诸如此类的核心社会价值观念,以及对知识的探求,都不单单是通过灌输支离破碎的各个要素而获得的,更多地要通过直接参与的个人体验来培养,因为这类价值观念是不能脱离现实生活的实际情景习得的。我们不能期待学生在一个真空环境中形成此类价值观念;学生一定要能够在学校的日常生活中、在主动积极的行动中看到并体验这些价值观念。"[1]

第四节 全纳教育理念的影响

全纳教育理念自20世纪90年代提出以后,在国际上产生了广泛而重要的影响。美国、英国、意大利、西班牙、澳大利亚及中国等许多国家都在努力探索和研究全纳教育问题,并采取了积极有力的措施推动全纳教育的发展。

一 美国的全纳教育[2]

美国的全纳教育最早可以追溯到从20世纪70年代开始的"回归主流教育运动"和20世纪80年代中期的"普通教育主动性运动"。

1977年,美国发布《所有残疾儿童教育法》,标志着回归主流教育运动的开始。"回归主流教育"是描述特殊教育需要学生与其他学生共同接受教育的专用术语,其含义是最大限度地将残疾学生安置在普通班级接受教育,与正常儿童一起学习和生活。回归主流教育运动的基本要

---

[1] 转引自杜晓萍《全纳教育及其在中国面临的挑战》,《现代特殊教育》2007年第3期。
[2] 佟月华:《美国全纳教育的发展进程》,《济南大学学报》2002年第1期。

求是，特殊学生与正常学生共同参加普通教育教学计划中的非学术性学科的学习，如艺术、体育和音乐，他们在普通班级与其他学生共同进行的学习只占其全部学习时间的一小部分，而主要学科的学习仍然在独立分设的特殊教育班级中进行。回归主流教育虽然是将特殊教育与普通教育完全隔绝的反思和改进，但依旧没有很好地解决普通教育与特殊教育的关系问题，普通教育只是在一定范围内接纳具有特殊教育需要的学生，缺乏主动为这些学生服务的意识和有效措施。

"普通教育主动性运动"始于1986年。当时，很多教育者和家长无法继续容忍回归主流教育缓慢的改革步伐，扩大特殊教育服务范围的要求日益高涨，形成了新一轮的特殊教育改革运动。许多特殊教育工作者和学生家长积极投入到这场改革运动中，其中有代表性的是美国教育部特殊教育和康复服务办公室的助理秘书长威尔女士。她是一个智力落后男孩的母亲，也是一名积极参与特殊教育改革的活动家。她列举了特殊教育存在的主要弊端：一是把学生安置在特殊教育班级与同伴和正常学校活动分离的做法是对学生人格和权利的轻视；二是特殊教育处于被动地等待学生失败的状态，而不是积极为学生设计特别的教学以防止学生的失败；三是特殊教育没有在促进教育者和家长的合作性和支持性的伙伴关系方面发挥作用。她认为，学校教育仅使用分离计划为能力缺陷学生提供帮助是远远不够的，特殊教育应根据能力缺陷学生的需要对普通教育计划进行调整，使能力缺陷学生享有与正常学生相同的教育。威尔的观点在美国教育界产生了巨大反响并引发了教育思想和观念的辩论。辩论的核心问题是教育学生的方式、特殊教育的结构和组织以及特殊教育与普通教育的关系。威尔等人的努力还推动了特殊教育体系的变革。为探讨普通教育为轻度能力缺陷学生服务的可行性，他们对普通教育的教学计划进行了尝试性的改革。但是，普通教育的主动性运动也遭到了一些人的质疑。他们认为仅靠特殊教育的一相情愿无法达到整个教育体系改革的目的，特殊教育者必须号召普通教育者积极主动地承担更多的责任，主动参与特殊教育的研究和改革。普通教育主动性运动虽然持续的时间不长，但对后续的特殊教育改革产生了很大的影响。在这一改革思想的引导下，一种新颖的特殊教育改革概念——全纳教育应运而生。

20世纪80年代末，一些代表重度和多种能力缺陷学生利益的倡导者开始探讨如何将这些学生从特殊学校转到附近的普通学校的特殊班级。他们开始对普通教育和特殊教育的分离提出质疑，同时呼吁学校取消按缺陷程度划分的特殊教育的分离体系，主张将所有能力缺陷学生与其他学生混合教育，在普通教育班为他们提供辅助性帮助和服务。美国的第一次全纳教育改革运动由此拉开序幕。本次全纳教育的指导思想是呼唤特殊教育和普通教育的新型合作关系，把特殊学生变成普通教育计划的一部分，最大限度地满足所有学生的需要，使每个学生都能够成功地完成预定的学习任务。其核心思想有三点：一是特殊学生按照就近入学的方针在普通学校接受教育。就近入学可以为学生提供更多的参与学校和社区活动的机会，有效促进学生社会性的发展。学校要在其社区范围内为所有的学生敞开校门，以体现教育的公平性。二是特殊学生在与其年级相应的普通教育班级接受教育。倡导者提出，不论特殊学生能力缺陷的程度如何，都应将他们安置在与其年龄和年级相当的班级。因此，他们寻求的是增加特殊学生在普通教育班级的时间并在普通教育课堂中加强特殊教育服务，确保具有特殊需要的学生得到必需的帮助和服务。全纳教育的支持者赞同将所有能力缺陷学生安置于普通教育的教室中，学生作为某个班级的一员开始学习生活。普通教育课堂的安置并不意味着学生不能离开自己的教室去接受特殊服务，需要时学生可以在资源教室或者其他环境中接受特殊教学和辅导。三是教育者在普通教育班级为特殊学生提供特殊教育支持和服务。为解决在普通教育课堂中向学生提供特殊教育支持的问题，第一次全纳教育的典型做法是：将特殊的教学方法和资源添加到普通教育课堂中，包括教学方法的调整、课程的修改和额外资源的加入。特殊教育专职辅助人员是普通教育课堂中提供特殊教育的主要资源。虽然在多数情况下，这些专职辅助人员为能力缺陷学生提供适当的和有意义的支持和帮助，但这种做法为学生的发展带来了消极影响。首先,辅助人员的出现向学生本人及其同学传送了一个信息,即这些学生在普通班级中是不普通的,学生仍然被不自觉地隔离开来成为另类。其次,这种做法给人们造成只有这些专职人员才能为这些学生提供特殊服务和满足其要求的印象,影响了其他教学人员的参与意识和主动性。另外,全纳教育的实施还有来自教学和教师方面的困难,包括现有的班级规模偏大、教师自身的知识结构和技能不适应以及对开展全纳教育的态度不积极等。第一次全纳教育主要是将新方法附加到已有的教学形式中,这种做法受限于现有的各种条件。因此,全纳教育的深化改革势在必行。

1995年颇根(Pugach)和佛根森(Ferguson)等人在总结第一次全纳教育经验教训的基础上提出对教育体系进行改革的新思路,发起了第二次全纳教育运动。1997年美国新修订的特殊教育法《能力缺陷者教育法》中的最少限制环境原则和适当教育原则从法律上强调全纳教育的必要性,进一步推动了第二次全纳教育改革运动。本次全纳教育涉及的是整个学校教育体系的改革,是对特殊教育本质的再认识和对教育体系的一次再建构。它代表所有能力缺陷学生的利益,提倡教师要为差异而教。学校教育价值取向的核心是为所有存在差异的学生(包括能力缺陷学生)提供全面的服务,所有学生的利益都应得到关注和保护。它呼吁普通教育和特殊教育齐心协力共同对学校进行再建构,使学校能够更好地适应和接纳学生的各种差异。为了实现这个目的,必须对普通教育进行改革,探索普通教育和特殊教育进行合作教学的途径。合作教学的基本思路是,两个或者更多的教育者共同承担教学任务,为学生设计和提供教学并对教学进行评价,通过减少分离教学和增加更有效的个别教学为特殊学生服务。

二 英国的全纳教育

在英国,曾有人将全纳教育看作是"一体化"教育的同义词,将"一体化"教育看成是安置有特殊教育需要的学生的专用词汇。在特殊学校学习的学生被认为是受隔离式的教育，而在主流学校学习的学生则受的是"一体化"的教育。后来，人们逐渐转而用"全纳教育"代之。如果说，一体化教育是要消除隔离式的教育，将有特殊教育需要的学生纳入到主流学校中去，那么全纳教育的概念已扩展到普通学校应容纳和服务于所有的学生。

英国是全纳教育开展得较为成功的国家，拥有较成熟和完备的全纳教育体系。[①]（1）政府行为。英国政府对全纳教育承担着主要责任。政府制定了一系列教育法案与政策，对全纳教育的开展起到了指导和规范的作用。1976年的教育法明确给予残疾儿童进入普通学校受教育的权利以法律保证，是英国一体化教育的萌芽。1978年发表的《有关残疾儿童和青少年的教育》的报告接受了一体化的思想，认为绝大多数残疾儿童可以而且应该在普通学校学习，普通学校要提供有效的特殊教育。1981年教育法使英国在从隔离式教育到一体化教育再向全纳教育迈进的发展过程中具有里程碑意义：以"特殊教育需要"取代了对残疾的旧的分类；取消了给予特殊学校照顾的旧规定；详细提出了家长参与残疾儿童教育的具体权利和程序。1993年教育法强调教师不同阶段的不同职责，其中一点是要与特殊教育需要协调人一起制订个人教育计划。1994年《特殊教育需要鉴定与评估实施章程》提出了在全纳教育过程中学校和地方教育当局应遵循的程序和准则，并提供了详细的教育服务模式，从而保证了全纳教育的开展。为了推进全纳教育，英国投入了大量的资金。英国供普通学校辅助有特殊教育需要的学生资金有四个来源，分别是：标准基金（分特殊教育需要教育基金和社会全纳标准基金）、学校创始基金（主要用于帮助地方教育当局提高普通学校接收有困难学生的能力，包括那些身体残疾和听力受损的学生无论有无"诊断报告"）、校外活动基金（旨在援助所有背景和能力的儿童和青少年，尤其是那些处境不利并且可以最大限度利用自主来提高成就的儿童和青少年）和额外教育

---

① 张会敏：《英国全纳教育的经验与启发》，《文教资料》2009年第7期（中旬刊）。

奖励（为学生校外活动准备的基金）。资金保证了全纳教师的培养、辅助教师的培训和儿童的安置与评估等需要。（2）学校实践。全纳学校是实施全纳教育的固定机构。全纳教育需要培养全纳型的新型教师。英国政府明文规定了全纳型教师的合格标准：一是具有大学学士学位；经过教育专业训练，取得研究生教育证书或教育学学士学位；通过英语和教学考试，并获得证明；经过一年试用，考核合格。二是除上述要求之外，还需要具有特殊教育的能力。三是参与有特殊教育需要儿童的评估，并具有在不同阶段富有不同责任的能力。此外，全纳学校实践数据的收集和分析也很重要。目前英国各地方教育当局参与了这方面数据的收集。原因在于，数据可用来监控孩子们学习的进程，评估干预作用的大小及政策与进程的效力，制订新计划等。在这一意义上，数据被看作全纳教育能够持续进步的根本所在。（3）社会参与。社会群体的参与程度是衡量"全纳教育"是否公平、民主的一个重要指标。在英国，家长尤其是特殊教育需要儿童的家长享有较多的参与儿童教育的权利。1981年教育法详细提出了家长参与残疾儿童教育的具体权利和程序：一是获得孩子的相关资料和信息的权利；二是参与评估的权利；三是参与个人教育计划的制定和复查的权利；四是反对及上诉的权利。

三　意大利的全纳教育[①]

意大利是实行完全全纳教育政策最早和最彻底的国家之一。联合国教科文组织和经济合作与发展组织都曾宣称意大利在残疾儿童的全纳教育方面走在其所有成员国的最前列。意大利的全纳教育运动早在20世纪60年代就已开始。当时，一些残疾人收容机构和精神病医院被关闭，有关残疾人的卫生服务权力也下放至各个地方单位，从而推动了教育领域的反隔离运动，弗罗伦萨和帕尔马等学区的一些学校便自发地将残疾儿童安置进普通学校和普通班级。

---

① 余强：《意大利完全全纳教育模式述评》，《中国特殊教育》2008年第8期。

1971年意大利颁布了《残疾人新条例》，规定残疾儿童有在公立学校普通班级接受义务教育的权利。这一法律的颁布标志着意大利完全全纳教育政策的正式出台。随后，意大利便开始大规模地关闭特殊教育学校，同时将残疾儿童安置到普通的主流学校里学习。

1977年又颁布了《学生评价条件、废除补考条例及学校体制改革的其他条例》，该条例为中小学执行义务教育阶段的全纳政策提供了具体的政策和策略保证。该法律最关键的部分是第一次规定了个别化教育计划，同时明确规定为普通学校提供大量的特殊教育教师。

1992年颁布的104号国家法律又对残疾人受教育权做出了更加全面的界定。该法有4款涉及残疾人接受全纳教育的权利。第十五款明确规定残疾个体具有进入各级学校普通班级接受教育的权利，包括幼儿教育机构、小学、中学和大学，同时还明确规定所有残疾儿童，不管其学习困难或其他方面的困难有多大，都有接受全纳教育的权利。第十三款规定，为了有效地保证残疾学生的学习权利，政府要提供技术设备和教学材料，提供特殊教育教师和工作人员，还要为残疾学生的自主行动提供各种支持和帮助。第十四款规定了实施全纳教育的一些具体方法。除了为残疾学生提供额外的人力支持和帮助外，此款还规定残疾学生有留级复读一年以上的权利，以保证其成功完成学业（至18岁）。第十六款规定了残疾学生的评价标准。规定对残疾学生的评价要以个别化教育计划为依据，可以根据个别化教育计划对学校课程进行部分修改。在每次评价时，必须考虑残疾学生上一次评价时的水平以及残疾学生的实际潜能。此款还规定，在中学阶段，当参加书面考试时，残疾学生有权要求做允许更长时间完成的等值试卷，并要配备一名助手在场，以帮助他/她交流和自主行动。

2000年颁布的62号法律将完全全纳政策进一步强制化。根据这一法律，意大利所有公立学校及所有得到官方认可的私立和地方办学学校都有责任接受患有任何残疾的儿童，即使是严重残疾儿童，也不能例外。该法还规定，如果学校拒绝接受这样的孩子，便是一种犯罪行为，将要

> 当代教育新理念

受到相关法律的制裁。

意大利全纳教育模式最重要的特点之一是完全全纳的程度非常高，主要表现为在特殊学校或普通学校特殊班级就读的学生非常少，而在普通班级随班就读的比例非常高。例如，在1999—2000学年，意大利共有中小学58784所，其中特殊学校只占万分之三，设有特殊班级的普通学校也只占学校总数的千分之一。就人数来说，中小学共有133146名残疾学生，占中小学学生总数的1.5%；残疾学生中有130146人在普通班随班就读，占残疾学生总数的97.8%；只有2883人在特殊学校或普通学校附设的特殊班级就读，仅占残疾学生总数的2.2%。在2005—2006学年，全意大利总共只有14所小型的特殊学校。该学年义务教育阶段（6—18岁）共有残疾学生154200人（占此年龄阶段学生总数的2.13%），在全纳环境下就读的残疾学生有153169人，占残疾学生总数的99.3%；全国在分离环境下就读的残疾学生只有1031人，仅占义务教育阶段残疾学生总数的0.7%。

四　西班牙的全纳教育[①]

前文说过，1994年联合国教科文组织在西班牙萨拉曼卡召开了"世界特殊需要教育大会"并通过了《萨拉曼卡宣言》和《特殊需要教育行动纲领》，大会首次提出了全纳教育的思想并号召世界各国开展全纳教育。这一划时代的大会之所以在西班牙召开，重要原因之一是西班牙政府在开展全纳教育方面做出了巨大的努力并取得了重要的成果。西班牙已成为欧洲国家实施全纳教育的一个榜样。尽管在欧洲共同体里西班牙的经济状况不如其他国家，但是西班牙政府比其他国家更坚定地贯彻了全纳教育的政策。和大多数欧洲国家一样，西班牙也希望为全民提供均等的受教育的机会，承诺要实施全纳教育。该国开展全纳教育起始于两个重要的法。第一个是1982年的《残疾人社会一体化法》，该法提出了

---

① 黄志成：《西班牙的全纳教育》，《全球教育展望》2001年第3期。

社会要融纳残疾青年；第二个法是西班牙最有影响的有关特殊教育的《皇家特殊教育组织法》。正是由于该法的颁布，使西班牙的许多儿童从特殊学校走向了主流学校。从这时起，许多资金和人力也从特殊教育转向了普通学校。

这里以巴斯克地区为例说明西班牙实施全纳教育的情况。巴斯克地区是西班牙的一个自治单位，按照 1985 年的法，由区委员会来制定特殊教育需要学生的政策，然后由教育局来实施。从 1982 年起，巴斯克地区就制定了一个特殊教育计划，这个计划提出对当时特殊教育学校的组织和理念等方面的一系列的大改革并涉及了普通教育的改革。后来，区委员会制定了特殊教育的政策，在巴斯克地区的学校中进行了一系列重大的改革。具体措施有：建立普通小学特教班，力图从社会和教育方面融入学校；建立地区特殊教育协调中心，帮助开展特殊教育辅助服务；建立多学科小组网，传播特殊教育知识和促进特殊教育的发展；建立盲童和视障儿童资源室，支持特殊儿童进入主流学校；开展特殊教育教师的培训，开设职前和职后的培训课程；缩小有特殊教育需要学生的班级规模；增加普通学校的辅助人员，如教师助理、语言治疗专家等；开拓资金来源，增加对全纳教育的投资；向家长说明全纳教育的实际情况。

西班牙全纳教育改革的经验主要体现在以下几个方面：[①]（1）以国际化视野促进本土化全纳教育改革。西班牙全纳教育专家巴利亚在总结自己参与国家全纳教育改革经验时指出："国际化思维，本土化行动（Think global，Act local）"，理应成为各国全纳教育改革的题中之义。这主要是因为目前对什么是全纳教育、如何发展全纳教育等尚未达成共识。因此，坚持国际化视野可以促进各国全纳教育改革经验的交流与学习，有助于各国将国际经验融入到本土化行动中来。1978 年国家特殊教育中心将当时欧洲盛行的教育一体化原则写进《国家特殊教育计划》，用以指导国内特殊教育改革。1982 年出台的《残疾人社会一体化法》借

---

① 贾利帅：《西班牙全纳教育改革与发展》，《中国特殊教育》2019 年第 2 期。

> 当代教育新理念

鉴美国最少受限制环境原则,用以指导残疾学生的安置工作。1985年出台的《皇家特殊教育组织法》积极借鉴英国、意大利等欧洲国家改革一体化教育的相关举措,并将其融入到本国改革中来,促进一体化教育发展。西班牙在不断与其他国家的学习交流中,一方面促进了本国全纳教育发展,另一方面也将西班牙全纳教育本土化经验推向国际舞台,并为其他国家所知晓。1994年,世界特殊需要教育大会在西班牙萨拉曼卡召开,与此不无关系。此次大会的召开,一方面扩大了西班牙全纳教育的国际影响,另一方面也将其他国家发展全纳教育的有益经验传入西班牙。2009年全球全纳教育会议再次回到萨拉曼卡,再一次将西班牙全纳教育推向国际全纳教育界,成为全纳教育改革讨论的焦点。(2)基于差别化原则推动各自治区全纳教育发展。西班牙由17个自治区和两个自治市组成,各自治区教育在国家教育部统一领导下实施自管。受自然地理、社会历史、经济发展等因素影响,各自治区之间发展差别很大。为有效促进自治区教育发展,在国家教育法案规定下各自治区可以根据自身实际情况进行适当调整,以使教育政策更适合于自治区实际情况。在1982年《残疾人社会一体化法》和1985年《皇家特殊教育组织法》中,都规定各自治区可根据自身历史、文化、经济等条件制定本区一体化教育改革方案。在这一原则指导下,各自治区根据自身情况,出台相关政策改革本地区一体化教育,发展全纳教育。(3)通过项目式试验推广全纳教育。早在1982年颁布的《残疾人社会一体化法》中,就提出了著名的8年全纳教育改革试验项目。该项目在全国各自治区展开,通过部分学校试验的方式将部分残疾学生安置到普通教室接受教育。然而,由于当时西班牙经济发展不景气,相关资源难以跟进,致使该试验并未完全付诸实施。进入90年代,尤其是在《教育系统组织法》颁布后,发展全纳教育成为这一时期西班牙教育改革的主要目标。但碍于国家经济发展缓慢,政府并没有过多资金来支持学校发展全纳教育。这一时期全纳教育的发展,主要得益于各自治区内高等教育机构所发起和推广的全纳教育试验项目。这些项目试验并非出于官方而是研究者自发组织的,但这些项目试验性改革为之后西班牙全纳教育发展提供了宝贵经验。如马德里自治大学的教育专家将英国发展全纳学校的《全纳索引》(Index of Inclusion)翻译成西班牙语,并开始在部分学校推广,还基于西班牙学校实际就如何发展全纳学校进行了系统研究。马拉加大学教师麦来(Melero)与当地学校合作研究如何发展全纳教育,旨在建立一个无排斥的学校。西班牙教育专家苏思(Susinos)和塞维利亚大学相关学者在加泰罗尼亚等地区,与当地学校一起发起了"学习社区"(Comunidades de Aprendizaje)项目。该项目持续了十余年,旨在通过建立地区学校网络,将传统的学校转变成为接纳所有人的教育社区。由于该项目的推广,全纳教育理念在加泰罗尼亚和巴斯克地区的中小学得以生根发芽,成为指导学校改革的主要原则。兴起于80—90年代的全纳教育项目式试验改革方式,在西班牙全国营造了一种积极发展全纳教育的氛围,全纳教育的理念日益为社会大众所认可,为全纳教育改革和发展提供了良好的社会基础。

(4)重视多学科专家之间的合作研究。西班牙全纳教育发展与教育科学研究密不可分。从世界范围内来看,全纳教育是一场政治运动,各国全纳教育改革多受本国残疾人权利运动的影响。但在西班牙全纳教育发展进程中,科学研究所起的作用显然大于政治运动,这主要体现在推行全纳教育项目式实验和注重多学科专家间的合作研究。早在1978年,西班牙国家特殊教育中心在其制定的《国家特殊教育计划》中就提出要组建由多学科专家组成的专业小组,用以支持特殊教育改革。随后,1980年西班牙政府建立了11个由教育学、心理学、医学、社会学、社会工作等多领域专家组成的外部支持小组。在1982年《残疾人社会一体化法》颁布后,这11个专家小组分赴各地指导学校展开一体化教育,协助解决残疾学生安置到普通学校时出现的难题和挑战,为残疾学生在普通学校接受合适的教育提供指导。为支持8年全纳教育改革试验,1985年在《皇家特殊教育组织法》中,提出各地区需建立三类专家小组指导本地区一体化教育改革和全纳教育试验。之后,1990年颁布的《教育系统组织法》以及2006年的《教育组织法》都十分重

📝 **当代教育新理念**

视多学科专家小组在学生多样化需要方面的诊断、鉴定以及评价过程中的作用。

五　芬兰的全纳教育①

芬兰学校尊崇全纳教育理念，注重小班教学，全方位为学生提供支持和针对性的学业补习，提供社会工作者、医学工作者等专业服务，以满足学生多样化的需求。为保证学生安全，对实施或参与欺凌、暴力和歧视的群体"零容忍"。每一个教育利益相关者都参与到全纳教育的实施中，芬兰社会已经形成"全纳教育的目的是使每个人都能够接受教育，成功地学习"的共识，积累了切实有效的全纳教育实践经验。（1）公平的教育政策。在芬兰，每个社会成员最终所获得的教育资源是公平的，政府保证教育资源的配置。因此，在公平教育政策下，没有出现择校现象，学生、教师都不挑学校。不论社会经济背景，每一个学生都享受着高质量的教育。公平的教育政策带来的是持续的高质量教育，高质量的教育也弥补了贫穷、偏远、能力差异的劣势。其次，公立学校与私立学校的基础教育全部免费，即使是民办公助的私立学校，政府也提供主要资金。针对有特殊需求的学生，由政府出资提供相应的支持性服务，包括：在学习中存在轻微困难的学生可以获得部分时间的特殊需求教育；有重大学习困难、残疾、发展迟缓、情感受到扰乱的学生可以获得全天候的特殊需求教育，所有学生都能获得指导和咨询；所有学生都能获得支持其身心健康的服务；在学习中暂时落后的学生能够得到补救教学。芬兰根据学生特点，提供不同的特殊教育支持，使学生得到和自己能力匹配的教育，不仅有助于成绩的提升，而且也真正践行了"不让一个孩子掉队"的全纳教育的理念。（2）高入门标准保证高质量的师资队伍。教师是全纳教育的主要实施者，教师的发展关系到全纳教育的成败。高素质的教师队伍建设是芬兰实施全纳教育的关键。在芬兰，成为教师能

---

① 于凌珊：《芬兰全纳教育的经验及其启示》，《现代特殊教育》2019年第3期。

给人较强的成就感和幸福感，教师职业是许多优秀学生的理想选择，但同时也是最不容易取得任职资格的职业之一。有数据显示，芬兰师范院校的录取率只有8%。1995年《基础教育法》要求中小学教师的学术入门标准必须是师范专业的硕士毕业。一共五年的课程，其中三年攻读学士学位，两年攻读硕士学位（本硕连读）。特殊需求教育教师或者特殊教育班级教师的培养也需要完成多门学术性课程学习，包括主要学科及特殊教学法、特殊教育研究。从事特殊教育的教师与班级教师、科目教师一起为学生量身定制符合他们实际的个性化学习计划，帮助全体学习者取得进步和成功。教师在职前教育阶段需要在学科学习及教学法学习中确立全纳教育的理念，掌握基本的特殊教育知识，为转向全纳教师提供专业基础。在职培训阶段，要积极关注不同学生的需求，通过自身专业素养的提升，为学生提供个性化的指导与支持，以便更好地展开教学。此外，芬兰大学培养的基础教育教师知识面较宽，综合素质高，既具有先进的理论知识，又具有丰富的实践经验。以芬兰的小学教师为例，开始教师职业生涯前，在大学期间已经完成四次实习，其中包含至少100节课的观摩，超过100节课的真实课堂教学；在开始教师职业生涯后，教育主管部门或者教师教育机构为教师提供多次免费培训的机会，鼓励并支持教师进行自主学习和研究，以此来促进教师的专业发展。因此，芬兰的教师能够承担普通教育者和特殊教育者的双重角色任务。（3）课程内容融入全纳教育思想。芬兰开设了核心课程，既包括全体学生的教育，也包括有严重发展障碍的学生的教育。在核心课程的基础上，考虑到各地学生和家庭的需要，每个学校都有自己的校本课程。在课程的制定上，教师有很大空间自己设计课堂教学，在考虑影响自身教学和学生学习的困难的同时，还会考虑如何组织特殊需要教育，以便能够及时为那些有学习困难的学生提供帮助。此外，全纳教育的思想融于多元的教师教育课程之中。如于韦斯屈莱大学，该校教师将全纳教育的理念渗透在学科教育中，小学教师教育课程中也融合了全纳教育内容，譬如"教育文化基础"领域包含关于特殊教育和全纳教育的历史发展的内容，

> 当代教育新理念

"学校与社会"课程范围包括特殊的社会学、多文化主义、与权利公平相关的主题等。这种以人为本,将全纳教育理念有效融入所有学科的课程设置方式大大促进了芬兰全纳教育的发展。

六 澳大利亚的全纳教育

在澳大利亚,教育是通过州和区的立法来保证实施的。对有特殊教育需求的学生,联邦政府为州政府、非政府教育机构、家长团体提供财政资金,以保证他们开发、实施和评价为有特殊教育需求学生所实施的计划。因此,在澳大利亚实施全纳教育呈现出多种多样的方式。澳大利亚还没有为全纳教育专门立法,但《联邦反残疾人歧视法案》有相关的条文。如规定禁止学校当局拒收有残疾的孩子,同时也禁止拒绝给予这些孩子可能来自学校当局所提供的各种福利。显然这些规定有利于全纳教育的实施。自20世纪80年代后期至90年代的早期,澳大利亚联邦政府和州政府逐步在制度的保证上做出了努力,并为有特殊教育需求的学生制定了相关的政策措施。尽管各州、区的政策制定表现出不同的特点,但是他们都承认每个学生的学习能力,关注学生的优势而不是劣势,认识到家长参与制定和开发孩子学习计划的重要性。现在越来越多的学校开始关注和支持有特殊教育需求的孩子。目前在维多利亚州进入普通学校的残疾学生的数量已经多于在特殊学校的人数。例如在1984年有214名残疾学生进入了普通学校学习,到2001年,与在特殊教育机构的5000名学生数量相比,在普通学校有残疾的学生数量已增至10900名。在南威尔士,普通学校有特殊教育需求的学生的数量1988年为1135人,到2000年已经超过12000人。①

七 中国的全纳教育

中国拥有13亿人口,举办着世界上最大规模的教育。新中国成立60

---

① 王伟、黄志成:《全纳教育在亚太四国的实践》,《全球教育展望》2005年第11期。

年来，特别是改革开放以来，教育成果十分显著。文盲率从最初的80%下降到3.58%；密切关注被排斥、受忽视群体的受教育状况，积极推动教育公平和教育平等；保障弱势群体的受教育权利，努力追求教育的全纳化。中国在实行九年制义务教育和农村教育、消除教育中的性别差异、发展少数民族地区教育、教育扶贫、保障流动人口受教育权益以及发展特殊教育方面，都取得了令人瞩目的成就。中国全纳教育的具体形式——"随班就读"的教改试验始于1989年，至今已有30余年的历史。所谓随班就读，是将特殊儿童安置在普通学校的普通班级里，让他们和正常儿童一起接受共同的教育。这项改革取得的成绩有目共睹，它不仅有利于特殊儿童和普通儿童的相互交流、理解和合作，而且促进了普通教育和特殊教育的有机结合。

2008年，国务委员刘延东参加了主题为"全纳教育：未来之路"的第48届国际教育大会，并代表中国政府作了题为《推进全纳教育，促进和谐世界建设》的发言。2009年4月24—26日，首届中国全纳教育大会在山东潍坊召开。此次会议由华东师范大学全纳教育研究中心主办，山东省潍坊市教育局和潍坊盲童学校承办。52名来自6省13市的代表参加了这次主题为"理解与放飞"的首届全纳教育大会。大会就全纳教育的概念、全纳教育视野下的随班就读和全纳教育与普通教育、特殊教育等3个专题进行了深入研讨，最后提出了《中国全纳教育潍坊共识和建议》。其内容主要有：第一，全纳教育是国际教育发展的一种趋势，是未来教育发展的方向。全纳教育不仅仅涉及特殊教育，更是一种普世的教育理念，它主张通过全纳课堂、全纳学校，进而建立全纳的和谐社会。第二，全纳教育是一种人权，它反对排斥、歧视和隔离，主张融合与参与，尊重差异，促进民主与平等，关注处境不利群体的受教育权。第三，全纳教育对建立和谐社会具有重要的战略意义。第四，我们有责任在国内不同层面广泛传播和研究全纳教育的基本理念，开展和拓展全纳教育的实验与实践。第五，尽管全纳教育具有其稳定的核心本质，但全纳教育的实施没有统一的模式，可以根

> 当代教育新理念

据各地的条件和状况的不同而有所差异。第六,全纳教育不仅是一种美好的理想,而且也具有切实可行的策略。全纳教育的实践不能等待,而是要行动。因此建议:首先,定期召开全纳教育研讨会,建立全纳教育网站,共享经验、资源和信息;其次,从随班就读、外来民工子女的就地入学和普通教育与特殊教育合作实践的基础上,将全纳教育的重点放在探讨和完善普通学校的改革上,以课程和教学为抓手,提高全纳教育的质量;再次,全纳教育需要政府资金、政策和法规的支持,需要全社会的关注和参与。[①]

当然,由于真正的全纳教育在我国还处于实施的起始阶段,在实践中还面临着许多困难和挑战,如认识不到位、体制不顺、师资缺乏、投入不足、设备匮乏等等。严格说来,我国还未进入真正的全纳教育时期。我国在发展全纳教育的过程中,还需要付出更多和更大的努力。

经过国际社会及各个国家的长期不懈的努力,当前各国教育已取得了令人可喜的成果。大多数国家已实施最低6年的义务教育,有些国家还将义务教育向前推至学前教育阶段,向后延伸至高中阶段。但不可否认的是,教育中的排斥现象却无处不在。如今仍有7000万儿童游离在学校围墙之外,这一数量占所有初等教育学龄儿童总数的10%,7.76亿成年人不能阅读。伤残人员所遭遇的歧视与排斥更加让人震撼和担忧,6.5亿人由于智力、身体残疾或特殊教育需求而未能入校学习,98%的成年残疾人不具备基本的读写算技能,残疾儿童占所有辍学儿童的比例超过1/3。而这些只是被排斥在学校体制之外的人,世界上还有不计其数的公民在教育系统内被边缘化,他们在学校里并未体验到成功,没有达到预期的教育水平,许多人成为学业失败者,甚至有些人很早便在没有任何基本技能的情况下离开学校进入到社会。

上述情况表明,全纳教育的实施还存在着许多困难和障碍。但是我们相信,随着人类社会的进步和文明的提升,全纳教育必将向前推进和

---

① 彭正梅:《理解与放飞:聚焦首届中国全纳教育大会》,《世界教育信息》2009年第6期。

发展。"全纳教育……是一盏指引教育改革的明灯,是一种教育理念,它是建立在我们对教育民主化的信仰基础上的。全纳教育道路维艰,但它代表了教育改革的方向,具有深刻的意蕴。"[①]

[①] 黄志成、仲建维:《全纳教育的理据:三个维度的分析》,《外国教育研究》2002年第11期。

第四章

公民教育理念

公民教育是一个历久弥新的话题,其思想和实践古已有之并随着国家法治现代化的进程及公民道德建设的推进而不断发展。20世纪80年代以来,国际社会对公民教育的研究日趋活跃,各国的公民教育实践也方兴未艾。如今我们已身处21世纪,不断分享着科技发展与财富增长给生活带来的满足,但是在这种情况下公民意识和公民道德并没有随之而得到提高,公民意识和公民道德缺失的现象还较为普遍地存在着。正是由于这个原因,不少有识之士近年来不断呼吁加强公民教育,公民教育理念因此而进一步受到重视。

第一节 公民教育理念的产生

公民教育理念并非现代社会的产物,不同历史时期的人们对公民教育的理解也不尽相同。这里拟对公民教育理念产生和发展的过程进行简要的回顾和分析。

一 公民教育理念的思想渊源

在我国源远流长的传统文化中,公民教育主要表现为个人对于责任的理解,可以说是一种责任的教育。孔子的"孝弟(悌)也者,其为仁之本与!"意指尊敬长辈,孝敬父母,爱护晚辈是为仁的根本,也是为人处世之道之根本。这是我国古代对公民教育的一种简明概括,可谓朴素之中现大义。明代顾宪成的"风声、雨声、读书声,声声入耳;家事、国事、天下事,事事关心"的精神,也生动地体现出了历史上仁人志士的爱国热情和历史责任感。中华民族能维系几千年,就是靠以对父母的"孝"为中心而推演出对上级、组织、君王的"忠",对下级、晚辈的"仁",以及对朋友、同事、平辈的"义",这套礼治秩序所贯穿的精髓实际上就是"责任"二字:对我们周围的人和社会担负起我们人之为人应尽的责任。[①] 由此可见,古代公民教育主要强调的是对社会和他人的责任感。中华民族优良的文化传统都在不同层次上以各种方式与责任意识紧密相连,是一种潜移默化的力量。这是我国公民教育的历史渊源,也是我们应当继承和吸取的宝贵精神财富。

  西方国家的公民教育理念可以追溯到古希腊和古罗马时期。在古希腊,公民教育是以保护奴隶主阶级的利益为目的。柏拉图、亚里士多德这些哲学家分别论述了公民教育问题,他们主张通过体、美、德、智的全面教育来达到培养良好公民的目的。到了中世纪,在教会的统治下,上帝占统治地位,人都成了上帝的子民,不存在公民和公民教育。但是,公民教育并没有因为教会的统治而失去了自己的生命力,没有中止自己的发展。随着文艺复兴运动的兴起,在众多有识之士的推动下,公民教育又重新回到了人们的视野中。文艺复兴运动提倡关注人的主体性,一些思想家也提出了"天赋人权"的革命口号以及"主权在民"的政治主张。由此,社会各界人士也纷纷提出要对民众实施公民教育,其教育的目的主要是为了巩固资产阶级的国家政权。随着资本主义工业和科学技术的发展以及阶级斗争的日益尖锐,到了19世纪70年代以后,西方各国也认识到了公民教育在培养国民公民意识方面的重要性,于是纷纷开展公民教育。此时的公民教育,多以促进国民的政治社会化、培养国民的社会意识和公民责任为目标。进入20世纪,西方发达资本主义国家开始日益关注国民履行义务及参与社会公共生活方面的能力,于是公民教

---

① 崔欣伟:《学校责任教育论纲》,中国社会科学出版社2012年版,第10—11页。

育的主要目标是推动公民教育向着有利于完善民主制度、培养公民能力的方向发展。与此同时，一些亚洲国家的公民教育也迅速发展起来。这些国家的公民教育大多在借鉴发达国家公民教育有益经验的基础上，再结合本国的实际情况提出的适合本国国情的公民教育。到了 20 世纪 50 年代，全球化的热潮席卷而来，随着全球化的兴起和发展，世界各国纷纷对全球化背景下的公民教育进行研究。联合国教科文组织将公民教育更名为"世界公民教育"，世界各国也从更加广阔的国际视野来开展公民教育。全球化对公民教育的影响及对策探讨成为国内外学者普遍关注的课题。

二 公民教育理念产生的社会背景

1. 社会条件的急剧变化

当代社会和经济体制急剧转变，现代化逐步深入，使得西方发达国家曾经历的困境与危机也随之显现。经济至上、消费主义思想与世俗文化、工具理性主义等思想成为了影响人们生活的主流社会意识形态。人类社会生态恶化、人口激增、各种不负责任的行为时有发生，这使得人类的可持续发展道路面临着重大的挑战。在这种情况下，公民教育成为新世纪人类可持续发展的迫切需求。公民教育中所强调的诸如责任意识、共生意识、法律意识等内容成为新时代人类可持续发展的吁求。如果公民不以有利于自己身心健康的方式负责地生活，比如说不健康的饮食习惯、不关注自身健康、不注重锻炼，那么国家就无力提供足够的保健措施来顾及每一位公民；如果公民不履行照顾亲属的责任，国家同样无法提供足够的资源来满足老幼病残人员的需要；如果公民不注重节约资源并使用循环再生产品，国家就无力去更好地保护环境；如果公民普遍缺乏正义感并逐渐对差异性失去宽容，那么创建一个公平社会的理想就会倍加艰辛。因此，不管是自由主义公民资格观还是共和主义公民资格观、社群主义公民资格观，或者是多元主义公民资格观，各种观点都强调要加强公民教育。

2. 个体自我意识的膨胀

市场经济体制提倡人的自由个性的过度张扬导致社会责任意识的丧失。这对于传统的社会文化是一种解构,公民意识因此而受到了削弱。伴随社会经济结构的迅速变化,中国文化也开始转型。娱乐文化、消费文化和泛大众文化彰显其独特的影响力。这种文化关注大众的世俗生活,以愉悦身心为目的,追求个性与人性的多样化。在这种文化背景下,人的自我意识浓重,强调人的感官享受与情感的表达,个人责任淡化,重索取轻回报。此外,大众媒介的出现尤其是网络的普及对于公民意识也是一种挑战。在网络这个虚拟的空间里,人们可以肆意地发表言论而不用在乎结果,可以感受在现实生活中不可能体验的情感,可以实现在现实生活中不可能实理的梦想,可以在网络中扮演任何的角色。这使一些人忘记了他们本来的身份,忘记了亲人和朋友,忘记了他们应有的责任,弃本真之道而不顾,由此也引发了一系列的网络道德危机、信任危机与责任危机。在这种背景下,公民教育更显示出其必要性。

3. 人类生存危机的出现

古人认为,自然界是人安身立命的根本,天道的自然是人道的根基,也是人类赖以生存和发展的基础。但是到了现代,人们认为人是自然界的主人,自然万物是为人而存在的,人与自然的关系是征服者与被征服者的关系。因此,"征服自然"成为了调节人与自然之间关系的新准则。正是在这一观念的驱使下,人们开始不顾自然的法则,任意地破坏自然界。为了扩大耕地面积,增产粮食,人们不惜大面积地砍伐树木,大规模地围湖造田;为了进行商业开发,人们无休止地对原始森林进行掠夺,结果导致了自然植被的破坏,土地沙漠化速度迅速加快。对自然资源无休止地攫取,已经对人类本身造成了无可挽回的灾难,生态环境的极大破坏和自然资源的日益减少,已经严重威胁着人类的生存。因此,增强生态道德观念是对21世纪公民的基本要求,也是新世纪公民教育的重要任务。

4. 传统教育存在的弊端

全球范围内出现的公民道德失范现象及其带来的挑战使各国纷纷将加强公民道德教育作为公民教育的主要内容，公民道德教育的内容也存在范围不断拓展的倾向。然而我国传统的公民道德教育却存在着诸多问题，如重知识传授、轻行为习惯养成；重先进性标准、轻普遍性要求等。以小学德育课程出现的人物为例，主要是领袖及各行业的先进人物，较少通过普通人的生活来展示公民的基本权利、义务、责任等对公民的普遍性道德要求。① 此外，全球化给公民教育营造了一个更为复杂而又开放的新环境，使得传统的公民教育内容与方法都面临着更加严峻的挑战。这就要求传统的公民教育在内容上及时调整，使之具有时代性、目的性和可操作性，从而更加突显国际化、综合化的时代特征。此外，全球化使公民教育处在全方位和多元化的环境中，这决定了公民教育的方法也应具有多元化的特点，为了适应全球化时代的新变化，传统的教育模式和教育方法面临诸多不适。此外，在当前多元文化的民主社会中，学生不仅需要建立起对其族群独特文化和国家的认同，还需要学会在全球化社会中适应和生存的知识、技能、态度和观念。因此，建构一种开放的、平衡的身份认同系统，有层次、有侧重地将个体培养成为同时具有文化认同、国家认同和全球认同的世界公民应成为当代公民教育的主要目标。②

第二节 公民教育的目的与内容

如何理解公民和公民教育？公民教育的目的和内容是什么？这是我们探讨公民教育理念时需要首先明确的基本问题。

---

① 万明钢：《论公民教育》，《教育研究》2003 年第 9 期。
② 万明钢，安静：《全球化与多元文化张力下公民教育的变革——班克斯公民教育思想述评》，《教育科学》2010 年第 5 期。

第四章 公民教育理念

一 公民教育的界定

1. 公民

公民一词，英文为citizen，由city一词而来，源于实行民主政治的古希腊。在雅典城邦国家建立的奴隶主民主制度下，奴隶主和自由平民在法律上享有特权，被称为"公民"。在黑暗而漫长的中世纪，在教权和王权的双重压迫下，公民概念失去了存在的土壤。近代意义上的公民是资产阶级反对封建专制统治的产物。在启蒙运动时期，洛克和卢梭等自由主义思想家提出了"社会契约论"、"天赋人权论"、"人民主权论"等思想，在理论上为现代公民的出现奠定了基础。资产阶级取得政权后，用宪法确认了"天赋人权"、"主权在民"等原则，规定国家属于全体社会成员。与古希腊的公民观相比较，近代西方公民观有两个方面的发展：一是公民身份仅仅与国籍有关，公民普及到全体国民；二是所有公民不分民族、种族、财产、信仰，一律平等。也即近代公民具有普遍性和平等性的特点。在现代西方社会，人们对政治的兴趣日益消退，个人主义盛行。为了挽救民主危机，不少人强调公众积极参政议政，以使民主得以正常运转。

由此可见，公民概念从产生起就与民主政治联系在一起，它不仅是一种法律资格，更主要的是一种政治资格。政治资格强调的是个体公民对国家政治生活的积极参与，即积极资格；法律资格强调的是公民与国家之间的权利与义务关系，即消极资格。公民身份就是政治资格和法律资格的统一。在现代社会中，严格意义上的公民身份有三个特征：一是积极参与公共事务；二是拥有平等的权利并承担相应的义务；三是有美德。因此，公民是政治身份、法律身份和道德身份的有机统一。

2. 公民教育

关于公民教育的内涵，人们有各种不同的理解。有人认为，公民教育有广义与狭义之分。广义的公民教育（citizenship education）是指在现

> 当代教育新理念

代社会中，培育人民有效地参与国际和社会公共生活、培养明达公民的各种教育手段的总和。狭义的公民教育（civic education）是指为培养参与国家或社会公共生活有效成员所需知识的公民学科。① 也有论者指出，公民教育是个内涵丰富的概念，它是以公民作为教育对象，是具有一国国籍的人都有权接受的教育。广义的公民教育是指人的一切教育；狭义的公民教育是指公民的权利与义务教育，如教授和培养公民参与管理社会公共事务的知识和技能。②《美国教育研究百科全书》对公民教育是这样定义的：公民教育就是通过教授一个特定社会中公民的独特意义、公民的责任、公民的品质，从而培养好公民或者培养公民素质的教育。有学者认为，公民教育应当是以公民的本质特征为基础和核心而建立起来的教育目标体系，它必须以公民的独立人格为前提，以权利与义务的统一为基础，以合法性为底线。③

从世界各国对公民教育的定义来看，现代公民教育一般包括四个方面的内容：一是培养公民对国家制度的合理性认同，主要是以宪法意识为核心的权利意识和义务意识，认识到作为一个公民必须对国家和社会具有不可剥夺的权利和不可推卸的责任，其核心是一种社会主体意识的培养；二是培养公民权利与义务相统一的观念，使其认识到不尽义务的权利是一种特权，而不享有权利的义务必然会导致盲从和被奴役，二者都是与现代民主法治精神相悖的；三是培养民主平等的现代精神，这种现代精神是现代社会公共生活的基本准则，是现代公民的基本素质；四是对公民进行道德教育，使公民具有社会普遍认可的道德行为规范。④由此可见，公民教育应贯穿于公民成长发展的整个生命历程，有赖于家庭、学校、社会和媒介的共同教育作用，是终身教育的过程。

---

① 蓝维等：《公民教育：理论、历史与实践探索》，人民出版社2007年版，第332页。
② 于永梅：《全球化视域下的公民教育研究》，长安大学2007年硕士学位论文，第6页。
③ 李萍，钟明华：《公民教育——传统德育的历史性转型》，《教育研究》2002年第10期。
④ 高峰：《当前我国推行公民教育有待解决的若干问题探讨》，《教学与研究》2006年第11期。

二 公民教育的目的

公民教育应该在个人生活、国家生活、社会生活、国际生活中培养具有公民知识、能力、德行的复合型公民。[①] 具体来说有三个维度：(1) 公民教育目的在全球的视域下是要培养世界公民，使每一个公民具有德、智、体、美等多方面的素养，并在具体的生活中达到各个方面的平衡与统一。正如联合国前秘书长安南所说："全球化的世界就像一艘小船，如果有人生病了，所有的人都会面临感染。如果有人愤怒了，其他的人很容易面临伤害。"[②] 因此，世界公民在处理与世界的关系中，要立足世界大舞台，自觉从人类、民族与个人利益相统一的角度出发，始终站在共同利益的基点上，谋求各方面的协调发展，这是人类社会发展的必然需求。(2) 公民教育的目的具体到国家维度是要培养具有以下素质的公民：了解祖国建设与发展的情况及国家的重大方针、政策；了解祖国的历史文化；维护社会环境；尊重及维护传统文化及其美德；认识国情及现阶段社会发展的基本特征，关心时事政治；遵守国家和地方政府颁布的法律、法规，履行公民职责。个体作为国家的公民，担负推动社会发展的重任。学校教育要引导学生形成正确的民族意识与爱国精神，树立正确的义务观念与法制观念，具有较强的竞争意识与合作精神。(3) 公民教育的目的具体到人类维度而言，则需要坚持系统整体的生存发展观，要求把人类看作一个整体。当代人类已经向着有机整体的方向发展并作为整体来生存活动和发展。因此，人在处理与世界的关系时，要始终从共同利益出发，把是否符合人类共同利益作为评判自身行为和活动是否合理、正当、正义与否的基本标准。[③]

[①] 冯建军：《公民教育目标的当代建构》，《教育学报》2011年第3期。
[②] 任东来：《从负责任的公民到负责任的全球公民》，《美国研究》2003年第3期。
[③] 崔欣伟：《学校责任教育论纲》，中国社会科学出版社2012年版，第42页。

三 公民教育的内容

公民教育的内容非常宽泛，涉及的面非常广，凡是涉及公民的问题都属于它的范围。从宏观维度划分主要包括四个方面，即以爱国主义和法律意识为主的公民身份意识教育；以社会主义核心价值观教育为主要内容的公民道德教育；以理性参与、维护权利为主要内容的公民政治教育；以生态环保、绿色消费为主要内容的公民环境教育。[①]

公民教育的对象应该是所有的公民，内容应包含多个方面。从这个意义上说，公民教育的主要内容应包括：公民意识教育、公民情感教育、公民意志教育、公民行为教育、公民人格教育。只有公民具备了良好的公民意识，才能够激发公民的情感，在坚定的意志下履行公民的行为，最终形成公民良好的人格。公民教育的核心是责任意识、道德意识、自主意识和权利意识。

从公民教育与个人关系的密切程度来说，由近及远可以划分为以下几个层次的内容：对待自我的公民教育、对待家人的公民教育、对待他人的公民教育、对待集体的公民教育、对待国家和社会的公民教育以及对待世界的公民教育。此外，公民教育是由公民资格所赋予的，而公民是指社会人，他是以社会和国家的成员身份而存在的，包含了个人与国家之间的一种特定的关系，并具有相应的权利和义务。因此作为一位公民，其公民教育涉及多个领域。

阅读与思考4-1 公民教育与公民实践

对学生来说，公民教育是一个复杂的整体，它既包括承认价值观，也包括获取知识和学习如何参与公共生活。因此，从意识形式上看，不能把这种教育视为中性的；学生的信仰必然受到这种教育的挑战。为了维护信仰的独立性，教育也应从人的童年起并在其一生中培养一种有助于自由思考和自主行动的批判能力。在学生成为公民时，教育将是指导

---

① 庄晓华：《青少年公民教育的内容与方法》，《教学与管理》2018年第9期。

他沿着一条艰难的道路行走的永久性指南；在这条道路上，他应把行使以公共自由为基础的个人权利同履行对他人及所属社区的义务和责任协调起来。因此，需要大力促进的，正是作为培养判断能力之过程的教育。但是现在出现的问题，是怎样保持个人自由与指导任何教学的权威原则之间的平衡问题；这就突出了教师在培养即将参与公共生活的人所必需的判断自主能力方面的作用。

如果想在教育与参与性民主实践之间建立一种协同关系的话，那就不仅要培养每个人为行使其义务和权利作好准备，而且还应依靠终身教育去建设充满活力的公民社会，这种社会介于分散的个人与遥远的政权之间，能使每个人承担起在社区内应有的责任，为实现真正的团结互助服务。因此，每个公民的教育应在其一生中持续不断地进行，并成为公民社会和现代民主基础的一个组成部分。当人人都参与建设一个负责的、相互支持的和尊重每个人的基本权利的社会时，公民教育与民主甚至就混同在一起了。

——国际21世纪教育委员会：《教育——财富蕴藏其中》，联合国教科文组织总部中文科译，教育科学出版社1996年版，第47—50页。

第三节　公民教育的实施策略

全面的公民教育实施途径包括家庭、学校和社会等各个方面，而学校教育在其中起着更为关键的作用。因此，这里主要探讨学校的公民教育问题。

一　确立以公民教育为主的道德教育

在我国，德育一直备受关注和重视，但是其效果却不理想。究其原因，在于我们往往将道德教育等同于政治教育，培养的只是政治人格，而普通人对政治大多没有切身的感受，学生一听到"德育课"想到的就是"假大空"的政治课，因而心理上会产生抵触情绪。而在西方国家，

> 当代教育新理念

德育一般是指道德教育，旨在使学生掌握处理人与他人、人与社会、人与自然等关系的规范，并内化为自身稳定的自觉意识和行为习惯。从这个意义上说，我们的道德教育必须实现从传统的政治教育向新时代的公民道德教育转化，确立以责任伦理为主的道德教育。学校应当把培养学生的公民意识，激发学生的公民感情，锻炼学生的公民意志，优化学生的公民行为作为学校德育工作的主要目标，使学生逐步形成对自己、对家庭、对他人、对集体、对社会、对世界的责任感和使命感，从而形成完善的公民人格。

二　构建完善的学校公民文化

学校环境一旦按照公民教育的要求加以设计和利用，就会成为公民教育的重要力量，成为塑造学生公民意识的因素。[①] 良好的学校文化将以其特有的感染力、渗透力和影响力潜移默化地影响着每一位成员的思想观念和行为方式，引导着每个人彼此尊重、相互理解、积极进取。因此，公民教育需要考虑学校文化的构建，引导学校流行文化的发展。学校流行文化是指在一定时期内在学校中或青少年学生群体中普遍流行的、随处可见的，为大多数人认可的文化现象、参与的文化活动或仿效的行为模式。[②] 在学生的生活环境中，如果一种文化现象或行为方式在学校中流行开来，它便会对青少年学生的生活产生很大的影响，促使青少年学生竞相追随它。因此，学校流行文化能够对青少年学生的生活方式及行为模式起引导作用。在构建学校公民文化时，要注意加强学校文化的时代精神和文化内涵，同时要与大众传媒的教育相融合并关注青少年的情感体验与现实生活。通过建立具体的、现实的、积极的校园文化，并发掘其中的积极因素来激励青少年学生，从而使学生树立正确的公民意识，养成良好的公民行为习惯。

[①] 康士凯：《营造责任环境 培育责任情感》，《探索与争鸣》2002年第3期。
[②] 俞国良：《学校文化新论》，湖南教育出版社1999年版，第215页。

三 增加学生角色体验的机会

公民教育是知识教育和实践活动相结合的学科，学校公民教育也需要与社会实践活动相结合，通过增加学生体验的机会，将公民知识、公民意识、公民情感等融入到实践行动中去，从而实现公民教育的知、情、意、行的有效统一。① 体验式教学就是公民教育实施的有效方式，它是指根据学生的认知特点和规律，通过创造情境和机会，呈现或再现、还原教学内容，使学生在亲历的过程中理解并建构知识、发展能力、产生情感、生成意义的教学观和教学形式。体验式教学强调角色体验，包括角色扮演、角色代入和角色互换三种形式。学生通过"角色扮演"，由课堂的"观众"转变为课堂的"主人"；通过"角色代入"，由问题的"疑惑者"转变为问题的"解决者"；通过"角色互换"，由信息的"输入者"转化为信息的"输出者"和情感价值观的"认同者"。② 这一过程既能帮助学生通过实践特定角色来掌握角色责任，又能体验成功完成角色任务后的喜悦和未完成角色任务的失落及遗憾情绪。此外，还可以通过角色体验来培养青少年感恩的思想，使他们对父母感恩，对老师感恩，对他人感恩，对生活感恩，进而增强青少年学生对自己、对他人、对父母、对社会、对国家、对自然的责任意识。

四 引导学生参加社会实践活动

只有让青少年学生走向社会，参与社会实践，才能使他们切身体验到公民的权利和义务。青少年学生参与社会实践，还能够拥有更多与他人接触和交往的机会。学生不仅需要交往，而且要尽可能地扩大交往的范围。只有参与各领域、各层次的交往，同尽可能多的其他的个人或群

---

① 谷满意：《当前我国学校公民教育的内容、途径与方法研究》，《广东青年职业学院学报》2013年第3期。
② 朱辉：《"双新"背景下指向学科核心素养的角色体验式教学》，《内江科技》2023年第2期。

体进行交往，他们才能摆脱自身的狭隘性和局限性。① 在美国，学校非常支持学生参加各种社会实践活动。美国是以社区自治为根基来进行管理的，因此强调社区的沟通与互助。青少年学生大多会做义工，通过社会实践来了解社会、积累社会经验、磨炼自己各方面的能力、提高自己的综合素质。他们通常会帮助社区开展各种社会服务活动，如为社区筹集资金、帮助老年人、治理环境、免费维修等。这些活动有利于他们树立服务意识和培养自立自强的精神，可以增强他们的社会责任心。在指导学生参与社会实践的过程中，要加强实践活动的目的性和实效性，引导青少年学生有的放矢地选择适合自己特点的社会实践形式。此外也要全方位动员学生，提高青少年学生参与社会实践的积极性，扩大学生参与社会实践活动的比例，使社会实践活动普及化、经常化。我们要充分利用和整合社会资源，并寻求各种社会力量从多方面对学生的社会实践予以支持，不断丰富社会实践的内容和形式，多渠道成立社会实践组织机构，重视社会实践基地的建设，以保证社会实践活动的质量和效果。

阅读与思考4-2 历史教学与公民素养

历史能有助于我们更清楚地理解人在社会中的位置。历史告诉我们，人类无法解决争斗、战争和不幸。而且，毫无疑问，认识到人类有种与生俱来的造成伤害的能力是有益的。正是人类所具有的这种能力证明了社会所提出的各种约束和规则是必要的。然而我们同样也有可能从历史中获得一种尊重乃至赞赏的感受，即尊重和赞赏人类已经能够在技术领域、文化领域，或是在法律领域中进行发明、创造和建构，而这种状况将与文字或者火的发现一样，被视为人类创造力的产物。为了年轻人的利益，十分有必要以平实的语言来描述这一体现了宽容和奉献的共同体验的重要性。

没有其他任何一门学科能像历史一样，很好地讲授人类的多样性。

---

① 何齐宗：《和谐人格及其建构的教育思考》，《教师教育研究》2004年第2期。

各种人类群体、各种民族、各个国家和各个大洲都是不尽相同的。这个简单的事实使我们超越了我们当前的体验,来接受和承认我们的差异,来发现其他人同样也有丰富的、有教益的历史。任何其他学科都不能在相同的程度上妨碍我们希望将所有的文化都归于一种单一的模式,而历史有助于界定一种多元主义的教育。

历史也教导人们尊重复杂性。历史提供了一种防止简单化与炫耀的保证,简单化与炫耀不过是设想用简单的办法解决复杂的问题。历史分析表明没有任何事物是简单的,而且多种解释的同时存在是有可能的。

历史展示了一种多元主义观点的方法,也就是说,为了走出我们自己的世界,它提供了有意识地接受其他的"人类多样性"的途径。我们不再局限于我们自己的传统中,而是发现了在一个相同的国家中,除了关于我们自己的思想流派和各种传统外,还有其他的思想流派和理智的、哲学的、文化的和政治的传统。公民素养的第一课,虽先限于单一的国家,但尔后应加以扩展,开放地吸收其他国家和人民的历史和文化。

——[法]勒内·雷蒙:《历史教学与公民素养》,见王晓辉等译《为了21世纪的教育——问题与展望》,教育科学出版社2002年版,第315—318页。

第四节 公民教育理念的影响

公民教育理念对当今世界的教育产生了重要的影响,不少国家都在努力推动公民教育的实践。这里主要介绍美国、英国、日本、加拿大和中国等国家在公民教育理念的推动下开展公民教育的基本情况。

一 美国的公民教育

美国是世界上系统实施公民教育最早的国家之一,在其推进公民教育的过程中积累了较丰富的经验。

1. 美国公民教育的历史发展

美国从建国起就非常重视公民教育,其公民教育的发展有其内在的逻辑依据与脉络，主要经历了三个发展阶段。第一个阶段表现为公民意识教育。在美国建立之初，美国思想家相信"只有当美国人成为有教养、懂礼仪、具有独立意识的公民时，革命才算真正完成，共和国的基础才能够建立起来。"① 因此在建国初期，美国的公民教育强调通过关注精神性思考来培养"现代"公民，其中包括强调个人意识、传统精神和公民身份的教育内容。第二个阶段重点为公民知识教育。20世纪以来，随着美国城市化和移民问题的突出，培养公民良好的素质成为社会发展的迫切需求，学生需要通过掌握公民知识来了解社会。1916年，美国通过整合社会科学、地理和历史，创立了社会科课程，主要目的在于进行公民知识教育，使学生在步入社会时能够运用所学知识分析各种复杂的社会问题。第三个阶段体现为公民参与教育。随着社会问题的发展，公民活动的参与性成为一个新的关注点。21世纪的公民必须具备应对快速变化、复杂多样的区域、国家和全球性问题、文化和宗教冲突、经济关系日益密切的国际关系的能力。公民教育需要培养公民在民主社会中积极参与的自由和自主性，他们能够提出有意义的问题并能够分析和评估信息和思想；具备在公共场所和私人生活领域使用有效决策来解决问题的能力，能够积极参与公民和社区生活。②

2. 美国公民教育的目的

早在美国建立之初，共和国的缔造者就宣称要培养受过教育的公民，所以当时公民教育的目标就是要培养了解并认同美国政治制度和国家理念，具有爱国精神的好公民，从而保证新生的共和国能够得到最广大人民的支持和拥护。此后，公民教育的目标随着历史的发展而不断变更。两次移民潮对美国的公民教育产生了很大的影响。大量移民的涌入使得所谓的本土的美国人产生了国家身份认同等概念，这一时期公民教育的重要目的就是尽快将移民同化到美国的政治体制中。进入20世纪后期，

---

① L. A. Cremin. *American Education: the National Experience*, New York: Harper and Row, 1980. 5.
② 李寒梅：《美国公民教育变革的内在逻辑及启示》，《东岳论丛》2015年第11期。

伴随着世界政治格局的变化、经济的转型和文化的交融日趋普遍，公民教育的作用也日益突出，美国对公民教育施加的影响也更为直接和深刻。90年代，美国联邦政府颁布了一些旨在加强公民教育的指导性文件。如1994年公布的《2000年目标：美国教育法》中对公民教育的目标就作了如下的陈述：到2000年，所有4、8、12年级的毕业生应该能够掌握具有挑战性的内容，包括公民学和政府，以便他们为承担公民责任、进一步学习和有效工作做好准备，所有学生都将参与到那些能促进和提高公民素质、社区服务及个人责任感的活动中。① 由此可见，美国的公民教育目的在不同时期有不同的目的，受到自身社会背景和其他因素的影响。

3. 美国公民教育的基本内容

美国于1991年颁布的《公民教育大纲》和1994年制定的《公民学与政府》（全国课程标准）规定，优良的公民教育其基本内容主要包括公民知识、公民技能和公民性格三个方面。②（1）公民知识教育。公民知识教育的内容涉及以下五个方面：一是政府及其职能。包括政府设立的意图、法律的作用、有限和无限政府的特征、宪法的作用。二是政治体制的基础。包括美国的立宪思想、美国社会的独特性、美国的政治与公民文化、美国宪政民主的基本价值和原则。三是民主在政府中的体现。包括宪法赋予政府的权利和责任、政府的运行、法律在政治中的作用、政治体制为公民提供的选择与参与机会、公共事务的形成与实施。四是美国与世界事务的关系。包括世界的政治构成、美国对世界政治的影响以及世界政治对美国政治和社会的反作用。五是公民在美国政治中扮演的角色。包括公民及其权利、责任和公民对公共事务的参与。（2）公民技能教育。公民技能包括智力技能和参与技能。智力技能又称为批评性

---

① 王红：《美国公民教育的目标、内容、途径与方法综述》，《外国教育研究》2004年第3期。
② 何久香：《我国学校实施公民教育初探》，华中师范大学2005年硕士学位论文，第22—24页。

的思维技能。主要包括：鉴别和描述的能力，包括既能解释一些有形事物，如国旗、国家纪念馆以及一些政治事件的意义，也能解释一些无形概念，如政党、人权、公民社会以及宪政的含义；对公共问题的解释、分析能力；描述立法制衡和司法评论的作用和方法的能力；发表意见及为自己的立场辩护的能力。参与技能包括沟通、监督和影响三方面的技能。沟通技能是公民必须与别人交谈、和别人一起工作所需的技能。沟通是对同伴所做出的反应，是礼貌的提问、回答、商讨以及建立同盟和用一种公平的、和平的方式处理冲突。监督技能指的是公民必须通晓通过政治手段和政府处理问题的技能。影响技能是指影响政治和政府过程的能力。一个民主制度下的公民应学会投票、给陌生人写信、主持会议、在公共论坛中为其观点辩护、参加社会问题的讨论及学会倾听别人的意见。（3）公民性格教育。在公民性格方面，要求人格独立、承担起作为公民的责任、尊重人的价值和尊严、以一种理性和有效的方式参与公共事务等。由此可以看出，美国公民教育的内容体系较为完善，既包含了"公民身份"、"公民地位"、"公民权利"、"公民状态"等公民认知方面的知识，同时也包含了公民情感、公民行为等方面的要求。从知识、技能、情感、态度和价值观等多方面对学生进行公民教育。

4. 美国公民教育的主要方法

美国公民教育的主要方法有学科教学法和课外活动实践法两种。学科教学法主要教授有关公民现象的一般原理，通过专门的公民教育课程以及历史和社会科等相关学科来开展公民教育。此外，还经常采用讨论、角色扮演、问题解决等互动的、参与性的教学方法。在美国的公民教育中，课外活动也发挥着重要的作用，是正式课程的一种必要补充。课外活动通过将公民知识与实际经历相结合的方式来促进学生对公民内涵的理解，它的形式和内容非常丰富，常见的有学生政府和社区活动两种：①

---

① 王红：《美国公民教育的目标、内容、途径与方法综述》，《外国教育研究》2004年第3期。

学生政府这种活动将学生视为学校的"公民",为每个学生提供选举学生代表、参与学校和班级决策活动的亲身经历。学生参与管理的过程能为学生提供有关自治方面的亲身经历,并能使其意识到他们的决策的影响力,从而提高他们对自我、他人及社会的公民意识。社区为本的教学是在社区参与活动的基础上发展而来的,其目的仍是要使学生回到非学校的社区中,使学生在真实的世界中体验公民身份。社区为本的教学仍秉承社区参与活动的宗旨,其目的是要确保学习和思考能以社会现实和参与能力为方向。社区为本的教学一般通过服务学习、指导法与田野研究三种形式来开展教学。服务学习是一种将学术内容与直接的服务活动联系起来的教学方法,其目的在于使学生通过实践加深对课堂知识的理解;指导法是把学生分配给社区中的成人指导,指导者需为学生提供建议和意见,并能够以身作则;田野研究是一种有计划的、旅行式的学习体验,它使学生能够置身于真实的环境中学习,激发学生的批判性思维。通过这些形式多样的教学,提高了美国公民教育的实效性和针对性。①

二 英国的公民教育

1. 英国公民教育的历史变革

英国的公民教育是随着英国国民教育制度的确立逐渐发展起来的,其发展历史可分为以下四个阶段:

第一,个人发起阶段。18世纪后半叶,法国兴起了把公民教育纳入国家教育系统的思想。受此影响,英国的约瑟夫·普里斯里汀发表了《关于公民及其自主生活的自由教育》,提出了理想的课程应包括公民生活各方面的内容。但是由于受传统教育的影响,他所提出的公民教育理念并没有得到广泛的认可和推广。

第二,团体倡导阶段。20世纪初,英国纳粹活动猖獗,面对极权主

---

① 王红:《美国公民教育的目标、内容、途径与方法综述》,《外国教育研究》2004年第3期。

义的威胁，英国于1934年由志愿者组织成立了一个公民教育协会（The Association for Education in Citizenship）。它的根本宗旨是将学校教育作为加强自由民主、抵制法西斯威胁和共产主义威胁的手段。1936年，该协会出版了《中学的公民教育》一书。在该书的前言中，公民教育协会主席海多（W. H. Hadow）指出，公民教育是当前的"一个共同而又紧急的任务"。在战争期间，作为对当时出现的欧洲集权主义的反应，公民教育被引入学科教学之中。但是在大多数学校中，它还不属于正式课程。

第三，政府认可阶段。由纳菲尔德基金会资助，并由科瑞克等人倡导发起了"政治教育计划"，其目的是为了增强学生的政治观、民主价值观以及政治能力。这个政治教育计划在实施初期就引起了政府的重视并承认了它的合法地位。在这一阶段，还有一些教育家提出了开展"全球公民"教育的主张，其目的是提高学生的全球意识。作为地球共同体中的一员，"全球公民"应该对人类社会有更加深刻的了解，懂得当代人类的生存困境和发展危机，确立可持续发展的精神；"全球公民"应学会关注他国文化，懂得尊重和欣赏别国文化；关注地球生态系统平衡；培养学生的世界眼光与国际胸怀，努力为世界和平和人类幸福作出贡献。

第四，政府推行阶段。1988年英国的教育法统一了国家课程，规定了国家的核心基础科目，它为公民教育的发展奠定了基础。1990年，全国课程委员会颁布了公民教育的课程标准。同年，国会下议院发布了题为《鼓励公民教育》的报告，强调公民教育的重要性。公民教育终于由官方文件规定，在英国学校教育中确立了法定的地位。接着，新工党政府在其首份教育白皮书《优质学校》（1997）中，作出加强学校中的公民教育和政治教育的决定。同年11月，国家教育与就业部部长戴维·布鲁克特（David Blunkett）宣布成立以伯纳德·科瑞克（Bernard Crick）为首的公民教育与学校民主教育顾问团，目的是为学校中的公民教育提供有效的建议。顾问团组织进行了一系列的咨询和讨论，于1998年提出了他们的最终报告，简称为《科瑞克报告》。它对随后出台的国家公民教育政策的形成起了重要的作用。2000年，政府将专门的公民课程引入中小学，公民科成为国家课程体系中的一门基础学科，从2002年9月起在中学正式实施。在新近颁布的英国中小学国家课程中，公民的权利与义务作为一门基础学科，要求5—16岁的学生发展以下技能：调查和批判性思维；讨论和辩论；商谈与调解；参与学校和社区活动。而在所有的中学生（11—16岁）中，公民的权利与义务成为法定的国家课程中的基础科目之一，每个学生都必须学习。至此，可以说中央政府已完全担负起公民教育的管理，公民教育在国家正式课程中占有了重要的一席。

2. 英国公民教育的特点与实施

当前英国公民教育的突出特点是建立完善的课程体系，公民教育除传统政治常识之外，更注重进行公民权责教育及与学生日常社会政治生活有关的教育，引导学生参与公民生活，培养学生分析和解决现实问题的能力，从而达到培养"好公民"的教育目的。英国公民教育的实践有两个特点：一是建立完善的公民教育课程体系，其主要作用是为学生提供学习公民知识并参与公民实践训练的机会，提高学生日后履行公民权利的技能；二是采取学科渗透的方法，将公民教育渗透于各个学科，即分散到课程结构、教育策略、学校组织中去。如教育委员会曾在1923年出版的《历史教学》中明确指出：历史教师就政治和社会问题，有职责向学生提供正面的训练。[①]

3. 英国公民教育的主要矛盾

虽然公民教育在学校中已得到实施，但是由于国家课程的引入使得课程负担过重，再加上这一领域专业教师的普遍缺乏，这些原因使得英国的公民教育在许多学校发展相对缓慢。因此，公民教育的进一步发展，还有赖于政府官员、学校、教师、家长等各方面的支持。同时，在进行公民教育的过程中，也出现了一系列潜在的问题。例如，在英国这个存在广泛文化差异的社会确立一系列共同的价值观是否现实？这种共同价

---

① 于永梅：《全球化视域下的公民教育研究》，长安大学2007年硕士学位论文，第12页。

值是谁的价值？在与欧洲或世界公民身份发生冲突时是否应优先考虑地方和国家利益？学校能为青少年发展和锻炼公民参与技能提供什么样的机会？此外，英国缺乏公民教育的一贯传统，公民教育主要集中于那些混合种族的地区，在全是白人的学校不被重视。这些学校主要集中于个人、健康和社会发展方面，政治教育常被忽视，对公民教育所作的努力极少。①

三　日本的公民教育

第二次世界大战后不久，日本文部省发布了《中等学校、青年学校公民教师用书》，其中提出国家公民教育的目的是要培养学生作为社会良好成员所必需的性格以及必要的知识和技能，理解自由与平等的含义，懂得自主参与社会生活，并具有献身和贡献的精神。

1. 日本公民教育的内容

日本公民教育的内容是多重的，包含了诸多要素，它不仅要满足公民社会化的需要，而且还要与社会发展合拍。现在日本学校公民教育的内容主要包括如下方面：②（1）道德教育。理解各种社会关系，感受不同的规范和文化，认知社会的现状及存在的问题，接受为社会公众所认可的行为准则，并以此约束自己。（2）政治教育。理解既存的政治体制、议会制度和宪法，了解国家的性质，获得关于政治团体、安全保障等方面的知识，确认和平的价值观和政治参与的态度。（3）经济教育。理解经济制度、经济过程和市场原理，懂得有关储蓄、资源开发和利用、消费等的价值观和相应技巧。（4）法规教育。理解法令、权利与义务、人权、法治、裁决制度、契约关系等法律关系和规定，习得守法、尊重人权和依法办事的能力。（5）国际理解教育。理解国际关系、国际政治、国际形势以及异民族间的文化，培养国际友好、合作的态度。

---

① 林亚芳：《英国的公民教育》，《江西教育科研》2001 年第 10 期。
② 李萍：《日本学校中的公民教育浅议》，《道德与文明》2003 年第 1 期。

2. 日本公民教育的特点

学校中的公民教育是培养未来合格公民的重要渠道，日本在战后加强了学校中的公民教育，也形成了鲜明的特点：

第一，建立多元一体的国家公民教育管理体系。在日本，战前和战后的公民教育都始终强调公民应积极主动参与国家、社会事务，这与日本主张的集团主义价值观有关，利用统一的民族价值观来强化民族、民主意识。因此，各级政府建立文部省、都、道、府、县、市、町、村教育部门，成立由专人负责管理的全国一体化的教育，统一管理各行各业的公民教育。公民教育管理体系由政府统一管理、统一布置，执行统一的民族价值观，形成一整套国家公民教育管理体系。

第二，完善地方形式多样的公民教育网络。建立以公民馆为中心的社会公民教育、以公立图书馆为中心的自主公民教育以及企业公民教育等多种形式的公民教育体系。充分利用学校、社会、家庭、大众媒体等教育网络，建立形式多样的公民教育网络，形成多渠道的价值导向作用，强化学生的公民意识。

第三，发展健全的公民教育运作机制。通过利用道德课、各科教学以及学生的课外活动之间的相互作用，来完善公民教育的系统性；通过丰富校园生活，加强校风建设等方式来发挥公民教育的实效性；通过创办家长学校等社会教育形式，形成学校对公民教育的辐射作用。此外，学校还通过建立健全各种规章制度，来保证公民教育的顺利开展，通过多种渠道来健全公民教育的运行机制。

四 加拿大的公民教育

加拿大是一个多元文化的移民国家，其多元文化与联邦政治体制的背景使得加拿大的公民教育独具特色。加拿大的公民教育致力于培养具有国家认同感的公民，同时又尊重学生本民族的文化，从而实现对多元文化的认同与国家身份认同的兼顾。

当代教育新理念

1. 多元文化背景下的公民教育

加拿大的多元文化公民教育观强调，不同的社会群体都应维持其独特的文化特质，公民教育应该通过传递认同文化差异的民主价值观，使学生能够尊重文化差异性和价值多元性；通过承认文化的差异，培养学生在其生活的社会中的跨文化适应能力。因此应当积极肯定和尊重少数民族以及弱势群体独特的生活方式，以减少少数民族群体受到不公正的待遇，承认民族之间的差异，帮助社会中多样文化的延续。加拿大在全国范围内采取的是相似的公民教育，其公民教育的目标概括来说即是培养知情的、有责任的，积极参与到多元化的社会之中的公民。[1]

在教育内容上，加拿大公民教育内容中既强调普世伦理即一种以人类公共理性和共享的价值秩序为基础，以人类基本道德生活、特别是有关人类基本生存和发展的道德问题为基本主题而整合的伦理理念，也呈现多元的文化，使得学生在公民认同上除了共同的国家认同之外，也能理解族群独特的文化。在教育的权利上，要考虑到族群成员的差异性，给予族群特殊的权利保障，使族群不同的利益、文化经验、生活态度得到公开展示的机会。多元文化主义的公民教育既包含文化的自我认同，也包含对相异文化的承认与尊重。[2]

在教育途径上，多元文化公民教育观主张，不同文化背景的学生有不同的学习方式，应该在教学活动中考虑来自主体民族以及少数民族孩子不同的学习方式，并在教学过程中结合这些孩子的特点施教。要着重从实践入手，培养未来公民的政治参与能力；增进公民对政治体系和民主程序的了解，传授公民政治知识，提高公民政治参与的技能；培养学生相互尊重、理解及处理差异问题的能力。在教育手段上，既要积极改进传统的教育手段，又要充分运用新的技术手段，使教育形式多样化，

---

[1] A M Sears, G M Clarke. *Hughes Learning Democracy in A Pluralist Society: Building A Research Base for Citizenship Education in Canada* [M]. University of New Brunswick Press, 1998.

[2] 万明钢：《论公民教育》，《教育研究》2003年第9期。

能够更有效地展示文化的多样性,从而提高公民教育的效果。①

2. 加拿大公民教育的成功经验

加拿大的公民教育的成功之处就在于它是一种具有多元性和包容性的教育。学校公民教育一方面让学生了解加拿大的历史国情,增强对本国主流文化的认同,激发爱国情感;另一方面又尊重和认同其他各个国家及少数民族的文化传统及特色,肯定他们存在的价值,尊重多元化的价值取向,给学生提供多元化的教学方式以及自由的空间。这样的教学方式免除了不同文化之间的排斥现象,保障了多元的文化价值,同时也丰富了本国的文化,增强了本国文化的活力。

加拿大的公民教育所要培养的加拿大公民要不断追求共同的国家认同,每一位公民要认识到国家文化多元性的维持是在一个共同的政体之下,需要有对国家公民身份概念的高度觉知,同时也要承认社会文化的多元性。多元文化主义在教育内容、方式等方面兼重国家文化认同与族群文化认同的教育主张,为公民教育理论的完善开辟了一个新的思考角度。

五 意大利的公民教育②

意大利的公民教育走在欧洲国家的前列并为欧盟所称赞。

1. 意大利公民教育的发展历程

意大利是欧洲文明古国,其公民教育的发展经历了三个历史阶段,分别为游离期、政策化期和全球化期。1861年3月,意大利王国宣布成立,作为一个宗教国家,天主教对意大利社会各方面的影响极大。在意大利政府与天主教会双重力量的作用下,这一时期公民教育的内容分化为两部分:"一方面,在公共领域政府通过公立学校向学生传输国家概

---

① 万明钢、王文岚:《全球化背景中的公民与公民教育》,《西北师范大学学报》(社会科学版) 2003年第1期。

② 安阳朝、贾利帅:《意大利公民教育发展的历程、实践与思考》,《比较教育研究》2020年第2期。

念，使学生具备一种国家归属感；另一方面，在私人领域天主教会通过道德说教向民众传输与宗教相关的价值观，影响民众的道德认知、自我认同感和国家归属感。这一时期的公民教育呈现出'二元隔离'的特征，这常常使政府建构国家意识和国家归属感的计划落空，民众难以形成'统一的意大利'国家概念。"[1]

20世纪50年代，公民教育写入政府文件之中，成为中小学教育的重要内容，开启了意大利公民教育的政策化时期。1947年意大利出台了《意大利共和国宪法》，对社会的方方面面进行了较为系统与全面的规定。随后1958年意大利政府正式颁布《在中学和艺术教育学校教授公民教育的方案》，开始介入学校公民教育，对学校如何进行公民教育作了相关规定，如学校设立公民教育课程、每个月两小时的课时、由历史教师担任。公民教育的主要内容为学习意大利国家宪法及其精神。1979年意大利颁布《初中公民教育新项目》，规定将公民教育板块加入到初中教学大纲计划中，对初中生进行公民教育。2008年意大利政府颁布《公民与宪法》法案，明确指出对学生进行公民和宪法教育。为了进一步实施这一举措，2009年出台了配套法案《关于教授公民与宪法的试点》，对各类型学校如何实施公民教育进行了详细阐释。[2]

随着全球化进程的推进，意大利公民教育进入新的阶段。2010年，意大利政府出台《公民教育公告信》，扩展了公民教育课程"公民与宪法"的内容。"公民与宪法"的主要内容分为五大板块：环境教育、道路安全教育（交通法规）、健康教育（基本的急救知识）、食物教育和意大利宪法教育。"这些主题旨在使学生成为积极的公民，使他们具备必要的知识、技能和情感价值观，进而为社会发展贡献自身力量。"[3]《公民

---

[1] Cavalli A, Deiana G. *Educare alla cittadinanza democratica*. Milano：Franco Angeli，1999. 205.

[2] 安阳朝、贾利帅：《意大利公民教育发展的历程、实践与思考》，《比较教育研究》2020年第2期。

[3] Sara Rivelli. *Citizenship Education at High School A Comparative Study between Bolzano and Padova（Italy）*. Procedia Social and Behavioral Sciences. 2010. 4200-4207.

教育公告信》是在全球化背景下对意大利中小学生进行公民教育的一个纲领性文件，基本上确定了新时期意大利公民教育发展的原则。

2. 意大利公民教育的实施举措

第一，开设意大利公民教育课程。1958年，意大利公民教育纳入学校教育系统，公民教育不断渗透到从小学到大学的整个教育系统之中。意大利政府颁布的法案与政策为公民教育课程的开设提供原则性指导。就课程的评估与效果而言，小学和初中的历史、地理、社会科学学科领域中的教师负责公民教育的评估。第二，学校联合多元组织开展公民教育实践活动。意大利教育部认为，社会环境对公民教育的影响很大，因此鼓励学校和多元组织合作开展公民教育实践活动。学校与多元组织合作开展公民教育的实践形式主要包括三种类型，即家校合作开展公民教育、学校与政府合作开展公民教育、学校与社会合作开展公民教育。2007年，意大利公共教育部提出"新公民教育"，其中第一环就是"与家长建构教育联盟这一目标"；第二环是"学校可以广泛培养社会关系，教授情感的语言，也可以教会学生分辨社会中的各种价值观念，正是这些价值观念使人意识到自己处于社会环境之中"。第三，拓展校外公民教育路径。一方面，发挥象征符号在意大利公民教育中的重要作用。意大利国旗、区域的旗帜或者具有纪念意义的老歌是象征国家意义的符号，这些符号凭借大众传媒进行传播，从而形成良好的社会环境，这是间接开展意大利公民教育的有力途径。另一方面，仪式是实行非学校型意大利公民教育的另一方式。在意大利，公共当局（主要是市政当局）邀请所有18岁具有选举权的新青年，庄严地把意大利宪法文本交给他们。这种方式不仅有利于确立青少年的成人身份，而且有助于形塑青少年的公民意识。此外，意大利还有各种类型的团体组织开展活动，从而间接地为公民教育作出贡献。

从整体上考察，意大利公民教育呈现出发展方向由"非正规化"到"政策化"、教育主体从"单一化学校课程"到"多元化主体参与"、教育方法从"训练式学习"到"体验式学习"的特征，并从中积累了重视

📝 当代教育新理念

政府作用、发挥多元教育主体作用、注重体验教育资源开发的经验。①

六　中国的公民教育

1. 中国公民教育的历史发展

中华民族之史就像一条源远流长的河流，公民意识就像是每一条入海的支流，千百年来指引着人们朝着文明之河前行，朝着道德生活的美好未来前行。现代公民教育的发展历程较为曲折，可分为以下几个阶段：

（1）以政治为本的斗争时期。在以政治斗争为中心的时期，阶级斗争成为了中国社会的主要矛盾。"公民"的概念被掩盖，取而代之的是"人民"与"敌人"这两个对立的政治概念。教育为无产阶级服务、教育要培养革命接班人的观念大行其道，公民教育理念被带有阶级特色的政治教育理念所取代，公民教育也被等同于资产阶级教育而蒙上政治禁忌色彩。

（2）以经济为本的发展时期。改革开放与市场经济体制改革的推进为公民教育的兴起提供了广阔的空间。经济体制的转型深刻地改变了中国的社会结构。全新的生活方式、复杂的人际关系、激烈的社会竞争给人们的生活及观念带来巨大震荡，培养现代公民已成为应对新时代的必然趋势。在这种时代背景下，中国公民教育的实施和发展成为造就"新民"和应对社会发展的历史诉求。

（3）以人为本的和谐时期。社会主义政治文明建设以及构建社会主义和谐社会的宏观目标为现代公民教育提出了新的时代要求。中共十六大报告提出的"健全民主制度、丰富民主形式，扩大公民有序的政治参与，保证人民依法实行民主参与、民主选举、民主决策、民主管理、民主监督，享有广泛的权利和自由，尊重和保障人权"的政治建设和政治体制改革要求，为中国现代公民教育提供了重要的政策支持和保障。中

---

① 安阳朝、贾利帅：《意大利公民教育发展的历程、实践与思考》，《比较教育研究》2020年第2期。

共十六届四中全会将"民主法治、公平正义、诚信友爱、充满活力、安定有序、人与自然和谐相处"概括为社会主义和谐社会的重要特征。站在公民教育的视角,可以看到这六大特征既在程序正义的层面为中国现代公民教育提供了结构性保障,也为其指明了发展方向,提出了明确要求。①

2. 中国公民教育存在的问题

中国的公民教育实践历史还不长,在实施公民教育的过程中也存在着诸多的问题。

第一,公民教育认识上的误区。在我国,往往把公民教育等同于政治理论教育或道德教育,因此公民教育存在认识上的误区。此外,在公民教育中对公民的定位也存在一些错误的看法:认为只有具备良好政治素质的公民才是合格的社会主义公民,认为合格的公民就是一个具有良好道德素质的人。因此,公民教育需要转变这种狭隘的认识,根据社会发展的需要不断地进行改革和创新,这样才能增强公民教育的针对性,提高公民教育的实效性。

第二,公民教育的目标不明确。目前我国公民教育缺乏明确的课程目标,这是一个很值得我们关注的问题。虽然我国中小学不乏公民教育的相关内容,但在组织活动和课程上却没有明确将公民作为培养目标。此外,教育目标过于理想化和抽象化,缺少层次差异性,这使得公民教育在实施的过程中会遇到很多难以克服的问题,教育效果也不尽如人意。此外,在公民教育的实施过程中教育目标重先进性、轻普遍性,价值取向也存在着政治化的倾向。

第三,公民教育的内容不系统。当前,我国的公民教育在内容上缺乏系统性,各级各类学校还没有设置系统的公民教育课程体系。在《中学德育大纲》中规定了初中阶段的德育包括爱国主义教育、集体主义教育、社会主义教育、理想教育、道德教育、劳动教育、社会主义民主和

---

① 朱小蔓、冯秀军:《中国公民教育观发展脉络探析》,《教育研究》2006年第12期。

> 当代教育新理念

遵纪守法教育、良好的个性心理品质教育；高中阶段的德育内容包括爱国主义教育、集体主义教育、马克思主义常识和社会主义教育、理想教育、道德教育、劳动和社会实践教育、社会主义民主观念和遵纪守法教育以及良好个性心理品质教育。由此也可以看出，中学德育主要侧重于公民道德方面的教育，而对公民必须掌握的公共基础知识及公民实践能力方面的教育却较少涉及。

第五章

环境教育理念

随着人口数量及其各种需求的不断增长,同时由于科学技术的进步,人们对自然资源的开发日益深化和拓展。在这个过程中,人类的物质生活水平得到了显著的提高,但与此同时环境也遭到了严重的破坏。"在过去几十年中,人类通过其改变环境的力量,造成了自然平衡的急剧变化。其结果是物种经常面临着种种被证明是不可逆转的危险。"[①] 随着当今世界环境问题的日益恶化,人们愈来愈意识到这是关系人类生存和未来的重大问题。"联合国人类环境大会"通过的《人类环境宣言》指出:为今世后代保护和改善环境已经成为人类的一项紧迫目标。为了提高人们的环境意识,有效地保护环境和改善环境质量,有必要开展环境教育活动。环境教育理念由此应运而生,并受到国际社会及各个国家的广泛关注和高度重视。

第一节 环境教育理念的产生与发展

环境教育理念产生于 20 世纪 70 年代初,主要原因在于当时世界的环境问题越来越严重。而环境教育是解决环境问题的重要手段,环境教育理念就是在这种情况下产生的。同时,环境教育理念本身也经历着一个不断发展的过程。

---

① 赵中建编:《教育的使命——面向二十一世纪的教育宣言和行动纲领》,教育科学出版社 1996 年版,第 100 页。

> 当代教育新理念

一　环境教育理念产生的背景

环境教育理念的提出，主要基于当今世界环境问题的严重性。人类同环境之间的物质交换，始于人类出现之日；人类的一切物质生产活动，无不贯穿于对自然环境与资源的开发、利用和改造之中。在同自然界的斗争中，人们运用自己的智慧和才能，通过劳动不断改造自然，创造出新的适合自身生存的环境。但是，由于人类认识能力的局限，在开发、利用和改造生存环境的过程中，已经产生了许多意想不到的后果，造成了对环境的严重污染和破坏。

1972年联合国在斯德哥尔摩召开的人类环境会议上通过的《人类环境宣言》指出："现在已达到历史上这样一个时刻：我们在决定世界各地的行动的时候，必须更加审慎地考虑它们对环境产生的后果，由于无知或不关心，我们可能给我们的生活和幸福所依靠的地球环境造成巨大的无法挽回的损害。"这决不是夸大其词，更不是危言耸听。美国的一位生物学家曾以形象的语言警告说："人类正以惊人的速度绝灭物种。今天你所看见的世界，必然比昨天太阳升起时少了一种生物。到20世纪80年代终了时，我们可能已把生物总数的1/5从地球表面挤出去。……许多生物已到末路。在濒临绝灭的物种中，有99%是因为人类的入侵。如果不停止，后果将不堪设想。"伦敦环境保护组织"地球之友"也报告说，2025至2030年间，现在的生物物种，至少有100万种从地球上消失，将有更多的物种面临灭顶之灾。

生态环境恶化是人们对大自然错误的开发、利用和改造的结果。既然如此，解铃还需系铃人。对于人类来说，可悲而可怕的不是面临危机，而是对危机缺乏清醒的认识，大难临头却不知不觉，甚至盲目乐观。正是由于人类的无知，采取了对生态的一系列不负责任的行动，使人类的改造自然的实践活动产生了负效应。要使地球成为人类安全、舒适、洁净的永久性栖息之地，关键在于我们人类自己。通过普及环境教育，提高人们的环境保护意识，是解决当今世界环境问题的重要策略。

二 环境教育理念的发展过程

"环境教育"（Environmental Education）的概念最早出现于20世纪上半叶。[①] 1920年，苏格兰植物学家帕区瑞克（Patrick）首次并列使用"环境"与"教育"两词。1948年，国际自然和自然环境保护协会召开的巴黎会议，提出"环境教育"这一术语。1957年，美国的布伦南（Brennen）将"环境教育"作为专业名词使用。

美国是最早倡导并实施环境教育的国家。在20世纪60年代后期，美国的一些学校就开始讲授环境保护知识。1970年10月又颁布《环境教育法》，并于同年设立了环境保护厅，在联邦教育署内亦设有环境教育科。1971年，全美教育协会发表题为《70年代以后的学校环境教育的报告》，进一步倡导环境教育。

美国的环境教育引起了国际社会的重视。1972年联合国"人类环境会议"在斯德哥尔摩召开。这次会议全面讨论了各种环境问题，正式通过了《人类环境宣言》，并成立了一个专门机构——联合国环境规划署（UNEP）。这次会议的一个重要贡献是推动了国际环境教育事业的发展。会议正式肯定了"环境教育"（Environmental Education）的名称，并在其96号建议中着重强调了环境教育的重要性，明确了环境教育的性质、对象和意义，提出了环境教育的国际合作框架。因此，本次会议可以看成是全球环境教育理念及行动的发端。根据会议的建议，联合国教科文组织和联合国环境规划署通力合作，于1975年建立了国际环境教育规划署（IEEP），发起进行全球范围的环境教育规划。该组织成立后，积极从事环境教育资料的收集、环境教育课程与教材的研究、环境教育方针和策略的讨论以及师资培训等活动。

1975年10月，联合国教科文组织和联合国环境规划署在贝尔格莱德举行了国际环境教育研讨会。会议回顾和讨论了环境教育中出现的问题

[①] 瞿葆奎主编：《中国教育研究新进展·2004》，华东师范大学出版社2005年版，第95—96页。

> 当代教育新理念

及其发展趋势，并充分肯定了环境教育的作用，认为教育是未来变化和发展的一股强大的力量，环境教育对提高人们的环境道德具有无比的重要性。大会制定了《贝尔格莱德宪章》，该《宪章》对环境教育的发展规划以及大众媒介的作用、人才培训、教材、资金、评价等提出了一整套指导政策。之后，在非洲、阿拉伯地区、亚洲、欧洲、北美洲及拉丁美洲召开了一系列地区性环境教育会议，根据不同地区的需求和重点，探讨与本地区相适应的环境教育。

1977年10月，联合国教科文组织和联合国环境规划署在苏联的第比利斯召开了政府间环境教育会议，并发表了《第比利斯宣言》。该《宣言》重申了环境教育的意义，认为"利用科学和技术成果的教育，应该在促使意识到并更好地理解环境问题方面发挥最主要的作用。"《宣言》还首次把环境教育的目标确立为意识、知识、态度、技能、参与等五个方面，为全球环境教育的发展奠定了基本框架和体系。因此，《第比利斯宣言》被认为是国际环境教育基本理念和体系的基准。这次会议标志着国际环境教育的发展进入了一个新的阶段。

1982年，在环境与开发世界委员会上，再次强调了环境教育的重要性，认为应该确立环境教育的重要地位，并要求通过成人教育、工作进修、广播电视等向人们广泛宣传和普及环境知识。

1987年8月，联合国教科文组织和联合国环境规划署在莫斯科再次联合组织召开了"国际环境教育和培训大会"。会议议程包括：检查自第比利斯大会以来环境教育的进展和趋势；环境的现状及其教育和培训的意义；政府间环境—科学计划与环境教育和培训之间的关系；提出整个90年代环境教育和培训的国际战略草案。会后正式批准了20世纪最后十年发展环境教育的行动计划——《90年代环境教育和培训领域的国际行动战略》。这份文件分为两部分。第一部分强调了发展环境教育和培训的需要和优先重点，这些需要和重点产生于自1977年第比利斯政府间环境教育大会以来在环境教育领域采取的行动中，并描述了联合国教科文组织和环境规划署自那以后所采取的行动的主要方面。第二部分概述了 90 年代环境教育和培训领域的国际行动战略。

1989 年 9 月教科文组织在加拿大召开了题为"21 世纪科学与文化：生存的计划"国际讨论会，会后发表的《关于 21 世纪人类生存的温哥华宣言》大声疾呼："地球上的全体人民应同心协力对付我们的共同敌人，即一切威胁我们环境平衡或损害我们留给后代之遗产的行为。"我们只有一个地球，要十分珍惜和保护好这艘"诺亚方舟"。为了达到这个目标，现在许多国家已开始采取相应的行动，其中一个带有普遍性的行动就是加强环境教育。

1992 年 6 月，联合国在巴西里约热内卢召开了有 180 个国家代表参加的"联合国环境与发展大会"，这是全球范围内对可持续发展思想的认同和确立的一次空前的大会。会议通过了《里约环境与发展宣言》和《21 世纪议程》，正式提出了实施可持续发展战略。《21 世纪议程》明确提出了"面向可持续发展重建教育"，指出"教育是促进可持续发展和提高人们解决环境与发展问题的能力的关键。基础教育是环境与发展教育的支柱……对培养符合可持续发展和社会大众有效参与决策的价值观和态度、技能和行为也是必不可少的。"由此，环境教育已不再是仅仅对应环境问题的教育，它与和平、发展及人口等教育相融合，形成一个新的教育发展方向——"为了可持续发展的环境教育"。通过本次会议，可持续发展的思想在全世界不同经济发展水平和文化背景的国家得到共识和普遍认同，而教育对可持续发展的重要性亦得到充分肯定。可以认为，里约会议是环境教育运动的新起点，它提出的概念和思想成为环境教育构建新的目的和目标体系的基础。

从斯德哥尔摩到里约热内卢，整整走过了 20 年的时间。在这 20 年中，环境教育运动有了长足的发展，环境教育的目标也在不断地提高。目前国际上广泛认同的是第比利斯会议的观点。但是我们应该看到，自第比利斯会议以来，新的环境问题不断涌现，人类对环境的认识不断加深，环境教育所涵盖的内容在拓宽，因此环境教育目标也在发生变化。其关注的重心由原来单纯的自然环境的保护，转移到现代的对整个人类历史上的发展模式的反思、对现代工业文明的审视、对未来生存形态的思考。这正是可持续发展的思想在环境教育中的反映，而这一趋势在巴西里约热内卢会议得到了确立。因此，现代环境教育的根本目标是与可持续发展观密切相关的。有人由此将现代环境教育直接称为可持续发展教育。

1995年6月，联合国教科文组织、联合国环境规划署和地中海地区环境、文化与可持续发展信息处，在希腊雅典召开了"环境教育重新定向以适应发展的需要"地区间研讨会。会议主要有四个议题：（1）把环境教育与可持续发展联系起来，对环境教育重新定向。（2）人口、环境、资源与发展是相互联系的，在所有的教育活动中，应将这四个方面有机地结合起来。（3）环境教育的基本框架应包括以下内容：环境教育的目标、环境教育的方法和环境教育的效果评估，并且这些内容都必须重新进行调整。（4）不能将环境教育视为某一单科教育的补充性内容，而应制度化、规范化、系统化和经常化。

1997年12月，教科文组织在希腊的塞萨洛尼召开了"环境与社会国际会议——教育和公众意识为可持续未来服务"。会议发表的《塞萨洛尼宣言》指出，环境教育是"为了环境和可持续发展的教育"。至此，面向可持续发展的环境教育成为国际社会和各国发展教育的战略选择，是可持续发展框架下的教育的新模式。

第二节　环境教育的内涵与目的

环境教育理念的内容十分丰富，并且还在不断充实和发展。其主要方面包括环境教育的内涵、环境教育的目的及环境教育的内容等。本节先阐述环境教育的内涵与目的。

一　环境教育的内涵

什么是环境教育？1970年美国的《环境教育法》规定："所谓环境

教育，是这样一种教育过程：它要使学生就环绕人类周围的自然环境与人为环境同人类的关系，认识人口、污染、资源的枯竭、自然保护，以及运输、技术、城乡的开发计划等，对于人类环境有着怎样的关系和影响。"

同年，国际自然保护联盟和联合国教科文组织在美国的内华达州召开了题为"学校课程中的环境教育"的会议。会议对"环境教育"的定义是：环境教育是一个认识价值和澄清价值的过程，这些价值和概念是为了发展和评价人及其文化、生态环境之间相互关系所必需的技能与态度，它还促使人们思考环境质量问题并对本身的行为作出自我的约束。①

1977年第比利斯环境教育大会通过的《第比利斯宣言》进一步将环境教育理解为一种全面的终身教育，这种教育采用一种以广泛的跨学科性为基础的整体性方法，培养人们以一种全面的观点来认识自然环境与人工环境之间的密切依赖性，并向人们提供在改善生活和保护环境方面发挥积极作用所必需的技能、态度和价值观。②

从上述定义来看，环境教育是以处理人类与环境的关系为目的而开展的一种教育活动。

二　环境教育的目的

教科文组织的教育文献明确指出："环境教育的全部目标是为了地球的绿化，为了人类与地球的和谐——简言之，为了世界可能的最佳发展。"③《第比利斯宣言》就环境教育的目的作了系统的阐述，内容涉及环境教育的基本目的、具体目的及目标等几个层次。该《宣言》首先论述了环境教育的基本目的：环境教育的一个基本目的，是要成功地使个

---

① 参见瞿葆奎主编《中国教育研究新进展·2004》，华东师范大学出版社2005年版，第96页。
② 赵中建编：《教育的使命——面向二十一世纪的教育宣言和行动纲领》，教育科学出版社1996年版，第101页。
③ 赵中建编：《全球教育发展的研究热点——90年代来自联合国教科文组织的报告》，教育科学出版社1999年版，第91页。

当代教育新理念

人和社会理解源出于生物的、物质的、社会的、经济的和文化的诸方面相互作用的自然环境和人工环境之复杂特性,并使他们获得知识、价值观念、态度和实际技能以便以一种负责的有效的方式参与预测和解决环境问题并参与环境质量的管理。环境教育的另一个基本目的,是要清楚地显示,当代世界在经济、政治和生态上的相互依存,而各国作出的各种决定和采取的行动都会有国际影响。环境教育在这一方面应该帮助在各国和各地区发展一种责任感和团结意识以作为国际新秩序的基础,这一国际新秩序将保证环境得到保护和改善。[1]

《第比利斯宣言》强调应特别重视理解社会—经济发展同环境改善之间的复杂关系。为了达到这个目的,环境教育应该提供必要的知识以解释那些形成环境的复杂现象,鼓励那些构成自律之基础的伦理的、经济的和审美的价值观念,还应提供设计和应用解决环境问题的有效方法所需要的实际技能。在阐述环境教育基本目的的基础上,《宣言》表示赞成环境教育的下列具体目的:(1)培养人们以城乡地区经济、社会、政治和生态之间的相互依存关系的清晰意识和关注;(2)向每一个提供获得保护和改善环境所必需的知识、价值观念、态度、义务和技能的各种机会;(3)创造个人、群体和作为整体的社会对待环境的新的行为模式。[2]

为了有效地促进环境教育的开展,《宣言》还进一步提出了环境教育的下列分类目标:[3](1)意识:帮助社会群体和个人形成对待整个环境及其相关问题的意识和敏感。(2)知识:帮助社会群体和个人获得对待环境及其相关问题的各种体验和基本理解。(3)态度:帮助社会群体和个人获得有关环境的一系列价值观念和情感,并形成积极参与环境的

---

[1] 赵中建编:《教育的使命——面向二十一世纪的教育宣言和行动纲领》,教育科学出版社1996年版,第102—103页。

[2] 赵中建编:《教育的使命——面向二十一世纪的教育宣言和行动纲领》,教育科学出版社1996年版,第104页。

[3] 赵中建编:《教育的使命——面向二十一世纪的教育宣言和行动纲领》,教育科学出版社1996年版,第104页。

改善和保护的动机。(4) 技能：帮助社会群体和个人获得识别和解决环境问题所需的各种技能。(5) 参与：向社区群体和个人提供在所有层次上积极参与解决环境问题的机会。

阅读与思考 5-1 环境教育的使命

应该将教育（包括正规教育）、公众意识和培训确认为人类和社会据此能够最充分地发挥其潜力的一种过程。教育对于促进可持续发展和提高人们解决环境和发展问题的能力极为重要。尽管基础教育是任何环境和发展教育的基础。但需要把环境和发展教育具体作为学习的必要组成部分。正规教育和非正规教育对于改变人们的态度是必不可少的，这样他们才有能力去评估并解决他们所关心的可持续发展问题。同样重要的是，要培养与可持续发展相一致的环境意识和道德意识、价值观和态度以及技能和行为，并实现公众对决策的有效参与。为了富有成效，环境和发展教育应该涉及物理或生物的和社会—经济环境以及人的（可包括精神的）发展的各种原动力，应被纳入所有学科，并应利用正规和非正规方法以及有效的通信手段。

由于信息的不确切或不充分，人们仍相当程度地未意识到一切人类活动与环境之间的相互联系之性质。发展中国家尤其缺乏相关的技术和专门知识。需要增强公众对环境和发展问题的敏感性并参与解决这些问题，同时培养个人的环境责任感以及他们对可持续发展的更大热情和更多承诺。目标是广泛增强公众的意识以作为全球教育努力的必要组成部分，旨在加强与可持续发展相一致的态度、价值观和各种行动。重要的是要强调将权力、责任和资源移交给最适当的级别，最好是由地方一级负责和管理增强公众意识的各项活动。

——赵中建编：《教育的使命——面向二十一世纪的教育宣言和行动纲领》，教育科学出版社 1996 年版，第 87—93 页。

阅读与思考 5-2 环境教育是一种终身教育

环境教育，应恰当地理解为，是一种全面的终身教育，一种能对瞬

> 当代教育新理念

息万变的世界中的各种变化作出反应的教育。环境教育应使个人理解当代世界的主要问题并向他们提供在改善生活和保护环境方面发挥积极作用所必需的技能、态度和价值观,使每个人都为生活做好准备。环境教育采用一种以广泛的跨学科性为基础的整体性方法,培养人们以一种全面的观点来认识自然环境与人工环境之间的密切依赖性。环境教育有助于显示今天的行动与明天的结果之间存有的永久联系,并证明各国社会之间的相互依存性以及全人类团结的必要性。

环境教育必须面向社会,应该促使个人在具体的现实情况下积极参与问题解决的过程,并应鼓励主动精神、责任感以及对建设更美好明天的投入。环境教育理所当然地能为教育过程的更新做出强有力的贡献。

为了实现这些目标,环境教育需要采取一些特别的行动以缩小依然存在于我们现行教育制度中的种种差距,尽管我们已为此做出过巨大的努力。

——赵中建编:《教育的使命——面向二十一世纪的教育宣言和行动纲领》,教育科学出版社 1996 年版,第 101 页。

第三节 环境教育的内容

一般认为,环境教育主要包括环境知识教育、环境态度教育和环境法制与伦理教育三个方面。

一 环境知识教育

环境知识教育主要是使人们获得关于生态学、环境学方面的基础知识,了解环境的复杂结构,理解环境问题是由物理、生物、社会、文化等各方面因素相互作用的结果。具体而言,环境知识的教育包括气候、土壤、岩石和矿物、水、资源和能源、动植物、人与社会、建筑、工业化和废弃物等等。这些内容一般通过科学技术、地理、历史等相关学科来完成。通过环境知识教育,增强人们对环境问题的理解能力,了解环境中各种自然过程的发展、演变;通过自己和周围人们的活动造成的环境变化,认识人类活动对环境的影响;通过对比过去和当前环境的差异和联系,了解温室效应、酸雨、空气污染等环境问题以及这些问题可能带来的严重后果;了解地区、国家和国际社会是如何采取措施保护环境的;了解生物的生存方式对环境的各种过程和资源的依赖性;认识到人类过去的行为对目前环境的影响以及环境规划的重要性,理解采取行动保护和管理环境的必要性。

二 环境态度教育

关于环境态度的教育,主要是帮助人们提高环境意识。这部分内容可使人们从不同的角度认识环境,了解有关环境问题存在的争论和不同的观点,使人们逐步形成自己的看法和价值观念,理解并尊重他人的价值观;使人们认识到保护环境是每个人应尽的责任,能够尊重事实和他人的合理的观点,并积极参与环境问题的解决等。

三 环境法制和伦理教育

环境法制教育主要是使人们学习和了解保护环境的各种法律、法规,培养自觉遵守法律、法规的意识。环境伦理教育主要是承担对环境伦理和环境道德传播的责任,使环境伦理的原则与规范从理念形态转化为现实形态,由自发、被动的道德他律上升为自觉、主动的道德自律。

阅读与思考5-3 *环境教育大纲(节录)*

以下介绍的环境教育大纲是在美国亨格福德等人所编订的一份中学环境教育大纲的基础上改编的,它适用于12—15岁的中学生,大致相当于我国初中的水平。大纲分为三部分,每一部分是学生应该在一学年中掌握的内容。

◎第一学年:应能掌握有关生态学的一些基本概念和基本理论

这些内容在现有的中学生物学教材中已经涉及到,在环境教育课程

> 当代教育新理念

的教学中可考虑与生物课程的教学结合起来。主要内容包括：

1. 生态学的定义。生态学是论述植物、动物与其生态环境之间相互关系的科学。

2. 生态学中个体、种群、群落、生态系统和生物圈等的概念。个体是指确定的植物或动物物种的生物体；种群是指在特定的时间，生活在特定的区域的一群同种生物体；群落则是指在特定的时间，生活在特定的区域的相互作用的植物和动物种群，它是一个比较广泛的概念，有大群落和小群落之分；生态系统不仅包括生物因素，而且还包括非生物因素，所有的地球生态系统组成了生物圈，它是一个内涵最丰富的概念。

3. 对"生态系统"概念的理解。包括生态系统的组成，生态平衡，生态系统中的竞争，生态系统中的耐受范围和限制因素等。

4. 能量和生态系统。包括驱动生态系统的太阳能，绿色植物是能量的生产基础，食物链中能量的消耗，生态系统中的初级净生产率（绿色植物生产能量的比率减去其使用能量的比率）等。

5. 生态上的演替。主要指群落演替，它是指在一定的地段上，群落由一个类型转变为另一个类型的有顺序的转变过程。

6. 种群及其环境的适应性。包括种群的特征，种群间的相互影响，种群内部的相互作用和种群的稳定性等。

7. 人在生态系统中的地位和作用。包括人具有巨大的潜力，人口剧增与有限的资源，人与世界土壤，人与野生动物，人是生态系统中最重要的因素。

◎第二学年：应能较深入地理解环境科学的有关理论

目前中学的课程中较少涉及以下内容，一般条件较好的中学所开设的选修课程中才会涉及，应加强环境科学基础知识方面的教学。主要内容包括：

1. 人类的发展历史。人类从采集者到狩猎者，到现在的大工业生产者，经过农业社会、工业社会，过渡到现在，人类与资源利用、环境污染等的关系是不断变化的。在原始社会，由于人口数量很少，生活水平很低,对环境资源的需求量很少,并且人类还没有能力对自然环境进行大规模的开发,因此几乎不存在环境问题。在近代,随着科技的进步,人类改造自然的能力大大提高,随着生活水平的提高,人类开始大规模地向自然环境索取资源,并向环境排放大量的废弃物,破坏了原有的生态平衡,最终导致严重的环境问题。

2. 土壤环境。包括土壤的定义,人与土壤的关系,土壤污染及危害,保护土壤环境的策略等。

3. 水环境。包括世界水源简介,水资源问题,水资源的管理与保护策略等。

4. 森林资源。包括世界森林概况和森林资源的价值等。

5. 生物多样性的保护。包括生物多样性的概念,生物多样性的现状,生物多样性的价值,生物多样性的保护。

6. 大气污染。包括污染的原因及主要的污染物质,大气污染对人类健康的影响,温室效应,酸雨,臭氧的破坏等。

7. 噪音污染。包括噪音的来源及其影响,噪音的控制等。

8. 城市固体废弃物引起的污染。包括城市固体废弃物的来源及其影响,城市固体废弃物的治理等。

◎第三学年:应该具有调查环境问题和解决环境问题的能力

在第一学年和第二学年,学生已经获得了许多有关环境科学的理论知识,并已具备了初步的环境技能。因此,在第三学年,环境教育的重点应该是培养学生调查环境问题和解决环境问题的能力。主要内容包括:

1. 认识环境质量是生活质量的一部分。包括人类与环境的相互关系,环境质量是生活质量的一部分。

2. 调查环境问题的能力。包括从有关资料获得关于环境问题的间接知识,通过观察和调查获得关于环境问题的直接知识,对环境问题之间的内在联系进行合理的分析,并对这种联系进行解释。

3. 解决环境问题的能力。包括制定对当地的环境问题进行调查的表格,调查当地居民对某一环境问题的反应;能够较合理地取舍、分析调查得到的有关数据；对所调查的环境问题能够提出自己的解决方法。

——冉圣英等：《环境教育》，教育科学出版社1999年版，第54—62页。

第四节　环境教育理念的影响

环境教育理念提出以后，在国际社会引起了很大的反响。不少国家，包括发达国家和发展中国家都纷纷响应，积极推动环境教育的实践。

一　美国的环境教育

前文说过，美国早在1970年10月就颁布了《环境教育法》。在该法中，联邦议会宣告，美国的国土环境恶化，生态平衡破坏，对国力和国民的活力构成了重大威胁。为此联邦政府应该援助那些向公众进行有关环境质量和生态平衡教育的事业。根据该法令，联邦政府教育署设置了环境教育司。随着经济的发展和社会的进步以及公众对环境教育的更高要求，美国数次修改和完善国家环境教育法。现行的《国家环境教育法》于1990年11月6日颁布实施。这部法律重申了国家对公众进行环境教育的责任和义务；确认了国家对教育和培养有环境保护知识和技能、有环境保护责任感和正确的环境决策能力的高素质公民的迫切需求；全面规范了美国公众环境教育的机构队伍建设、项目管理、经费投入和奖励。这部法律对提高美国公民的环境道德水准和促进经济社会的协调发展发挥了重要的作用。

二　德国的环境教育

德国的环境教育始自20世纪60年代，主要由各州负责。80年代初，德国文化部宣称：环境教育是德国中小学的义务。学校应该通过介绍人类与环境的关系来指出环境变化中存在的问题，应该让学生从这种介绍中培养和提高自己的环境意识，这种意识应与可持续发展的新观念相适应。1980年西德的"各州教育与文化部长联席会议"做出了"环境教育应该成为学校教学计划中的一个必修内容"的决定。在 90 年代初，德国大多数州都推行了新课程，这些课程反映了新的环境教育思想：环境教育是学校整体课程的基本组成部分。巴伐利亚州的环境教育课程具有代表性。1990 年 5 月 30 日，该州文化厅规定了学校各个学期的环境教育的各种课程。它以法律的形式规定，环境教育应该达到以下要求：（1）引导青年人热爱大自然，崇敬天地万物；（2）使青年人能够理解自然、人类和环境之间的多方面相互依存的关系；（3）使他们从这种相互依存的关系中，认识个人和集体对环境应负的责任；（4）使他们自觉地参与解决有关的环境问题；（5）使他们有能力采取必要的保护生态的行动。根据巴伐利亚州的有关规定，环境教育应该介绍生态学的基本知识，培养学生对大自然的高度责任感；应以学生本人的亲身生活、经历为出发点，使学生本人对自己的行为负责，环境教育应该是一种使学生具有正确行为的教育。

三 英国的环境教育

英国政府非常重视环境教育，在政府机构中专门设立有环境教育委员会。该委员会具有明确的任务：协调环境教育有关组织及职业团体推行环境教育；发行并提供有关环境教育的资讯并出版各种书刊；修订现行教育目标，增加与环境有关之目标，协助国家课程发展机构及学校委员会制定环境教育活动计划；协助学校使用由各地方教育当局设立的"野外研究中心"。英国政府认为，推行环境教育的目的，是使学生获得保护和改善环境的知识、价值观、态度、承诺和技能，唤起学生对环境问题的意识和好奇心，鼓励学生积极参加解决环境问题的各种活动。英国国家课程委员会于 1990 年 9 月公布了在英国中小学进行环境教育的大纲，要求中小学付诸实施。大纲确定的环境教育目的是：（1）提供各种机会，使学生获得保护和改善环境的知识、价值观、态度、承诺和技能；（2）鼓励学生从多方面检验和说明环境问题，主要包括物理学、地理学、生物学、社会学、经济学、政治学、工艺学、历史学、美学和伦理学等方面;(3)唤起学生对环境问题的意识和好奇心,鼓励他们积极地参加解决环境问题的各种活动。英国国家课程委员会强调,为了实现环境教育大纲的目标,学校在主要课程科目之间及校内校外都要渗透环境教育的有关内容。特别像科学、工艺、地理、历史等国家课程科目中,一定要包含有大量有关环境的基本知识,通过各科教学和各种形式的活动推行环境教育。

四 日本的环境教育

20世纪50年代中期以后,日本经济开始高速发展。与此同时,以污染为代表的公害问题也随之发生。到了60年代后半期,公害问题已演变成公众普遍关注而迫切需要解决的社会问题。在这一背景下,1967年日本政府制定了公害对策基本法,同时设立了全国中小学公害对策研究会。1968年在社会科教学大纲修订中,第一次使用了"公害"这个术语,日本学校教育中以公害问题为契机开展了最初的环境教育。进入70年代后,日本受国际环境及环境教育会议的影响,于1975年在原来全国中小学公害对策研究会的基础上又创立了全国中小学环境对策研究会。在1977年的小学和初中及1978年的高中教学大纲修订中,日本文部省对自然、资源、能源等与环境相关的教育内容进行了充实。环境教育在日本获得稳固地位是在20世纪80年代。1986年,在一次环境教育非正式会议上,环境署将环境教育列为环境政策的中心议题之一。1988年,环境署出版了《环境教育指南》。1990年,日本环境教育协会正式成立。1991年,文部省又出版了《环境教育资源利用指南》。1992年,在将环境教育整合于科学课和社会课中以后,文部省又在小学一年级、二年级引入了名为"生命学科"的新课程。这门新学科的建立意味着在学校课程中正式引入环境教育。1994年,召开了中小学校环境教育指导内容与指导方法讲习会,以提高承担环境教育的教师的能力。从1994年开始,每年都召开一次环境教育发表展示会,在会上发表解决环境问题的各种研究成果,研讨今后环境教育的方向,使环境教育得到更大范围的普及和充实。① 2003 年 7 月 18 日，日本政府制定并颁布了《增进环保热情及推进环境教育法》。这个法律出台的根本目的在于进一步推动环境教育，提高国民的环保热情。

五　中国的环境教育

1973 年 8 月，在联合国第一次人类环境会议的推动下，以国家计划委员会召开的第一次全国环境保护会议为标志，我国开展了环境保护的科普教育工作。在第一次全国环境保护会议之后，国务院批转了国家计划委员会"关于全国环境保护情况的报告"及《关于保护和改善环境的若干规定》，该文件规定"有关大专院校要设置环境保护的专业和课程，培养技术人才"。从此，中国开始了环境保护专业人才的培养工作。1978 年底，中共中央批转教育部的《环境工作汇报要点》，要求在中小学教材中"渗透"和"结合"环境保护的内容，这是中国环境教育的开端。全国人大于 1979 年 9 月通过的《中华人民共和国环境保护法（试行）》对环境教育作出了明确的规定。中国环境科学学会教育委员会分别于 1979 年、1981 年和 1983 年召开三次会议，对中小学的环境教育进行试点、推广和普及。1980 年 5 月，国务院环境保护领导小组与有关部门制定了《环境教育发展规划（草案）》，将环境教育工作纳入到国家教育计划之中。1983 年底，我国召开了第二次全国环境保护会议，确定环境保护为我国的一项基本国策，明确了公众教育在环境保护事业中的重要作用。1985 年，原国家环保局、国家教委、中国环境科学学会在辽宁省昌图县召开了"全国中小学环境教育经验交流及学术研讨会"。会议要求有条件的地区在高中单独设立环境类选修课。自 1989 年以后，环境教育逐步纳入到各级学校的教学计划之中。1992 年 11 月，原国家教委和国家环保局在苏州召开了第一次全国环境教育工作会议，标志着我国的环境教育进入了一个新的阶段。这次会议总结了我国十多年的环境教育工

---

① 《日本学校环境教育初探》，见 http：//www.ep-china.net/club/download/20030103/2003010306.doc 2006-2-10.

作经验，提出了"环境保护，教育为本"的指导方针。这次会议有力地推动了我国环境教育事业的发展。1994年，国务院发布《中国21世纪议程》白皮书，提出在高等学校要普遍开设可持续发展与环境教育课程。1996年，国家环保局、中共中央宣传部、原国家教委联合发布《全国环境宣传教育行动纲要（1996—2010）》，明确指出了环境教育的重要性、对象、内容与形式。1997年，原国家教委、世界自然基金会和英国石油公司三方在北京正式签署"中国中小学绿色教育行动"项目协议书。协议通过建立培训中心（北京师范大学、华东师范大学、西南师范大学各设一个）培训试点学校的教师以满足中小学环境教育师资的需要。2003年11月2日，教育部基础教育司发布了《中小学环境教育实施指南（试行）》，将环境教育定位于新的国家课程的一个组成部分，并从知识、情感、态度与价值观、过程与方法等方面构建一体化的环境教育课程。

总之，通过长期的努力，我国的环境教育已取得了一定的成就。通过社会环境教育，提高了公民的环境意识；通过学校环境教育，增强了青少年儿童的环境意识；通过专业环境教育，为环境保护队伍培养了大批科技和管理人才。

第六章

可持续发展教育理念

环境教育理念到今天已经逐步向可持续发展教育转化。可持续发展教育理念与以往的环境教育理念具有直接的承继关系，也跟国际社会的可持续发展运动密切相连，是在可持续发展运动中产生和发展起来的。可持续发展教育理念自提出以后，在世界上产生了广泛而重要的影响，成为当代最重要的教育理念之一。

第一节 可持续发展教育的内涵

一 可持续发展的界定

"可持续发展"（sustainable development），亦称"持续发展"。国际社会的可持续发展运动开始于20世纪70—80年代。工业化社会的实践已经证明，地球资源对当时的生活和消费方式是不可持续的。与工业化国家所表现的消费方式相联系的发展模式是不可模仿的。尽管日益增进的这种认识对生产系统产生了影响，但是变化了的生活方式，特别是在工业化国家，导致产生更加不可持续模式。当工业世界的生产污染普遍下降的时候，消费对环境造成的负担仍在无情地增长。现在已经越来越清楚，许多社会、经济和环境问题是相联系的，例如贫困、资源的不平等分配、人口增长、移民、营养不良、健康和艾滋病、气候变化、能源供给、生态系统、生物多样性、水、食品安全以及环境毒素等。

"可持续发展"的概念最先在1972年的斯德哥尔摩联合国人类环境

研讨会上得到正式讨论。这次研讨会云集了全球的工业化和发展中国家的代表，共同界定人类在缔造一个健康和富有生机的环境上所享有的权利。在这次会议之后，国际社会认识到，需要进一步探索环境与贫困、不发展的社会经济问题之间的关系。因此，20世纪80年代的"可持续发展"概念，是对人们不断增长的认识的回应，即需要平衡社会和经济的进步，关注环境并合理利用自然资源。

1987年4月，世界环境与发展委员会编写出版的《我们共同的未来》（Our Common Future，又称《布伦特兰报告》），使可持续发展得到越来越广泛的关注。在该书中，世界环境与发展委员会将可持续发展定义为"既能满足当代人的需求，又不牺牲后代人满足其需求的能力"。这个定义认为，尽管发展对于满足人类需要和提高生活质量是必须的，但是发展不能以牺牲自然环境满足当代人和后代人需要的能力为代价。这就是说，我们既要达到发展经济的目的，又要保护好人类赖以生存的大气、淡水、海洋、土地和森林等自然资源和环境，使子孙后代能够永续发展和安居乐业。可持续发展与环境保护既有联系，但又不完全等同。环境保护是可持续发展的重要方面。可持续发展的核心是发展，但要求在严格控制人口、提高人口素质和保护环境、资源永续利用的前提下促进经济和社会的发展。

1991年，国际自然保护联盟、联合国环境规划署和世界自然基金会共同出版了《关注地球：可持续生活的战略》，书中关于可持续发展的解释是对《我们共同的未来》中的定义的补充。它将可持续发展定义为："在生态系统承载能力容许的范围内，不断提高生活质量。"

上述两个定义中，前者强调满足人类的需要，尊重代际责任；后者强调保护地球的再生能力，提高人类的生活质量。其共同点在于，都认为可持续发展既要有利于人类，又要有利于生态环境。

可持续发展所要解决的核心问题有：人口问题、资源问题、环境问题与发展问题。可持续发展的目的是保证世界上所有的国家、地区、个人拥有平等的发展机会，保证我们的子孙后代同样拥有发展的条件和机会。可持续发展包含两个基本要素："需要"和对需要的"限制"。满足需要，首先是要满足贫困人口的基本需要。对需要的限制主要是指对未来环境需要的能力构成危害的限制，这种能力一旦被突破，必将危及支持地球生命的自然系统如大气、水体、土壤和生物。

环境与发展是不可分割的，它们相互依存，密切相关。可持续发展的战略思想已成为当代环境与发展关系中的主导潮流，作为一种新的理念和发展道路被人们广泛接受。

阅读与思考6—1 *自然资源消费的增长*

经济增长是发展的重要组成部分。确实，它至今仍被人们看作既是发展的手段，又是发展的目标。随着经济的增长，对地球的自然系统和资源的压力加剧。例如从1950年至1997年：

◎木材的使用量增长了3倍，

◎纸张的使用量增长了6倍，

◎鱼的捕获量增长了将近5倍，

◎谷物的消费量增长了将近3倍，

◎化石燃料增长了近4倍，

◎空气与水的污染物增长了好几倍。

不幸的事实是：经济继续扩展，但是经济发展所依赖的生态体系不能扩展，因而使二者之间的紧张关系不断加剧。

——联合国教科文组织：《教育促进可持续发展十年（2005—2014年）国际实施计划》，转引自钱丽霞主编《教育促进可持续发展——国际研究与实践的趋势》，教育科学出版社2005年版，第18页。

阅读与思考6—2 *自然资源枯竭的危险*

工业化过程使不可再生的自然资源被加速开发。自60年代起，有人便担心这些资源会最终枯竭。人们曾以为土地、水、空气、能源、森林是取之不尽的资源，然而我们应该指出，它们的实际限量将会对未来世界经济的演变构成很大问题。

土地：大部分优质土地已经用于耕种。因此，从现在起到本世纪末，

> 当代教育新理念

扩大耕地的速度不可能超过4%。70年代初,一公顷可耕地养活2.6个人。到2000年,一公顷可耕地得满足4个人的需求。

水:从现在起到2000年,全世界对水的消费量将增加200%到300%。虽然,在表面上全世界有足够的水满足2000年的大量需要,但是人们预测,在世界许多地区将会出现水荒和水质恶化。应该指出,需要增加用水量的恰恰是世界最不发达地区。而这些地区目前供人饮和浇灌的清水已显不足了。即便是工业化国家也将出现用水方面的激烈竞争。一些地区还会发生严重水荒。除此之外,碳氢化合物和其他化学物质对水的污染会使上述状况更加严重。

空气:大气层中已出现了浓度极高的二氧化碳气体。除了直接的有害后果之外,这还会导致世界气温明显上升,并最终破坏整个生态平衡。城市的扩大化、现代交通工具(飞机、汽车等)数量的增加、工厂的废气等,这些在今后若干年中只会使这种状况更加恶化。

能源:今后将出现能源持续短缺和价格上涨;新能源取代石油尚难肯定,新储油区的开发和生产将难以适应迅速增长的需求。

森林:全世界的森林正以每分钟50公顷的速度遭到摧毁。据一些专家估计,1982年有三分之一百年以上的树木(1882年前存在的)被砍伐。如果目前这种倾向继续下去,到2000年,南亚地区,亚马孙河流域和非洲中部现有森林将减少一半。

——[伊朗] S. 拉塞克、[罗马尼亚] G. 维迪努:《从现在到2000年教育内容发展的全球展望》,马胜利等译,教育科学出版社1996年版,第32—34页。

二 可持续发展教育理念的提出

联合国教科文组织提出的《联合国教育促进可持续发展十年(2005—2014年)国际实施计划》指出,可持续发展本质上是关于人与人之间、人与环境之间关系的问题。人的因素已经普遍被认为是可持续发展的关键因素,不论是可持续发展的原因,还是对可持续发展的期望,人都是关键因素。完全从私利(例如贪心、嫉妒或权欲等)出发的人的关系，使财富不能公平分配，滋生冲突，也很少关心未来资源的存在与否。另一方面，以公正、和平、协商和相互关心为特征的人的关系，会导致更加平等、尊重和理解。这些都是可持续发展的基础。可持续发展教育的目的正是在于提高人的素质，帮助人们树立科学的发展观，并采取正确的发展策略和行动。

可持续发展教育理念是在环境教育理念的基础上提出来的，是对环境教育理念的进一步深化和拓展。以往的环境教育往往被简单处理为环境问题的研究，从而朝向技术主义的解决途径，不关注问题的真正病根——社会原因。环境教育不论在发达国家还是在发展中国家，一直处于教育的边缘地位。环境问题的解决涉及社会、经济、文化和环境等各个方面，把环境问题和发展问题简单化的教育无法解决环境危机，传统意义上的环境教育也无法真正实现可持续发展的目标。

1988年，教科文组织从重新整合环境教育的目的、任务和内容的思考出发，提出了"可持续发展教育（EFS）"一词，这是教科文组织"可持续发展教育"思想的早期倡议。

1992年联合国环境与发展大会通过的《21世纪议程》指出，教育促进可持续发展和提高人们解决环境与发展问题的能力具有重要的作用，并要求世界各国切实开展可持续发展教育。1993年，为了普及、推进和落实"可持续发展"理念，联合国设置了可持续发展委员会（Commission for Sustainable Development，CSD）。1994年，在可持续发展委员会的倡导下，教科文组织提出了可持续性教育计划。这一计划的提出，使可持续发展教育的着眼点更注重人类社会的整体和谐发展。1997年教科文组织和希腊政府举行的关于可持续未来教育的国际社会与环境会议进一步确立了可持续发展教育的地位。

2002年，在南非约翰内斯堡召开的可持续发展世界首脑会议上，国际社会进一步确信教育是实现可持续发展的关键。我们需要通过教育来培养可持续发展未来需要的价值观、行为方式和生活方式。可持续发展与其说是一种目的，不如说它是一种学会如何从"永续"的视角，来思考"既能满足当代人的需求而又不对后代人满足其需求的能力构成危害"问题的过程;学会在做出决策时考虑长远的经济、生态和所有社会的公平。培养人们具有面向未来进行思考的能力是教育的一项关键性任务。① 由于认识到教育的重要作用,2002年12月,联合国第57届大会决定将2005—2014年确定为联合国"教育促进可持续发展十年"。

2005年联合国教科文组织又正式公布了《联合国教育促进可持续发展十年(2005—2014年)国际实施计划》。该实施计划概括了教育在促进可持续发展中所起的关键作用,认为教育是可持续发展变革的主要手段,能够培育可持续发展所需要的价值观念、行为和生活方式,要求增强人们把想法变成现实的能力。

三 可持续发展教育的内涵

在国际社会,与"可持续发展教育"相关的概念有两个,都是1988年提出的。它们分别是 Education for Sustainability(缩写为 EFS)和 Education for Sustainable Development(缩写为 ESD)。一些专家认为这两个概念的含义基本相同。在中文表述方法方面,有的从英文字面含义直接将 EFS 或 ESD 翻译为"为了可持续发展的教育",也有的从教育在可持续发展中的作用角度将其翻译成"教育促进可持续发展",还有的依据汉语习惯表达方式将它翻译为"可持续发展教育"。我们这里采用"可持续发展教育"的表述。

2003年,依据联合国大会的决定,联合国教科文组织在起草《国际实施计划》草案时,根据联合国长期关注的"教育"和"可持续发展"两个领域,明确了可持续发展教育的内涵。《国际实施计划》草案明确指出:教育是实现可持续发展的关键。"可持续发展教育"必须考虑可持续性的三个领域,即环境、社会(包括文化)和经济。"可持续发展教育"要建立在一些体现可持续性的理想和原则基础之上,如代际公平、

---

① 见钱丽霞主编《教育促进可持续发展——国际研究与实践的趋势》,教育科学出版社2005年版,第9页。

性别平等、社会宽容、消除贫困、环境保护和重建、自然资源保护、公正与和平的社会等。

"可持续发展教育"概念突破了过去仅以环境保护为主的理念，突出了教育肩负对可持续发展的更大责任。"可持续发展教育"是培养公民获得维护和改善生存发展必需的价值观念、责任感以及相关的知识与技能的教育。"可持续发展教育"并非一门课程，而是"了解各门学科是如何通过环境、经济和社会问题相联系，开发这一新的教育所要求的内容"，一切正规教育、非正规教育都应进行"可持续发展教育"。[①]

可持续发展教育与环境教育是什么关系？《国际实施计划》指出，可持续发展教育不能等同于环境教育。环境教育主要关注人类与自然环境的关系、自然环境的保护方法和合理的资源管理等。可持续发展教育则被置于一个更广阔的背景中，除了自然环境以外，它还要关注社会文化以及关于平等、贫困、民主和生活质量的社会政治问题等。

第二节　可持续发展教育的目标与内容

《国际实施计划》是联合国推进"可持续发展教育"的一份"战略性文件"。该文件重点反映了在联合国教科文组织领导下，通过"教育促进可持续发展十年"活动要实现的目标。

一　可持续发展教育的目标

1. 可持续发展教育的总体目标

《国际实施计划》提出"教育促进可持续发展十年"的总体目标是，把可持续发展观念贯穿到学习的各个方面，以改变人们的行为方式，建设一个全民的更加可持续发展和公正的社会。世界上每个人都能够接受良好

[①] 见钱丽霞主编《教育促进可持续发展——国际研究与实践的趋势》，教育科学出版社2005年版，第10—12页。

的教育，学习可持续未来和积极的社会变革所要求的价值观念、行为和生活方式。从上述《国际实施计划》总目标的分析可以看出，"可持续的未来"是人类共同奋斗的核心，教育是推进可持续发展战略的关键。

2. 可持续发展教育的具体目标

《国际实施计划》还提出了推进"教育促进可持续发展十年"的具体目标定位：（1）强调教育与学习在可持续发展中贯穿始终的关键作用；（2）促进"可持续发展教育"利益相关者的联系、沟通和互动；（3）通过各种形式的学习和公众宣传，提供构建可持续发展构想和向可持续发展转变的空间和机会；（4）不断提高"可持续发展教育"的教学和学习质量；（5）制定各级加强"可持续发展教育"能力的战略。

阅读与思考6-3　可持续发展教育将导致的潜在行为成果

回应"可持续发展教育"所推进的价值观念，这类学习的潜在行为成果将包括：

◎尊重现代人和后代人，承认他们过上好的生活的权利，平等分享世界资源；

◎尊重自然，并把这种尊重建立在理解自然如何运作、我们如何管理资源、不尊重自然可能产生的严重后果的基础上；

◎知道如何做出个人与集体的选择和决定，要考虑社会平等、生态活力和经济进步；

◎具有国际视野的有责任感和知识的人，并且具有展望新的未来和在他们所在社会中实施改革的能力；

◎与他人一起工作实现社会机构和制度改革的能力，以使这种努力成为主流的一部分。"可持续发展教育"要超越个人发展，促进结构性的社会变化。

——联合国教科文组织：《教育促进可持续发展十年（2005—2014年）国际实施计划》，转引自钱丽霞主编《教育促进可持续发展——国际研究与实践的趋势》，教育科学出版社2005年版，第59页。

二 可持续发展教育的内容

1. 尊重的价值观念教育

《国际实施计划》明确指出:"可持续发展教育"基本上是关于价值观念的教育,其核心内容是尊重:尊重他人——包括现代和未来的人们,尊重差异与多样性,尊重环境,尊重我们居住的星球上的资源。教育使我们能够理解自己和他人,以及我们与自然及社会环境的关系。"可持续发展教育"促进的主要价值观念具体包括:(1)尊重全世界所有人的尊严和人权,承诺对所有人的社会和经济公正;(2)尊重后代人的人权,承诺代际间的责任;(3)尊重和关心大社区生活的多样性,包括保护与恢复地球生态系统;(4)尊重文化多样性,承诺在地方和全球建设宽容、非暴力、和平的文化。其目的"是为人们提供机会,让他们接受某种价值观,并发展知识和技能,以便促使他们从当地或全球角度做出个体和团体的决策"。为此,《国际实施计划》要求每个国家、文化团体及个人都必须学会这种技能,认识自己的价值观,并根据可持续发展的观念对这些价值观做出评价。《国际实施计划》承认,仅靠教育是不可能培养这种价值观念的,但是教育却是促进这种价值观念的中心战略支柱。

2. 关注全球性问题的教育

《国际实施计划》从社会—文化、环境和经济等三个视角论述了可持续发展教育需要关注的全球性问题。

社会—文化视角包括七个方面的内容:(1)人权。尊重人权是可持续发展的必要条件,可持续发展教育必须使人们能够维护在可持续发展环境中的生存权。(2)和平与人类安全。使人们居住在和平与安全的环境中,是人类尊严和发展的基本要求。可持续发展教育要在人们的脑海中建设和平所需要的技能和价值观念。(3)性别平等。追求性别平等是可持续发展的关键之一。在可持续发展中,每个社会成员都要尊重他人并实现自己的潜力。教育中的性别平等是这种平等的一部分。在教育计划中，从基础设施规划，到学习材料开发，再到教学过程，都必须把性别平等问题作为主要问题来对待。就可持续发展教育而言，妇女充分而平等地参与是至关重要的，因为它首先能确保"可持续发展教育"信息的平衡和相关性，其次还有利于下一代培养可持续发展的行为。（4）文化多样性与跨文化理解。宽容和跨文化理解是和平的基础，由于缺乏宽容和跨文化理解，教育和人类丧失了许多可持续发展的机会。不仅教育的内容，而且教师与学习者、学习者与学习者之间的关系特征，也要反映宽容和跨文化理解。各种学习场所都是实践和加深对多样性理解和尊重的理想机会。地方知识是多样性的储存库，是理解环境、利用环境更好地为当代人与后代人服务的主要资源。把这些知识带入学习环境中，就能使学习者从他们周围的环境得出科学的原则和对社会的知识，增强学校和社区的联系，增强地方知识与外来知识的联系。（5）健康。发展、环境和健康问题是交织在一起的。不健康阻碍经济和社会的发展，造成资源不可持续利用和环境退化的恶性循环。健康人口和安全环境是可持续发展的重要先决条件。学校本身的环境必须安全和卫生。学校不仅仅是学习知识的场所，而且是与父母和社区合作提供必要的健康教育和服务的辅助场所。（6）艾滋病病毒/艾滋病。非洲艾滋病病毒/艾滋病的肆虐及亚洲与欧洲艾滋病发病率的增高，使可持续发展和教育活动遭受破坏。要通过教育促使人们行为的变化，并遏制流行病的发生。（7）政府管理。可持续发展有赖于政府管理的透明、充分表达意见、自由争论及政策的科学制定。可持续发展教育要有意识地执行这些政策。

环境视角包括五个方面的内容：（1）自然资源。基于30多年环境教育的经验，可持续发展教育必须继续强调解决水、能源、农业、生物多样性等问题的重要性，并且作为可持续发展更广泛的议程的一部分。特别是与社会和经济考虑相联系，使学习者在保护世界自然资源中采取新的行为方式。（2）气候变化。全球变暖是涉及整个世界，并与一些困难问题，例如贫困、经济发展和人口增长等相关的复杂的问题。可持续发展教育要使学习者充分认识到有必要限制对大气的破坏以及遏制气候的有害变化。(3) 农村发展。尽管城市化飞速发展，但全世界还有一半人口仍生活在农村，农村还存在儿童失学、早期辍学、成人文盲及教育中性别不平等的比例远远高于城市，城乡教育的不平等问题迫切需要解决。同时，教育活动还必须与农村社区的具体需要相联系，使他们具有抓住发展经济的机会、改进生计和提高生活质量的技能和能力。(4) 可持续城市化。城市是全球社会经济变化的前沿，世界上一半人口居住在城市，另一半人口则越来越依靠城市。可持续发展教育应该使人们认识到，城市不只是会对可持续发展构成威胁，而且可能是社会经济进步和环境改善的希望所在。(5) 防灾减灾。教育对减少灾害风险具有很大的正面作用。儿童知道如何应对地震，社区领导能够及时向民众发出警告，整个社会知道如何准备应对灾害，所有这些都有利于降低灾害的危害。教育和知识为社会提供了降低脆弱性和自我改进生活的方法。

经济视角包括三个方面的内容：(1) 消除贫困。从可持续发展的观点来看，消除贫困与经济要素密切相关，但教育在其中也可以发挥重要作用。(2) 企业公民责任与问责制。可持续发展教育必须使人们对经济和金融力量具有平衡的认识。学习者要采取行动，增强公众责任，倡导负责任的商业实践。(3) 市场经济。教育本身是大的经济系统的一部分，可持续发展教育可以对经济的合理运行发挥积极的作用。

第三节 可持续发展教育的实施策略

可持续发展教育不能只是停留在单纯的理论探讨上，还应当将其落实到具体的教育实践中去。可持续发展教育应该如何开展？应当采取哪些策略？这里拟结合《国际实施计划》进行简要的阐述。

一　与国际社会其他活动相结合

"教育促进可持续发展十年"开始时，有若干其他相关的国际活动正在进行。《国际实施计划》提出,有必要把"教育促进可持续发展十年"与国际社会已经进行的努力相联系。尤其是"千年发展目标"的进展、"全民教育"运动、"联合国扫盲十年"等,与"教育促进可持续发展十年"中的一些方面紧密相连。为了确保已经实施的这些国际活动与"教育促进可持续发展十年"活动之间协调和合作并取得实际效果,需要对它们之间的联系进行不断的监测。所有有关方面的协调有助于产生有效的影响:包括全民教育论坛、消除贫困计划、扫盲合作网络以及"可持续发展教育"组织团体等。

二 充分利用各种教育渠道

《国际实施计划》强调,目前在正规教育中开展"可持续发展教育",不应把它看作是"新增学科"的课程,而是整体或者"整个学校"学习的内容,是有利于实现原有的教育目标,是贯穿学习者从幼儿教育到大学整个学习过程的"红线"。中小学和大学不仅是学习可持续发展的地方,也是儿童养成良好的可持续发展习惯的地方,例如节约能源、循环利用、学习场地和院落的生产性利用,以及自然材料和资源的使用等。为此,在学校实施"可持续发展教育"需要对现有教学课程的目标和内容进行调整,以便能跨学科地理解社会、经济、环境和文化的可持续性。此外,还需要对原有的教学和评价方法进行改革,以培养终身学习的技能。《国际实施计划》指出,"可持续发展教育"服务于每一个人,不论其处于生命中的哪个阶段。因此,它是终身学习,即从幼儿到成人,在任何可能的学习场所进行的正规的、非正规的和非正式的教育。除正规教育系统作为学习的场所外,还有很多的学习是在学校系统之外发生的,例如在日常生活和互动中、在家庭中、在工作场所、在电脑和电视前,以及通过观察、仿效、试验、反思、表述、倾听和从错误中学习,等等。不论人们开始如何学习可持续发展的实践和行为,这些实践和行为都将通过千百次日常决策和行动,与个人和集体的行为结合到一起。制定"可持续发展教育"的计划必须考虑到这一点,可持续发展概念的形成既是教育的，也是学习的。根据可持续发展的原则和价值观念调整教育方向，不仅要做到在教室内学习，而且更要在人们不自觉的普遍的生活和联系方式中学习。

三 发挥各类合作伙伴的优势

2002年12月，联合国"教育促进可持续发展十年"宣布之后，各方人士满怀热情和信心，自愿为"教育促进可持续发展十年"工作。为此，联合国教科文组织在制定《国际实施计划》时考虑到，"教育促进可持续发展十年"能否成功的一个关键因素是人力资源。作为协调"教育促进可持续发展十年"指定的领导机构，联合国教科文组织从一开始就必须明确每个合作伙伴的优势及如何发挥其优势的问题。这些潜在的合作伙伴数量众多而且多种多样，有必要把重点放在联网和结盟上。《国际实施计划》将实施"可持续发展教育"的职责和责任落在不同层次的一些机构和团体上，即地方（国家以下）的、国家的、地区的和国际的不同机构和团体。在每一个层次上，利益相关者如政府机构（或者地区和国际上的政府间组织）、民间团体、非政府组织以及私营企业，其职能和作用是互为补充的。《国际实施计划》认为，"教育促进可持续发展十年"的成果将表现在成千上万的社区和千百万个人的生活之中，新的态度和价值观念改变了他们的决策和行动，这证明可持续发展是能够达到的理想。

阅读与思考6-4 可持续发展教育的条件与任务

"可持续发展教育"是一个令人敬畏的挑战。可持续发展有赖于有文化、有技能的公民。它要求各部门和各层次都有有责任心的、有学识的决策者，也就是要求人们有能力为可持续的未来做出正确的选择。"可持续发展教育"的任务就是要使决策者和公民具有这种态度和能力。

我们怎样才能引导儿童和成人更好地理解他们所居住的这个世界的复杂性？我们如何才能更充分地理解影响我们共同未来的、相互关联着

> 当代教育新理念

的各种问题？教育在面临像贫困、过度消费、环境退化、城市衰落、人口增长、两性不平等、健康、冲突和侵犯人权等挑战时能够起什么作用？我们如何确认解决这些问题所需要的知识和技能？为了实现公平的社会和经济发展，我们应该如何教育人们？

教育自身不仅是一个目的。它也是为达到可持续发展所要进行的变革的强有力的动力。我们所提到的教育是一个扩展的概念，是运用整体的、各学科交叉的方法，把可持续的未来所需要的知识和技能与必要的价值观、行为和生活方式的变化相结合在一起。

这意味着对教育体系、政策和实践重新定向，使每一个人，无论年轻人或老年人，有能力根据当地的文化和背景做出决定和采取行动，以解决我们共同的未来所面临的各种问题。这并不是一个无关紧要的、没有价值的议程。

可持续发展首先是一种学习。过去几个世纪的社会化进程教给我们的是不可持续的方式，因此造成了现在我们必须面对的社会问题和环境问题。我们必须学会摆脱困境的方法。我们必须学会可持续的生活方式。

——约翰·丹尼尔：《联合国教育促进可持续发展十年》，转引自钱丽霞主编《教育促进可持续发展——国际研究与实践的趋势》，教育科学出版社2005年版，第85—86页。

第四节　可持续发展教育理念的影响

可持续发展教育理念提出以后，得到国际社会的普遍认可和积极回应。世界上不少国家都纷纷采取积极的措施努力推动可持续发展教育的实践。

一　美国的可持续发展教育

自从1992年联合国环境与发展大会提出"教育是实施可持续发展的关键"以来，美国的教育人士就积极开展了可持续发展教育的工作。

1994年10月,美国召开了"支持环境教育合作者国家讨论会"。与会人员达成了一致看法:扩展教育概念使之涵盖可持续发展问题,并联合商界、政府、教育界、非政府组织共商可持续发展教育提出的挑战。大会制定了《可持续发展教育——行动议程》。1996年3月,可持续发展总统咨询委员会向克林顿总统递交了《可持续发展的美国:一种新的繁荣、机会和健康环境的未来》,提出了可持续发展教育的目标:"确保所有美国人平等地享有做自己感兴趣的工作、享受高质量的生活、了解与可持续发展相关的概念、终身学习的权利……确保可持续的意识、知识和理解成为国家和国际意识形态的主流,让国内主要的机构参与促进可持续发展舆论的建设,开展参与可持续发展的实践以及培养参与个人工作和集体事务的技能、态度、动机和价值观。"[①] 在《公众联系、对话、教育力量的可持续发展总统委员会报告》的基础上,美国确立了可持续发展教育的六个核心主题:终身学习、跨学科教学、系统思维、合作、多元文化、赋予权利。

二 德国的可持续发展教育

为了履行在里约热内卢世界首脑会议上的承诺,德国教育方面的政策制定者决定制定联邦与州教育计划——《BLK 21世纪计划》。该计划预计用五年(1999—2004年)时间,将"可持续发展教育"计划,连同其新课程科目、新的教学方法及新的合作方式,引进并吸收到现有的课程体系中。该计划的基本理念是要建立一个以科研为基础的,并且在政治上可以接受的可持续性的三角形。这个三角形是使未来世界人民的生活处于一种经济的可行性、生态的再生性以及社会稳定性相平衡的状态。在《BLK 21世纪计划》实施中,有160所学校被选为试验校。在课程层面实施《BLK 21世纪计划》,形成"塑造未来的能力"被看作是"可持续发展教育"主要的教学目标。这种能力被分成以下8类:预测、跨文

[①] John Huckle, Stephen Sterling 主编:《可持续发展教育》,王民等译,中国轻工业出版社2002年版,第289页。

当代教育新理念

化理解与使用、跨学科工作、参与和实践、计划与执行、体察他人感情、同情弱小和团结周围的人、激发自己与别人、批判性地思考个体及文化的模式。为了实现这个创新想法,提出了3个基本的教学模块:(1)跨学科知识。包括全球变化、可持续的德国、环境与发展以及健康等内容。(2)通过参与来学习。包括城市与区域发展、地方《21世纪议程》的发展与执行、可持续发展指标的应用。(3)创新的模式。包含了学校的可持续计划的结构、可持续的学生事业以及合作的外部形式。该计划注意把可持续发展的内容与目标整合到现有的教育概念和结构中。①

三 英国的可持续发展教育

英国环境、发展、教育与训练组织在1992年发表的报告《保护地球:为了可持续发展未来的教育、训练和意识》中,强调可持续发展教育是一个关系所有人的过程。报告将可持续发展教育定义为:可持续发展教育是一种过程,通过这个过程,可以达到:(1)了解地球上所有生命的相互关联性,并意识到个人的行动与决策对现在的资源、地区及全球环境所产生的影响。(2)进一步了解可能帮助或阻碍可持续发展的经济、政治、社会、文化、科技及环境的力量。(3)发展个人的意识、能力、态度与价值观,使其能有效地参与地方、国家、全球的可持续发展行动,以建立更具公平性及可持续性的未来;同时,使个人具备整合环境与经济的决策能力。

英国政府于1994年1月成立了"可持续发展工作组",为政府提供可持续发展的建议。1995年1月又成立了"可持续发展圆桌会议",目的是确认如何以可持续发展的方式获得发展。1999年5月,英国政府宣布将二者合并为可持续发展委员会,该委员会自2000年2月正式工作。1998年2月,英国成立了可持续发展教育工作组,该工作组每年要向副

---

① [德]亨利·罗德里希:《德国可持续发展联邦—州21世纪计划——21世纪德国全国学校计划》,见钱丽霞主编《教育促进可持续发展——国际研究与实践的趋势》,教育科学出版社2005年版,第156—160页。

首相、教育与就业大臣提交报告,并为教育与就业部、认证与课程组织提供建议。作为政府在可持续发展教育领域的咨询机构,可持续发展教育工作组在其1998年7月发布的第一份年度报告中,确立了指导英国可持续发展教育的三个关键原则:(1)可持续发展是所有人的责任;(2)可持续发展教育需要渗入生活的所有方面;(3)英国的长期繁荣依赖于我们了解可持续发展的能力。2003年,英国教育与技能部制定了《可持续发展教育和技能培训行动计划》,作为实施国家可持续发展战略的具体行动方案。该行动计划为可持续发展教育提供了一个新的框架,设定了新的发展目标。根据英国政府部门文件,未来英国可持续发展教育国家战略的基本框架应该由国家战略和区域战略共同组成。[①] 1999年,英国对中小学可持续发展教育现状的调查结果发现:大部分学校都开展了可持续发展教育,但学校之间还有一定的差异。中小学的可持续发展教育以环境问题的主题为主,相应的学生对环境问题的关心程度也要比其他问题高。中小学可持续发展教育的次主题是社会公平。

四 芬兰的可持续发展教育

1997年,芬兰国家教育协会起草了一份可持续发展计划,对学校和其他教育工作者提出了17条标准,其目标包括对实行"可持续发展教育"形成必要的认识、积极的态度并获得充足的知识和技能。1998年芬兰内阁就生态可持续性制定了一个决策原则,随后还定期更新了教育部的发展计划,目前的计划侧重于可持续发展教育。芬兰作为"波罗的海21世纪议程"的参与国,保证将"可持续发展教育"列入法律和其他标准化教育条款中。2002年3月,国家教育部设立了"波罗的海21世纪议程"委员会,该委员会制定了讨论实施计划时应遵循的一些基本原则。芬兰国家教育协会拥有5所实验学校,它们都签署了"可持续发展教育"协议。每所学校都将"可持续发展教育"作为其发展的战略目标,并将

---

① 章新胜主编:《以科学发展观为指导 推动可持续发展教育——关于中国可持续发展教育项目》,教育科学出版社2006年版,第100—102页。

📝 当代教育新理念

"可持续发展教育"渗透到日常活动中。① 芬兰的可持续发展教育具有以下四个特点：②（1）形成全员、全方位、全过程的可持续发展教育。芬兰可持续发展教育已形成"三全"价值理念：一是"全员"，即面向全体社会成员开展可持续发展教育；二是"全方位"，即家庭、学校和社会协同开展可持续发展教育，发挥各主体的独特作用；三是"全过程"，即可持续发展教育贯穿个体成长过程，从幼儿期的可持续理念渗透、青年期的可持续发展知识传递，到成年期的可持续行动倡导，实现了全民终身可持续发展教育。（2）利用自然资源实现可持续发展教育。户外教育在芬兰有着悠久的传统，它是在课堂之外进行的教学活动，是一种整体的体验式跨学科教育方式。户外可持续发展教育作为芬兰户外教育中的一类，旨在充分利用森林、湖泊和群岛等自然资源，增强学生与自然和人文环境的互动，在真实的情境中唤醒学生的环境保护意识。（3）将可持续发展教育贯穿教师专业发展过程。芬兰一直致力于培养高水平、专业化的教师队伍，从师范生选拔、教师教育到在职教师培训，均体现了对高素质教师队伍的要求。面对全球环境问题频发的情况，芬兰迅速作出调整，将可持续发展教育纳入教师专业发展全过程，在大学教师教育课程中设置可持续发展相关课程，在在职教师培训中积极构建线上、线下双平台，提高教师开展可持续发展教育的能力，以期培养优秀的可持续发展教育者。（4）开发联通线下的可持续发展教育工具和平台。芬兰注重利用信息技术创新可持续发展教育方式，开发基于网络的可持续发展教育工具和平台，联通了线下教育，体现了可持续发展教育与信息技术的融合，顺应了信息时代教育发展的新趋势。与此同时，网络工具和平台加强了本土可持续发展教育与国际的交流，极大地推动了可持续发展教育的本土化和全球化发展。

---

① ［芬］于里基·洛伊马：《芬兰的可持续发展教育与教师培训》，见钱丽霞主编《教育促进可持续发展——国际研究与实践的趋势》，教育科学出版社2005年版，第164—165页。
② 岳伟、王晓云：《芬兰可持续发展教育：历史演进、实践特点与启示》，《沈阳师范大学学报》（教育科学版）2023年第1期。

五 荷兰的可持续发展教育

2000 年，荷兰制定了第一个可持续发展教育计划（Learning for Sustainability Program 2000—2003）。基于以往环境教育的经验和当前可持续发展教育的新背景，参照《国际实施计划》和联合国欧洲经济委员会制定的《欧洲可持续发展教育战略》，2004 年荷兰政府采纳了题为《为可持续发展学习——从边缘走向主流：荷兰国家计划（2004—2007）》的可持续发展教育国家战略。荷兰可持续发展教育国家战略关注的问题包括：(1) 将可持续发展的几个领域，包括生态、经济、社会、文化等联系起来，将可持续发展的这些领域与参与、全球和未来联系起来；(2) 让关键的相关利益人悉数参与其中；(3) 将可持续发展教育与主流的项目、计划、政策联系起来；(4) 不仅考虑正规教育，还要考虑非正规教育；(5) 重视交流的重要作用，让人们通过社会学习交流个人观念。荷兰可持续发展教育国家战略的突出特点是，将开展可持续发展教育视为跨部门和跨政府的一项使命，因此战略中设定的行动计划和项目需要很多政府部门的承诺和努力，不同层次的政府和同一层次的政府部门之间要形成一种沟通良好的伙伴关系，并且积极动员其他各种半官方和非官方组织与机构以及相关利益人参与其中。从地域层次来说，荷兰的可持续发展教育国家战略不仅关注国家层次上的教育战略，还充分考虑到各个地方发展教育和进行可持续学习的需要，从而为地方政府发展教育的努力提供各种便利和平台，要求以省和执行委员会为依托发挥地方政府与教育部门建立有效协调国家教育发展的工作机制。[①]

六 中国的可持续发展教育

1992 年联合国环境与发展大会之后，中国于 1994 年在全世界率先推出国家的可持续发展白皮书——《中国 21 世纪议程》，其中的第 20 章

---

① 章新胜主编：《以科学发展观为指导 推动可持续发展教育——关于中国可持续发展教育项目》，教育科学出版社 2006 年版，第 102—104 页。

📝 当代教育新理念

"公众参与可持续发展"明确提出通过教育提高儿童和青少年的环境意识,以推进环境保护和可持续发展。

1998年,中国联合国教科文组织全委会委托北京教育科学研究院主持在全国范围内实施环境、人口与可持续发展(EPD)教育项目。目前,全国11个省、市、自治区已有1000多所中小学校参与了这一项目。经过8年的实践,EPD教育项目取得了不少成效:①(1)广泛宣传了有关环境、人口与可持续发展的科学知识与科学思想,提高了人们对开展EPD教育以及实施可持续发展教育(ESD)意义的认识;(2)在广大项目学校中广泛推进了教育教学模式创新,普遍开展了新型课堂教学模式和专题教育活动模式实验,有效推进了项目学校的课程体系改革,提高了课堂教学和学校整体育人质量;(3)开展了多种形式的教师培训,促进了教师素质的普遍提高,建立了一支热心并善于从事可持续发展教育的校长和教师队伍,涌现了一批率先推进可持续发展教育的优秀学校;(4)组织项目学校广泛开展了关注环境、节约资源、弘扬优秀传统文化、尊重文化多样性、关注和参与循环经济建设、践行可持续生活方式和关爱健康与生命的教育,有效促进了社区居民环境意识、健康意识、可持续发展意识的提高。

2004年,中国政府将科学发展观确定为国家发展的指导方针。2005年,联合国正式启动"教育促进可持续发展十年"。按照科学发展观的要求和《国际实施计划》所制定的目标,中国可持续发展教育逐步从EPD教育过渡到可持续发展教育(ESD)。在全球推进《国际实施计划》的新形势下,中国EPD教育项目于2006年初正式更名为中国可持续发展教育项目。中国可持续发展教育项目在全国设有中国可持续发展教育项目全国指导委员会和中国可持续发展教育项目全国工作委员会;各地区设有地区可持续发展教育项目指导委员会和工作委员会;各地区可持续发展教育项目工作委员会指导与管理可持续发展教育项目成员学校、

---

① 章新胜主编:《以科学发展观为指导 推动可持续发展教育——关于中国可持续发展教育项目》,教育科学出版社2006年版,第26页。

实验学校和示范学校。自1998年至今，中国可持续发展教育项目已分别在北京、上海、广州、香港等地召开过多次可持续发展教育国家讲习班。2003年11月，为了及时宣传联合国"教育促进可持续发展十年"的宗旨和展示中国可持续发展教育的成果，中国可持续发展教育项目工作委员会发起并承办了主题为"迈向可持续发展教育十年"的首届可持续发展教育国际论坛。2005年10月，又在北京发起举办了主题为"教育促进可持续发展：全球共识与本土实践"的第二届可持续发展教育国际论坛。在2002—2006年期间，还先后组织了6个中国可持续发展教育项目全国培训班和9次中国可持续发展教育项目学术报告会。

此外，中国可持续发展教育项目还注重运用《中国可持续发展教育》专刊与可持续发展教育专业网站等形式，开展经常性的宣传与交流活动。

第七章

国际理解教育理念

当今世界正在不断向全球化迈进，各国之间的联系和往来日渐加强。但是，国民之间的相互偏见和冲突并未消除，有时候在某些地区甚至还相当严重。为了消除人们的偏见和冲突，维护世界的持久和平，教育应该担当起自己的责任。国际理解教育在其中尤其应当而且完全可以充当重要的角色。事实上，自20世纪40年代被倡导以来，国际理解教育理念在维护人类和平与发展，促进各国之间的相互了解、宽容和合作等方面确实发挥了重要的作用。

第一节 国际理解教育理念的提出

国际理解教育理念的提出并不是偶然的。众所周知，人类社会在20世纪取得了辉煌的成就，得到了飞速的发展。但是这个发展过程并不顺利和平静，各种矛盾和冲突一直没有停息。国际理解教育理念就是在这种发展与危机同在、忧虑与希望并存的社会背景下产生与发展起来的。

一 国际理解教育理念提出的背景

1. 人类和平期望的回应

20世纪发生的两次规模空前的世界大战，给人类带来了巨大的破坏和损失。紧接着在美苏两个阵营之间又发生了长达几十年的冷战，人类一直处于战争的阴影之中。如今冷战虽然已经结束，但是世界并没有因此而变得太平，战争的威胁仍然存在。事实上，局部战争和流血冲突经常在各地发生。2001年9月，教科文组织在日内瓦召开了主题为"全民教育与学会共存"的第46届国际教育大会。会议提出：近几十年来，各种残害民生的内战、种族冲突、种族歧视、排外潮流和各种暴力行为在各大洲许多国家屡屡发生。在目睹战争对人类的残酷破坏后，人们开始认识到和平的意义和可贵。和平环境的创造是以对人的尊重及主权国家间的理解、团结和宽容为前提的。历史的经验告诉我们，仅仅依靠签订军事停战条约，还不可能彻底遏制人类的冲突从而实现持久的和平。最根本的办法是通过教育来培养人类相互理解的理念，发展其追求持久和平的人性。教科文组织的组织法序言对此有精辟的论述："战争起源于人之思想，故务需于人之思想中筑起保卫和平之屏障"。

由于国际理解教育对于实现人类的持久和平具有深远的意义，因而受到人们的普遍重视。"在数十年的国际紧张局势和核恐怖的威胁之后，在政治和经济领域发生了根本的变革，对人类和睦团结的前景日益关注，促使越来越多的国家寻求能加强尊重人权和行使民主权利以及能有效地促进国际了解与和平的教学内容和方法。"①《教育——财富蕴藏其中》一书对于通过教育来促进世界的和平与进步充满信心："面对未来的种种挑战，教育看来是使人类朝着和平、自由和社会正义迈进的一张必不可少的王牌。……它的确是一种促进更和谐、更可靠的人类发展的一种主要手段，人类可借其减少贫困、排斥、不理解、压迫、战争等现象。"②

2. 全球化时代的要求

近几十年来，全球化浪潮席卷着整个世界，各国的经济、科学、文化和政治方面的相互依赖关系正在日益加深。"人类正朝着一个根本不同于过去的未来前进，此时的决定性转折点之一，在于人类事务的当前发

---

① 联合国教科文组织编：《世界教育报告1995》，中国对外翻译出版公司1997年版，第81页。
② 国际21世纪教育委员会：《教育——财富蕴藏其中》，联合国教科文组织总部中文科译，教育科学出版社1996年版，第1页。

当代教育新理念

展正在不可逆转地把世界结合成一个相互联系和相互关联的整体。"①

全球化时代使人类面临一系列新的亟待认识和解决的问题。教科文组织第46届国际教育大会认为,所谓"全球化"并非始于今日,甚至可以追溯到前几个世纪,只是其变化的速度和规模都是前所未见的,也给国与国之间、种族之间、民族之间的共处带来复杂而多样的问题。为了应对全球化时代带来的挑战,不少有识之士都强调国际理解及国际理解教育的重要意义。教科文组织国际教育大会第44届会议后发表的《国际理解教育:一个富有根基的理念》一文呼吁:"面对世界问题的严重性,教育工作者不能仅仅是旁观和等待。我们的世界正在各种冲突中颤抖。而这些冲突只能通过实现国际理解的理想而得以解决。"② 瑞士教育家查尔斯·赫梅尔指出:"最近的将来应完成的事业是:在工业化国家和发展中国家之间找到可接受的平衡以及建立全人类的团结。我们的星球犹如一条漂泊于惊涛骇浪之中的航船,团结对于全人类的生存是至关重要的。"③

3. 国际发展理念的反映

现代国际社会发展有两个重要的理念:一是平衡发展理念;二是可持续发展理念。这两种新的发展理念对于国际理解教育的提出与推广具有重要的促进作用。

现代科学技术的发展日益加快,并带来了前所未有的经济增长,人类的生活质量因此而得到迅猛的提高。然而,众所周知,在发展过程中却存在着巨大的差距,并且这种差距还在不断扩大。世界发展不平衡的问题已成为人类社会团结的重要障碍,损害了人类的共同理想和价值观。在人类的共同理想和价值观处于危机之际,教育应当而且完全可以发挥

---

① [印] 拉贾·罗伊·辛格:《为适应变化中的世界而变革教育》,《教育展望》(中文版) 1993年第1期。
② 赵中建选编:《全球教育发展的研究热点——90年代来自联合国教科文组织的报告》,教育科学出版社1999年版,第379页。
③ [伊朗] S·拉塞克、[罗马尼亚] G·维迪努:《从现在到2000年教育内容发展的全球展望》,马胜利等译,教育科学出版社1996年版,第102页。

自己的积极作用。具体来说，就是教育应当在发展不平衡的双方以"理解"为基石构建相互交流与合作的桥梁，促使人类走向共同进步的明天。《教育——财富蕴藏其中》一书在谈到当今世界教育的使命时，正确地指出："在全世界，各种形式的教育的使命都是在人与人之间建立一种基于共同准则的社会联系。……教育是文化价值的传播工具，是有助于适应社会生活需要的环境的创造者，也是使共同计划成形的熔炉。"①

社会的可持续发展也需要一个和平的国际环境，需要国际社会的沟通与合作。在坚持本国社会文化特点的同时，应当认识到在当今世界任何一个国家都不能完全独立存在，许多问题需要依靠相互的密切合作才能得到有效的解决。换句话说，任何国家要想得到发展就必须与别的国家、别的民族进行交往和交流。然而，不同的政治制度、经济发展水平及文化传统往往使得各国、各地区及各民族之间的交往与交流不能顺利进行，常常出现误解其至冲突。为了维护世界的民主与和平，保持整个世界的持续发展，必须通过国际理解教育来增进国家、地区及民族之间，特别是国民之间的相互理解和认识。

阅读与思考7-1 *教科文组织的组织法序言（节录）*

战争起源于人之思想，故务需于人之思想中筑起保卫和平之屏障；

人类自有史以来，对彼此习俗和生活缺乏了解始终为世界各民族间猜疑与互不信任之普遍原因，而此种猜疑与互不信任又往往使彼此间之分歧最终爆发为战争；

现已告结束之此次大规模恐怖战争其所以发生，既因人类尊严、平等与相互尊重等民主原则之遭摈弃，亦因人类与种族之不平等主义得以取而代之，借无知与偏见而散布；

文化之广泛传播以及为争取正义、自由与和平对人类进行之教育为维护人类尊严不可缺少之举措，亦为一切国家本关切互助之精神，必须

---

① 国际21世纪教育委员会：《教育——财富蕴藏其中》，联合国教科文组织总部中文科译，教育科学出版社1996年版，第38页。

> 当代教育新理念

履行之神圣义务；

和平若全然以政府间之政治、经济措施为基础则不能确保世界人民对其一致、持久而真诚之支持。为使其免遭失败，和平尚必须奠基于人类理性与道德上之团结。

——转引自联合国教科文组织编《"编者的话"》，《教育展望》（中文版）1987年第12期。

二 国际理解教育理念的发展过程

国际理解教育理念最早可以追溯到20世纪40年代中期联合国教科文组织的组织法。1945年11月16日通过的联合国教科文组织在其《组织法》前言第一条第1款明确写道："本组织之宗旨在于通过教育、科学及文化来促进各国间之合作，对和平与安全作出贡献，以增进对正义、法治及联合国宪章所确认之世界人民不分种族、性别、语言或宗教均享人权与基本自由之普遍尊重。"这意味着教科文组织肩负的首要使命是人类的和平和相互理解。

联合国教科文组织和国际教育局先后就国际理解教育问题召开过一系列国际教育大会，发表了多个专门的建议。1948年6月28日在日内瓦召开了国际公共教育大会第11届会议，会议通过了题为《青年的国际理解精神的培养和有关国际组织的教学》的第24号建议。该《建议》认为：当前教育的主要目的之一，是使儿童和青少年作好准备，能有意识地积极参与建设一个多元的、和平、安全及人人享有更完满生活这一共同目标的世界社会（world society）。《建议》要求所有教学应有助于学生认识和理解国际团结，应培养学生对世界共同体的责任感，应通过各种手段促进国际理解，这种理解应对国家间的相互尊重和对相互历史发展的欣赏为基础。

联合国教科文组织和国际教育局于1949年7月4日在日内瓦召开了国际公共教育大会第12届会议，会议通过了题为《作为发展国际理解工具的地理教学》的26号建议。建议要求所有的教育都应使爱祖国与理解其他国家相和谐，使爱祖国与世界上的尊重主权相一致，因为所有的国家都应享有平等的权利。

1968年7月1日在日内瓦召开了国际公共教育大会第31届会议，通过了题为《作为学校课程和生活组成部分的国际理解教育》的第64号建议。建议指出，教科文组织和国际教育局的一个主要目的就是通过教育增进各国间的合作以促进和平与安全。建议认为，国际理解教育的目的应不仅仅是传授知识，而且应致力于发展有利于国际理解和尊重人权的态度和行为。

1994年国际教育大会第44届会议通过了题为《国际理解教育的总结与展望》的第79号建议。本届会议批准通过了以建设"和平文化"为中心内容的《第44届国际教育大会宣言》和《为和平、人权和民主的教育综合行动纲领草案》。这两个文件以建设"和平文化"为核心，它们既是教科文组织所推行的国际理解教育的总结，又是在当代国际形势变化与发展的背景下，为各国在新世纪如何开展国际理解教育的行动指南。国际教育大会第44届会议后发表了专门论述国际理解教育问题的文章——《国际理解教育：一个富有根基的理念》。

1996年，国际21世纪教育委员会向联合国教科文组织提交的报告《教育——财富蕴藏其中》提出了"教育的四个支柱"的观点，即"学会认知"、"学会做事"、"学会共处"、"学会生存"。报告在论述"学会共处"时指出，这种学习是当代教育中的重大问题之一。教育应当培养人们应付人与人之间、群体之间、民族之间不可避免地出现的紧张关系的能力。报告要求在正规教育中提供足够的时间和机会开展各种合作项目，通过各种社会活动进行合作教育，在学校的日常生活中传授解决冲突的方法。

2001年9月5—7日，第46届国际教育大会在日内瓦召开，会议的主题是"全民教育与学会共存"。会议通过的《结论和行动倡议》指出，鉴于目前社会面临全球化、国家之间和国家内部存在的不平等现象等问题，在世界所有地区学会和睦相处尤显重要。在这种情况下，教育已成

> 当代教育新理念

为维护和促进持久和平、民主和人权进程的必要手段。未来的公民必须具有共存的能力,这是生活所必需的条件,"学会共存"已成为面对全球化的一种基本学习需求。《结论和行动倡议》还要求促进各级教育中的和平文化与跨文化理解。

2003年10月3—4日,教科文组织在巴黎召开的教育部长圆桌会议关于"有质量的教育"的公报指出,教育应"教给孩子们世界性的道德观念,使他们学会并实践这些品德,如神情专注、同情、诚实、正直、非暴力、尊重多样性,以学习与人和平、和睦相处。"①

第二节 国际理解教育的内涵与目的

如何理解国际理解教育?实施国际理解教育要达到什么样的目的?这里拟对这两个问题作简要的分析。

一 国际理解教育的内涵

什么是国际理解(International Understanding)?所谓国际理解,其实质是以宽容、尊重的态度与别国沟通和共同行动。国际理解最重要的是对别国文化的了解与认识。在与别国文化进行接触的时候,应该认识到无论是本国文化还是别国文化,都是人类文化多样性的表现,对其他国家的文化应当采取宽容和尊重的态度。

什么是国际理解教育(Education For International Understanding)?1974年联合国教科文组织第18届常务理事会发表了《为国际理解、合作与和平的教育及与人权和基本自由相联系的教育之建议》。该建议对"国际理解教育"作了具体的阐述:使青年一代获得关于世界和世界人民的知识;使青年一代养成同情与博爱的态度,能够没有偏见地欣赏与吸收别国的文化,学习外国语;使青年一代以理解与合作精神看待与处

---

① 国家教育发展研究中心编著:《2004年中国教育绿皮书——中国教育政策年度分析报告》,教育科学出版社2004年版,第218页。

理各国面临的共同问题;使青年一代树立尊重人权、正确的道德、社会责任感、尊重他人、为大众谋福利等观念。

概括地说,国际理解教育是旨在使学生了解和尊重其他国家的文化,培养他们的全球共存发展意识和能力的教育。

二 国际理解教育的目的

1994年教科文组织国际教育大会第44届会议通过的《为和平、人权和民主的教育之综合行动纲领》提出,"教育必须发展尊重自由的能力和面对挑战的技能。这意味着使公民作好准备以应付困难而又变化莫测的形势,并使他们能够独立自主和承担责任。意识到个人的职责必须同确认公民义务的价值相联系,同确认与他人一起解决问题并共同建设一个公正、和平和民主的社会相结合。"[①] 国际理解教育的目的主要体现在以下方面:

1. 建设和平文化,培养宽容精神

国际理解教育的首要目的是建设和平文化,培养人们的宽容精神。1948年联合国通过的《世界人权宣言》就明确要求:"教育应促进各国、各种族或各宗教集团的了解、容忍和友谊,并应促进联合国维护和平的各项活动。" 1997年第五届国际成人教育大会通过的《成人教育的汉堡宣言和未来议程》指出:"我们这个时代最主要的任务之一就是消除暴力文化(culture of violence),建设一种基于公正和宽容的和平文化(culture of peace)。在这一和平文化中,家庭和社区,以及国家内部和国家之间的对话、相互认识和磋商将代替暴力。"[②] 1999年9月13日,联合国大会第53届会议通过了一份引人注目的文件——《和平文化宣言与行动纲领》。多少世纪以来,从战争与暴力文化走向和平与非暴力文化转变

---

① 赵中建编:《教育的使命——面向二十一世纪的教育宣言和行动纲领》,教育科学出版社1996年版,第194页。

② 赵中建选编:《全球教育发展的研究热点——90年代来自联合国教科文组织的报告》,教育科学出版社1999年版,第386页。

仅仅是人类的一个梦想，这份文件就是在21世纪使人们美梦成真的重要蓝图。这曾是国际联盟以及后来为"把子孙后代从战争灾难中解救出来"而创建的联合国的梦想。同时，它也是联合国教科文组织的梦想。作为对联合国安全理事会"和平议程"的回应，教科文组织自1992年以来逐渐形成和发展了和平文化的概念。这一概念的首次提出是在1989年的《亚穆苏克罗（科特迪瓦）声明》中。教科文组织分析认为，单靠维持和平行动只能保证不发生战争，但不能带来建设性的、有活力的和平，要做到这一点最好是由冲突各方共同从事人类的发展事业。教科文组织主要是在教育、科学、文化及传播领域开展活动，因而重点在"冲突后的和平建设"中提供服务和帮助。1995年的第28届教科文组织大会宣告"20世纪末的重大挑战是将战争文化转变成和平文化"，并将和平文化摆在了教科文组织六年中期战略的中心位置上。

什么是和平文化？和平文化是一个内涵广泛的概念。1950年，教科文组织成立了一个工作小组，提出了"世界共存教育"的八项目标：（1）开展全球社会的教育，缔造与联合国宪章精神相一致的社会；（2）各国无论存在何种差异，都有权力和义务在国际机构中合作；（3）世界文明来自许多国家的共同贡献，所有国家之间都相互依存；（4）不同的人们在生活方式、传统习惯、个性特征方面存在的问题及解决问题的方法等有所不同，但各自都有存在的理由；（5）人类在历史上、道德上、智力上和技术上的进步逐渐成为全人类的共同遗产，人们之间的相互依赖日益明显；（6）国际组织成员国所制订的条约得到各国人民积极的支持，就会发挥重大作用；（7）人们尤其是青年人在心灵上要有全球和平的责任意识；（8）发展儿童健康的社会态度，为增强国际理解与合作奠定基础。以上八项目标集中反映了和平文化的内涵，并成为以后推展国际理解教育的重要原则。

宽容精神是和平文化的重要内容。在建设和平文化的过程中，必须将培养宽容精神放在突出的地位。1995年教科文组织大会通过的《宽容原则宣言》写道："宽容是对我们这一世界丰富多彩的不同文化、不同的思想表达形式和不同的行为方式的尊重、接纳和欣赏。宽容通过了解、坦诚、交流和思想、良心及信仰自由而得到促进。宽容是求同存异。宽容不仅是一种道德上的责任,也是一种政治和法律上的需要。宽容,这一可以促成和平的美德,有助于以和平文化取代战争文化。"① 和平文化的建设和宽容精神的培养需要依靠相应的教育,国际理解教育的基本目的正在于此。通过国际理解教育可以培养人们的和平意识和宽容精神,使人们懂得应当尽量避免冲突,一旦冲突出现则应当采用和平的方式予以解决,而不能诉诸暴力;使人们认识到,暴力不会使暴力减少,它只会带来更多、更大、后果更严重的暴力。《教育——财富蕴藏其中》一书认为,"教育在人的一生中都应促进文化多元化,把文化多元化作为人类财富的源泉加以宣传;应当通过关于各种文化的历史和价值的信息交流,同产生暴力和排斥现象的种族偏见作斗争。"②

2. 发展共同人性,构建共同价值观

发展共同人性,构建共同价值观,也是国际理解教育的一个重要目的。《学会生存》在阐述教育的目的时特别强调培养共同人性的意义。该书指出:"教育有一个使命,就是帮助人们不把外国人当作抽象的人,而把他们看作具体的人,他们有他们自己的理性,有他们自己的苦痛,也有他们自己的快乐;教育的使命就是帮助人们在各个不同的民族中找出共同的人性。"③《为和平、人权和民主的教育之综合行动纲领》也指出,教育必须发展承认并接受存在于各种个人、男女、民族和文化之中的价值观的能力,并发展同他人进行交流、分享和合作的能力。多元化社会和多文化世界的公民,应能承认他们对形势和问题的解释植根于他们个人的生活、他们社会的历史以及他们的文化传统。人们应该相互理

---

① 转引自联合国教科文组织《世界教育报告 2000》(教育的权利:走向全民终身教育),中国对外翻译出版公司 2001 年版,第 75 页。
② 国际 21 世纪教育委员会:《教育——财富蕴藏其中》,联合国教科文组织总部中文科译,教育科学出版社 1996 年版,第 46 页。
③ 联合国教科文组织国际教育发展委员会:《学会生存——教育世界的今天和明天》,华东师范大学比较教育研究所译,教育科学出版社 1996 年版,191—192 页。

当代教育新理念

解、相互尊重，并以完全平等的地位进行磋商，以期寻求一种共同的基础。这样，教育就必须加强个人的特性并鼓励集中一些能增强个人与民族之间的和平、友谊和团结的各种思想及解决方法。①

共同价值观对于采取共同行动具有重要的意义。没有共同的价值观，无论是在国家内部还是在国与国之间，都无法采取共同的行动。事实上，早在1968年召开的国际公共教育大会第31届会议通过的第64号建议《作为学校课程和生活之组成部分的国际理解教育》就明确要求教育培养共同的价值观，提出教育应帮助增进人们对世界和各国人民的了解，帮助青年人形成以相互欣赏和尊重的态度，来观察别的文化、种族和生活方式。该建议要求教育在对不同事物包括对不同的政治、经济和社会体制进行客观评价时，还应介绍存在于世界各国人民的生活和意识中的共同价值观、抱负和需要。《教育——财富蕴藏其中》一书指出，教育在建设一种更加团结一致的世界方面负有特殊的责任，应当引导人们寻求有助于建立"人类理性与道德上之团结"的共同价值观。该书深刻地指出，享有共同的价值观和共同命运的意识是一切国际合作项目的基础，教育应当有助于了解和尊重不同文明的文化和精神价值。②

3. 培养公民责任感

早在1958年召开的国际公共教育大会第21届会议通过的第46号建议中就提出了培养公民责任感的教育目的。该建议明确提出，现代教育的主要目的之一是根据儿童的年龄和发展阶段，指导他们有意识地积极参与家庭、社区和国家生活，参与建设一个更亲密友好的全球社会。建议还要求教育要使儿童意识到自己的社会责任，并在国家生活中发挥积极有益的作用。教科文组织编写的《世界教育报告1995》重申了培养公民责任感的意义："教育一直被每一个社会视为一种重要的手段，一方面

---

① 赵中建主译：《全球教育发展的历史轨迹——联合国教科文组织国际教育大会建议书专集》，教育科学出版社2005年版，第454页。
② 国际21世纪教育委员会：《教育——财富蕴藏其中》，联合国教科文组织总部中文科译，教育科学出版社1996年版，第36页。

帮助年轻人去解释和了解社会环境和政治环境,一方面又培养他们作为具有责任感的成人和公民进入社会。"① 教科文组织前副总干事科林·N.鲍尔在为《教育的使命——面向21世纪的教育宣言和行动纲领》所写的序中,特别强调培养公民责任感对于解决社会问题的重要意义。他说,如果我们不增强对我们生活在一个全球共同体——即我们分担责任并共享相同的命运——这一事实的意识,我们社会所面临的许多问题就无法得到解决。他认为,学校教育应当使学生意识到,他们是社会的参与者。儿童在年幼阶段对社会或社区的意识或许主要局限于村庄或邻居,但是参与的观念——参与或承担一部分集体的责任——一旦获得,这种观念就会扩展至县、地区、国家以及最终至全球社会。《为和平、人权和民主的教育综合行动纲领》在谈到教育目的时也强调指出,教育必须使公民能够独立自主和承担责任,意识到个人的职责必须同确认公民义务的价值相联系,同确认与他人一起解决问题并共同建设一个公正、和平和民主的社会相结合。②

阅读与思考7-2 国际理解教育的原则

1. 各级教育均应对国际理解有所贡献。

2. 教育应帮助增进人们对世界和各国人民的了解,帮助青年人形成以相互欣赏和尊重的精神态度,来观察别人的文化、种族和生活方式。教育应明确环境与生活方式和生活标准之间的关系。教育在对不同事物包括对不同的政治、经济和社会体制进行客观评价时,还应介绍存在于世界各国人民的生活和意识中的共同价值观、抱负和需要。

3. 教育应表明,人类知识的进步来自于世界各国人民的贡献,而且所有的民族文化已经并将继续因受惠于别国文化而丰富。

4. 教育应鼓励尊重人权并在日常生活中做到这一点。教育应强调人

---

① 联合国教科文组织编:《世界教育报告1995》,中国对外翻译出版公司1997年版,第81页。

② 赵中建编:《教育的使命——面向二十一世纪的教育宣言和行动纲领》,教育科学出版社1996年版,第194页。

人平等地尊重所有的人，而不考虑其种族、肤色、性别、语言、宗教、政治或其他观点、国籍或社会背景、财产、出生或其他地位等。

5. 教育应帮助每个学生建立一种能反对控制他人的尊严感。教育应尽其可能使青年人渴望了解他们国家的及他们所处时代的经济问题和社会问题。此外，教育应客观地向他们指出殖民主义、新殖民主义、种族歧视、种族隔离政策、奴隶制以及其他所有侵略形式的危害性。

6. 教育应强调每一个国家，不论是大国还是小国，都有平等的权力来决定自己国家的生活，并充分地开发其文化的和物质的可能性。

7. 教育应增进国际团结和对世界各国及民族之间相互依存的理解。教育应指出在处理世界问题上国际合作的必要性，应阐明所有的国家，不论它们在政治制度或生活方式上有何不同，都应有义务和兴趣为这一目标而合作。

——赵中建主译：《全球教育发展的历史轨迹——联合国教科文组织国际教育大会建议书专集》，教育科学出版社 2005 年版，第 312—313 页。

阅读与思考7-3 教育的和平使命

为和平、人权和民主的教育之最终目标，是发展每个人的普遍价值感和各种行为方式，而和平文化正是基于此而被预示的，因此有可能即使在不同的社会—文化环境下识别那些能被普遍认可的价值观念。

教育必须发展尊重自由的能力和面对挑战的技能。这意味着使公民做好准备以应付困难的而又变化莫测的形势，并使他们能够独立自主和承担责任。意识到个人的职责必须同确认公民义务的价值相联系，同确认与他人一起解决问题并共同建设一个公正、和平和民主的社会相结合。

教育必须发展承认并接受存在于各种个人、男女、民族和文化之中的价值观的能力，并发展同他人进行交流、分享和合作的能力。多元化社会和多文化世界的公民，应能承认他们对形势和问题的解释植根于他们个人的生活、他们社会的历史以及他们的文化传统；其结果是，没有一个人或群体掌握了解决问题的唯一答案，而且对每一个问题或许都有不止一种的解决方式。因此,人们应该相互理解相互尊重并以完全平等的地位进行磋商,以期寻求一种共同的基础。这样,教育就必须加强个人的特性并鼓励集中那些能增强个人和民族之间的和平、友谊和团结的各种思想和解决方法。

教育必须发展非暴力解决冲突的能力。因此,教育还应促进培养学生思想中的内在和平观,这样他们就能更牢固地形成宽容、同情、分忧和相互关心的品质。

——赵中建主译:《全球教育发展的历史轨迹——联合国教科文组织国际教育大会建议书专集》,教育科学出版社2005年版,第454—455页。

第三节　国际理解教育的内容与方式

国际理解教育应当如何来实施?其内容应该如何来安排?应当采取哪些有效的方式予以落实?这里拟对这些问题进行必要的讨论。

一　国际理解教育的内容

教科文组织第31届教育大会通过的第64号建议《作为学校课程和生活组成部分的国际理解教育》阐述了国际理解教育的内容安排问题。该建议指出,中小学课程中的大多数科目都为国际理解教育提供了机会。建议同时提出,不同学科的课程和大纲应有足够的灵活性,以使不同学科之间有可能紧密联系。在有些基础学科,如母语、民族文学、数学、自然科学和现代语言,即使课程内未对国际理解做出专门的规定,国际理解的精神同样可以在每个合适的场合得到发展;另一些学科,如历史和地理,则为国际理解教育提供了一种尤为有利的框架;还有一些学科,如道德和公民教育以及包括音乐、舞蹈和体育在内的艺术,应该为与国际理解直接有关的学习和活动提供大量的机会。建议认为,国际问题的教学,不论是穿插在不同学科的教学中或是单独作为一门课程都是合适的。

该建议还具体论述了文学和语言、数学和科学、生物学、历史和地理、公民和道德教育、艺术、音乐、舞蹈和体育等学科的国际理解教育问题。(1) 文学和语言。文学教学的目的主要是深入洞察人的本质,人性所共有的观念和抱负、人类的苦难和斗争以及民族文化的要素和民族文化对世界文化所作的独特贡献。应该鼓励在中学增强世界文化的教学。外语教学的目的,应该是提供了解别国文化和生活方式的有效途径。(2) 数学和科学。在数学教学中,可以强调不同文化对科学发展所作的贡献。科学可以讲授科学知识的发展史及不同国家的人民和文化的贡献史。(3) 生物学。在生物学方面,对人类性格遗传和分布以及对遗传因素和文化因素之间的关系的研究,可以通过逐渐削弱因种族、肤色、国籍或文化的不同而造成的偏见来进行。生物学或卫生学应关注世界性的健康和疾病控制方面的国际合作。(4) 历史和地理。历史教学应把本国的历史与文明史联系起来,并更多地关注人类发展的社会、经济、文化和科学等方面,少强调纯粹的军事历史,以便更好地把握对本国历史的了解。地理教学应引导儿童思考整个世界及其居民,理解人类与其环境之间的关系,并为了让世界上的资源能被用于改善人类生存的条件,引导他们正确地看待必须解决的问题。(5) 公民和道德教育。公民教育的目的除了增加学生对国家机构的了解和培养对它们的忠诚外,还应让学生熟悉国际机构在促进人类福利方面所起的作用,并给学生灌输增进这些机构未来有效性的责任感。在道德或宗教教育方面,国际理解的教学应强调人类团结的道德基础。其目的在于培养一种对他人的道德感和社会责任感、一种为共同利益而行动的愿望以及致力于和平的决心。(6) 艺术、音乐、舞蹈和体育。在艺术、音乐、舞蹈和体育方面,知识、技能和美学观点的培养应该从世界各地汲取养料。

二 国际理解教育的方式

1. 充分运用新的教育技术手段

教育上的新技术可以很好地为国际理解的教育服务。在国际理解教育中应运用尽可能多的材料，包括电影、广播和电视以及其他视听辅助手段。电视节目应介绍如何接受不同的文化和生活方式。

2. 开展多种多样的活动

国际理解教育应尽可能地运用能让学生自己发挥个人主动性、创造性、技能和智力的活动方法。这些方法包括：积极参与有助于外国团体的发展的国际性活动、自由讨论、辩论，对报纸文章、电影和电视纪录片的评论，个人和团体的研究与报道，准备影集、书籍、墙报和展览，与国外的学校通信或交换其他物品，拟定集会的计划，旅行，音乐会，模拟联合国会议，社区研究以及国际夏令营和青年活动。

3. 组织辅助课程和课外活动

辅助课程和课外活动应有足够的范围和种类，以使学生有机会锻炼和培养他们的特殊兴趣和能力。辅助课程和课外活动应包括：以促进国际理解为其主要目的的俱乐部或协会类的组织，庆祝为人类的文化发展和科学发展作出贡献的杰出人物的周年纪念，以及纪念发生国际重大事件的日子，如联合国日和人权日。

4. 鼓励和促进国际交流

教育当局应鼓励和促进国际交流以及对有关国际理解教育的信息和文件的传播；应支持和鼓励参与那些促进国际理解教育发展和提高的双边、多边和国际方案及项目，应鼓励和支持教师、学生以至教育行政官员、督学之间的国际交流，应该努力支持师范生和第一线的教师出国旅行以了解其他国家的人民和文化；应鼓励并支持教师和青年出国参与经济、社会、文化和教育发展的志愿服务；应鼓励和支持学校之间的国际接触和交流。

第四节 国际理解教育理念的影响

国际理解教育理念对当今世界的教育实践产生了重要的影响，推动了各国国际理解教育的广泛开展。这里主要介绍美国、日本、荷兰、韩国、北爱尔兰、瑞典和中国等国家在国际理解教育理念的推动下开展国际理解教育的基本情况。

一 美国的国际理解教育

美国的国际理解教育最早始于20世纪40年代。1948年,全美教育协会(NEA)发表题为《美国学校中的国际理解教育》报告书,提出了国际理解教育的目标,其中突出了四个方面:一是否定战争和祈求和平的精神;二是基于自由与正义的尊重人权的态度;三是对他国民族的理解;四是国际合作的实践态度。报告书声称,国际理解教育的终极目标是世界和平和人类福利,其直接目标在于培养对人类有新的义务意识及觉悟的"好的美国市民"。该报告书被视为美国国际理解教育的开端。

在1958年颁布的《国防教育法》中,美国规定设立"国防外国语奖学金"以支持外国语教育。自1959年开始,美国联邦教育总署将80多种外国语作为重点资助对象。

20世纪80年代以来,美国认识到在国际化时代应培养具有全球视野的公民,因此大力推动国际理解教育。联邦政府划拨专项经费开发相关课程、资助教师培训项目,大学和中小学亦纷纷开展不同形式的国际理解教育。1985年美国公布了以提高中小学教育质量为目的并指明教育改革基本方向的白皮书,其中指出:"美国人需要知道,在我们的社会里,凡不掌握这一新时代所必需的技术、文化和训练的个人将从两方面被剥夺'公民权'……为了建立一个自由民主的社会和促进共同的文化,特别是对一个多元性和个人自由而自豪的国度来讲,国际理解教育尤为重要。"[①] 为了推进国际知识的教学,美国已在高校课程中增加国际知识的内容。1986年由美国高等教育顾问委员会报告的题为《大学校园的发展趋势》指出,大约有一半的四年制高校正在课程中增加国际内容

---

① 转引自陈时见主编《当代世界教育改革》,重庆出版社2006年版,第71页。

的分量。除此之外，东方文化、非洲文化、中东文化等非本土文化也已受到重视。不仅如此，美国还对传统的科目进行了修订。一些科目，如历史、政治、经济学、社会学、比较语言学、文学等，其内容以前都仅限于西方世界的有关事件和成就，现在已扩大了范围，在内容上包括了整个世界。

20世纪80年代末期，美国州长联合会议在一份题为《美国在变迁：走向世界的边缘》的报告中提出了国际教育的七大目标：（1）国际教育必须成为所有学生基础教育的一部分；（2）要使更多的学生掌握外语；（3）教师必须更多地了解国际问题；（4）在标准教科书之外，学校和教师应掌握大量可以用于国际教育的资源与资料；（5）所有高等院校毕业生都应拥有对更广阔的世界的丰富知识，并且掌握一门外语；（6）应加强商业部门及社区对国际教育的支持；（7）商业社区必须通过某些途径与国际教育相联系，特别是在提供出口市场信息、贸易条例及国外文化方面。①

20世纪90年代成立的全球教育委员会，又对国际教育的原则作了明确阐述。如，所有教师、学生都有机会与不同于自己伦理和文化背景的人一起学习与工作，课程要反映各国的相互依存性及美国在全球经济中的作用等。1996年通过的《国际教育法》宣称："在促进国家间的相互理解与合作中，有关其他国家的知识是最重要的，雄厚的美国教育资源是加强我们与其他国家关系的必要基础；应当确保这一代和未来几代的美国人有充分的机会在其他国家、人民和文化的所有知识领域，在最大可能的程度上开发他们的智力"。②

目前，美国50个州中有34个州制定了旨在指导和鼓励开展全球教育的章程，其余16个州正在对有关规则进行讨论。美国全球教育咨询小组甚至从国际贸易的角度要求从幼儿园到中学都开设"全球教育课"，

---

① ［美］大卫·L.格劳斯门：《召唤：教育跟上世界发展的现实》，《外国教育研究》1991年第4期。
② 陈学飞：《当代美国高等教育思想研究》，辽宁师范大学出版社1996年版，第88页。

并把它列入学校的总课程之中，旨在使学生无论何时接触其他文化时，都以一种不含偏见的态度来观察、接受和评论。①

美国各高校近年来也普遍加强了国际理解与意识的教学，诸如国际关系、比较政治、比较经济体制、国际法、国际组织等课程早已列入高校的课程之中。

二 日本的国际理解教育

日本的国际理解教育始于20世纪50年代。第二次世界大战后，广大日本国民深刻反省战争，积极推动以和平为主题的国际理解教育。早在1961年，教科文组织日本国内委员会就刊行了"国际理解教育基础"，标志着国际理解教育在日本的开展。1974年5月，文部省中央教育审议会在《关于教育、学术、文化的国际交流》的咨询报告中进一步强调了开展国际理解教育的重要性，提出教育要培养"具有国际素质的日本人"。

20世纪80年代，日本重视多元文化教育，并把"国际理解教育"作为第三次教育改革的基本原则之一。为这次教育改革而设立的临时教育审议会关于教育改革的四次咨询报告都强调国际理解教育的重要性，并具体提出了实施国际理解教育的对策建议。临时教育审议会公布的《日本面向21世纪的教育对策》提出："今后新的国际化，同过去近代的国际化是不同的，要以全人类、全球的观点，为人类和平与繁荣，积极地在各个领域作出贡献，作为国际社会的一员，应该竭尽自己的责任。"正是从这一观点出发，该报告呼吁日本"要举国努力推进我国社会的国际化，以期实现与新的国际化相适应的教育。这是关系到日本存亡与发展的重大课题"。为落实日本新的培养目标中提出的"面向世界的日本人"，报告规定教育应当培养人的如下素质：（1）在广阔的国际视野和全人类的视野上处理事务的知识与能力；（2）能同异国文化疏通意思的语言能力、表达能力、国际礼仪、知识和教养；（3）在国际社会

---

① 徐辉、王静：《国际理解教育研究》，《西南师范大学学报》（社会科学版）2003年第6期。

中能对日本的历史、传统、文化和社会做有说服力的介绍的能力,为此需要对日本有广泛的认识。

1984年2月由中曾根首相智囊团会议提出的《面向21世纪的教育改革五原则》中强调指出:"日本现在是一个占全世界国民总生产十分之一的经济大国。在国际经济社会相互依存的关系中不能不分担相应的义务与责任。……为了能够在二十一世纪为目标的和平、稳定和繁荣的环境中生存下去,全体国民必须具有广阔的国际视野和足够的国际感觉。"

1988年6月,文部省发表了《教育国际化白皮书》,指出:"在国际化不断发展的情况下,重要的是在学校教育中加强学生对外国文化和国际相互依赖关系必要性理解的同时,使学生们养成珍惜我国文化和传统的态度。"[1] 同时公布了题为《发展国际间的理解和合作——通过各种教育、科学、文化和体育活动》的报告,概述了增进国际间的理解和合作的有关策略以及在教育、科学、文化、体育的国际化方面应该做出的努力。国际理解教育以政策的形式被确定下来,为以后中小学国际理解教育的实践提供了指导方针。

1996年7月,日本中央教育审议会第一次报告书强调:"培养拥有广阔的视野,在国际社会中能够与异质文化的人们一起发展,共同为人类做出贡献的新一代,是至关重要的。为此,必须大力促进学校的国际理解教育。"[2] 该报告书还提出了推进"国际理解教育"的三个支柱:(1) 培育理解异文化、同时尊重异文化的态度,同拥有异文化的人们共生的素质与能力;(2) 谋求旨在国际理解的作为日本人与作为个人的自我的确立;(3) 旨在培养在国际社会中尊重对方的立场,同时能够表达自己的观点与见解的基本能力,谋求外语能力的基础和表达能力之类的沟通能力的养成。

---

[1] 王长纯:《国际基础教育比较研究》,中国审计出版社1996年版,第144页。
[2] 国家教育委员会政策法规司:《世界教育发展新趋势》,北京大学出版社1993年版,第96页。

> 当代教育新理念

1998年，日本教育课程审议会发表了关于改善中小学课程标准的审议报告。根据报告的精神，文部省于同年颁布了新的《学习指导要领》，标志着新一轮课程改革的开始。这次课程改革的指导思想包括：适应国际合作和使日本人能自立于国际社会的需要，加强国际理解教育，在提高学生民族自尊心、自豪感的基础上，提高对不同民族、国家历史和文化的尊重与理解。为了推进国际理解教育，日本设置了"综合学习时间"。根据新的"学习指导要领"的规定，自小学3年级以上（小学1、2年级已开设了综合性的生活科）设置"综合学习时间"，每周至少2课时以上，国际理解教育是其中的重要内容。除了这种特设的"综合学习时间"外，日本还设置了一些综合性的学科以丰富学生的生活体验和增进国际理解。如，环境科或地球科、人间科（用于培养与外国人等进行交流和交往的积极态度与能力等）、生活体验科（重视生活体验，学习国际文化等）。这种综合性学习必须有利于学生了解人类的文化遗产，认清国际社会所存在的问题，增进他们对不同文化生活的理解，培养他们作为地球公民的责任感。

目前，日本的许多高等学校开设了有关国际问题的学科。如津田塾大学、亚细亚大学、日本大学等设有国际关系学科，横滨国立大学、山口大学、中央大学等设有国际经济学科，西南学园大学、长崎大学、旭日大学、拓殖大学等设有国际文化学科。为了推动国际理解教育，日本不仅在大学采取了一系列措施，在中学的课程设置上也有新的举措，特别强调"懂得外国，理解异国文化，是今后日本人必须具备的素养"。日本高中也重视开设国际关系学科，并在东京都创办了一所国际学科的新型高中——都立国际高中，其宗旨是培养具有渊博知识、身心健康、全面发展和具有国际意识以及优秀外语能力的人才。在课程设置上，除一般高中所必需的普通课程外，主要侧重外国语和国际学科的学习，而且后者占总课时三分之一的比例。

三 荷兰的国际理解教育

荷兰教育科学文化部于2000年初提出了全面实施国际理解教育的计

划。教育文化科学大臣赫尔曼斯在一封题为《知识：平等交换——荷兰国际化教育》的公开信中把培养公民的"国际素质"作为重要的教育目标，指出"公民必须掌握适应国际化倾向、多元文化社会和全球经济以及与劳动市场相关的知识技能，在未来的社会里，能够适应国际化生活环境，成为欧洲乃至世界的公民"。为此，他们把具有国际化和国际倾向的教育内容列为学校正常教学课程的一部分，纳入义务教育体系。学生从小学就开始学英语，到中学至少在学习荷兰语和英语之外，再选2—3门外语，大学生的毕业论文一律用英文撰写，藉此扩大荷兰的影响，努力确立"荷兰是世界知识中心"的国际形象。[①]

四　韩国的国际理解教育

韩国实施国际理解教育的历史比较长。早在1961年，韩国就将7所中学指定为合作学校并开始实施国际理解教育。20世纪80年代，为了迅速适应国际化时代的发展需求，教科文组织国内委员会向教育部提交报告，认为应将国际理解教育当作国家事业来推行。1997年，韩国教育部部长向教科文组织提议，建立亚太地区国际理解教育研究院。2000年，韩国政府与教科文组织正式签署协议设立该研究院，这使韩国迅速成长为亚太地区国际理解教育的主力军。到2003年，韩国共有79所合作学校，其范围涉及小学到大学，足见其发展之迅速。韩国不同于美国和日本，在国际理解教育发展过程中尚未出现实质性冲突，但是韩国的国际理解教育是被视作国家事业来推行的，不可避免地带有鲜明的国家色彩，这与韩国国际理解教育的目标——全球公民的培养之间存在一定冲突。对此，韩国将全球公民解释为"在确立国民意识前提下的全球公民"。[②]

2002年7月15日，韩国教育人力资源部发布了提高国际竞争力的新

---

① 中国驻荷兰使馆教育处：《荷兰全面推行国际教育以提高公民国际素质》，《世界教育信息》2000年第11期。

② 姜英敏：《国际理解教育的发展及其问题》，《中国教育报》2007年5月5日。

> 当代教育新理念

举措,其中提出要进一步加强学生对国际社会理解的教育,并决定于 2003 年起在全国范围内指定 10 所"国际理解教育示范学校"进行试点。同时要求各市、道教育厅积极开发"国际理解教育课程",并制定具体的实施方案。

为了推进国际理解教育,韩国政府从 2003 年起为中小学聘请英、日、中文外籍教师。截至 2002 年 3 月,由韩国政府邀请的在中小学任教的外语教师只有 141 人。根据其制定的国际理解教育计划,自 2003 年开始,计划每年聘请 1000 名外籍教师,到 2007 年达到 5000 人。[①]

2015 年 5 月,由韩国政府和联合国教科文组织共同举办的世界教育论坛在仁川松岛召开。就"我们能不能向全世界所有人提供平等和高水平的教育"问题进行了讨论,并宣布了《仁川宣言》,其中设定了未来 15 年世界教育的前进方向和目标。受其影响,韩国政府积极研究国际发展动态,开始将"全球公民"纳入国家课程体系。除联合国教科文组织等机构以外,韩国教育部从 2015 年开始积极开发国内外"全球公民"相关教育课程和学习资料等,力图将本国的"全球公民"教育经验扩散至国内外。[②]

五 北爱尔兰的国际理解教育

北爱尔兰教育部从 20 世纪 80 年代中期开始执行一项政策性指令——全面的"相互理解教育"计划。现在"相互理解教育"计划已深深地植根于学校系统的各个方面,并且为实现社区之间接触的理想做了许多工作。"相互理解教育"计划的宗旨就是将相互理解教育的思想注入课程的各个方面。这项计划被视为一项"完善"的政策,如果社区之间的接触和学生交流可以达到预期的效果,自然就可以为塑造真正的和平文化

[①] 转引自杨小玲《国际理解教育的理论与实践研究》,福建师范大学 2006 年硕士学位论文,第 24 页。

[②] 转引自王冠慈、翟利霞《韩国国际理解教育推行机构及实践研究》,《延边大学学报》(社会科学版) 2021 年第 6 期。

尽一份力。有证据表明,"相互理解教育"已成功实施,各家机构对学校的多次评估也相当乐观。

和解团体和慈善基金会也开展了和平教育行动,其中最具代表性的是1988至1995年间在阿尔斯特大学马吉学院开展的贵格学派和平教育项目,它重在消除学龄儿童头脑中的偏见。该项目首创了重要的支持性教材和教具,帮助教师开展"相互理解教育",并且出版了一系列教师手册和报告。1995年,这个项目更名为"推广相互理解教育的学校",由国家和慈善机构提供资金,负责为学校提供课程创新和培训机会。马吉学院还设立了和平与冲突研究学位课程。1985年首次设立了和平与冲突的本科生课程,1987年又增设了研究生(硕士)文凭。[1]

六 中国的国际理解教育

改革开放以来,在邓小平提出的"教育要面向现代化,面向世界,面向未来"方针的指引下,我国也在积极开展国际理解教育的探索。[2]在开展国际理解教育方面,我国特别重视外语的教学,试图通过外语教学来培养学生的国际意识与交流的能力。在外语教学中进行国际理解教育,包括利用语言教学的内容学习各国礼仪和文化;通过阅读教学介绍各国文化,增进我们对世界各民族的理解等方面。目前我国中小学都已开设外语课程,外语课程作为必修科目被列入中小学教学大纲。同时还开设了世界历史、世界地理、国际经济、国际政治等课程,使学生了解世界的发展与变化。

上海、北京、浙江、深圳等地一些学校对于国际理解教育进行了专门的实践探索。上海普陀区中小学全面开展国际理解教育,并承担了题为"国际理解教育课程研究方案及实践初步"的课题,该课题已于2004

---

[1] [英]特伦斯·达菲:《分裂社会中的和平教育:在北爱尔兰培育和平文化》,《教育展望》(中文版)2001年第1期。
[2] 谢萍:《小学英语课程中国际理解教育目标体系构建的理论研究》,东北师范大学2006年硕士学位论文,第9—11页。

年结题。课题研究涉及国际理解教育中中小学教师的素质要求，国际交流中中小学学生的素质要求，中小学英语、计算机教学与国际理解教育，中小学国际理解问题课程的开设，国际理解教育的活动方式，校园文化建设与国际理解教育，中小学生国际理解能力的培养，中小学国际理解教育的实践效果检测，中小学国际理解教育成果的推广等。以北京教育学院为主的"国际理解教育理论与实践研究"课题在北京市部分中小学进行了实验研究。浙江舟山的沈家门小学从2001年开始接触国际理解教育，并开始进行相关的实践活动。具体内容包括五个方面：（1）积极开展与外国小学的实践交流；（2）掌握国际交流的基本技能；（3）努力在学科教学中渗透国际理解知识；（4）开发校本课程，开展专题研究；（5）通过环境教育、绿色教育、海洋教育、研究性学习等进行国际理解教育。深圳市罗湖外语学校致力于培养以外语教学和国际交流为特色的"国际理解教育"，通过各种渠道让学生了解世界、了解别国文化、了解国际发展动态，从而为他们参与未来的国际交流、国际合作、国际竞争打下良好的基础。

第八章

和谐教育理念

"和谐"是当今人们普遍倡导和努力追求的理念。和谐教育同样也已成为当代教育发展的重要理念。教育的重要目标在于促进人的各方面素质的和谐发展,而人的和谐发展必然要依靠和谐的教育。苏联教育家苏霍姆林斯基正确地指出:"作为全面发展的理想的个性是和谐的,没有和谐的教育工作就不可能达到和谐的发展。"① 事实的确如此,任何孤立的、只强调某种内容或方式的教育都是不合理的,从而也是有害的,因为它从根本上与和谐人格的建构目标相违背。

第一节 和谐教育的历史与内涵

和谐教育并不是一个全新的概念,这方面的思想观点早在古代就已出现。当然,在和谐教育理念的演变过程中,其内涵也会随着时代的发展而发生一定的变化。

一 和谐教育的历史

和谐教育的历史可以上溯至古希腊。多方面和谐发展的教育,是古希腊学校教育的突出特点。这种教育既关注知识的学习和智力的提高,也重视体质的增强和美感的培养,强调身体与心智的协调发展。

---

① [苏]苏霍姆林斯基:《给教师的建议》,杜殿坤编译,教育科学出版社1984年版,第362页。

当代教育新理念

从西方教育思想的发展历史来看，亚里士多德最早论述了人的和谐发展问题。他从"灵魂说"出发，明确指出教育首先要注意儿童的身体，其次要留心他们情感的培养，然后才及于他们的灵魂。因而，在教育上应通过体育、德育和智育使人的身体、情感和理性得到全面而和谐的发展。

在文艺复兴时期，人文主义思想家、教育家继承和发展了多方面和谐发展的教育思想。在这个时期，他们除重视德育和智育以外，又将体育和美育放在重要的位置。进入近代社会以后，人的和谐发展的问题一直成为教育关注的中心。裴斯泰洛齐和康德等都十分重视培养身心协调和全面发展的新人。裴斯泰洛齐说："孤立地只考虑发展任何一种才能（头脑或心灵或手），都将损害和毁坏人的天性的均衡，它意味着使用自然的训练方法产生片面发展的人。仅仅注重道德与宗教教育，或仅仅注重智力教育都是错误的……教育要名符其实，必然是努力使人的完善能力得到圆满的发展。"[①] 在长期的教育实践中，裴斯泰洛齐正是从德育、智育、体育、劳动教育等方面促进儿童的主动发展和全面发展的。在康德看来，人类与动物不同的特点就在于人追求真、善、美。因此，人必须同时接受真、善、美三种教育。知的教育主要培养人的思考力，德的教育主要培养人的自律精神，而美的教育主要培养人的感受力。他认为，只有这三方面和谐一致，才能使人获得思想自由、行为自由和情感自由。[②]

现代以来，苏联教育家苏霍姆林斯基的全面发展教育思想、日本教育家小原国芳的全人教育论、德国现代文化教育学、美国教育家加德纳的多元智能理论等，都在不同程度上表达了和谐教育的理念。

二　和谐教育的内涵

那么究竟什么是和谐教育呢？概括地说，和谐教育是指教育各个构

---

① 夏之莲等译：《裴斯泰洛齐教育论著选》，人民教育出版社1992年版，第412页。
② 参阅王天一等《西方教育思想史》，湖南教育出版社1996年版，第238页。

成要素的相互协调和有机统一。

教育的结构要素可以从不同的角度去分析和理解。我们这里主要从教育的内容和方式两个方面来考察和谐教育问题。也就是说，和谐教育既指教育的内容，也指教育的方式。因此，和谐教育的基本内涵是指多个方面和多种方式的教育。如果没有多个方面和多种方式的教育，和谐教育就无从谈起。单个方面的教育（无论是哪种内容的教育）和单一方式的教育（不管是哪种方式的教育），只会导致人的片面发展和畸形发展，而不可能和谐发展，这样的教育也就不可能是和谐教育。当然，和谐教育并不是多种教育内容与方式的机械堆积，而是它们的有机统一和密切配合。

第二节 和谐教育的目标

和谐教育的目标在于使个体的精神属性协调发展，即要使个体的感性、理性与非理性等要素共同发展，并形成有机的和统一的联系。这是因为，感性、理性和非理性都是人类精神属性的必要成分，它们渗透于人的全部生活之中。席勒在《美育书简》中曾极力主张人的精神属性的协调发展，并对人的素质片面发展的现象提出过批评。他说："人们的活动局限在某一个领域，这样人们就等于把自己交给了一个支配者，他往往把人们其余的素质都压制了下去。不是这一边旺盛的想象力毁坏了知性辛勤得来的果实，就是那一边抽象精神熄灭了那种温暖过我们心灵并点燃过想象力的火焰。"[①]

一 感性与理性的协调

通过和谐教育来协调精神属性的一个重要目标是使感性与理性协调发展。"人类文明的感性和理性是同时产生的，理性和感性的不同功能保

---

① [德]席勒：《美育书简》，徐恒醇译，中国文联出版公司1984年版，第50页。

证了人的全面性,并且是人类具有文明创造力的两种形式,是人类主体性创造性的两种存在形式"① 它们之间的关系是对立统一的关系,"每一方都依靠另一方而获得自己的现实性。如果其中一方决定性地征服了另一方,那么它也就因此而立刻摧毁了自身。"②

感性的发展过程从某种意义上说,就是丰富人的感知觉,使人生活在自然的、形象的而不是符号的、概念的世界中。符号、概念是对具体事物的抽象,它对事物本来的真实性反映不足。与此相适应,语言文字也常常限制了一个人在具体情境下的实际体验。在直接印象积累贫乏的情况下,形式主义地掌握大量知识必然会造成人的感受力萎缩。20 世纪 50 年代,哈佛大学教育学院的几位科学家承担了一个国际基金会的项目——零点课题。当时,他们发现有个 10 岁的女孩具有非凡的绘画能力,可是语言与数学能力非常差。人们着手训练她的语言能力和数学能力,结果当她的语言能力、数学能力补上来的时候,她再也画不出那么好的画了。零点课题据此提出,"当人的逻辑能力发展的同时,如果对他的感受能力、非逻辑能力不加以关照的话,他可能在逻辑能力发展的同时感受能力会下降"。有的学者因此而呼吁,我们的教育应当珍视和保留人生命早期敏锐的感受能力,不要急于将人的丰富的感知纳入逻辑训练的轨道,不能让人的直接感受牺牲在暴风骤雨式的"读、写、算"之中。

当然,我们提倡在教育中发展学生的感性,并不意味着轻视或忽视理性,更不是要排斥和否定理性。一个人只有理性而没有感性,易于僵化和机械;但反过来说,一个人如果只有感性而没有理性则会陷入肤浅和冲动。因此,我们在教育中不能让理性占据全部的位置,要给感性的发展留出必要的空间。没有感性的支持,理性的发展将成为无源之水和无本之木。再说,感性除了给理性提供依据和源泉以外,还有它自身的价值。从根本上来说,感性能力低下的人,是一个不完善甚至是不完整

---

① 赵汀阳:《美学和未来美学:批评与展望》,中国社会科学出版社 1990 年版,第 134 页。
② [德]卡尔·雅士贝尔斯:《时代的精神状况》,王德峰译,上海译文出版社 1997 年版,第 38 页。

的人。

解放人的感性,把人的感性从理性的压抑中释放出来,应当成为教育的重要任务。在教育中,我们应当给学生提供发展感性的机会,使学生内在的生命得到伸展和张扬。当然,感性的发展也需要理性的支撑和引导,否则它会成为无所着落的浮萍。因此,我们的教育既要富于感性,又需要理性的支持,要尽力克服感性与理性的对立,使它们两者保持协调统一的状态。

二 理性与非理性的协调

在和谐人格的建构中,就像感性与理性的关系一样,理性与非理性也需要协调发展。在理性与非理性关系这个问题上,以往存在着两种错误认识,即理性主义和非理性主义。

理性主义只强调理性的作用,把理性当作人的最高本质,忽视甚至否定非理性的价值。它把非理性摆在理性的对立位置上,认为理性是指理智和冷静,而非理性则是盲目和冲动,甚至将非理性理解为"不要理性"、"否定理性"乃至"丧失理性"。这当然是一种误解,它将非理性等同于反理性。事实上,非理性与反理性是两个不同的概念,应当加以明确的区分。所谓非理性是指存在于个体身上的除感性和理性因素以外的其他因素。而反理性则是排斥理性、否定理性或丧失理性。因此,理性的反面不是非理性,而是反理性。反理性在理论上是错误的,在实践上则是有害的,因而必须予以否定和抛弃。而非理性则具有存在的价值,应当加以引导和发展。

与理性主义正好相反,非理性主义抬高非理性的地位、夸大非理性的作用,贬低乃至否定理性的价值,把人的本质归结为非理性的心理体验。叔本华以生命意志主义与传统的理性主义相抗衡,开现代非理性主义的先河。他认为崇尚理性是人类有史以来的巨大谬误,断言人的本质不是理性,而是生命意志。他以个体生命意志为本体,批判康德的理性主义。他推崇的是人的情感、意志、直觉、本能、无意识等非理性因素,认为"许多事情,不用理性,反而可以完成得更好些"。① 19世纪后半期,德国哲学家柏格森进一步推进了叔本华所开创的现代非理性主义。他认为,世界的真正本质是"生命冲动","生命冲动"又是一种盲目的、非理性的、生生不息的永恒的运动,理性概念难以完全把握一切生命现象。因为生命现象是个体性的存在,要把握生命的真谛,只有依靠非理性的、神秘的直觉。20世纪上半期非理性主义的影响进一步增强,这一时期非理性主义的主要代表是弗洛伊德主义和存在主义。弗洛伊德强调非理性的本能冲动("本我")是人的活动的决定性因素。存在主义注重个人的具体存在及意义,认为"孤独""烦恼""忧郁""恐怖""绝望"等非理性的主观情绪是人的存在的基本状态。

无论是理性主义还是非理性主义,都是片面的和极端的。它们将本来同属于个体精神属性的理性与非理性割裂开来、对立起来,各自强调一个方面而否定另一个方面。事实上,理性和非理性都是人的精神属性的重要内容和表现形式,它们具有内在的联系,相互制约和相互影响。理性对非理性起指导和支配作用,而非理性又对理性起调节和补偿作用。人类如果没有理性,就不可能有现代的科学技术成就,也就不可能有现代社会的文明和进步。因此,发展人的理性应当成为和谐人格建构的重要内容。但是,在人的精神属性中,除了理性因素以外,还有非理性因素。非理性是社会精神生活的一个特定方面,是人类所特有的非条理化、非规范化、非逻辑化、非程序化、非秩序化的精神现象。② 非理性因素是调节人类生活的重要手段,是影响人类行为的重要因素,它在人类活动和生活中发挥着不可或缺的作用。在建构和谐人格时,非理性因素也应当受到重视,应当得到相应的发展。

关于协调精神属性这个问题的认识,可以作如下几点概括:(1)这几个因素同等重要,不能忽略其中的任何一个因素。(2)这些因素之间互相依赖。它们各有其存在的独特价值,不能互相取代。无论是轻视或

---

① [德]叔本华:《作为意志和表象的世界》,石冲白译,商务印书馆1983年版,第100页。
② 参阅吴宁《社会历史中的非理性》,华中理工大学出版社2000年版,第32页。

忽视其中的哪一个因素，最终都会使另外两个因素受到损害。（3）它们之间互相渗透。事实上，并不存在单纯的感性，也不存在孤立的理性或非理性，它们是互相联系、互相渗透的。在人的统一而完整的精神属性中，感性是基础，理性是原则和方向，而非理性则起重要的调节作用。教育要努力克服主体精神世界的分裂和冲突，将人的精神属性统一为一个完整的、有机的、和谐的整体。

阅读与思考8-1　优化学校教育

年轻人如今在学校度过的时光很多，这也是我们必须强调学习生活的一个原因。在北美早期的教育史上，大部分孩子只上几年学，或许一星期只上几个小时的学，他们中间还有很多人夏天要留在家中帮着干农活。可是现在，几乎所有北美的孩子都要把自己在这个星球上的生命中的五分之一的时光用来上学，而这段时光是他们最容易打上印记的岁月；在很大程度上，学校就是他们的生活。因此，只把重点放在学术学习上是不公平的。甚至都可以说这有点虐待儿童。学生们在学校里应该能够过上一种相当平衡的生活，被友谊包围着，跟成人建立有意义的关系，能够进行真正的交谈（而不仅仅是讨论），能够表达自己的情感，能够领略各种各样的艺术，有各种体育活动，有各种业余爱好，有厨艺，有聚会，还可以放轻松。学校教育占据着青年人生活中大部分的时间。所以就应该能够让他们为生活做好总的准备，而不仅仅是为生活的学术方面和工作市场做好准备。年轻人到了18岁，对如何生活好，如何'好好生活'却知之甚少，也鲜有经验，就这样被推入大千世界，这样做很不合适。他们至少应该已经有一套令人满意的生活方式，并且能够在回顾学校生涯的时候，觉得那是最美好的岁月。

——[加拿大]克里夫·贝克:《优化学校教育》，戚万学等译，华东师范大学出版社2003年版，第6—7页。

阅读与思考8-2　被欣赏的学生与被淘汰的女婿

江老师的女儿26岁了，还没有找到男朋友。他的一个同事热心地充当起了红娘，把江老师当年的一个得意门生介绍给了江老师的女儿。江老师让小伙子到家里来吃顿饭。小伙子便在红娘的陪同下来到了江老师的家。

江老师并没有看上这个小伙子。江老师对红娘说："他读中学的时候，我是多么欣赏他啊！他学习成绩棒，又特别听话，从来不调皮捣蛋。现在，人家也挺成功，这么年轻就当上了单位的中层干部。可是，要让他做我的女婿，那就不够格了。你看他的背，明显地驼了，像个小老头；你看他的近视眼镜，足有800度吧，以后会影响生活质量的；你再看他说话时细声细气的样子，哪像个小伙子啊，最让我看不上的是他那么古板，一点幽默感都没有，我女儿要是跟上这样的人生活一辈子，她上哪儿去找快乐呀！"

一个昔日的得意门生在候选女婿时，竟然被恩师说成"不够格"。为什么我们评价学生的标准和选择女婿的标准会存在这么大的差距？我们在为国家培养德才兼备的人才时，也应考虑如何为更多的普通家庭培养出无疾患、有趣味、善谈吐、气质佳的女儿和女婿。

——引自《教育文摘周报》2008年5月28日。

第三节 教育内容的和谐

学生的需要是多方面的，教育没有理由剥夺他们对现实生活丰富性的需要。从教育内容的角度看，和谐教育是感性教育、理性教育与非理性教育的协调和统一。这几个方面的教育都是构成和谐教育所不可缺少的部分，它们各有其价值，又各有其局限性，不能抬高其中一种教育而贬低其他教育，否则就是片面的教育，就会造成人格发展的失衡。

一 加强感性教育

鉴于感性教育长期受到忽视，所以提倡和谐教育首先应当考虑加强感性教育。感受力是主观世界通向外界的第一道关口，外界的一切刺激都要通过它达到我们的心灵。人的千差万别,首先就在感受力的指向性、强度、深度、广度上表现出来。在一定意义上,感受力甚至可以作为衡量一个人生命力强弱的重要标志。感性因此而在人格中也占有不可替代的地位,发挥着独特的作用。人的感知觉越细腻,他从自己周围看到和听到的就越多,他对现象、事件和事物的感受和体验就越深刻,从而他的内心世界也就越丰富、越充实。也许正是在这个意义上,夸美纽斯明确地提出了感性教育的要求,并把它看成是教师的金科玉律。他说:"在可能的范围以内,一切事物都应该尽量地放到感官跟前。一切看得见的东西都应该放到视官的跟前,一切听得见的东西都应该放在听官跟前。气味应当放到嗅官的跟前,尝得出和触得着的东西分别放到味官和触官的跟前。假如有一些东西能够同时在几个感官上面留下印象,它便应当和几种感觉去接触"。① 夸美纽斯的观点固然过于绝对,但对于我们认识感性教育的价值却不无启示意义。

在感性教育中,观察力的培养处于核心的位置。这是因为,观察是个体认识自然和社会,丰富和发展感性的基本途径。"问渠那得清如许,为有源头活水来。"(朱熹)为了保证学生发展的"源头活水",在教育中应当重视观察力的培养,发挥观察的作用。苏霍姆林斯基说过,观察"是感受生活的欢乐的源泉和认识生命的价值的源泉。如果这个源泉是枯竭的,那就谈不上人的完满的全面发展。"②

那么,感性教育应当如何进行呢?要使感觉丰富化,就必须接受大自然对人的感官的开导。苏霍姆林斯基的经验值得我们借鉴。在早春二月,他每个星期都带领学生来到果园里,引导孩子们仔细观察雪层覆盖的树枝,察看树木的外皮,倾听着各种声音。每一个小小的发现都使他们感到欣喜。每一个人都想找到某种新的东西。苏霍姆林斯基用诗意的语言向教师发出号召:"请你教给学生观察和看见周围世界的各种现象

---

① [捷克]夸美纽斯:《大教学论》,傅任敢译,教育科学出版社1999年版,第141页。
② [苏]苏霍姆林斯基:《关于全面发展教育的问题》,王家驹等译,湖南教育出版社1984年版,第137页。

> 当代教育新理念

吧。当自然界里发生转折的时期,请你把儿童带领到大自然中去,因为这时候正发生着迅猛地、急剧的变化:生命的觉醒,生物的内在的生命力正在更新,正在为生命中的强有力的飞跃积蓄精力。"① 在秋天,苏霍姆林斯基又领着孩子们来到果园里。他给孩子们讲述金色的秋天,讲解自然界中一切有生命的东西怎样准备度过漫长而寒冷的冬季,讲到树木、落在地上的种子、留下来过冬的鸟类、昆虫等等。当他深信孩子们已经体会和感觉到词和词组的意思和丰富的感情色彩时,就建议他们谈谈自己的见闻和感受。儿童当场就产生了关于周围自然界的惊人地细腻而鲜明的思想。他们说:"一群白天鹅渐渐在蔚蓝色的天空里消失了";"啄木鸟敲击着树皮,整棵树都发出响声";"路边开着一棵孤零零的野菊花","鹳鸟站在巢边上,向很远很远的地方眺望";"一只蝴蝶落在菊花上,它在晒太阳……"孩子们说的都是自己的话。他们的思想活跃而丰富,"他们体验到一种无法比拟的思考的乐趣和认识的享受。他们感到自己变成了思想家。"②

艺术教育在促进人的感官发展方面也有着独特的价值。林语堂认为,艺术"可以使我们的感觉变敏锐,重使我们的理性和本有的天性发生联系,由恢复原有的本性,把那脱离生活中已毁坏的部分收集起来,重变成一个整体。"③ 艺术作为一种感性存在物,它给我们提供的是一种感知周围世界的方式。达·芬奇有一句名言:"绘画教会我们观看。"这句话的意思是说,在我们掌握绘画之后可以更好地感知周围的各种事物。说得更具体一点即是,绘画教会我们如何更准确、更迅速地分辨形体、色彩、空间和运动,如何从更多样的角度或不同的侧面去感知这些东西,并觉察出这些东西对人的意义。事实上,一切艺术都首先是调动我们的感知,并以此培养我们对感知对象的敏感。虽然不同种类和风格的艺术,

---

① [苏]苏霍姆林斯基:《给教师的建议》,杜殿坤编译,教育科学出版社1984年版,第48页。
② [苏]苏霍姆林斯基:《给教师的建议》,杜殿坤编译,教育科学出版社1984年版,第23页。
③ 林语堂:《生活的艺术》,华艺出版社2001年版,第148页。

其感知的方式并不一样,但这种不一样并不是一件坏事。因为正是这种不一样,保持了人类感性世界或感官经验的生机和活力。

二 理性教育与非理性教育相结合

理性教育主要是指科学(技术)教育,而非理性教育则主要是指人文(艺术)教育。科学技术与人文艺术是人类进步和社会发展的两支重要力量。我们既要重视科学技术给人类带来的巨大利益,也要承认人文艺术对人类的精神价值。具体到教育中,则既要重视科学技术的传授,也要加强人文艺术的陶冶。苏联学者卡巴列夫斯基指出:"科学和艺术是人的精神文明的两大基础。进一步完善我们的学校教育的途径,就在于达到两者的平衡"。① S. 拉塞克和 G. 维迪努在《从现在到 2000 年教育内容发展的全球展望》一书中也表达了同样的观点:"在一个科学技术日益深入个人生活和社会生活的世界里,教育不仅在传播科学技术知识方面,而且在发展使人类掌握和利用这些知识的行为方面都应该发挥重大作用。教育还应当承担的任务是:在作为方法的科学技术与作为人类生活行动目的的价值观之间建立平衡。"②

理性教育的意义是不容否定的。近代以来,科学理性教育在整个教育内容体系中一直占据着主导位置。由于对理性教育的过分强调及对其他教育内容的忽视,因此而招来了各种批评和指责。但是我们不能由此而走向另一个极端。美国学者保罗·库尔茨说过,尽管科学理性不是普度众生的万能钥匙,却也是一个伟大的工具。"虽然我们并没有天真到相信理性和科学能够轻而易举地解决人类所有的问题,但我们仍然可以说,理性和科学能够为人类知识做出大部分贡献,它们对人类有益。我们找

---

① 转引自 [苏] 诺维科娃《苏联美育理论的发展》,见瞿葆奎主编《教育学文集·美育》,人民教育出版社 1989 年版,第 174 页。
② [伊朗] S. 拉塞克、[罗马尼亚] G. 维迪努:《从现在到 2000 年教育内容发展的全球展望》,马胜利等译,教育科学出版社 1996 年版,第 86 页。

不到更好的替代者来培育人类理智。"① 正是在这个意义上,《学会生存》一书指出:"科学训练和培养科学精神看来乃是当代任何教育体系的主要目的之一。"②

人文艺术教育对于受教育者开阔胸襟,启迪心灵,提升情感有着重要的作用。但是,近代以来,由于受到理性主义教育的冲击,人文艺术教育一直没有取得应有的地位。早在20世纪初,进步主义教育家就对理性主义教育提出了批判,认为这种教育过分关注心智的培养。他们关心智力的发展,但也关注培养完整的人,培养有情感、有爱好、有责任感、有思想的人,反对片面强调智育成绩。赫胥黎也指出:"除了自然科学以外,还有其他的文化形式,如果忘记了这个事实,由于注意到科学而扼杀或削弱文学和审美教育的趋向,应感到遗憾。这种对于教育性质的狭隘的观点,跟我所坚持的应当把一种完全的、全面的科学文化引进学校里来的结论毫无相同之处。"③ 赫胥黎虽然强调自然科学应在学校课程体系中占有重要地位,但他反对片面强调自然科学而忽视人文科学。他认为,教育的任务就是把两者分别或结合起来授予学生。

当今越来越多的思想家和教育家呼吁将科学技术教育与人文艺术教育结合起来。科学技术教育与人文艺术教育的结合决不是它们的简单相加,也不是一个简单的比例关系问题,它的实质是指各种教育的相互渗透和统一。英国教育家怀特海在《教育的目的》一书中指出:"在一个国家的教育系统中须有三种主要的方式,即文科课程,科学课程和技术课程。但其中的每一种课程都应该包括其他两种课程的内容。……每种形式的教育都应该向学生传授技术、科学、各种一般的知识概念以及审美鉴赏力;学生在每一方面所受的训练,都应该由其他两方面的训练补

---

① [美]保罗·库尔茨:《保卫世俗人道主义》,余灵灵等译,东方出版社1996年版,第22页。
② 联合国教科文组织国际教育委员会:《学会生存——教育世界的今天和明天》,华东师范大学比较教育研究所译,教育科学出版社1996年版,第186页。
③ [英]赫胥黎:《论科学与艺术同教育的关系》,见瞿葆奎主编《教育学文集·美育》,人民教育出版社1989年版,第256页。

充而相得益彰。"① 随着科学技术的飞速发展及其在人类各个领域中的广泛应用，必然强调科学技术发展及其应用中的伦理问题，诸如环境保护、人口控制、科技应用范围的伦理限度等，还要培养人对自然及生命的热爱和珍惜的情感。价值、情感等一向被划归在科学教育之外的内容不再被冷落，而在人文教育中却应体现理性的力量。为此，应当将科学、技术与人文、艺术这几个方面的教育内容统一起来，使之成为科学—人文教育或人文—科学教育。这种教育既是科学的，又是人文的。它以科学为基础和手段，以人自身的完善和解放为最高鹄的，从而促使人与自然、人与社会及人与人的和谐相处。因此，这种新型的教育目的观是科学与人文的有机融合，它代表了人类教育发展的方向。当前我国的教育，应当在不削弱科学技术教育的前提下，提高人文艺术教育的地位。

阅读与思考8-3 学生"冷漠"，谁之过？

以下是一位教研员所听的一节课的片断：

这一节课教师讲的是妇孺皆知的课文《狐狸与乌鸦》。下课前十分钟，教师问学生："狐狸想吃乌鸦嘴里叼的一块肉，它就故意用好听的话来奉承乌鸦，结果乌鸦一高兴，把嘴一张，'哇'的一声，肉就掉下来了。同学们，请你们想一想，还有什么办法可以让狐狸吃到乌鸦嘴里的肉？"

教室里顿时热闹起来，几分钟后，学生纷纷发言。

学生甲："狐狸借一把锯子，把乌鸦落脚的树锯断。让乌鸦掉下来……"

教师评："很有意思！但乌鸦会飞走，结果狐狸还是不能得到肉！"

学生乙："狐狸借一把枪来，一枪把乌鸦打下来。"

教师评："很有创意！竟然想到用先进的武器。这样不光可以吃到乌鸦嘴里的肉，还有乌鸦的肉吃了。"

---

① [英]怀特海：《教育的目的》，徐汝舟译，生活·读书·新知三联书店2002年版，第85页。

当代教育新理念

学生丙："狐狸弄一个打火机来，把树点着，把乌鸦烧死在树上，肉就掉下来了。"

教师评："用火攻，有意思！乌鸦不把肉吐掉都不行了。"

学生丁："乌鸦叼的肉是给它的孩子们吃的，狐狸想办法钻进乌鸦的家，把乌鸦的孩子捉住，逼着乌鸦把嘴里的肉交出来……"

教师评："真是绝了！乌鸦再也没有讨价还价的余地了。"

教师点评至此，下课铃响了。

——徐卫文，摘自《班主任之友》2004年第9期。

阅读与思考8-4　现代城市儿童的"自然缺失症"

"自然缺失症"并非一种病，而是描述现代人们与自然的割裂越来越深的现实。在对自然缺失症研究较早的瑞典、日本等国，自然缺失症的比例相当之高，中国的情形可能更为严重。有调查显示，城市儿童户外活动的场所以人工化的小区和公园为主。他们对自然的体验越来越少。

如今，人们回归自然的成本越来越高，因为城市仍在扩张，乡村、荒野逐渐被城镇淹没。世界上很多城市居民都面临着相似的困境，而且，现代城市建设"去自然化"十分严重。除此之外，导致自然缺失症的原因还有很多，比如生活方式的改变、安全意识的强化等。现代儿童已经被电视、手机、电脑等电子产品包裹。电脑游戏的声光刺激巨大，如果没有引导的话，孩子们会觉得自然界平淡无奇。另外，出于安全的考虑，无论是家长还是学校，都对孩子的户外活动持谨慎态度。

在进行环境教育时，孩子们在自然里会表现出陌生和恐惧，不习惯应用粗糙的东西；看到虫子就会尖叫；对生命很淡漠，看见蚂蚁就想踩，随意摘树叶，等等。

有研究表明，儿童多动症、自闭症等都和自然缺失有一定关联。

人是自然的一部分，应该恢复人与自然的联系，把人放到大自然里体验、学习。自然教育应当从孩子抓起，培养他们从小热爱自然。

——引自《教育文摘周报》2011年9月14日。

阅读与思考 8-5　法国把音乐教育当国策

2005年初，法国总统希拉克发表讲话，称法国艺术院校不足，还特别指出"文化艺术教育也不够！"没过两天，法国教育部和文化部的官员们坐在一起讨论"文艺国民教育再抛计划"，要在2007年前让全国各地院校和文艺组织都建立自己的合唱团和音乐机构。

法国文艺组织多如牛毛，音乐方面更是不计其数。2000年法国文化部曾在各地区推行振兴校园文艺教育的"五年计划"，建立的"文艺计划班"多达2.5万个。显然，文艺教育并非希拉克所说的"不足"。如今还要再加强，法国人对音乐艺术的喜爱由此可见一斑。

法国艺术院校遍布全国。除了艺术院校，各地的音乐培训也相当丰富。很多省、市立音乐学院还针对孩子推出详细的教学计划。课程难度和时间长短都按孩子的不同年龄做不同的安排，而且基本上是免费授课。法国文化部官员还提出把音乐教育当"国策"，"让所有孩子都唱起来"的口号。

除了艺术院校，"再抛计划"还涉及各种文艺组织和艺术机构。担任教学的除了老师，还有青年艺术家等，通过培训和考核上岗到中小学去任教。法国对这些艺术教育的总投入预算达到1.4亿欧元。

——摘自《环球时报》2005年2月7日。

第四节　教育方式的和谐

从教育方式的角度来看，和谐教育是指教学、阅读、体验、交往、活动等多种教育方式的有机结合。在理性主义教育模式下，课堂教学占据着绝对主导的地位，其他教育方式大多成为一种点缀，这显然是不合理的。学生不能只是接受一种教育方式，即使是一种好的教育方式，如果没有其他教育方式的配合，久而久之也会使人难以忍受。只有在学校里充满生机的多方面的精神生活的情况下，学习生活才能变成一种自觉

> 当代教育新理念

自愿、引人入胜的活动。因此,教育方式应当有变化,应当追求多样化。鉴于课堂教学在各种教育方式中已经占据着主要的地位,而其他教育方式尚未引起足够的重视,因此这里主要探讨阅读、体验、交往、活动等教育方式。

一 阅读

阅读既是一种学习方式,也是一种重要的生活方式,是人格发展的基本手段。没有阅读,就谈不上精神的充实和人性的丰富。新的印象、新的见解、新的观念或者新的体验都可以通过阅读而获得。人们由于受时间、精力、能力、财力及其他条件的限制,不可能什么事情都亲身去接触和了解,因而有必要从书籍中获得我们所不能亲历的东西。每个人都需要阅读这种扩展生活范围的方式,每个有阅读能力的人都能够以此来充实自己的生活和完善自己的人格。

对于学生来说,阅读的对象不能只是限于教科书,教科书至多只是阅读内容的一个范例。除了教科书以外,还应当有更广阔的阅读范围,应当有充分的课外阅读。课外阅读本来是一种非常重要的学习形式,它对于学生的发展发挥着重要的影响作用。如果没有课外阅读,学生的精神世界将会变得狭窄和贫乏。就像苏霍姆林斯基所说的:一个人很可能以优异的成绩从中学毕业,但是却完全不懂得什么是智力生活,完全没有体验过阅读和思考这种人类的巨大的喜悦。在他看来,如果学生一步也不越出教科书的框框,那就无从培养起他对知识的稳定的兴趣。他还以充满辩证法的口吻说道:"如果少年学生除了教科书以外什么都不阅读,那他就连教科书也读不好。如果学生其他的书读得较多,那么他不仅能够学好正课,而且会剩下时间,去满足他在其他方面(创造性的智力活动、锻炼身体、参加劳动、审美活动)的兴趣。"[①] 有鉴于此,苏霍姆林斯基在他领导的帕夫雷什中学总是力求使每一个青少年都找到适合

---

① [苏]苏霍姆林斯基:《给教师的建议》,杜殿坤编译,教育科学出版社1984年版,第149页。

他自己特点的书,这样的书应当在他们的心灵里留下终生不可磨灭的痕迹。据苏霍姆林斯基介绍,在帕夫雷什中学,学生的藏书都很丰富,每一个学生到小学毕业时拥有200~250本个人藏书,个别学生有400~500本书。①

我国的语文课程标准为中小学生课外阅读规定了底线要求:小学阶段,学生课外阅读文字总量不少于145万字;初中阶段,不少于260万字;高中阶段,不少于150万字。但诸多调查显示,我国中小学生的课外阅读严重不足。

2007年4月天津市教育科学研究院公布了一项对天津市14135名中小学生阅读状况的调查结果。结果显示,中小学生课外阅读量普遍不足,仅有30.5%的中小学生喜欢课外阅读;课外书"魅力"不敌看电视;年级越高课外阅读量越少;课外阅读重读图轻读文;阅读"大部头"作品感到吃力等。中小学生表示自己阅读量很充分的占29.8%,明确表示自己阅读量不充分的占32%,说不清楚的有38.2%。这表明,有近七成中小学生对自己每年课外阅读数量的评价是不满意的。

2009年3月,上海教育报刊总社、少年报社和复旦大学新闻系联合开展了针对上海市中小学生课外阅读的调查,调查的中小学生共1679名。调查结果显示:不到5成的小学生和初中生在完成作业后还能阅读课外书,只有四成小学生父母和两成初中生父母会在课外指导孩子阅读,电视是孩子选择最多的媒介。②

为了了解初中生课外阅读的状况,上海师范大学教育学院"基于语料库的基础教育教材语言资源建设与应用"课题组于2009年对大陆地区初中生课外阅读组织了一次调查。该次调查共涉及全国25个省市自治区66所学校的近10000名初中生。调查结果显示:初中生课外的阅读时间每周在1小时以内的有2196人次;每周在2小时以内的有3356人次;

---

① [苏]苏霍姆林斯基:《给教师的建议》,杜殿坤编译,教育科学出版社1984年版,第523页。

② 《上海过半中小学生不看课外书》,网易新闻,2009年4月12日。

每周超过2小时的有2986人次。62%的初中生每天的阅读时间在20分钟以内,如果这个阅读时间还包括浏览网页、看电视的时间,可以说现在的初中生基本上没有课外阅读。①

中小学生缺乏课外阅读的后果将是严重的。长此以往,学生将会知识越来越贫乏,头脑越来越简单,思想越来越肤浅,并足以导致一代人的素质的下降。课外阅读的内容,从功利的角度来看,是所谓的闲书或"无用的书"。其实,读"有用的书"即教科书和专业书固然有其用途(有助于应付升学考试或获得立足于社会的职业技能),但是读"无用的书"并非真的无用,那恰恰是一个人精神生长、人格发展所不可缺少的领域。

阅读与思考8-6　林语堂谈读书

读书是文明生活中人所共认的一种乐趣,……我们如把一生爱读书的人和一生不知读书的人比较一下,便能了解这一点。凡是没有读书癖好的人,……简直是等于幽囚在周遭的环境里边。他的一生完全落于日常例行公事的圈禁中。他只有和少数几个朋友或熟人接触谈天的机会,他只能看见眼前的景物,他没有逃出这所牢狱的法子。但在他拿起一本书时,他已立刻走进了一个世界。如若所拿的又是一部好书,则他便已得到了一个和一位最善谈者接触的机会。这位善谈者引领他走进另外一个国界,或另外一个时代,或向他倾吐自己胸中的不平,或和他讨论一个他从来不知道的生活问题。

——林语堂:《生活的艺术》,华艺出版社2001年版,第349—350页。

阅读与思考8-7　给精英文化留下位置

去德国旅游,我们路经一个加油站,看到里面的便利店设置有摆放书籍出售的一小块地方。我好奇地翻开过几本,发现有一本书的扉页里,有一个男人叼着古董长烟斗的照片,正是号称"德国知识分子良心"的

---

① www.zhyww.cn/teacher/200912/27930.html. 2009-12-9.

君特·格拉斯。导游如此解释:"德国人在任何地方都会给精英文化留下一角的。"

不久前,诗人杨克先生谈到了他在2008年8月曾应一个电视台的邀请,和一大帮人去德国自驾了4500公里,走进过无数的高速公路加油站的便利店:除了食品、杂志,还必定有一小块地方是卖书的。那些书,很多都是严肃文学类的书,以小说类居多,而且还有很多还是获诺贝尔文学奖的作品。

"德国人在任何地方都会给精英文化留下一角的。"——我又再次想起了导游说的这句话。虽然只是一个个加油站里的小小便利店,但是却让我们以小窥大,看到了一个民族、一个国家对精英文化的尊重与热爱。

——引自《报刊文摘》2009年5月13日。

阅读与思考8-8 犹太人酷爱读书

犹太人是最聪明的民族之一。有资料显示,从1901年到2005年,占世界人口0.3%的犹太人竟然获得了20%的诺贝尔奖,成就惊人。

研究发现,酷爱读书是犹太人成功的重要原因。在以色列这个只有700多万人口的国家,有借书证的人高达100万,人均阅读量常年位居世界前列。

据说,在许多犹太人家里,当小孩稍微懂事时,大人就会翻开一本书,涂一点蜂蜜在上面,叫小孩子去舔,其用意不言而喻:读书是甜蜜的。

阅读与思考8-9 打伞读书的日本人

不久前穿过日本东京银座的人行道时,笔者看到一位60多岁的老人右手打着雨伞,左手捧着书看。由于他非常独特,笔者留意观察着他,然而在信号灯变换之前,他都没有将视线移开书籍。

环顾四周,到处都能发现日本人对书的喜爱。在日本,如果乘坐地铁的话,会发现几乎三人中就有一人正在看书。虽然有人将书打开却在打盹,但是也可以感受到想要读书的热情。

日本人的爱书之情是培育出川端康成和大江健一郎两位诺贝尔文学奖获得者的基础。村上春树的新作出版仅十天就售出了 100 万册。

笔者在日本深切地体会到,虽然也需要作家的发奋,但是国民的读书热也是成为知识先进国的基础。

——[韩]金东镐文,转摘自《报刊文摘》2009 年 6 月 26 日。

二 体验

体验是主体亲历对象并引起相应的心理变化的活动。亲历是体验的本质特征,这里所说的亲历既包括一般所说的实际的亲身经历(如生活体验、劳动体验或角色扮演等),也包括在心理上虚拟地经历,即亲"心"经历(如移情性理解、回顾与反思等)。① 体验是一种综合性的心理反应,是知情意的统一活动。其中情感在体验中发挥着重要的作用,情感的需要与满足成为体验的最直接的动力和最深层的源泉。"登山则情满于山,观海则意溢于海",② 真正的体验必然包含着情感上的追求与变化。通过体验,人的一切外在现实主体化、内在化,成为人内心生活的有机成分。教育应当充分重视学生的体验,使受教育者作为一个活生生的人去体验,体验自然、体验社会与人生、体验艺术。

1. 自然体验

大自然是人类赖以生存的环境,也是不可替代的体验对象。每当儿童身处大自然那无与伦比的美景中,他们都会表现出极大的喜悦,发出由衷的赞叹,陶醉其中而流连忘返。卢梭在《爱弥儿》一书中以生动的笔调阐发了自然体验的意义。他说:"自然的景色的生命,是存在于人的心中的,要理解它,就需要对它有所感受。孩子看到了各种景物,但是他不能看出联系那些景物的关系,他不能理解它们优美的谐和。要能感

---

① 参阅李英《体验:一种教育学的话语——初探教育学的体验范畴》,《教育理论与实践》2001 年第 12 期。

② 刘勰:《文心雕龙·神思》。

受所有这些感觉综合起来的印象,就需要有一种他迄今还没有取得的经验,就需要有一些他迄今还没有感受过的情感。如果他从来没有在干燥的原野上跑过,如果他的脚没有被灼热的沙砾烫过,如果他从来没有受过太阳照射的岩石所反射的闷人的热气,他怎能领略那美丽的早晨的清新空气呢?花儿的香、叶儿的美、露珠的湿润,在草地上软绵绵地行走,所有这些,怎能使他的感官感到畅快呢?……如果他的想象力还不能给他描绘那一天的欢乐,他又怎能带着欢乐的心情去观看那极其美丽的一天的诞生呢?最后,如果他不知道是谁的手给自然加上了这样的装饰,他又怎能欣赏自然的情景的美呢?"①

阅读与思考 8-10　学校绿地变身记

　　学校占地 30 亩,有 3 个小花园,可是学生似乎对这些小花儿、草地并不是很感兴趣。一次带女儿外出,发现她对果园的喜欢远远超过了花园,我突然意识到:儿童的天性使他们更喜欢可以动手参与、亲身体验的互动环境,而草地对他们来说仅仅是一种摆设,一个没有新奇感的物品而已,我们不是见过孩子在一堆沙子边上玩上一整天也不亦乐乎的场景吗?学校的绿地也是一门课程,为什么不让学校的绿地和孩子们互动起来,让他们参与、亲身体验,让他们在与植物对话的过程中感受自然的变化、科学的奥秘、学校的可爱呢?于是我们开始了学校绿地的变身行动。

　　变身行动一:绿地变成果园

　　我们开始动手在一块 600 平方米的草地上种植各种果树,有橘子、柿子、杨梅、黄花梨、樱桃、酸橙、枇杷、金柑、水蜜桃等几十种。五月初,樱桃红透了;六月初杨梅和枇杷成熟了;七月,桃子可以采摘了;八月,黄花梨丰收了;十月,金色的橘子压弯了枝条;十一月,火红的柿子挂满枝头。喜欢往果园跑的孩子越来越多,他们细细地观察,欣喜地等待;他们第一次看到枇杷原来是在冬天开花的,橘子小的时候原来

---

　　① [法]卢梭:《爱弥儿》,李平沤译,商务印书馆 1978 年版,第 218 页。

当代教育新理念

是绿色的,挂在树上的柿子是硬硬的,樱桃从开花到收获仅仅只需要一个半月。学校每月评选一次"校园文明小使者",当选者得到的奖励是:到果园里采摘一个水果。对孩子来说,这是最值得期待的奖励,最让他欣喜若狂的奖励!

今年我们又对果园进行了改建,增加了休闲长廊,栽下葡萄和猕猴桃等藤蔓类水果,学生可以在葡萄架下看书、玩耍。我们在果园里新建了一个"谢师亭"和一个"听雨轩",鹅卵石铺成的小道在果园中穿行,孩子们亲身经历水果的成长过程,教师在果树丛中和孩子们开展综合实践活动,甚至连很多幼儿家长都慕名而来,希望能够带孩子经常参观学校的果园。

变身行动二:花园变成菜园

果园提供给孩子更多的是观察和欣喜,但是从动手参与的角度来说还是不够的。怎么办?一个花园变成了果园,总不能把另外的两个花园变成果园吧,每一种植物都有它的价值呀!有了!我们用木栅栏在每个花园外面围了一个长100米、宽50米的花坛,每个班级认领一块菜地,种上青菜、番茄、黄瓜、茄子、芹菜等蔬菜,也可以栽种西瓜、甜瓜等水果,学校另外在花园里辟了一个角落,栽种科学课需要的桑叶和凤仙花,满足学生探究的需求。小小的一个菜园,激起了学生无限的兴趣,连班主任老师也高兴不已。他们说,终于有一块空间,可以让他们动手,看到植物生长的过程,品尝到自己和孩子们辛勤劳动后收获的甜蜜果实了。

变身行动三:绿化从外包到自己养护

我们学校参与接待任务较多,学校的绿化要求较高,为此学校把绿化承包给了一家专业公司,一年四季提供各种盆景和花卉。几年下来,钱花下去了不少,可是却没有一盆花是属于我们自己的,既然孩子们喜欢动手参与,何不把原来承包给公司的绿化自己进行养护呢?在总务主任的倡议下,学校成立了一个园艺养护社团,招收了32名小花工,他们利用每天的社团活动时间给花儿浇水、施肥、修枝、整叶、换盆,学校还专门为这个社团新建了一个 50 平方米的阳光房，作为他们的活动基地。每个班级也开始自己栽种花卉，聘请园艺社团的孩子担任技术指导，遇到花卉"病危时"可以送到"阳光花卉住院部"进行治疗。在他们的努力下，学校的花卉由原来的一无所有到现在的 2000 多盆。懂得花卉养护和喜爱花卉的孩子越来越多，每个班级绿意盎然，孩子们把对花卉的喜爱延伸到了小动物，每个班级都养殖了各种小动物，有小鱼儿、泥鳅、小蜗牛、蚕宝宝等，下课时经常可以看到孩子们围在这些小动物旁边仔细地观察、开心地讨论。

我们把绿地作为一门探究性课程来开发，不在乎绿地是否美观，在乎的是学生在这样的平台上是否真情投入、探索参与。在实践中，孩子与大自然零距离接触，不仅收获了成功的喜悦，更是亲身经历了动植物生长过程的细微变化，学校的一景一物都与他有对话、有交流，他们在与动植物对话的过程中感受自然的变化、科学的奥秘、学校的可爱，他们的心灵会更加健康、更加阳光，更富有感任感。（注：本文所说的学校是浙江省宁波市北仑区蔚斗小学，作者系该校校长）

——摘自《中国教育报》2011 年 3 月 29 日。

2. 社会与人生体验

教育与生活无疑应当保持恰当的距离。与生活没有距离或者距离太小的教育，就只能是生活本身，而不是教育，至少不是真正意义上的教育。学校教育从日常生活中分离出来，既是教育进步的表现，又是个体成长和发展的必需条件。但是，教育与生活的距离又不能太大。教育的目的归根到底是为了生活。如果教育与生活的距离过大，学生不接触生活、不感受生活、不体验生活，就不可能了解和认识生活，从而也就难以适应生活，更谈不上创造生活。

《教育——财富蕴藏其中》一书提出的"教育的四个支柱"（即"学会认知、学会做事、学会共处、学会生存"）的观点，其中后三个支柱实际上讲的都是教育与生活的联系。该书对教育脱离生活的弊端提出了

📝 当代教育新理念

批评，认为在一般情况下，正规教育仅仅是或主要是针对认知，较少针对学会做事。所以它要求"在任何一种有组织的教育中，这四种'知识支柱'中的每一种应得到同等重视，使教育成为受教育者个人和社会成员在认识和实践方面的一种全面的、终生持续不断的经历。"[①] 书本知识的重要性当然不容怀疑，它是青少年儿童成长和发展所必不可少的营养。但是我们没有理由将它提到独尊的地位，甚至也不一定要让它占据绝对主导的地位。脱离生活体验的教育造成的一个后果是学生采取机械记忆的方式来巩固所学知识。通过这样的学习，学生可能获得了一些知识和技能，但这些知识和技能有不少是僵死的、没有价值的，在很多情况下并没有对学生产生真正的影响。书本知识在教育中的地位过高，占的分量过大，应当适当降低和减少，将空出的位置让出来给学生去体验和积累生活经验。

至于学生体验生活的方式，则视具体情况而定，可以有多种选择。从大的方面看，可以考虑采取"引进来"和"走出去"这两种思路。"引进来"，即有目的、有计划地向学生介绍和分析现实的社会生活；各科教学要加强与生活的联系；减少静坐在教室中听讲和书面练习的时间，增加在实践中学习的机会。教育与生活联系的方式是多种多样的，其中有一种常见的做法，就是请人到学校为学生做报告，向学生介绍和分析社会生活。这本来是一种使学生了解和认识社会生活的有效方法，但是如果操作不当，就有可能将学生带入误区。黄全愈在《家庭教育在美国》一书中比较了中国和美国在这个问题上的不同做法，值得我们反思。他说中国学校请人做报告，大多是请名人，如博士、教授、作家、院士、"十佳"、"十杰"等等；而美国学校请人做报告，三教九流，社会各界均在邀请之列，医生、护士、警察、救火队员、拍卖师、车行销售员、律师、邮递员，等等。中国学校请人做报告的目的是树立榜样，让学生学习和模仿。也就是说，告诉学生什么是"成功"，应该怎样去追求

---

① 国际21世纪教育委员会：《教育——财富蕴藏其中》，联合国教科文组织总部中文科译，教育科学出版社1996年版，第76页。

"成功"。而美国学校请人做报告的目的是让学生了解社会，了解社会百业，了解社会百业的人是怎样在自己的岗位"成功"的。作者曾经问美国学校的教师，为什么请社会上的三教九流来做报告。他们说：将来学生面对的社会，是三教九流组成的社会，而不是仅仅由社会名流组成的社会。美国学校的做法值得我们借鉴。我们学校"引进"的社会生活也应当尽量做到全面一些、真实一些，使学生对社会生活有一个比较完整的认识。所谓"走出去"，即学校与社会各界、各方面合作，努力创造条件、提供机会，让学生走出校门去参观和参与社会生活，使学生接触、感受和体验真实的社会生活。这样做的目的既是为了使学生了解当前的社会生活，也是为了使他们更好地适应将来的社会生活，并且为创造未来的美好生活而作出自己的贡献。俗话说"温室里长不出参天树，花盆中栽不出万年松"。同样的道理，狭隘而封闭的书斋环境以及单一而纯粹的书本知识也培养不出健全的人格。要想使人格得到丰富和充实，就既需接受知识的浸润，也要领受生活的洗礼。人生既有甜酸苦辣，也有悲欢离合，因此在人生体验中就既有享受甘露的愉悦，也会有吞咽苦酒的无奈。这些体验都属于正常人生的一部分，而且是必要的部分。

阅读与思考8-11 *人生的链锁*

一座泥像看着过往的人们十分羡慕，于是他向佛陀请求："请让我变成人吧！"

"你要想变成人可以，但你必须先跟我试走一下人生之路。假如你承受不了人生的痛苦，我马上就把你还原。"佛陀说完，手臂一挥，泥像真的变成了一个青年。

于是，青年跟随佛陀来到悬崖边。只见两座悬崖遥遥相对，此崖为"生"，彼崖为"死"，中间由一条长长的铁索桥连接着。这座铁索桥由一个个大小不一的铁环串联而成。

"现在，请你从此崖走向彼崖吧！"

青年战战兢兢地踩着一个个大小不同的链环的边缘前行。然而，一不小心，他便跌进了一个铁环之中，两腿顿时失去了支撑，胸口被卡得紧紧的，几乎透不过气来。青年大声呼救："救命啊！"

"请君自救吧。在这条路上，能够救你的只有你自己。"佛陀在前方微笑着说。

青年扭动身躯，拼死挣扎，好不容易才从铁环中解脱出来。"你是什么环，为何卡得我如此痛苦？"青年愤然道。

"我是名利之环。"脚下的链环答道。

青年继续朝前走。忽然，一个绝色美女朝青年嫣然一笑，青年飘然走神，脚下一滑，又跌入一个环中。青年惊恐地再次呼救："救……救我啊！"

这时佛陀再次在前方出现，说道："在这条路上，没有人可以救你，只有你自救。"

青年拼尽全力，总算从这个环中挣扎了出来，然而他已累得筋疲力尽，便坐在两个链环间边休息边想："刚才是什么环呢？"

"我是美色之环。"脚下的链环答道。

接下来，青年又掉进了贪欲的链环、妒忌的链环、仇恨的链环……等他从这些痛苦之环中挣扎出来时，已经没有勇气再走下去了。

于是，佛陀就对他说："人生虽然有许多的痛苦，但也有战胜痛苦后的轻松和欢乐，你真的愿意放弃人生吗？"佛陀问道。

"人生之路痛苦太多，欢乐和愉快太短暂了，我决定放弃人生，还是做我的泥像吧！"青年毫不犹豫地说。

佛陀长袖一挥，青年又还原为一尊泥像。然而不久，泥像便被一场大雨冲成了烂泥。

——毛姆文，转引自《教育文摘周报》2011年3月30日。

阅读与思考 8-12 把苦难"长"进生命里

邻居家的房前有两棵树。为了方便晾晒衣服，邻居在两棵树间挂了一根铁丝，铁丝的两端分别在两棵树的树干上各箍了一圈。

随着树干的长粗，铁圈越箍越紧，慢慢地勒进了树里。再后来，铁圈越勒越深，树干被勒出了一圈深深的伤痕。到最后，铁圈竟完全长进了树里，看不见一点铁圈的痕迹，只是在树干的表皮留下了一圈淡淡的疤痕。那时，每次我看到这两棵树，我就担心它们会不会被铁圈勒死。可一直到现在，这两棵树不但没有被勒死，反而越长越高大，越长越枝繁叶茂。

随着我年龄的增大，随着我对生命和苦难理解的加深，我似乎明白了其中的一些道理。对于这两棵树来说，当它们无法摆脱铁圈时，它们就用生命去包容铁圈，把铁圈变成自己生命的一部分。

当我们无法回避苦难时，去学会像这两棵树那样，去正视苦难，去用生命包容苦难，把苦难"长"进生命里，把苦难看做生命的一部分，这不仅有利于我们生命的成长，而且还会让我们一路走向坚强。

——引自《今日文摘》2011年第16期。

阅读与思考 8-13　儿童也要体验人生

澳大利亚一名心理学家指出，澳大利亚大多数家长陷入"幸福陷阱"，即过分在意孩子是否快乐。父母想方设法满足孩子的要求，旨在让他们始终快乐。

这位心理学家认为，过分强调让孩子始终生活在快乐中，孩子就无法在成长过程中感知悲伤、沮丧、痛苦和焦虑，这对他们心智的健康成长十分不利。要让孩子体会到，生活中不仅仅有快乐，还有悲伤、苦恼和不如意。只有让他们切身体会这些，他们在成长过程中才能学会如何面对生活中快乐以外的东西。

——戴军文，摘自《光明日报》2004年10月18日。

阅读与思考 8-14　"别把那种教育带到以色列"

日子像往常一样一天天过去，3个孩子依然围绕暖洋洋的火炉旁等着我做饭。直到有一天，隔壁邻居大婶来家里串门，看到我手忙脚乱地做好饭，一碗一碗给孩子们盛好，摆在饭桌上。她实在看不惯了，心直

> 当代教育新理念

口快地说："孩子们，你们已经是大孩子了，怎么能像客人一样看着你妈妈忙活，也不伸把手帮帮妈妈呢？怎么能一动不动地等着妈妈来伺候你们呢？"

然后她转过头训斥我："不要把那种不科学的母爱带到以色列来，别以为生了孩子你就是母亲。天下父母没有不爱孩子的，但是，爱孩子要有分寸、有原则、有方法。"

邻居的话很伤人，3个孩子都很难受。我安慰孩子们说："没事的，别往心里去，妈妈能撑住，妈妈喜欢照顾你们，一点也不累，你们还小，你们好好学习、好好努力就是最听话的孩子了。"

邻居犹太大婶看不下去我包办孩子的一切，无微不至地伺候已经超过14岁的孩子。这也难怪，到了以色列后我才发现，以色列家庭的孩子都无不例外地参与家务劳动，而且越是富裕家庭的孩子越被父母推出家门体验生活。在以色列，没有中国人"富不过三代"这句老话。在以色列人看来，富可以富三代，关键看父母对孩子施加什么样的教育。

犹太大婶不留情面地跟我说："沙拉，你这样不是爱孩子，是在害孩子。你怕孩子干家务活耽误时间影响学习，宁肯自己咬牙将全部家务活都承担下来。可你必须让孩子们认识到，他们是家庭的一员，他们对家人也应该负有责任。他们应该在力所能及的范围内，分担大人的负担。这样，就绝对不会影响孩子的学习。当孩子找到价值感、尊严感时，他会主动学习，效率会更高。而一个无责任感、无价值感的孩子，尽管坐在书桌旁，却可以心猿意马地不做关于学习的事情。"

犹太人是个非常尊重知识的民族，即使是没有受过高等教育的人，也会读很多书。邻居大婶虽然不是博士、教授，但是她说的这番话让我醍醐灌顶，至今仍回味无穷。

犹太人在让孩子学习知识之前，都会让孩子获得一些做事情的基本能力。在犹太人看来，一个连饭都不会做的人是没有资格做学问的。

身处以色列，耳濡目染系统的犹太家庭教育，邻居犹太大婶不留情面的批评，都促使我思考：我过去的爱子方式是不是感情用事、不科学，有落后之处？这会贻误孩子的未来吗？我是不是应该重新去建立母亲的价值，重新去思考自己满腔的母爱？这些思考像一根根火柴，点醒我、擦亮我，促使我去比较中国母亲的爱与以色列母亲的爱的不同，它们又有什么相似，这些异同会对下一代的成长产生什么样的影响。

——摘自《中国教育报》2011年3月3日。

阅读与思考8-15　"神童"退学的启示

1983年出生的魏永康两岁就认识1000多个汉字，4岁掌握初中文化，8岁上县重点中学，13岁以高分考上重点大学，17岁考上中国科学院的硕博连读。19岁时，因生活自理能力太差，知识结构不适应中科院的研究模式而被退学。魏永康的这段人生历程令人深思。

"神童"虽具有超越同龄儿童的智力，但他首先是"儿童"，同样需要遵循成长成才的基本规律。在成长过程中，他们同样需要在与外界的社会交往中汲取养分。而在魏永康的成长过程中，他的童年生活被人为地割裂了。除了学习，还是学习，没有伙伴，没有课外书，也没有玩具。人生道路上那些美丽的、欢乐的、悲伤的、复杂的、坎坷的际遇，统统与他无缘，而这些正是孩子健康成长所不可缺少的社会土壤。

——摘自《光明日报》2005年6月17日。

阅读与思考8-16　在体验中塑造人格

每月第一周的周五，武汉市义烈巷小学的校园就特别热闹：与平日不同的是，这天讲台上站立的都是不满12岁的娃娃，听课的"学生"当中却坐着他们的老师；操场上，吹哨子指挥大家活动的不是往日里身材魁梧的体育老师，而是不起眼的"小个子兵"，体育老师却站在了起跑线上，紧张地等候着与同学们赛跑的哨声……实验室、美术室等活动室一一如是。孩子们今天特别兴奋，学校里开展"我和老师角色互换"的活动，每到这一天，三到六年级的老师和学生互相交换角色，当天的课程全部由学生教授完成，老师则成为大"学生"，必须做操和写作业。

学生很喜欢角色互换的活动，因为这样可以实现自己站在讲台上的

> 当代教育新理念

梦想：俯视全班，像老师那样作出每一个掷地有声的决定。但是每次学生上完课、批改完作业后，他们的共同反应是："真累！"平时，他们在学习过程中从没想过当老师原来这么复杂、繁忙。一位学生说："我今天只上了一节课、批改了一次数学作业就感到头昏眼花，更别提老师一天要上好几节课、一年要改多少作业本了！"现在，他们懂得了老师之所以受到人们的尊重，是因为他们在学生成长的过程中付出了许多艰辛的劳动！活动是互动的，也是双向的，作为临时学生，老师们从学生的角度看到了自己的影子，直接感受到了现代学生对课堂、对教育的需求，这种互动平等的活动，也让老师找到了自己下一步改进工作的切入点。

在这种师生平等、生生平等的角色模拟体验互动活动中，学生受到健康人格的教育。他们和老师的关系更融洽了；在伙伴中间，他们能更好地团结协作。他们学会了在生活中不只是从自己的角度，而是同时站在别人的立场上思考问题，学会了理解、体谅、尊重、关爱他人，这对孩子一生的发展将大有裨益。

——程墨文，摘自《中国教育报》2004年11月19日。

3. 艺术体验

艺术体验是指人对艺术进行审美鉴赏时所产生的感动或陶醉的心理过程。艺术体验跟自然体验及人生与社会体验一样，都是观照和感受生命价值的活动。通过艺术鉴赏，人们获得了对人生价值的感悟与精神的自由，人的生命意识因此而得到强化和优化。主体对优美、和谐艺术的体验，能激发他对人生的热爱与对自由的向往，培养乐观豁达的人格特征；而对雄壮、粗犷艺术的体验，则能唤起主体的力量和勇气，推动主体对崇高事物的追求，培养积极进取的坚毅品格。

遗憾的是，艺术教育在学校教育中一直处于被忽视的境地。不但课时在整个课程计划中少得可怜，而且在实际执行中往往形同虚设。这与科学知识教育的情况形成了强烈的反差，这是极端错误的做法。轻视艺术的教育是片面的教育，而没有艺术体验的人生则是有缺陷的人生。这种人生由于失去了一种重要的精神寄托和慰藉，因而出现各种不良表现。蔡元培对此有过深刻的揭示。他在《美术与科学》一文中说："常常看见专治科学，不兼涉美术的人，难免有萧索无聊的状态。无聊不过，于生存上强迫的职务以外，俗的是借低劣的娱乐作消遣；高的是渐渐的成了厌世的神经病。因为专治科学，太偏于概念，太偏于分析，太偏于机械的作用了。……抱了这种机械的人生观与世界观，不但对于自己竟无生趣，对于社会毫无爱情；就是对于所治的科学，也不过'依样画葫芦'，决没有创造的精神。"他认为，为了防止这种流弊"就要求知识以外兼养感情，就是治科学以外，兼治美术。有了美术的兴趣，不但觉得人生很有意义，很有价值；就是治科学的时候，也一定添了勇敢活泼的精神。"① 蔡元培的意见在今天看来仍然具有现实意义，值得我们认真研究和吸取。

从现实情况看，在艺术教育方面除了不被重视以外，还存在一个普遍的问题，这就是轻视艺术欣赏与体验。中小学的艺术教育一般包括三个方面的内容，即艺术知识与技能、艺术表现及艺术欣赏。但是在艺术教育中大多只注重知识技能的教学，或把音乐和美术分别等同于唱歌和画画等"表现"活动，相比之下，艺术欣赏和体验则是我国中小学艺术教育实践中普遍存在的薄弱环节。② 德国哲学家倭铿（Rudolf Eucken，又译鲁道夫·奥伊肯）深刻地指出："艺术可能降低为仅仅是形式的娴熟，仅是高超技巧的迷人的显示，这高超技巧后面没有完整的人，它也不会对完整的人产生影响。"③ 因此，关于艺术教育，除了要提升它在整个教育中的地位以外，从艺术教育自身来看也要提高艺术欣赏与体验在整个艺术教育中的地位。

自然体验、社会与人生体验、艺术体验三者并不是完全隔绝的，而

---

① 文艺美学丛书编辑委员会编：《蔡元培美学文选》，北京大学出版社1983年版，第137页。
② 参阅郭声健《艺术教育论》，上海教育出版社1999年版，第103页。
③ 见刘小枫主编《人类困境中的审美精神——哲人、诗人论美文选》，东方出版中心1994年版，第182页。

> 当代教育新理念

是相互联系和渗透的。在对自然和艺术的体验中包含着对社会与人生的认识和感悟,对社会与人生的体验也要依赖对自然和艺术的观照和省察。

三 交往

在汉语语境中,交往指的是人与人之间的互相来往。在英语中相应的是 Communication 或 Intercourse,前者有沟通、传达之意,后者有交流、交往之意。因此,交往的具体内涵是指人们在社会人际关系中通过语言、表情和其他手段,与他人、群体所发生的各种接触、往来、联系、沟通和交流。交往一般可以分为直接交往和间接交往两种形式。直接交往的特点是面对面的接触,即运用语言、体态、动作、表情等交往手段传递信息,实现互相影响;间接交往则要借助于书面语言、大众传播媒介等交往手段传递信息,发生心理接触,实现互相影响。在教育过程中,也存在直接交往和间接交往这两种交往形式。我们这里所讲的教育中的交往主要是指直接交往。

人是社会性的存在物,是人与人的关系的产物,离群状态下不存在真正意义上的"人",人的每一种本质特征,都来源于人类的群集生活。交往可以说是人性的一种本质特征,人天生需要彼此间进行沟通与交流。交往是个体的重要生活方式,也是其人格发展的必要条件。马克思和恩格斯在《德意志意识形态》中写道:"一个人的发展取决于和他直接或间接进行交往的其他一切人的发展"。[①] 苏联学者阿法纳西耶夫也指出:"人同世界的关系始终是以他同其他人的关系为中介的(在历史'舞台'上已经消失的和正在继续进行'表演'的人)。当然,人同他周围世界的关系越丰富,他的内心世界就越丰富,他的生命表现就越复杂和越多样。"[②]

---

① [德] 马克思、恩格斯:《德意志意识形态》(节选本),人民出版社 2003 年版,第 99 页。
② [苏] 阿法纳西耶夫:《作为整体系统的人》,见瞿葆奎主编《教育学文集·教育与人的发展》,人民教育出版社 1989 年版,第 92 页。

交往对个体人格的发展具有重要的价值。只有在交往的过程中，人们理性的、情感的和意志的相互影响和相互作用才能得以实现，思想、情绪和行为才能达到相互理解。学生的社会化及自我个性的形成同样要依赖交往。在教育过程中，师生之间、学生之间，通过各种不同形式的交往来相互沟通，对学生的认识、情感、意志或行为等产生影响。教育不仅需要交往，而且要尽可能地扩大交往的范围。当然，作为学生，学校是他们交往的最主要的发生地。因此，这里关注的主要是学生在学校中的交往问题。学生在学校中的交往对于他们的成长和发展来说，具有非常重要的意义。只有参与学校各领域、各层次的交往，同尽可能多的其他的个人或群体进行交往，他才能摆脱个体的狭隘性、局限性，因为"个人的全面性不是想象的或设想的全面性，而是他的现实联系和观念联系的全面性。"[①] 对于学生来说，这种全面性主要是指他与教师、同学等的关系的全面性。生师关系和同学关系的全面性有赖于交往内容与形式的丰富而多样。

当前我们的学校生活从总体上看还比较单调，课堂教学占绝对主导地位，其他教学形式所占比重太小。这样一来，学生的交往就基本上局限在班级之内，交往的范围窄、交往的机会少，而且交往的内容也主要限于知识信息。其实即使在课堂教学中，交往也很不充分。有鉴于此，南京师范大学教育系研究人员作过相关研究，他们对中学课堂教学进行了如下改革：（1）建立新的课堂学习集体，即按照集体内部全员沟通、集体之间素质均等以及不同学生的课堂学习集体之间避免重复的原则，将全班学生分为由5至6人组成的若干课堂学习小组；（2）建构新的课堂教学空间形态，即适应于学生人际交往的需要，将传统的横竖成行的"秧田形"空间形态改为可随时让学生进行集体性学习活动的"马蹄组合形"空间形态；（3）建立新的课堂教学时间结构，即在一般情况下，每节课都安排一定时间让学生进行集体学习活动。通过实验，他们在中

[①] 《马克思恩格斯全集》第30卷，人民出版社1998年版，第541页。

学建立了一种新的集体性教学模式。这一模式包括以下四步操作程序：一是独立思考。旨在使学生产生对于集体学习活动本身的内心需要，建构对于学习主题的必要认知基础以及对于学习内容的个人见解。二是小组讨论。包括辩论式小组讨论和诊断式小组讨论。旨在通过组内交流，为所有学生提供更多的课堂参与机会；通过组内启发，将个人独立思考的成果转化为全组的共同认识成果；通过组内帮助，纠正教师无法一一纠正的错误；通过组内竞争，为学生创造更多的自我表现机会。同时培养学生参与、尊重、合作与表现等社会意识以及在群体活动中的表达、理解、评价、综合与协调等社会能力。三是组际交流。包括汇报式组际交流和互查式组际交流。旨在通过组际交流，为更多的学生创造"代表集体"的机会；通过组际启发，将小组的共同认识成果转化为全班的共同认识成果；通过组际互助，纠正小组的全局性错误，通过组际竞争，反过来促进小组讨论。同时培养学生的集体竞争意识、集体荣誉意识、大集体意识等社会意识以及"代表"能力、自制能力等社会能力。四是"集体性评价"。旨在强化学生的集体竞争意识、集体荣誉观念、自己努力学习并帮助他人学习的双重责任以及锻炼学生对于评价的心理承受能力。他们的实验结果表明，加强课堂教学中的学生人际交往，能有效地促进学生集体（无论是小组集体还是班集体）的形成与学生个性的发展。①

阅读与思考8-17　口头作文为何难倒一批中学生

在上海市"中文自修"杯第17届中学生作文竞赛的口语交际比赛上，由于"话说不好"即口语交际能力欠缺，有5名高中生和5名初中生原本到手的一等奖"飞"了，10人均遭落榜。

武昌区今年元月期末考试时在实行课改的三个年级中首次进行了口语交际的考核，分值10分，由主考官创设不同的情境让学生口头表述，结果丢分者很多。

---

① 参阅鲁洁主编《教育社会学》，人民教育出版社1990年版，第394—395页。

有人在分析"一些学生能写不能说"时认为，以前的考查多在纸上进行，学生答题时有较充裕的时间去思考、修改成文，写出来的答案会更加贴切、甚至完美。而口语表达却要求答题者在瞬间内完成，对学生的能力要求自然更高。

一位教师说，书面表达只是一个方面，与人交往更多地体现在语言的沟通上。课改中语文教学更加强调学生听说能力的训练，其核心是考查学生的思维能力、知识积累和心理素质，让学生学会说话、学会与人沟通、在交流中获取更多的信息，会说话的学生无疑会获得更大的发展。

——摘自《武汉晨报》2004年3月22日。

阅读与思考8-18 调查显示：七成以上中小学生害怕与老师进行交谈

中新网2004年1月2日讯：据《新闻晚报》报道，2003年底一项较大范围的调查显示，有七成以上的中小学生害怕与老师交往。由《知心姐姐》负责的这次调查涉及北京、上海等8个省市。在问到中小学生"你是否主动找老师说过话？"时，76%的学生表示很少、从来没有或想找但不敢主动找老师说话。

调查显示，32%的孩子觉得"和老师没有什么好说的"，而其余68%的学生是其他原因没与老师主动交流。这些原因包括"怕自己说的话使老师不高兴""老师太严肃""我觉得老师不喜欢我""怕同学们说我拍马屁"等等。

四　活动

什么是活动？活动是主体身心参与的主客体相互作用的过程，是主体积极能动地获得切身经验的过程。活动对于学生的人格发展具有重要的意义。学生只有在丰富多彩的活动中，才能建构起自己健全的人格。爱好活动是青少年儿童的天性。一位西方美学家曾经说过：儿童像原始人，而不像文明人，他主要是制作者，而不是旁观者。蒙台梭利甚至指出："儿童对活动的需要几乎比对食物的需要更为强烈。这在过去是没有

> 被认识到的,因为没有一个适当的活动场地让儿童表现他的需要。如果我们给他这个活动场地,我们将会看到,这些从来不能满足的使人苦恼的小孩现在转变成为愉快的工作者。出名的破坏者变成他们周围器物的最热心的保护者。一个行动和活动杂乱无章的吵闹喧嚷的孩子,转变成为一个精神宁静、非常有秩序的人了。"①

我们这里所说的活动,是指除书本知识学习以外的活动形式,尤其是指动手活动或全身活动。当然这只是就主要方面来说的,实际上任何活动都是动脑同时又动手的活动,不存在完全脱离动脑或完全脱离动手的活动。这里强调动手为主的活动,主要的原因在于现在的教育过于重视脑力活动,而轻视乃至忽视动手的活动。只有将动脑和动手这两种活动形式结合起来,才能使学生得到和谐的发展。现在学生普遍存在动手能力较弱的问题,这是教育长期只重视动脑活动而忽视动手活动的必然结果。

教育部于 2001 年 6 月印发的《基础教育课程改革纲要(试行)》中规定"从小学至高中设置综合实践活动并作为必修课程,其内容主要包括:信息技术教育、研究性学习、社区服务与社会实践以及劳动与技术教育。综合实践活动强调学生通过实践,增强探究和创新意识,学习科学研究的方法,发展综合运用知识的能力。"由此看来,在我国基础教育新课程体系中,"综合实践活动"课程是一门与各学科课程有着本质区别的新的课程,是我国基础教育课程体系的结构性突破。综合实践活动是基于学生的直接经验、密切联系学生自身生活和社会生活、体现对知识的综合运用的课程形态。它的主要特点是让学生动手操作,使学生手脑并用,亲身体验生活以获得直接经验。信息技术教育、研究性学习、社区服务与社会实践以及劳动与技术教育等四个方面是国家为了帮助学校更好地落实综合实践活动而特别指定的领域,而非综合实践活动内容的全部。除上述指定领域以外,综合实践活动还包括大量非指定的领域,

---

① [意]蒙台梭利:《儿童教育》,见王承绪、赵祥麟编译《西方现代教育论著选》,人民教育出版社 2001 年版,第 96 页。

如文娱体育活动、学生社团活动、读书演讲活动、旅游参观活动、游戏活动、竞赛活动等等。这里择其要者作简要的分析。

1. 劳动

自由自觉的劳动是人的类特性，从事自由自觉的劳动是人的最根本的需要。劳动需要的满足是人的本质力量的实现过程，它能客观地表现和确证人的本质力量和人的主体地位。因此，劳动的需要在一定意义上说，就是人表现体力和智力的需要。列宁说"劳动是健康的身体的需要。"① 在一定意义上，人的权利就是劳动的权利，人的自由就是劳动的自由。对于青少年儿童来说，学习是他们的主要任务，也是他们的主要劳动形式。如果全面理解他们的劳动内容，那么除了书本知识的学习这种脑力劳动以外，还应当有一定量的体力劳动。至于这种劳动的具体内容和方式则可以因地制宜，灵活多样，不必强求一律。当然，对于学生来说，他们的劳动属于教育性劳动，而不是生产性劳动。他们的劳动重在过程，而不是结果；重在精神收获，而不在物质效益。苏霍姆林斯基对此发表过深刻的见解。他说："我这里所指的不是这样的劳动教育，这种劳动教育在实践中往往是令人遗憾地，仅仅是定期地给每一个学生布置一定的劳动负担、劳动定额，而学生在完成这种定额以后很快就忘记了自己的劳动，并且还常常有这样的事：他很出力地劳动，只是为了尽快地摆脱它。我这里要说的是人在劳动中的精神生活，是劳动与精神世界的统一。要使学生热烈地爱上一种劳动，使他的心由于激动和自豪而快乐地战栗，使他在劳动中自己尊敬自己，使他由于珍爱自身的劳动而珍爱自己。"②

很明显，苏霍姆林斯基的劳动教育是指与学生的精神生活相联系的，是为了学生的全面成长而组织的活动。

---

① 《列宁选集》第 4 卷，人民出版社 1995 年版，第 130 页。
② ［苏］苏霍姆林斯基：《给教师的建议》，杜殿坤编译，教育科学出版社 1984 年版，第 474—475 页。

当代教育新理念

阅读与思考8-19　养牛盖房与功利教育

美国的幽泉学院坐落于一个峡谷里,整个校园就是一个自给自足的农场,学生在完成学业之余,要盖房子、种地、养牛、养鸡,供给平时的日常生活。不过,学生进校后享受的是全免费教育和生活。幽泉学院流传至今的校训:劳动,学术,自治。

"劳动,学术,自治"既是幽泉学院的校训,也可以看作是一种三合一的教育理念。学校不是简单贩卖知识的教育中介所,更要将劳动能力、公民意识放在教育本位,让学生成为健全人才。在这种独特而充满个性的办学思想的影响下,幽泉学院已然成为一道美国高等教育界的独特风景。

统计数据表明,在过去的10年里,幽泉学院16%的学生进入了哈佛大学,13%进入了芝加哥大学,7%进入了耶鲁大学。哥伦比亚大学、加州大学伯克利分校、斯坦福大学、牛津大学等名校,也有不少来自幽泉学院的优秀学生。

反观国内,无论是高等教育还是基础教育,劳动教育已大大萎缩。学生四体不勤五谷不分,生活能力极端低下。不要说养牛、养鸡、种地这样的活,甚至连下碗面条、洗双袜子这样的简单劳动也都要借父母之手。当过分注重分数、将劳动扔到一边时,注定就是一种教育失衡,孩子不懂得珍惜已有的,更不知体恤父母的艰辛,也缺乏面对困难时的坚韧。因为缺乏一定的公民教育、社会教育,学生常常面临无法融入社会的困境,进入社会后对什么事情都不积极,对公共事务漠不关心,对他人冷暖置若罔闻。这种人哪怕在工作上再出色,也绝对不能算最优秀的人才。

我们总认为,没有时间进行劳动和自治教育,习惯将学术的地位凌驾于一切之上。事实上,不是我们没有时间,而是我们在"功利教育"中陷得太深。

劳动教育、生活教育以及社会教育的缺失,已成了教育界深以为痛的现状,我们应多借鉴幽泉学院的这种办学理念,在学术发展的缝隙中,

第八章 和谐教育理念

让劳动教育和自治教育也能得到发展。

——引自《报刊文摘》2011年5月9日。

阅读与思考8-20 "耶鲁服务日":献出一天,收获几何?

每年的5月14日是"耶鲁服务日"。某日,收到学院主任教授传来的一个视频链接,点开浏览,原来是学院一位行将毕业的学生,为服务日提前摄制的一段两分钟推广短片。短片中,耶鲁男女学生们愉快地唱着歌,为贫困社区修建房子,粉刷涂鸦,修整菜地;随即,越来越多的年轻面孔加入进来,还有两鬓微霜的教职员,画面上的队伍渐渐壮大,终于,在耶鲁史特灵大图书馆前的中心草地上,形成了一个Y字举着一个圆球的"耶鲁服务日"标志。我在那个耶鲁蓝的大Y里看到了自己学生的熟悉面孔,心头不禁一热。

"Give a Day. Change a Life."是"耶鲁服务日"提出的口号。姑且译为——"献出一天,改变一次生活"。这里的"一次",既可以是自己的、也可以是他人的生活。在耶鲁十几年的工作生活中,我时时可以清晰感受到校园内弥漫着的一种服务社会、利他奉献的浓烈氛围。每年班上学中文最出色的那些学生,随便一问,你都可以发现他(她)们几乎无一例外的都是学校某个社团组织的头头脑脑,正在参与或者刚刚完成某项社区服务工作。我教过的一位家境优越、品学兼优、被中文老师们称为"校草级帅哥"的小伙子:他在校园里开了整整三年的"资源回收车"(即垃圾车);他曾为环保问题发动耶鲁同学联名向国会议员写信提改革议案;还曾利用春假,自愿到被卡特里娜飓风摧毁的路易斯安那州服务两个星期。问起此事,他笑笑说:那里是我母亲的出生地,我自然应该为母亲家乡做点事情。确实,这些每每令我动容的"服务、奉献"故事,在学生们说来似乎从未觉得有多么崇高伟大,反而常常被看作是一种校园生活的常态。我亲眼看见,正是耶鲁强调并持之以恒的这种"服务社区"精神(坚持让一届又一届的学生参与改造当地贫困社区的服务,同时广泛雇用当地居民为员工),近十数年来,已经使得耶鲁所在地的纽黑文市得到脱胎换骨的改造,逐渐洗脱"犯罪之城"的恶名，同时，也为耶鲁学生创造了一个更为安适宜人的学习环境。这是"利他即利己"的一个典型范例。

——引自《报刊文摘》2011年5月11日。

2. 体育

人是需要体育的。体育的价值并不只是有利于强身健体，而且具有多方面的功用。体育是人类展露本性的一种欢喜和娱乐，是一种自然天性。青少年对体育特别崇尚，这跟青少年的生理和心理特征具有密切的关系，青年人有旺盛的生命力，它要展示和爆发出来，体育则是最有效的途径之一。人性中存在兽性的内容，对于它既要予以提升，也要通过一种合适的途径予以宣泄。宣泄的途径多种多样，体育即是一种非常好的方式。体育能把人性中的竞争、好斗的兽性本能以游戏的方式宣泄出来。青少年儿童中出现的生理的、心理的及人格方面的问题，有不少跟他们缺少这种正常的宣泄生命力的途径有关。通过体育还能激发生活的热情，培养积极向上的人生态度，磨练坚强的意志和顽强的作风。

阅读与思考8-21 美国家庭重体育 不做"神经类书虫"

阿莱希欧博士的四个孩子都是从3岁开始参加体操训练。无非是学学翻个筋斗、举举手、弯弯腰什么的。有时干脆就让孩子在蹦床上一个劲地跳。但她从没让孩子缺席过。当孩子长到四五岁了，足球训练又开始了。在这个年龄段，在不同的季节，还有垒球、游泳、篮球。一年四季每一个运动季节，每个孩子都要参加一、两项运动。

大多数美国家庭都重视孩子的体育爱好，但并不以培养运动明星为目的。当问及"你认为你的孩子中会出现一两个运动明星吗？"时，她答道："根据他们的身体条件是不可能的。但体育运动对他们的性格、身体、智力、协调能力、自尊心等等，都有好处。"

在美国的学校里，学习成绩再好，如果在体育上没有任何特长的话，那就只能列入"神经类的书虫"的行列。

——摘自《羊城晚报》2005年3月6日。

第八章 和谐教育理念

阅读与思考8-22　我国60%以上学生居住地不具备体育运动条件

一份近日发布的国民体育报告显示，从1990年至今的20年，我国青少年的体质持续下降，最典型的例子是肥胖和近视。较之2000年，青少年肥胖率增长近50%，城市男孩1/4为胖墩儿；青少年近视率从20%增长到31%。

我国孩子的体质测试排名也被抛在后面，日本青少年研究所曾经对中日美三国初、高中学生课外体育活动的问卷调查显示，参加课外体育活动的初中生，中国为8%、日本为65.4%、美国为62.8%；高中生中国为10.5%，日本为34.5%，美国为53.3%。

为什么中国孩子很少进行课外体育运动？《中国青少年体质健康行为调查》显示，我国60%以上学生的居住环境不具备体育运动条件；在休息和节假日，学生最喜欢做的三件事是：上网聊天玩游戏、听音乐和看电视，出去运动的不足30%。

——引自《教育文摘周报》2011年1月12日。

阅读与思考8-23　盼每天锻炼一小时真正落实

政府工作报告近日发布，其中明确提出：保证中小学每天一小时校园体育活动。把"每天锻炼一小时"写入关系国计民生的政府工作报告，上升为国家意志。

青少年的身体素质代表着国家未来的竞争力。在积贫积弱的旧中国，有识之士对青少年身体羸弱有切肤之痛，梁启超曾大声疾呼："少年强则国强。"时至今日，当国家越来越强盛，再来看看我们的孩子：生活好了、锻炼少了、体质差了。最近一次国民体质健康调查显示，近10年来，我国青少年体质持续下滑，肥胖率增长近50%，近视率从20%增长到31%。撇开枯燥的数据不说，现实中我们见过多少小"胖墩儿"、"豆芽菜"，见了多少爬个楼梯累得气喘吁吁的孩子。

"体者，载知识之车，寓道德之舍也。"身体与心灵相通，一个身体健康、体魄强壮的孩子，他的进取心常常会更强，创造力会更强。我们担心的是，青少年体质羸弱，不仅是身体的"缺钙"，更导致精神的"缺钙"，要撑起一个崛起的大国，这样的孩子怎堪重任？

青少年体质状况与体育锻炼密切相连。科学研究表明，坚持每天一小时有氧运动能消耗体内脂肪、提升耐力、力量、速度等体能素质。锻炼时间太短效果会打折扣，时间太长又会影响学习和休息。"一小时"对学生强身健体而言，可说是"刚刚好"。因此不独中国，世界上很多国家都提出了"一小时"的概念，并由政府出台措施予以保障。美国颁布了新锻炼指南，要求保障儿童每天一个小时的跑跳玩乐时间。加拿大实行鼓励儿童健康的退税措施：10岁以上的孩子每天至少锻炼一小时，学校组织课余体育活动的费用可以退税。

我国高度重视青少年身体健康。早在20世纪50年代，我国就实行了"准备劳动与卫国体育制度"，通过运动项目的等级测试，提高青少年的体力、耐力、速度、灵巧等素质。2007年，全国亿万学生阳光体育运动启动。国家采取的一系列政策措施，使人们看到增强青少年体质的国家意志和政府作为。

然而，尽管从中央到地方，各级政府和有关部门采取了很多措施加强青少年体育，"每天锻炼一小时"目标仍难以实现。学校说，场地太局促、经费很有限、安全难保证。家长说，我们害怕孩子"输在起跑线"上，不得已让补习班、特长班挤占了孩子的锻炼时间。学生说，呆在家里上网看电视多舒服，干吗要出去跑出去跳？由此看来，青少年体育关系学校、家庭、学生多个主体，涉及观念、投入、体制多个环节，保障中小学生每天锻炼一小时迫切需要由局部行为上升为国家战略，由单兵作战转化为全民行动，像打一场战役、办一项工程一样，举全社会之力，把锻炼时间真正交还给孩子。

保障中小学生体育锻炼时间，学校要善于创造学生体育锻炼的条件，开齐开足课程，用喜闻乐见的形式吸引孩子锻炼。中小学生锻炼时间不够，一个重要的原因是课业负担过重，因此需要学校、家庭、社会共同推进减负。保障孩子每天锻炼一小时，还需要各级政府把青少年体育锻炼摆在更重要的位置，将公共资源向学校体育倾斜。譬如，将学校体育经费纳入财政预算予以保障，并做到随教育经费的增长同步增长。

如今，"每天锻炼一小时"已写入政府工作报告，下一步我们要做的，当是扎扎实实执行和持之以恒落实，把国家意志化为全民行动。

——摘自《中国教育报》2011年3月24日。

阅读与思考8-24 **教育部：义务教育阶段学生须有体育艺术特长**

新华网北京5月23日电：教育部23日印发通知，决定在全国义务教育阶段学校实施"体育、艺术2+1项目"，即通过学校组织的课内外体育、艺术教育的教学和活动，让每个学生至少学习掌握两项体育运动技能和一项艺术特长，为学生的终身发展奠定良好的基础。据了解，开展此项目是为贯彻《国家中长期教育改革和发展规划纲要（2010—2020年）》关于"坚持全面发展，全面加强和改进德育、智育、体育、美育"的要求，全面实施素质教育，组织广大中小学生参加科学健康、生动活泼的体育和艺术活动，提高运动能力和艺术素养，促进学生健康成长全面发展。

通知要求，各地各校要开齐开足音乐、体育、美术课程，以课堂教学为主渠道，把"体育、艺术2+1项目"的相关内容纳入教学计划，创新教学内容，进行教学改革，提高教学水平。

通知指出，各地教育行政部门要指导中小学校精选体育、艺术项目，研究制定认定标准和实施办法。各中小学校要根据本校音体美师资条件、教学设备条件以及体育传统、艺术特色，确定符合学校实际和学生身心发展特点的体育、艺术项目，供学生学习和选择，满足学生个性发展的需要。"体育、艺术2+1项目"的认定标准和评定办法，要简易可行，有利于鼓励全体学生积极参与活动。

——见新华网，2011年5月23日。

3. 社会实践

广义的学生社会实践包括社区服务、军训及工农业生产劳动等活动。

> 当代教育新理念

社区服务主要通过学生在本社区以集体或个人形式参加各种公益活动，进行社会责任意识、助人为乐精神的教育，为社区的建设和发展服务。军训和工农业生产劳动的目的在于通过对学生进行国防教育、生产劳动教育，培养组织纪律性、集体观念和吃苦耐劳精神。学校可以结合实际，为学生走出学校，深入社会创造条件。

阅读与思考8-25　中美优秀高中生的差异

中央电视台曾于2010年举办过一个节目。该节目邀请中美两国即将进入大学的高中生参与，其中美国的高中生都是2010年美国总统奖获得者，国内的高中生则是已被北大、清华、香港大学等名校录取的优秀学生。

其中一个环节是制定对非洲贫困儿童的援助计划。我们的孩子从中国悠久的历史开场，先颂扬丝绸之路、郑和下西洋，然后弹古筝、弹钢琴、吹箫、大合唱，最后说要组织募捐，去非洲建希望小学。当时就有一个留美的华裔作家发问，你们捐款，要我掏钱出来，首先你的援助计划得打动我，我还要知道我的钱都会花在什么地方，我捐出去的每分钱是不是都真正发挥作用了……。我们的学生听后面面相觑，谁也说不出什么。

而美国高中生的方案，则是从非洲目前社会生活的方方面面，包括食物、教育、饮用水、艾滋病、避孕等实际问题入手，每一项做什么，准备怎么做，甚至具体预算都说得真切，那些预算竟然精确到几元几角；而且每个人分工明确，又融成一个整体，整个计划拿来就似乎可以实施。

为什么会形成如此鲜明的差异？根本原因就是我们中小学对社会服务、社会实践的严重忽视。

——引自《教育文摘周报》2010年12月29日。

4. 游戏

游戏并不是指那种"不严肃"、"无内容"、"无意义"的活动，更不是玩世不恭。游戏意味着悠闲、嬉戏和休养生息，意味着自由自在和无拘无束。游戏对于儿童人格的发展具有不可替代的重要作用。它可以将儿童从紧张状态和外部约束力中解放出来，从中体验到高度的自由自在，有助于儿童丰富生活的乐趣，可以激发和满足他们的好奇心，增强探索精神和发展创造能力。

在游戏问题上，要注意以下两个问题：一是游戏并不只限于某个年龄阶段，而是具有普遍的意义。游戏的能力与生俱来，与生同去，因此它应当贯穿于整个人的一生之中，当然更应成为青少年儿童时期的重要内容。苏联学者阿纳尼耶夫写道："游戏的问题不是那么简单的，它并不象许多儿童心理学专家认为的，只是在一定年龄阶段上表现出来的摆弄实物的活动形式，只适宜于1岁——系统教学前年龄的儿童。事实上，游戏作为活动的特殊类型具有自己的发展历史，它包括了人的生活的所有阶段。在少年期，少年晚期，青年期，中年期，甚至是老年期都存在着它的各种表现形式"。[①] 二是游戏不应当片面强调所谓教育的目的。"游戏的特性，在于游戏都是出于无理由的，而且也绝不能有理由。游戏本身就是理由。"[②] 林语堂的这个观点如果抛开它的片面性，还是有一定道理的。在指导游戏活动时，应当把注意力放在使儿童获得最大限度的快乐、享受和满足上。也就是说，不应当采用实用主义和功利主义的态度去对待游戏，比如儿童通过游戏知道了什么，记住了什么，学会了什么等等，而是要促进儿童的愉快体验和感受。

阅读与思考8-26　福禄倍尔谈游戏的意义

游戏是儿童发展的、这一时期人的发展的最高阶段，因为它是内在本质的自发表现，是内在本质出于其本身的必要性和需要的向外表现……游戏是人在这一阶段上最纯洁的精神产物，同时是人的整个生活、人和一切事物内部隐藏着的自然生活的样品和复制品。所以游戏给人以

---

① 转引自［苏］嘎兹曼《游戏在形成学生个性中的作用》，见瞿葆奎主编《教育学文集·课外校外活动》，人民教育出版社1991年版，第167页。
② 林语堂：《生活的艺术》，华艺出版社2001年版，第340页。

欢乐、自由、满足、内部和外部的平静，同周围世界的和平相处。一切善的根源在于它、来自它、产生于它。一个能干地、自发地、平心静气地、坚忍不拔地、直到身体疲劳为止坚持游戏的儿童，也必然成为一个能干的、平心静气的、坚忍不拔的、能够以自我牺牲来增进别人和自己幸福的人。一个游戏着的儿童，一个全神贯注地游戏的儿童，一个这样沉醉于游戏中的儿童，不是儿童生活的最美丽的表现吗？

——[德]福禄培尔：《人的教育》，孙祖复译，人民教育出版社2001年版，第38—39页。

阅读与思考8-27　不会玩的学生不是好学生

在希腊文中，"学校"一词的意思是"闲暇"。或许在希腊人看来，教育就是享受一种闲暇，学习就是一种有益的游戏。……据报道，开展闲暇教育的学校都把学生的"玩"放在了重要的位置，这使人想起最近去世的大玩家王世襄的一句话："一个人如果连玩都玩不好，还可能把工作干好吗？"他不仅在"玩"中做出了许多学问，而且他那豁达、洒脱、充满文化趣味的人生态度本身就是一笔留给后人的珍贵财富。

闲暇不是空闲，也不是闲散，而是一种心灵的自由；玩也不是无聊地游戏、无度地纵欲，而是有知识、心智、情感、团队精神等参与其中。理性的顿悟、灵性的生发、视界的敞亮、性情的陶冶、趣味的养成往往都在其中了。

没有了闲适，没有了玩耍，小孩子会丧失灵性，成年人则会磨灭悟性。而一个人小时候没有灵性，长大了又没有悟性，那还有什么希望？学校给孩子教育的闲适，教师从事的也应是闲适的教育。

——毛荣富文，转引自《教育文摘周报》2010年2月24日。

第九章

主体性教育理念

随着我国改革开放的不断推进和社会主义市场经济体制的逐步完善,人的主体地位已经得到确认和重视。在这种情况下,如何正确认识和充分发挥人的主体性,如何为当代社会培养优秀的人才,已成为教育界普遍关注的一个重大主题,而主体性教育正是这一主题的集中体现。四十余年来,我国关于主体性教育的探索和实践已形成了较为系统的主体性教育理论,主体性教育理念因此而成为重要的教育理念,并在当代中国的教育改革与发展中发挥着重大的作用。

第一节 主体性教育理念的产生与发展

主体性教育理念既是时代发展的需要,又是人们对传统教育反思的必然结果,同时也是我国教育对世界教育发展趋势的一种积极回应。①

一 主体性教育理念产生的背景

1. 时代发展的需要

20 世纪 80 年代初,尊重人、尊重人权、以人为本开始成为我国社会思潮的主流;科技的迅猛发展、生产过程日益智能化以及新科技革命

---

① 瞿葆奎主编:《中国教育研究新进展·2001》,华东师范大学出版社 2003 年版,第 214—216 页。

当代教育新理念

带来的深刻变革,使得社会越来越关注人的主体性发展。教育作为培养人才的主要阵地,也必然要思考这个重大课题。为了适应社会的这种变化,教育需要自觉地更新培养目标,重视人的自主性、能动性和创造性等主体性要素的培育,实现从传统知识教育观向主体性教育观的转变。主体性教育的出现正是学校教育对上述时代发展需要的一种必然反映。

2. 对传统教育的反思

主体性教育理念的提出也是对传统教育反思与批判的结果。我国的传统教育存在着诸多的缺失,尤其是忽视人的价值和主体地位。主体性教育理念在一定意义上就是建立在对传统教育缺失的批判基础之上。在教育哲学观方面,我国传统教育受传统文化的影响,强调以人伦道德为核心,扼杀了人的个性,造成我国国民相对缺乏独立人格和主体性。在教育目的的价值取向上,传统的学校教育把社会价值和个人价值对立起来,过分注重教育适应社会的价值,而相对忽视教育促进个人发展的价值。在教育过程中,传统的学校教育片面强调教师的尊严和权威,忽视学生主体性的培养和发挥;倚重教师的管教而轻视学生的自觉性;只有统一性要求而缺少多样性的选择;重视知识的灌输而轻视学生的探索。师生缺乏平等自由的交往和交流,严重压抑甚至摧残了学生的自主性、能动性和创造性。在课程和教材设置上,过于强调统一的课程结构和教学模式,局限于听、记、练的学习方式,忽视学生的个性特点和发展需要,缺少让学生自主探索的空间,脱离学生生活和社会实际。教材呈现知识的方式基本上是陈述性的、静止的,而且内容偏多、偏难,过于关注知识的细枝末节,很少为学生提供思考、交流和创造的时间与空间。

3. 世界教育改革的趋势

20世纪中叶以来的世界教育将人的主体性提到了前所未有的高度,在世界范围内涌现出的一批代表现代教育思想的流派和学说,如布鲁纳的"发现法"原理、布卢姆的"掌握学习"理论、赞科夫的"教育与发展"实验、阿莫拉什维利等的"合作教育学"、罗杰斯的"非指导性教学"以及洛扎诺夫的"暗示教学"思想等等,都把发展学生的自主性、能动性、创造性以及促进教育过程的民主化和个性化放在中心地位。与此同时,这一时期的许多教育改革实践也都围绕如何培养学生的个性和主体性而展开。日本、韩国等在制定面向21世纪的教育目标时就突出强调了自由、自主和自律精神:日本21世纪的教育目标是培养具有宽广胸怀与丰富的创造性,有自主自律精神,在国际事务中能干的日本人;韩国提出教育要培养健康、独立、具有创造性的人。我国教育界清醒地认识到世界教育改革的这一重要趋势,并适时提出了具有中国特色的主体性教育理论。

二　主体性教育理念的发展过程

伴随着我国改革开放以来的思想解放运动,主体性问题成了哲学、文学、心理学、美学等众多学科关注的重要问题。在教育学界,关于主体性教育的探讨始于20世纪80年代初。从研究的发展历程来看,主体性教育的探索最早发端于顾明远教授在《江苏教育》1981年第10期发表的《学生既是教育的客体,又是教育的主体》一文。该文提出了一个引起学术界长时间广泛关注的教育命题——"学生是教育的主体"。此后,教育理论界开始了关于教育主体问题的大讨论,并最终形成了对我国教育理论和实践产生深远影响的主体性教育理念。主体性教育理念的发展大致经历了以下三个阶段:[①]

1. 探索与争鸣阶段

主体性教育的探索与争鸣阶段在时间上主要是20世纪80年代,关注的核心是学生在教育过程中的主体地位问题。在讨论过程中,出现过"主导主体说"、"学生主体说"、"互为主体说"、"双主体说"、"复合主体说"、"分层主体说"等多种不同的观点。这个阶段讨论的重点是师生

[①] 岳伟、涂艳国:《我国主体性教育研究30年回顾与展望》,《中国教育学刊》2009年第6期。

> 当代教育新理念

关系的处理，并且主要限于教学认识论领域。为了打破这种局面，20世纪80年代末期学术界有人开始从教育哲学层面研讨"学生是教育的主体"，开始从教育主体性的角度研究学生的主体性问题。其中有代表性的观点是王道俊和郭文安两位教授提出的观点，他们在《让学生真正成为教育的主体》一文中系统地分析了学生主体的内涵，探讨了学生主体性的表现及其实现条件。

2. 深化与拓展阶段

20世纪90年代，主体性教育的研究进入深化与拓展阶段。这个阶段研究的重要特点是从倡导学生的主体性到探讨教育的主体性。众所周知，教育实践既包括培养和促进学生个体发展的微观教育活动过程，也包括在此基础上建立起来的宏观教育事业管理，这两个层次的教育活动都是人的主体活动，都存在主体性的问题。因此，教育的主体性就包括教育过程的主体性和教育管理的主体性两个方面。在教育与政治、经济、文化、科学、技术等组成的整体社会结构中，它有其相对独立的主体地位。在学校或任何一种教育机构中，教育者是主体，受教育者也是主体，他们互动展开的教育活动也具有主体性。教育对社会政治经济等社会存在的反映也是主动的，是一种主体的反映活动。主体性教育理论的兴起源于国内哲学界关于人道主义的争论和人的主体性问题的讨论。随着研究的深化，主体性教育的理论基础从过去的哲学拓展到人学、心理学、社会学、人类学和文化学等不同学科。人们开始从多学科的角度来探讨人的主体性和主体性教育问题。与此同时，一些中小学在教育理论工作者的指导下，将主体性教育思想提炼成理论假说并设计实验付诸实施，开始了主体性教育的实验探索，也标志着主体性教育思想逐步从抽象走向具体，从理论走向实践。

3. 反思与总结阶段

进入21世纪，主体性教育研究进入反思与总结阶段。早在20世纪90年代就有人对主体性教育进行反思和总结。进入21世纪，对主体性教育进行反思和总结的成果骤然增多。除个别研究者对主体性教育进行反思和总结外，学术界还就主体性教育理论的发展问题组织过多次大规模的讨论。2002年全国主体性教育理论与实验研究第六届学术年会在武汉召开，会议的重要议题包括主体性教育的定位、主体性教育的理念与操作模式、"十五"期间主体性教育的理论建构等。2004年，以裴娣娜教授主持的"主体教育与我国基础教育现代化发展的理论与实验研究"课题组在哈尔滨师范大学举办全国性"主体教育理论研讨会"，与会者在对主体教育理论研究反思的基础上，对主体教育的一些重要的理论问题进行了深入研讨。2005年，"全国主体教育理论第二届专题学术研讨会"在河南大学召开。关于主体性教育的发展，会议得出结论："主体性和主体性教育不是走向黄昏，而是在依托13年教育实验的基础上，开始了更为深入的研究；主体教育在我国当前乃至今后的一个时期内，仍是一个历久弥新的话题。"

第二节　主体性教育的内涵

为了完整地理解主体性教育理念，我们有必要首先考察主体性和主体性教育这两个基本概念的内涵。

一　主体与主体性

1. 主体

一般认为，主体是指具有认识和实践能力的人。人在自觉能动的实践活动中体现了自己的主动性，因而也就成为活动的主体。作为一个哲学概念，主体可以从本体论和认识论两个层面上进行界定。本体论意义上的主体是指属性、关系、状态、运动变化等基质、载体和承担者，与哲学中的"实体"或"本体"概念相近似。认识论意义上的主体，则是指认识活动和实践活动的承担者，是与认识和实践的客体相对应、相关联而获得其规定性的，具体来讲是指从事认识活动和实践活动的人（包括个体、社会集团以至整个人类)。同时,人只有在与一定客体的关系中,通过自己的自觉能动性活动而获得对客体的主动态势,发挥出能动的积极作用,并取得支配地位,才会成为主体。人作为主体在其活动中形成的关系大致有三个层次:一是人对自然的对象性改造关系;二是人与人的主体间关系;三是人与自身的关系。可见,主体是在对象性关系、主体间关系、主体自我相关性关系中,通过对象化活动、主体间交往活动和符号创造活动等诸种活动而生成和发展的。

2. 主体性

人的主体性是指人作为活动主体在同客体的相互作用中所表现出来的功能特性,是活动主体区别于活动客体的特殊性,它是作为消极、被动、盲目的客体性的对立面而提出的,是在同客体的对比中来揭示主体的规定性。人的主体地位和人的主体性不是天然具有的,而是靠人通过自觉能动活动而获得和创设的;这种地位和主体性也不是一劳永逸的,而是随时随地面临着丧失和削弱的危险,需要不断地巩固、强化并在新的基础上重新确立。人的主体性和人性及主体的属性是有区别的。人的主体性是比人性更深刻、更高级的层次,是人性的核心内容,是人性之精华。人的主体性与主体的属性也有区别,主体性是人作为活动主体的根本属性和本质特征,而不是主体的所有属性。[①]

3. 主体性的特征

人的主体性主要体现为自主性、能动性和创造性等几个方面。

自主性是指个人对于自己的活动具有支配和控制的权利与能力,它表现为个体既成为自然和社会的人,也成为自己的主人。学生在教育活动中的自主性,首先表现在他具有独立的主体意识,有明确的学习目标和自觉的学习态度,能够在教师的指导和启发下积极地进行学习,将前人的知识和经验转变为自己的精神财富;其次表现在能对学习活动进行自我支配、自我调节和控制,充分发挥自身的潜力,主动地去接受教育,

---

[①] 张天宝:《主体性教育》,教育科学出版社2001年版,第19页。

积极向教师请教，与同学讨论和切磋。①

能动性是指主体以一种选择和参与的态度，积极主动地认识客体和改造世界。能动性最主要的表现是主体对活动的选择性，包括选择目标、内容、方法、手段和途径等。此外，能动性还包括自觉性、自动性和积极性。学生的能动性，首先表现在他能够根据社会的要求积极地参与各项教育活动；其次，他能以自己已有的知识经验、认知结构和情意结构去主动地同化外界的教育影响，对它们进行吸收、加工和改造，使新旧知识进行新的组合，从而实现主体结构的建构或改造。

能动性的实质是对现实的选择，而创造性的实质则是对现实的超越。创造性以求新为特征，是主体性发展的最高层次和最高表现。创造性主要有两层含义：一是对外在事物的超越。主体通过变革和改造旧事物，产生新颖的、独特的新事物，它常常与改革、发明、发现联系在一起；二是对自身的超越。主体在改造客观世界的同时，也改造了自身，使"旧我"转变为"新我"，实现自身的扬弃。② 学生的创造性具有其特殊性。一般所说的创造是指"首创前所未有的东西"，是"从无到有"或"无中生有"。而学生的创造更多的是指其在学习过程中能举一反三，灵活运用知识；有丰富的想象力；对问题和事物有自己的独到见解；善于运用所学知识解决实际问题等。

二 主体性教育

什么是主体性教育？从全面的角度来看，主体性教育涉及学生的主体性、教师的主体性和教育系统的主体性（如教育对社会的主动适应与自主运行）。

有人将"主体性教育"与"教育的主体性"进行了区分，认为它们是两个具有不同内涵的概念。③ 教育的主体性是同教育之外的其他社会

---

① 张天宝：《主体性教育》，教育科学出版社2001年版，第27页。
② 张天宝：《主体性教育》，教育科学出版社2001年版，第27页。
③ 张天宝：《主体性教育》，教育科学出版社2001年版，第43页。

> 当代教育新理念

现象（如政治、经济、文化、科技、法律、宗教等）的主体性相并列的一个同位概念，它是针对"教育的依附性"而提出的，其实质是指教育作为社会的一个相对独立的子系统在同外部社会的相互关系中所体现出来的主体性作用，即教育具有其自身独特的发展规律，教育对于外部社会的要求既不能亦步亦趋、简单盲从，又不能漠然视之、无动于衷，而是应保持一种理性的态度，对社会的发展保持某种先导性甚至规范性，积极促进和参与社会生活及其发展。而主体性教育是针对"非主体性教育"或"反主体性教育"提出的，其核心是强调承认并尊重受教育者在教育活动中的主体地位，将受教育者真正视为能动的、独立的个体，以教育促进他们主体性的提高与发展。简而言之，教育的主体性与主体性教育的区别在于：前者强调的是教育在社会系统中的地位和作用；后者则强调受教育者在教育活动中的地位和作用。

综上所述，我们可以给主体性教育作出如下定义：主体性教育是一种尊重、培养和发展受教育者的自主性、能动性和创造性的教育活动。

三 关于教育主体的不同认识

综观我国近年来的研究，教育理论界关于师生在教育过程中的地位的观点主要有以下几种：[①]

1. 主导主体说

20 世纪 30 年代，苏联教育理论界对"教师中心"和"学生中心"两派理论做了分析和批判，在此基础上对师生关系进行了新的研究，提出教师在教学过程中应起主导作用，这应是一条规律。新中国成立以后，我国教育理论界接受了这一观点，形成了"教师是主导，学生是主体"的说法。这种说法在我国教育理论和实践领域至今还颇为流行。但是，这种说法在教学理论研究和实践中也有一些无法解决的困难。首先，有

---

① 瞿葆奎主编：《中国教育研究新进展·2001》，华东师范大学出版社 2003 年版，第 221—223 页；何齐宗主编：《教育原理与艺术》，中国社会科学出版社 2004 年版，第 130—134 页。

人认为"教师主导"即指教师和学生在教学中构成的一对矛盾,在这对矛盾关系中教师是主导方面,是指教师在教学过程中的作用。"学生主体"是指学生在其学习过程中是认识的主体,属于哲学中"主体与客体"的范畴。所以,"教师主导、学生主体"是两个性质、范畴不同的命题,不能相提并论,不能在逻辑上成为一个统一的教学原则;其次,在这种说法中,由于没有真正从理论上确立学生的主体地位,致使这一原则在教学实践中很可能蜕变成教师中心主义,将受教育者仅仅看成是教育者认识和塑造的对象,是教育活动的客体。

2. 学生主体说

这种观点认为,教育是一种活动,受诸多因素的影响,其中学生是教育活动发展的决定性因素,是内因,因而学生是教育的主体。主体是与客体相对的哲学范畴,是认识和实践活动的承担者、体现者,而客体是主体指向的对象。在教育过程中,学生是惟一的主体,教师是为培养和发展学生这个主体服务的。持这种观点的人并不否认教师在教育过程中的积极作用,但认为教师只有在尊重学生主体地位的前提下,才能发挥其应有的指导作用。

3. 双主体说

这种观点认为,教师和学生都是教育活动的主体,这是对近代以来主客两分思维框架的一种突破和超越。教师既是教的主体,又是学生认识的客体之一;学生既是学习的主体,又是教师认识的客体之一,即教学的主体具有双重性。这种说法的合理性相对来说更强一些,也更折中一些。但这种说法只是考虑教师和学生认识的同一性,对师生在教学过程中的差异性考虑得不够,因此对教师在教学过程中的主导作用以及学生主体地位的建立指导意义显然不足。也有学者指出"双主体说"把教学过程分成了教和学两个方面,教学过程的整体性被割裂了。

4. 主体—客体—主体说

有人超出了学校教育的局限从宏观大教育的角度提出这一观点。同时,针对传统教育理论中单一的"主—客"互动模式，提出了"主—客—主"的教育主体互动模式。这个模式的特点是：除了"主—客"关系外，还包含了教育实践活动中的另一层关系即"主—主"关系；同时，这里的两个"主"分别指的是教育者和受教育者，认为教育者和受教育者是平等的对话关系。这里的客体是指诸如语言、教材以及教育者和受教育者生存、发展、交流所需要的所有资源。这样，教育者和受教育者就在共同的客体的中介下建立起"平等的对话"关系。这种观点把人与人之间的交往关系，即社会关系，引入了教学领域，对受教育者的主体地位以及教育者和受教育者的平等关系和同一性给予了高度重视；解决了传统教育学"教是以教师为主体的行为、学是以学生为主体的另一种行为"而把完整的教育活动切成两段的问题。但是，这种观点过分强调教育者和受教育者作为"人"的主体性方面的同一性，而对在教育过程中教育者和受教育者在知识、能力甚至年龄方面存在的差异性估计不足。

5. 复合主体说

这种理论认为，在教育活动中教师和学生尽管承担的任务不同，但都是教育活动的承担者，都处于主体地位。他们的共同客体是教育内容。在教育活动中，教师与学生的活动是密切联系、相互影响、共时交织或前后相关的。因此，应该把教师和学生称为教育活动的复合主体，而不是平行的双主体。另外，在教育活动内部，存在着教师的教与学生的学两种活动。在教的活动中，教育者是活动的承担者，受教育者是他认识、塑造的对象，是客体和条件。相反，在学的活动中，受教育者是主体，教育者却成了学习者学习所必需的条件和客体之一。因此，在复合主体的内部又呈现出互为主客体和条件的复杂关系。师生双方，缺少一方，或一方主动，一方被动，都不能构成真正意义上的教学活动，教学活动所具有的整体功能得不到发挥，教学活动的预期目标也无法实现。在承认复合主体的同时，也可以承认两个主体在教育活动不同过程中有不同的主次关系。如教师在准备教学时，把学生作为客体来研究，根据学生的已有水平、特点及学习过程的一般规律，筹划整个教学过程。在课堂上，师生协同活动，教师除了按预定计划施教外，还必须关注学生课堂活动的状态以便及时调整自己教的活动。与此同时，学生也只有处于积极状态，才能真正学到东西。在完成课堂练习或课外作业时，学生的学习活动就带有更大的自主性与独立性，教师在这类活动中主要起辅助、评定、校正的作用。

6. 分层主体说

如果不考虑学与教两个过程的内在联系，而分开考察师生的主客体关系的话，师生在不同过程中的主客体地位是变化的。所以不能不考虑具体的过程而简单笼统地判定师生的主客体关系，应从哲学范畴上的三个层次和教育活动教与学的两个过程来分析。从学习过程来看，在第一层次，学生是学习活动的主体，学习的对象——教育的内容是学习活动的客体；在第二层次，学生是学习的主体，而教师（包括教学活动的一些中介物）被学生作为认识和作用的对象而成为客体；在第三层次，主客体合于学生身上，作为主体的学生需要认识作为客体的自身，不断改造、发展和完善自己。从教的过程来看，也存在三个层次的主客体关系。首先是以教师为主体，以整个育人活动的非人的因素（包括知识经验、教育规律、教育的方式和方法、教育的设施环境等）作为客体；其次，以教师为主体，以教育对象——学生为客体，教师不仅要认识和了解学生，而且要变革和改造学生，促使其转变，促成其发展；再次，教师既是主体又是客体，教师必须时常认识自己，提高自己，教学相长，以更好地完成教育的任务。

通过对我国教育理论界各种师生地位观的分析，可以得出如下结论：

第一，"教师中心论""教师主导学生主体说"日益受到批判。这两种观点过分强调教师是社会的代表。由于教师和学生在年龄、阅历、知识、体格等方面的悬殊差异，导致了教师中心论与教师主导说在实践上的通行。其实，教师是社会的代表，只是现时社会的代表，而学生虽然在现时社会处于弱小、少知的弱势地位，但属于未来社会的代表。教师中心论与教师主导说强调教师在教育活动中处于主导地位、支配地位，

> 当代教育新理念

主导与支配的未必是合理的（如一言堂是教师主导、限制学生超越所谓的"标准"答案也是教师主导等等），有时甚至会限制学生的发展，错误的主导对学生的成长实在是一种伤害。

第二，学生的主体地位日益受到重视。关于人的主体性问题的研讨，从20世纪80年代由哲学、文学领域发端，进而向教育领域全面辐射，迅速扩展成为我国教育界的一股研究热潮，并在90年代初开展了中小学主体性教育改革实验研究。在教育过程中，学生既是教育的客体，又是学习的主体，同时还是自我教育的主体。学生的主体地位主要表现为以下几个方面：（1）学生在学习活动中的主动性。学生对外界的刺激不是像镜子那样消极地产生反应，他对教师传递的知识信息也不像录音机那样机械地转录和储存，他是用自己的头脑能动地接受来自外界的教育影响。要把人类的认识成果转化为学生的知识，或者把知识转化为能力、智力，转化为思想观点、情感意志等，都要经过学生的自觉思考和积极活动，经过学生内在的矛盾斗争。主动性、自觉性和积极性高的学生，学习、接受知识以及转化为能力、智力等多方面素质的过程短、速度快、效果好；反之，则过程长、速度慢、效果差。（2）学生在学习活动中的独立性。学生对教师所传授的东西，都会作"过滤"处理。教师不能也无法代替学生读书和分析问题，凡是学生自己能做的事，教师不要包办代替；凡是学生能思考理解的问题，教师不要反复地去讲解；凡是学生明白的道理，教师不要重复唠叨。否则，学生将会拒绝来自教师的教育影响。（3）学生在学习活动中的创造性。学生在学习过程中，对前人的知识不是被动地吸收，而是"加工改造"后内化为自身的素质。学生的创造性是他们的知识、智能、品德、体力的综合运用，是学习主体的最高表现。学习中的问题不仅需要学生去掌握，还要通过学生创造性的活动去解决。学生学习生活中的小发明、小创造，别出心裁的小制作，令人耳目一新的文章，都包含了创造性的因素。对于学生表现出来的创造性应给予积极支持、引导，不要轻率地予以否定，轻易地驳回。（4）学生是自我教育的主体。作为教育的真正含义，应该是教育与自我教育的统一。在这一意义上,学生是自我教育的主体。学生作为自我教育的主体通过个体和集体两个方面体现出来。从学生个体角度来看,学生的自我教育在促进自身社会化的过程中起着重要作用。通过学生的自我学习、自我控制,个体逐步掌握社会所要求的知识、技能、态度、感情和行为规范,实现自我与社会的统一。从学生集体的角度来看,学生集体同样是自我教育的主体,它对集体的成员产生巨大的教育影响。学生集体的教育因素包括集体的共同目标、组织制度、人际关系、学习风气等。学生集体在加速个体的认识过程,发展智力、思想品德、个性等方面有着十分重要的意义。当代教育心理学和社会心理学把学生集体的功能归纳如下:班级集体是满足个人需要的场所;班级集体为学生提供使自己社会化的机会;班级集体具有比较的功能,即学生个体对照班级集体其他成员的能力、性格和态度等,可以对自己的能力、性格、态度等作出改进。[①]

教师与学生在教学活动中的主体作用是动态发展的,教师主体的作用和学生主体的作用在教学过程中不是一成不变的。随着学生年龄的递增和认知能力的增强,教师的影响作用越来越小,而学生自身的作用越来越大。对于刚入学的低年级学生来说,他们大多数都不会自觉、主动地学习,教师的责任就在于充分发挥其指导作用,一步步地建构学生的认知、情感和意志结构。这时,我们强调的是教师主体作用的充分发挥。随着学生年龄的增长,认知能力的提高,学生主体作用也日益增强,教师的主体作用则呈减弱趋势。

阅读与思考9-1 教育是师生双向激发的生命运动

在我看来,教育绝不是单向的,绝不是教师单方面地输送给学生。当然主导是教师,但同时学生的反馈,学生提出的问题,本身都会引发教师的思考。另外在和学生交谈、在批改学生作业时,学生所提出的问题,以及他对问题的思考,都会引发你对这些问题的新的思考。这是一

[①] 转引自南京师范大学教育系编《教育学》,人民教育出版社1984年版,第139—140页。

个双向的运动。

我有一种理念，就是教学的本质是一种自我发现。教学的过程是学生发现自我的过程，同时也是教师发现自我的过程。这是双向激发的生命运动：学生内心深处最美好的东西被教师激发出来，在这一过程中，教师自己心灵中最美好的东西也同时激发出来，这样教与学双方都达到了一种真实的精神的提升。在上课中，教师和学生之间有一种精神的交流，上完课双方的精神都升华了。

——钱理群：《我的教师梦——钱理群教育讲演录》，华东师范大学出版社2008年版，第13—15页。

阅读与思考9-2　美国小学的"蚯蚓"课

我在美国小学听了一节小学生的自然常识课，课题是"蚯蚓"。假如在我们国内的上法，一般不外乎老师先板书"蚯蚓"，然后出示蚯蚓的图片或投影，再是介绍它身体的特征，最后讲讲它对人类的益处。美国的老师是怎样上的呢？

一上课，老师说这节课上"蚯蚓"，请同学们准备一张纸，上来取蚯蚓。许多蚯蚓从纸片上滑落下来，学生们推桌子挪椅子地弯腰抓蚯蚓，整个教室顿时乱成一团，老师却一言不发，站在讲台旁冷眼旁观。课后老师对我说，上了一节"蚯蚓"课后，假如连蚯蚓也抓不住，那么这节课还有什么意义。

同学们抓住了蚯蚓回到座位后，老师开始了第二个教学环节：请同学们仔细观察，蚯蚓的外形等有什么特征，看谁能把它的特点最后补充完整。经过片刻的观察，学生们踊跃举手。

生：虽然看不见蚯蚓有足，但它会爬动。

生：不对，蚯蚓不是爬动而是蠕动。

师：对。

生：蚯蚓是环节动物，身上一圈一圈的。

师：对。

生：它身体贴着地面的部分是毛茸茸的。

师：对。你观察得很仔细。

生：老师，我刚才把蚯蚓放在嘴里尝了尝，有咸味。

师：对。我很佩服你。

生：老师，我用线把蚯蚓扎好后吞进了喉咙，过一会我把它拉出来，它还在蠕动，说明它生命力很强。

此时老师的神情变得庄重起来，激昂地说："完全正确！同时我还要赞扬你在求知的过程中所表现出的这种勇敢的行为和为科学献身的精神。我远不如你！"

整堂课结束了。如果就这堂课把我国和美国老师的教法作一个比较，哪种方法学生学得有趣、生动，对蚯蚓的体验更深，答案是显而易见的。

我们的课堂教学，一再强调老师为主导，学生为主体，课堂中老师尽可能少讲，启发学生多思考，多观察。教师怎么少讲，怎样启发，不妨就看看美国老师教的这堂"蚯蚓"课。

——张薇、罗依主编：《国民心态访谈》，中国物资出版社1998年版，第151—152页。

第三节　主体性教育的目的

主体性教育的目的是指通过实施主体性教育所要培养和形成的学生的素质，具体而言它包括相互联系的两个方面：一是培养和发展学生的个体主体性；二是培养和发展学生的类主体性。[①]

一　培养和发展学生的个体主体性

主体性教育的首要的和基本的目的是培养和发展学生的个体主体性。学生个体的主体性一般表现为三个方面，即主体意识、主体能力和主体

[①] 张天宝：《主体性教育》，教育科学出版社2001年版，第57—62页。

人格。因此，主体性教育对学生个体主体性的培养也主要从主体意识、主体能力和主体人格等几个方面来进行。

所谓主体意识，是指作为认识和实践活动主体的人对于自身的主体地位、主体能力和主体价值的一种自觉意识，是主体自主性、能动性和创造性的观念表现，它包括主体的自我意识（主要表现在人与自我的关系上，意识到每个人都有权发展自己的才能）和对象意识（主要表现在人与外部世界的关系上，意识到人能将外部世界变为有益于自身发展的"人化世界"）。这就是说，主体意识不仅能意识到内在于主体自身的需要、价值、能力等各种本质能力，而且也能意识到人的本质力量的充分展示只有在对象性活动中，在主体对外部世界的推动作用的驾驭中才能实现。学生主体意识的状态在很大程度上制约其主体性的发展水平。学生的主体意识愈强，他们对自己的要求就越高，从而在学习活动中也就会越自觉、越负责、越投入。可见，唤醒学生的主体意识是培养和发展学生主体性的基本前提。

对学生而言，要使自己的主体性得到充分发展，仅仅具有主体意识是不够的，还需要自身具有与之相适应的主体能力。所谓主体能力，是指主体能动地驾驭外部世界对其才能实际发展的推动作用从而使自身主体性得以不断发展的能力。学生的主体能力主要表现为在教育活动中发挥自己的主观能动性，掌握人类文化知识经验的能力。学生主体能力的状态直接决定着他们主体性的发展水平，因此在主体性教育中要特别重视培养和发展学生的主体能力。

学生个体的主体性除了主体意识和主体能力外，还有一个重要内容就是主体人格。主体意识和主体能力主要属于人的主体性的理性因素，而主体人格主要指人的主体性的非理性因素。在主体的认识和实践中，非理性因素具有重要的调节作用，它能使主体的心理活动处于积极状态而具有动力性质。为此，在教育中，不仅要向学生传播科学文化知识和发展学生的智力，还要重视培养学生的情感、意志、理想、信念等非理性因素。

第九章 主体性教育理念

阅读与思考9-3　儿童为何会丧失主体性人格？

一天，夜很深了，见女儿还在写作业，便问："今天作业这么多？"女儿的眼泪掉了下来。原来，她的作业出现了错字和错题，老师要惩罚她，方法是错一个字抄100遍，错一道题做20遍。

我问："你觉得老师这样惩罚你，对吗？"

女儿说："对。"

我的脑袋"嗡"的一下子，刚刚看过一个电视专题节目出现在眼前。这是发生在东北的事情，一个小学生考了92分却被老师殴打，打的是头部，昏迷了4个月，险些成为植物人。后来被送到北京的大医院抢救，才苏醒过来。中央电视台记者追踪到东北的那所小学采访。

记者问那个班上的学生："老师打你们了吗？"

学生们同声回答："打啦。"

记者问："你们认为该打吗？"

学生们又同声回答："该打。"

甚至不少家长也这样回答。这真让人悲哀。

——张薇、罗依主编：《国民心态访谈》，中国物资出版社1998年版，第153页。

二　培养和发展学生的类主体性

类主体是指人的自觉的存在状态，是在个人全面而又自由发展的基础上，在遵循自然和社会规律的条件下，实现了人与自然、人与社会、人与他人的自觉融合和统一。当代教育在培养和发展受教育者的自主性、能动性和创造性等个体主体性的基础上，要引导受教育者自觉地由个人主体向类主体提升，个人独立人格向类主体人格提升，正确认识和处理人与自然、人与社会、人与他人的关系，以实现人与自然、社会及他人的和谐发展。不过需要指出的是，类主体性必须以个体主体性为前提，类主体只能是个人主体发展的结果。考虑到我国的现实和人的主体性的发展现状，尊重、培养和发展受教育者的个体主体性仍然是当前我国主体性教育的主要任务。

> 当代教育新理念

第四节　主体性教育的课程与教学

主体性教育应当如何来实施？这种教育的课程和教学有什么特点？这是我们实施主体性教育需要关注和探索的基本问题。

一　主体性教育的课程

1. 主体性课程的设计

课程是教育的主要承载工具，主体性教育的实施需要依靠主体性的课程。在设计主体性课程时，需要处理好以下关系：[①]（1）直接经验与间接经验的关系。众所周知，传统的学校课程强调间接经验。而在主体性课程中，在不忽视间接经验的前提下，要提高直接经验的地位及其在整个课程中的比重。(2) 科学世界与生活世界的关系。传统的学校课程存在的一个重要弊端是过分注重科学世界而脱离生活世界，割裂了与学生现实生活的联系，致使学生的精神生活单调而贫乏。主体性课程在注重科学知识的系统性、逻辑性和严密性的同时，还要面向学生、面向社会、面向生活，从而实现两者的统一。（3）现实生活与未来生活的关系。主体性课程不仅应从儿童的现实生活出发，让他们体会到童年的乐趣和幸福，而且要引导儿童在现实生活中去感悟和追求未来生活，把未来生活的要求转化为儿童的兴趣和需要，使儿童的现实生活具有明确的未来定向。

2. 主体性课程的结构

相对于传统的学校课程，主体性课程不仅注重学生人格的完整性，还关注人的发展的自主性、能动性和创造性。因此，主体性课程的结构更加复杂和多样化，包括知识课程、情意课程和活动课程。知识课程属

---

① 瞿葆奎主编：《中国教育研究新进展·2001》，华东师范大学出版社2003年版，第225—226页。

于学术性课程；情意课程是指旨在发展学生的情绪、情感、态度、价值观等品质的课程，如音乐、美术、舞蹈、体育、心理教育和品德课程；活动课程包括学科活动课程和综合活动课程，其主要目的在于培养和发展学生从事实际活动的能力。

近年来一些学校的改革实验具有参考和启示价值。如河南省安阳市人民大道小学在其"主体性发展实验与课程改革"中，构建了常规课与短时课相结合的学科课程以及必修与选修相结合的活动课程，还增设了实践课。又如广州市第二中学的"主体性教育"实验中建立的校本课程体系，从强化活动课程入手，形成以兴趣性活动课程为主、兼有拓展性活动课程和提高性活动课程的课程结构。其中，兴趣性活动课程包括科技活动、文化艺术活动、体育活动、各学科兴趣活动等；拓展性活动课程即以发展学生特长为目的的课程，包括学生特长型课程和兴趣特长型课程，如专题讲座、学科专题研究、社会问题探讨等，具有较强的综合性；提高性活动课程即为培养各学科的尖子生而开设的课程，以满足学生"冒尖成才"的需要。

二 主体性教育的教学

主体性教学是发挥教师和学生的主体性的活动，这种教学以创设民主和谐的教学氛围为条件，以教师引导学生自主参与为手段，以促进学生的主体性发展为目的。

从教学组织形式来看，主体性课堂教学具有以下特点：[①] （1）班级规模小型化。传统的班级教学在一定程度上限制了学生主体性的发挥，尤其是城市过大的班级规模更是如此。主体性课堂教学的重要标志是学生在教学中有较多的个人自主学习活动的时间和机会，学生的个别差异得到较好的照顾。而要做到这一点的重要前提是缩小班级的规模，减少班级的人数。（2）教学形式多样化。任何一种教学组织形式都有其优缺

[①] 瞿葆奎主编：《中国教育研究新进展·2001》，华东师范大学出版社2003年版，第228—229页。

> 当代教育新理念

点，也有其特定的目标指向和适用范围。为了提高教学的效果，有必要实现多种教学组织形式的优化组合。集体教学有利于培养学生的集体意识，小组合作学习有利于培养学生的合作意识和合作能力，个别辅导则有利于照顾学生的个别差异。

第十章

个性教育理念

个性是当代人格建构的重要目标,而个性的培养则要依靠个性教育。个性教育与模式化教育相对,模式化教育将个性看成是问题和包袱,设法予以压制和抹杀,而个性教育则将个性看成是资源和财富,努力予以发掘和充实。英国哲学家约翰·密尔曾经深刻地指出:"人性不是一架机器,不能按照一个模型铸造出来,又开动它毫厘不爽地去做替它规定好了的工作;它毋宁像一棵树,需要生长并且从各方面发展起来,需要按照那使它成为活东西的内在力量的趋向生长和发展。"①

第一节 个性教育的内涵与意义

什么是个性教育?简单地说,个性教育就是尊重、鼓励和发展学生独特性和优势的教育。个性教育从本质上来说是扬长教育,而不是补短教育。发现学生的优点,并且对他们的优点给予积极的鼓励和发展,这是个性教育的一个基本特征。

当代人格表现在自我评价上的首要一点,就是肯定自我,肯定自己作为人而存在的尊严和价值。对于儿童来说,自我肯定首先依赖成人、尤其是教师的评价。教师的积极评价对他们形成自我认同、自我肯定、自我欣赏的人格特征,具有特别重要的作用。对肯定、欣赏和赞美的需要深深地植根于每个人的灵魂之中。在人本主义心理学家马斯洛的需要

---

① [英]约翰·密尔:《论自由》,程崇华译,商务印书馆1982年版,第63页。

层次理论中,自尊的需要是仅次于自我实现需要的一个需要层次。自尊需要是指一个人对自我作出肯定评价的需要。这里所谓的自尊实际上也包括他人对自己的尊重。因此,自尊需要具体体现在两个方面:第一,渴望有能力、成就,能胜任自己的职责,对自己充满信心,渴望独立和自由等;第二,渴望有名誉、声望,希望他人关心、重视和赏识自己。在马斯洛看来,自尊需要的满足对于个体的自我实现具有特别重要的意义。人们往往只有在自尊需要得到了相当的满足之后,才会充分发挥自己的潜力和创造力。

每个学生都有自己的优点和长处,我们在教育中应当努力发现他们积极与优秀的一面。这是教育真正影响儿童心灵的基本前提,也是每个教育工作者献身于教育活动的必要基础。德国哲学家鲁道夫·奥伊肯说得好:"倘若教育工作者不相信在每个人的心灵中都有某种正在沉睡而可以唤醒的真与善的成分的话,教育工作如何能进行,它又如何能要求教育工作者的全部忠诚呢?"[1] 在教师的意识中学生是龙,于是他们就成了龙;在教师的意识中学生是虫,他们也许真的就成了虫。一个名叫多萝茜·洛·诺尔特的西方学者说得好:

> 如果一个孩子生活在鼓励之中,他就学会了自信。
> 如果一个孩子生活在表扬之中,他就学会了感激。
> 如果一个孩子生活在接受之中,他就学会了爱。
> 如果一个孩子生活在认可之中,他就学会了自爱。
> 如果一个孩子生活在承认之中,他就学会了要有一个目标。
> 如果一个孩子生活在友爱之中,他就学会了这世界是生活的好地方。[2]

---

[1] [德] 鲁道夫·奥伊肯:《生活的意义与价值》,万以译,上海译文出版社1997年版,第108页。

[2] 摘自 [新西兰] 戈登·德莱顿、[美] 珍妮特·沃斯《学习的革命》,顾瑞荣等译,上海三联书店1997年版,第76页。

第十章 个性教育理念

实践证明,教师的评价对学生的发展确实能产生非凡的影响。美国一位名叫海伦·姆拉斯拉的教师在当班主任时,发动学生互相找优点,然后依据自己的观察并综合同学们的意见,写出一份份热情洋溢以赞扬为基调的评语。学生们出乎意料而又心花怒放,他们说"从来不知道别人会认为我那么好!"若干年后,海伦的学生马克在一次战斗中阵亡,人们在他的贴身口袋里找到一张纸条,那便是海伦当年写给他的评语。许多学生告诉海伦:您写的评语被我们压在写字台的玻璃下,被放在结婚的像册里,被揣在寸步不离的钱包里……海伦的评语感动了学生,影响着他们的一生。①

个性教育与共性教育是什么关系呢?众所周知,个体是个性化与社会化的统一。教育的重要功能在于使受教育者个性化和社会化,教育过程是使受教育者个性化和社会化的过程。杜威在《我的教育信条》一书中指出:"受教育的个人是社会的个人,而社会便是许多个人的有机结合。如果从儿童身上舍去社会的因素,我们便只剩下一个抽象的东西;如果我们从社会方面舍去个人的因素,我们便只剩下一个死板的没有生命力的集体。"②

因此,教育的使命在于,一方面要最大限度地尊重个性,尽可能地发展每一个儿童的个性潜能;另一方面又要使儿童掌握作为一个社会成员所必要的知识、技能和态度,使之成为社会(组织、集体)的出色成员。本来统一性并不排斥个性的自由发展,社会化并不排斥个性化。但是长期以来,我国的教育在指导思想上却把这两个方面对立起来,以统一性排斥个性的自由发展,把社会化看作驯服工具化。所以不承认受教育者的主体地位,不爱护学生的独立人格,不尊重学生的个人价值,把受教育者只是当作工具。罗伯特·梅逊认为,"当代社会生活许多方面的

---

① 见朗忠《还孩子一片净土——中小学教育弊端直击》,中国文联出版公司1999年版,第223页。
② [美]杜威:《我的教育信条》,见王承绪、赵祥麟编译《西方现代教育论著选》,人民教育出版社2001年版,第7页。

当代教育新理念

集体制度化倾向是有害的。学校必须抵制这种二十世纪文化的特色。必须关心并尊重个人需要以及他们之间具有个别差异的权力来抵消这种机械化和非人格的现象。"[1] 我们在这里特别强调个性教育，目的在于扭转以往我们过于重视统一教育而忽视差异教育，过于重视社会化而轻视个性化的偏向。

阅读与思考10-1　美国的鼓励文化

初到美国，我深感自己的英语不好，害怕丢面子，非常畏惧与人打交道。但为了生活和学习，有时不得不鼓起勇气，硬着头皮与美国人交流。开始结结巴巴、勉勉强强应付，无法与美国人尽情交谈。但出乎我预料之外的是，几乎所有与我讲话的美国人都对我大加赞扬："你刚到美国这么短时间，英语能讲到这种程度，已经很不错了。"起初我听到表扬时，非常得意，似乎我的英语真到了美国人都说好的地步。然而我很快发现，颂扬人是美国人的美德。在日常生活中，他们很自然地找出各种理由，证明你在某一方面做得很出色。所以，如果你要沉醉于赞美声中而不思进取，那只能说明你还没有真正进入美国文化的语境。

后来，我发现这种鼓励文化充盈在美国人的日常生活中，老师对学生、朋友对朋友、本国人对外国人均以鼓励为主。在需要批评别人时，也会将相同的意思转变为鼓励式语句："你如果这样做，效果会更好。"美国人喜欢试验，敢于创新，不怕犯错误，也正是这种鼓励文化深入人心的结果。鼓励文化的主流地位造就了美国人生机勃勃的张扬个性和民族的活力。美国的经济实力和文化影响力长期居世界领先地位，除了地大物博、人口压力小等优越条件外，鼓励文化应当说也起到了不小的作用。

——引自《报刊文摘》2004年3月26日。

---

[1]　[美]罗伯特·梅逊：《西方当代教育理论》，陆有铨译，文化教育出版社1984年版，第262页。

阅读与思考 10-2　美国人从小就牛

没有人生下来就"牛"。美国人的牛气，是熏陶出来的。

女儿小的时候，我带她去学棒球。和她一起的还有一些美国女孩。只要小孩挥一下球棒，在一旁观看的大人就会发出赞叹："太好了，真了不起。"

轮到女儿打球了，后面的小女孩扔给她一个球，她没击中，再来一个球还是击不中。我站起来，急了，大声喊："路易莎，好好打！"哪知道教练喊的却是："试得很好！再试一次！"

女儿失败了一次又一次，教练说了一次又一次："试得很好，再试一次。"我也跟着学会了："试得很好，再试一次。你能够做到！"

直到女儿最终击中了一次，大家都给她鼓掌。教练高兴地说："路易莎，你真棒！"

练习结束后，美国的小女孩们都跑到父母身边，有的大声问："妈妈，我今天很棒，对吗？"母亲回答："亲爱的宝贝，我为你感到自豪。"然后，把孩子搂到怀中。

女儿低着头来到我跟前，低声说："爸爸，对不起，我今天没打好。"

我说："不，路易莎，你今天打得很棒。"

"真的？"女儿激动得声音都颤抖了。我告诉她："你尽了最大的努力，并且，你一次打不中，又打一次，决不放弃，这是最让爸爸高兴的。我为你感到自豪。"女儿扑到我的怀中，说："爸爸，你是最好的爸爸。"

你很棒！试得很好！再试一次！我为你感到自豪！这是许多美国父母经常对子女说的话，孩子们的自信心和奋斗精神，就是这样被培养出来的。

——摘自《协商论坛》2007年第5期。

阅读与思考 10-3　阳光的威力

他是个出了名的问题孩子，逃学、捣蛋、捉弄老师、欺负同学。老师也对他渐渐失去了耐心，放任自流；他的父母，一个重病缠身，一个苦于生计，想管也管不了。

这是个偏僻的山区学校，贫穷是笼罩在很多孩子身上的共同特征。每年，学校都会拟定一份名单报给教育局，以方便那些好心的捐助者选择资助对象。这是关键的一张纸，很多捐助者就是据此选择他们要帮助的孩子。

又一批名单报上去了。他走进班主任的办公室对班主任说："老师，这是我昨天收到的汇款单，是一位上海的叔叔捐给我的学费。谢谢老师！"

教师简直不敢相信，他清楚地记得，报上去的名单里根本没有他的名字啊。虽然心存疑惑，老师还是决定，把这个好消息告诉全班同学。

当老师宣布这一消息时，班级里一下子变得鸦雀无声，所有的眼睛都齐刷刷投向他。疑惑，羡慕，感叹，什么表情都有。而第一次被这么关注，他激动得满脸通红。

之后，他惊人地变化着。不再迟到，不再早退，不再恶作剧。月考时，他的试卷上，第一次没有出现红色……

班主任对他做了一次家访。他拿出了一沓信。"这都是资助我的叔叔寄来的。""叔叔在信中说，是老师推荐我的，老师在推荐信里说我是努力、上进、优秀的孩子。我没想到老师会这么夸我。"老师一脸迷茫。但是，不管怎样，有一点可以肯定，他彻底改变了。

谜底直到几年后才揭开。他考取了一所重点大学，资助人也赶来庆贺。班主任老师私下里问资助人，当初为什么会选择他这样一个问题学生？资助人一脸错愕，你们的推荐表上写的是优秀学生啊。资助人正好带来了最初的那张推荐表。班主任一看，上面潦草地手写着许光军。那是另一名学生，而他的名字叫许辉。

——引自《报刊文摘》2011年1月17日。

第十章　个性教育理念

第二节　个性教育的目标

在教育过程中使人格各要素全面协调地发展是必要的，但这并不意味着可以否定个性的意义。美国教育家布拉梅尔德说过："人类把自身看成一个整体，同时，在这个整体中仍然尊重和鼓励多样化和多元化。"[①] 强调人格的和谐发展，并不意味着认为各方面发展是绝对平衡、整齐划一的。在肯定发展全面协调的同时，也承认发展的不平衡性。正是个体各方面发展的不平衡性，才构成人格发展的个别差异和个性特征。人的类本性是以无限丰富的个性为内容的普遍人性，它必须以个人的独立性为前提，只能是独立个人发展的结果。

在教育中重视个性发展的内在原因在于，与社会性一样，个性也是人的真实存在形式。每个人都是一个独特的世界，有着与别人不同的认知、感受、思想、情感及意志。尊重个性正是因为每个人本来就存在个别差异，都是有尊严的个性存在，这些个别差异都有其存在的权利，应当受到珍视。如果在教育中无视主体的个别差异，用一个模式、一种标准去限制原本具有多样特性的个体的发展，这是与人的天性相违背的，从而也是不人道的。鼓励和发展个性是因为健康而积极的个性无论是对于自己、对于他人、组织或社会，都具有重要的价值。"相应于每人个性的发展，每人也变得对于自己更有价值，因而对于他人也能够更有价值"。[②] 日本教育家小原国芳说得好："如果所有的人都能真正发挥自己的本领，为自己的使命而奋斗，施展了自己的才能，各得其所，不用说是本人的幸福，也是国家和世界的文化所期待的。"[③] 对于个体自身来说，一个人只有在某一方面取得了与众不同的成绩，显示了自己独特的

---

① ［美］布拉梅尔德：《世界文明：令人振奋的公共教育目的》，见瞿葆奎主编《教育学文集·教育目的》，人民教育出版社1989年版，第524页。
② ［英］约翰·密尔：《论自由》，程崇华译，商务印书馆1982年版，第67页。
③ ［日］小原国芳：《小原国芳教育论著选》下卷，刘剑乔等译，人民教育出版社1993年版，第245页。

素质，从而体验到自豪感，他才能真正体会到人生的价值和快乐。如果一个人在各方面都很平庸，碌碌无为，他就摆脱不了自卑、苦恼和失望，就会滋生挫折感和失败感。这样的人生将充满着灰暗色调，缺少生机和活力。同时，每一个人的独特性还是人类丰富而多样的文化得以产生和不断发展的重要源泉。社会的进步从根本上来说取决于每个人最大限度地发挥每个个体所特有的潜力。如果一个社会或群体是由没有个性的人组成的话，那么它就没有生机和活力，就会丧失前进的内在动力。只有多样化的个性和无数个人的独特性的发展，才能构成一个五彩缤纷的社会文明。苏霍姆林斯基在《帕夫雷什中学》一书中深刻地指出：

> 我们的任务在于，让我们的每个学生都能在少年时期或青年早期就能有意识地找到适宜于自己志向的事，就能施展自己的才能，就为自己选好那条足以使自己的劳动达到高度技艺和创造水平的生活道路。在完成这项任务中最主要的是，要在每个孩子身上发现他最强的一面，找出他作为个人发展根源的"机灵点"，做到使孩子在他能够最充分地显示和发挥他天赋素质的事情上达到在他的年龄可能达到的卓著成绩。①

当然，个性并不是纯粹个人的，个性并不是孤立存在的东西，个性的实现必须以社会性为基础和前提。"一个人只有把他人所创造的社会总体的实践能力变成自己可以利用的能力，把他人创造的社会共同财富变成自己可以享用的财富。也就是说，只有把自己完全融进人的类活动中去、把自己变成社会合成力量的化身，才能真正独立、成为独立的个人。"② 在个体发展中，社会化与个性化具有同等重要的意义。社会化是

---

① ［苏］苏霍姆林斯基：《帕夫雷什中学》，赵玮等译，前言，教育科学出版社 1983 年版，第 13 页。

② 高清海等：《人的"类生命"与"类哲学"——走向未来的当代哲学精神》，吉林人民出版社 1998 年版，第 387—388 页。

人们在一定的社会关系中学习形成共同的思想意识和行为方式的过程，个性化则是个体在一定的社会关系中发展自我的独特的思想意识和行为方式的过程。社会化是从特殊向普遍、个别到一般的发展，个性化则是从普遍向特殊、一般到个别的发展。前者关注的是共同性，后者则着眼于差异性。

这里之所以特别强调个性的发展，主要的原因在于传统教育不重视个性，甚至在多数情况下否定、压抑甚至压制个性。但是，个性与社会性（普遍性）毕竟是既对立又统一的。矫枉不能过正，强调个性不能否定社会性。黑格尔在谈到艺术美时曾经指出："只有在个性与普遍性的统一和交融中才有真正的独立自足性，因为正如普遍性只有通过个别事物才能获得具体的实在，个别的特殊的事物也只有在普遍性里才能找到它的现实存在的坚固基础和真正内容（意蕴）。"[①] 对于人的发展来说也是这个道理。人的个性特征与共性特征（社会性）也应当是统一的、交融的，而不是对立的、冲突的。

总之，只有充分发展个性，才有丰富的共性。共性寓于个性之中，个性的单调会导致共性的贫乏。因此，在人格的建构中，应当重视独立个性。在教育中应当积极地对待学生的个性，发展其个性特征。学校教育应当为学生个性的成长和发展提供有利的条件和充分的机会。

阅读与思考10-4　榜　　样

8年前，我以全校第一的成绩考入省城一所重点大学。终日在田间劳碌的父亲看到我的录取通知书，如释重负般长长吁了一口气。

同学天棒是我们村出了名的读书最差劲、又最捣蛋的学生，自然毫无悬念地落榜。

一时间，我成了村里的明星，成了乡亲教育孩子的榜样。天棒则成了陪衬我的反面典型。

4年前，我大学毕业，进了一家大型纺织企业做企划，每月拿着二

---

① ［德］黑格尔：《美学》第一卷，朱光潜译，商务印书馆1979年版，第230—231页。

千元不到的薪水。

今年春节回家,见村里盖起了一幢豪华别墅,一打听,才知是天棒建的。他高中毕业后到上海承包拆迁老房子。短短几年,现已有几百万的身价。而我们家依然是父亲十几年前建的老房子,墙壁剥落,满目疮痍。这个春节,没有一个小孩像以前寒假那样来我家求教,而是围着天棒问长问短。

现在,在乡亲们的心目中,我和天棒已在不经意间更换了位置。

——引自《报刊文摘》2007 年 7 月 4 日。

阅读与思考 10-5　只有高学历才能成功吗?

当老师时有个男生学习不好,物理课、数学课总在打盹。我着急"拉了全班的平均分",他妈更急"上不了大学将来怎么办"。男孩儿学习不行但特别爱做饭,家里来了客人,他抢着拎篮子出去买菜,回家埋头扎厨房,不大一会工夫就做出一桌子好菜。亲戚客人夸奖时,他妈就叹口气"干这个哪儿有前途"。后来男孩子考上烹饪职高,在大太阳底下拿着炒锅颠沙子练手劲儿,汗珠子"吧嗒、吧嗒"砸地上,他咬牙坚持着。因为喜欢,他上课特别认真,毕业后分到饭店当厨师,还被朋友请到国外餐厅掌勺,收入不错。

我的初中同桌是小个子不起眼的男生,学习不错。初中毕业时,因为家里生活困难,他妈妈希望早工作帮着家里,他只好上了技校,学美发。30 年后同学聚会时数他最忙,手机不停地响,全是十万火急的电话——"您在哪儿,我们这就派车去接您。"后来才知道他几十年踏踏实实干美发,因为喜欢钻研,有不少回头客。后来他买了很多中国历史书,研究各朝代的发型,开始涉足影视业,不少剧组找他当发型师,现在是远近有名的"发型顾问"。

——引自《今日文摘》2010 年第 24 期。

阅读与思考 10-6　再见了,文凭

广为流传的"毕业即失业"的说法代表了一部分现实,大学不再是

通往成功的必经之路。英国《每日邮报》采访了 5 个没有文凭，却收获事业的年轻人。

索菲尔·伊戈，21 岁。接受 10 周的记者培训课程，4 个月后找到理想的工作——记录明星八卦消息的娱乐记者。

在中学里我的成绩名列前茅，但念预科时，我有点烦，任何一门大学课程都让我提不起兴趣。所以，我决定不申请大学，找点感兴趣的事做。我特别追星，大家都向我打听明星的各种消息，要是有一份报道明星消息的工作就好了。

2008 年 4 月，我参加了布莱顿一份日报的记者培训课程，父母替我支付了 4000 英镑的学费。我在伦敦的《妈咪宝贝》杂志社找了一份没有薪水的实习工作，然后，我在美国一家明星网站当临时雇员，薪资足够花销。与此同时，我给一些明星消息网发邮件，寻找相关工作。最终，Splash 网站给了我面试机会，并提供一份报道实习生的工作，那已是 2008 年 9 月份的事情。如今，我已被提升为新闻记者。

再看看我那些已经上大学的中学同学，我认为我的经历等同于甚至胜过他们。直接入职让一个人更自信：你要为自己争取一切，获得独立。从长远来说，经验是最宝贵的东西。

罗斯·卢埃林，23 岁。18 岁以优异成绩毕业于马尔伯勒中学，并打算上大学。不过她休息了一年后，决定成为一名水管工。目前，她和当粉刷工的男朋友安东尼住在纽卡斯尔。

我先做了一年的行政管理工作，赚了点钱，然后去印度学习纺织。2009 年 4 月，我回到英国。有一天，我和父亲待在厨房里，水龙头突然漏水。更换了一个新垫圈后，问题马上解决。此情此景让我豁然开朗。我一直特别喜欢摆弄东西，我突然意识到，学习一门实用技能才是我的理想，我要成为一名水管工。

我喜欢修理水管的工作。也有人问我："当水管工？你太酷了。你真喜欢这份工作吗？"我不是那种特别敏感的人。如果全身脏兮兮、湿透了，没关系。我会付出 100% 的努力完成任务，这种感觉棒极了。

放弃大学没什么遗憾的。我已经获得多项资格认证，我当前的目标就是在一个比较不错的水管修理公司当学徒。由于没有收入，我还在酒吧里找了份兼职。不过一旦我的能力得到认可，水管工的收入也不菲哦。当然，我不想做一名普通的水管工，我希望得到最长远的发展。

汤姆·吉，19岁。虽然成绩优秀，但是他直接从一个高中生摇身变为普华永道会计师事务所的会计实习生，目前和父母住在一起，年薪1.6万英镑。

从十三四岁开始，我就想在金融或商业领域有所建树。我曾有过学习科学的念头，但是对大学一点都不感兴趣，更别提上大学的高额费用了。所以，当我发现成绩优秀的人能够去普华永道参加会计师资格认证培训时，我觉得非常不错。在那里，我不仅得到专业培训，积累了经验，而且没有任何债务——公司支付了全部费用。

我和家人住在一起。每天8点出门，9点到单位，一直工作到下午5点半。我花了一段时间才适应办公室生活。我最近开始了税务策划师培训，有望5年内获得证书。

在我的朋友圈里，没有一个人放弃读大学的机会，做到与众不同颇具挑战，但是我绝不随波逐流。我做出了自己的选择，生活在不同的环境中，我有了自己的社交圈子，结识了新朋友。直接工作让我专注未来，收获经验、证书甚至报酬，而且没有背负债务。这绝对是一件非常正确的事情。

卡莱尔·史密斯，22岁。18岁时拒绝了4所大学的邀请，自主创业。今年3月开始，她在蜜饯生产商Mackays的市场部工作，目前和父母住在苏格兰南部。

高中时，我是学生会主席，成绩优异，有4所大学对我表现出兴趣，但就在我要开始斯特斯克莱德大学的学习生活时，我选择了退出。

我做事的目的性非常明确，想想4年后带着2万英镑的债务做一份普通的工作，这让我有种挫败感。

上学时，我参加了一个年轻企业家项目，并作为总经理领导其他12

名员工。之后，我作为苏格兰年轻企业家参加年轻领导培训项目，为贫困地区的孩子提供教育和援助。我也曾在纽约的克林顿基金会实习，帮助非洲的马拉维建立一所小学。我的事业有条不紊地发展着，直到今年3月，Mackays过来"挖"我。如今，我年薪2万英镑，有了自己的车，并开始攒钱买房子。

内德·霍奇，20岁。高中毕业后加入音乐行业，如今是Rough Trade唱片店市场销售经理。他和朋友租房子住，年收入2.2万英镑。

我想学习课堂上找不到的东西。我痴迷于音乐，13岁时就在一家唱片公司找了份兼职，并成功组建自己的乐队。相比之下，坐在教室里多么枯燥啊。

我曾在一项商业音乐项目中投入18个月的时间，其间通过演出赚取生活费用。我学到了实用的商业音乐技能，包括会计、出版和版税之类的知识，并开阔了视野。之后，我得到一份有薪水的实习生工作，接着又去了环球音乐集团，并在一年前进入Rough Trade唱片公司。

我曾有过4次面试，面试官都没有询问我的证书情况，他们想知道我的音乐知识、表演能力等等。目前我的年薪为2.2万英镑，当听说大学毕业生的年薪只有1.2万英镑时，我感到有点惊讶。

我遇到许多有着不同背景、文化的人。和大学生相比，我的思想更自由。不过最近我想弥补没上大学造成的缺憾。我非常热衷阅读经典名著。偶尔，我也有研究60年代反主流文化的冲动。

——引自《今日文摘》2011年第4期。

阅读与思考10-7 20岁当上厨师长周薪350英镑

上职高，觉得面子上挂不住；上普高，又怕孩子跟不上。中考在即，帮孩子选什么学校成了家长最头痛的问题。不久前，杭州西湖区职业高中被正式授牌国家级重点职高，优秀毕业生、在校生云集一堂，感人故事一箩筐。这里挑选了其中最典型的三个故事，希望能给犹豫的家长一些启发。

当代教育新理念

宋子翔是幸运的。念烹饪专业的他,临近毕业,得到了一次去英国交流学习的机会。去年4月,他开始在英国学做专业西餐。单纯的学习,宋子翔并不满足,他走进当地一家中国餐馆,毛遂自荐:"让我打杂实习吧。"中国老板娘留下了这个诚恳的小伙子。别人工作5—10小时,宋子翔工作12—17小时;别人没做好的东西,他偷偷地补上;厨师长烧的菜没人夸,他做的中国菜人人夸地道……细心的老板娘把这些都看在了眼里。三个月后,年仅20岁的宋子翔成为这家中国餐馆有史以来最年轻的厨师长。"不看年龄,不看资历,就看能不能干活!"这是老板娘的用人之道。刚毕业不久,宋子翔的周薪就达到了350英镑,折合人民币5000多元。"在西湖职高学的手艺派上了大用场,在国外,如果做西餐,可能很难超越别人,但能做出地道的中餐的人却少之又少。"宋子翔很得意自己当初的选择:"凭我初三的成绩,念普高绰绰有余,但我一直很想当厨师,一个优秀的厨师。"宋子翔毫不犹豫地选择了西湖职高的烹饪专业。对于方向明确的儿子,全家人都大力支持。这段时间,宋子翔回国休息,但勤奋的他依然找了个机会去上海的一家四星级酒店交流学习,希望能让自己更充实一些。而他同时发现,在这家酒店,很多服务生都是大学毕业,他虽然毕业于职业高中,但已是一名大厨师。"我的选择很正确!"宋子翔肯定地说。

刚进学校那会儿,毛建国让老师颇为头痛。班主任江文俊概括起来说就是:冲动,调皮,是旅游服务与管理06(1)班的"麻烦人物"。然而,细心的班主任还是发现这个男孩身上有很好的潜质。"性格开朗,愿意与人交流,还有一定的表演能力,挺心细。"当长嘴壶表演引入旅游专业,要挑几名男生进行专业学习时,江文俊把其中一个名额给了毛建国,没想到这下彻底改变了这个调皮蛋。"忽然找到了自己最喜欢的东西,以前总觉得做什么都得不到认可。现在有奔头,有方向了。"毛建国很快"出师",在老师的安排下,去城西一家知名茶馆演出,他娴熟的表演,真诚的态度,还有学生的身份得到了茶馆负责人的赏识。"以后,有表演都叫你!"很快,毛建国在这个圈子里开始小有名气,一次演出能挣250

元，表演时间仅仅是3分钟。才念高二的毛建国并不满足于此。"现在跟着茶艺老师去各地演出，开阔眼界，今后我要开一家自己的特色茶馆。"瞧着以前的调皮鬼变得如此成熟、懂事，江文俊欣慰不已："初中里，这些孩子时常会体会到挫败感，找不到定位，进入职高后，他们明确了自己的技能发展方向，有了奋斗的目标，我们的教育也就成功了。"

女孩子选读建筑装饰，不少人觉得不合适。"工地上都是男人，一个小姑娘跑来跑去的不太好吧。"可宋亚群不但"闯"入了男人的领地，而且比很多男人干得更出色。宋亚群在杭州一家大型建筑企业负责其中一个工地的资料工作，专业技能让她很快有了优秀表现，公司里十几个建筑项目，只有她做的那一份一次性通过资料年终审核。出色的表现让宋亚群的实习工资一路飚升，从500元到700元再到1000元，最后突破了1200元。她作为唯一一名实习员工代表参加了单位的团拜会，领到了一个2000元的大红包。还没毕业的宋亚群现在已经开始当起了师傅，她所在的企业相关负责人更是连连和学校打招呼，就怕她"跑"了："小姑娘真的很出色，毕业了可千万签我们公司啊。""许多人有思维定式，觉得女孩子干建筑这行不太合适。其实，现在杭城很多大型的建筑公司，就缺专业的资料员、安全员、施工员，就业前景很乐观。"班主任马永春说。而宋亚群也给自己找准了明确定位：现在好好工作，积累经验，将来开一家专业的资料公司，专门承包各工地的资料管理工作。

——引自《教育文摘周报》2008年5月21日。

阅读与思考10-8 蔡志忠辍学画漫画

漫画大师蔡志忠的家庭很普通，但他的父母却以出奇包容的态度、放任自由的作风给了他伸展呼吸的空间，正是这个原因成就了蔡志忠后来非凡的成就。

幼年时，蔡志忠很爱看书，尤其是漫画书。他的美术成绩一直在班上很拔尖。初二暑假时，一家漫画出版社邀请他画漫画。做职业漫画家是蔡志忠的梦想，但是他必须征求父亲的同意才能辍学。当他告诉父亲想辍学专门画漫画时，他父亲问他是否找到了工作。得到肯定的答复后，父亲说："那就去吧！"

1985年，蔡志忠获得台湾"十大杰出青年"荣誉时发表了如下感言："我要特别感谢我的父亲，因为他没有逼我继续上学，也没有将他一生未完成的愿望要我去替他完成，因而才使我有机会画漫画。"

——李赵文，转引自《今日文摘》2009年第19期。

阅读与思考10-9 "第十名现象"

1989年，杭州市天长小学老师周武受邀参加一次毕业学生的聚会。当时他暗自吃惊：那些已经取得较好业绩的学生，在学校时的成绩并不十分出色。相反，当年那些成绩突出的好学生，现在成就却平平。

上海市南洋模范中学在其103年的办学历史中，最让学校引以为自豪的是，已有34位校友当选为中国科学院院士和中国工程院院士。这些院士在南洋模范中学读书时的成绩怎么样？有人用34位院士中的23位的学习档案分析，发现高三毕业时的成绩排位从绝对名次看，年级第1名的只有1位，第2至第10名的有4位，第11至50名的有11位，而在第100名后的也有3人。

阅读与思考10-10 有多少状元能够成才？

据查，从唐武德五年（公元622年）正式开科取士到清光绪三十一年（公元1905年）废止科举的近1300年间，有案可查的状元共计552人，但真正留名青史的只是区区数人而已。有人称知名者仅2人，武状元为唐代的郭子仪，文状元为宋代的文天祥。绝大多数状元在历史的长河中默默无闻。由宋及清共产生了19位状元的安徽省休宁县是中国的"第一状元县"，该县不久前修建了巍峨的"状元楼"以弘扬本地的"状元文化"。可惜这19位状元均不知名，只留下了几座"状元及第"的徽派民居。

杰出的历史人物基本不是状元，连进士也不多，大多不是考试高分的优胜者，中外皆然。牛顿、爱迪生、爱因斯坦等均属少年愚顿，大器晚成。毛泽东、鲁迅、胡适、郭沫若等等成才之路坎坷，也非早慧的优等生。美国国家档案馆最近公布的档案显示，多数美国总统青少年时代的学习成绩平平。肯尼迪8年级时的语文考试仅得55分，约翰逊三年级的语法考试成绩为D，老布什的考试成绩多为60、70分。他们在孩童时代显露的是个性鲜明、志向远大、做事独特的特征。

这从一个侧面揭示了教育与成才、考试成绩与成才之间复杂的关系。它告诉我们，中小学阶段的学习成绩其实没有那么重要。成才或成功，所凭借的主要不是考试所测量的学业能力。与智力因素相比，更为重要的是抱负、胸怀、勇气、意志、坚韧等品质，是审时度势的悟性，是综合素质。那些未能留名青史的状元并非蠢才，只不过是循规蹈矩的"规范性"人才而已。

——杨东平，tieba.baidu.com/f? kz=460653352.2008-8-7.

中南大学高等教育研究所蔡言厚主持的关于恢复高考制度32年来（1977—2008年）的高考状元的课题研究成果显示（2009年5月14日公布），历年来的状元中没有发现一位在做学问、经商、从政等方面的顶尖人才，他们的职业成就远低于社会预期。他认为，状元的智商都是比较高的，限制他们成才的主要是非智力因素。

——引自《教育文摘周报》2009年7月15日。

阅读与思考10-11 校长推荐上北大为何无偏才？偏才大师与他们的伯乐

北大2010年自主招生实行"中学校长实名推荐制"，为不同类型优秀学生的脱颖而出创造条件，被推荐的学生将获北大降30分录取。此举将是投向时下高考招生"一考定终身"的"救命"稻草，抑或是伸向偏才怪才们的"橄榄枝"。

2009年11月，获得推荐资质的39所中学，共向北大推荐了90名学生。这些学生，品学兼优，能力全面，无论是保送，或参加高考，上北大应该问题都不大，但是鲜有突出的偏才怪才被推荐。公众不免困惑，北大的神圣大门，为何难以对偏才怪才们自由敞开呢？12月中旬，四川大学作出决定：未上分数线的偏才、怪才，可由中学校长推荐并破格录取，一时纷争再起。让我们回到那大师辈出的时代，重温一下偏才与他们的伯乐的动人故事，体会那种人性的恣意与思想的放松。

"钱钟书们"被破格推荐上清华

在中华民族众多的"脊梁"中，曾涌现了一大批大师级偏才。远的不说，仅以民国以来的历史为例，便可窥一斑。

1917年，罗家伦想修外文，投考北京大学文科，恰逢胡适判阅其作文试卷。胡适毫不犹豫地打了满分，并向学校招生委员会荐才。可校委们察看罗家伦的全部成绩单后大吃一惊。原来，罗家伦的数学成绩竟是零分，其他各科分数也平平。取还是弃的争论之际，主持招生会议的蔡元培校长力排众议，破格录取罗家伦。

罗家伦后来成为"五四"风云人物，民主与科学"新文化"运动的旗手，传诵一时的《五四宣言》，便是他的手笔。"中国的土地可以征服，而不可以断送；中国的人民可以杀戮，而不可以低头。国亡了，同胞们起来呀??"的警句，曾激励广大有为青年，奋起救国。碰巧的是，12年后，已是清华大学校长的罗家伦在招生中也遇到了偏才——钱钟书。钱钟书当时"国文特优、英文满分、数学15分"，比罗家伦当年考北大的成绩略胜一筹。于是，罗家伦在钱钟书的名字上大笔一勾，破格录取。

钱钟书这位"姓了一辈子钱，却不爱钱"的"钱学"大师，后来学贯古今，兼修中外，曾领衔翻译《毛泽东选集》英文版。《围城》、《管锥编》、《谈艺录》、《写在人生边上》等著作，一度使其驰骋学界，赢得国学泰斗之誉。

在大胆破格录用偏才方面，清华似乎比北大更果决。国学大师季羡林，从上小学开始，便文理偏科严重。报考清华大学时，百分制的数学考卷，他只考了4分，而他的第一志愿，居然还是数学系。尽管如此，季羡林还是被清华大学西洋文学系录取。

1912年,清华留美预备学校在全国招生,学制8年,毕业后公派去美国留学,考试科目是国文和英文。闻一多报考,虽然英文考了零分,但因一篇效仿梁启超风格的《多闻阙疑》,写得洋洋洒洒、气势不凡,老师将他破格列为备取第一名。他的《死水》、《最后一次演讲》都曾进入当代中学语文教科书,影响了几代人。

闻一多也是一位敢于破除学科偏见的教育家,著名文学家臧克家就是他发现和培养的。1930年,臧克家报考国立青岛大学(1932年改为国立山东大学),但他数学也是得了个零分。可是,他的那句杂感:"人生永远追逐着幻光,但谁把幻光看作幻光,谁便沉入了无底的苦海",得到了时任青岛大学文学院院长兼中文系主任、主考老师闻一多的赏识,臧克家因此被破格录取。"有的人活着,他已经死了。有的人死了,他还活着"便是臧克家著名的现代诗句。

"以史为鉴,可以知兴替。"放眼当下,尽管通吃各科的"考霸"层出不穷,却鲜见以专科专业见长的"偏才怪杰"。究其原委,一是围绕高考指挥棒的学生,不敢拿自己的学习个性"赌"明天。二是标准化的招生制度扼杀了偏才。而缺乏偏才的社会往往缺少深度与活力,因为,有时偏才与大师仅一步之遥。

世有胡适,然后有吴晗

"世有伯乐,然后有千里马。千里马常有,而伯乐不常有。"唐代文坛宗师韩愈的经典论断,跨越千年,依然一针见血,直接扎在了当下教育,特别是高考招生的"软肋"。

我们在为钱钟书、季羡林、臧克家取得的成就惊叹的同时,更为蔡元培、闻一多这样不拘一格的伯乐击节。历史上,博学多闻、温文尔雅的胡适,同样是一位难得的敢于破格录取偏才的伯乐。

1937年,北大的招生不是采取全国统一高考的方式,而是几所名校自己组织联考。沈从文妻子张兆和的姐姐张允和投考,结果数学得零分,作文却相当好,其他科目较平均。时任中文系主任的胡适看到张允和的作文，立刻大喊"这个学生我要了"。但北大的招生规则是"任何一科如果是零分，都不能被录取"。胡适找到数学改卷老师，让他无论如何在张允和的卷子上找出几分。数学老师也很坚持原则，说"零分就是零分"，一分也不肯给。直到胡适找到校务委员会拍桌子骂人，北大才终于破格录取了张允和。

与张允和"顺利"被北大破格录取相比，著名历史学家吴晗报考北大却颇费周折。

1931年初春，胡适应北大校长蒋梦麟的聘请，出任北大文学院院长，于是吴晗也准备报考北大史学系。之前，吴晗因著作《胡应麟年谱》得到胡适器重，并被收为弟子。他的考试成绩却让人大跌眼镜：文史、英语都是满分，数学则是零分。按北大"一门得了零分不录取"的规定，吴晗上北大不成，马上转报清华史学系。结果吴晗文史、英语都得满分，而数学还是零分。

当时，清华大学录取新生的规定和北大相同，考生有一门得了零分，就不能录取。不过与北大不同的是，他的文科成绩如此之好，引起了校方的注意。胡适其后也写信给清华校长翁文灏，请后者大力培养吴晗。最后，清华首开特例，破格录取了吴晗。清华这个决定轰动了北大。胡适一再对人说："北大的考试制度太不合理，像吴晗这样有才华的学生，竟因数学不及格而未被录取，太可惜了"。

如果按照现在的高考制度，张允和、吴晗二人断然考不进北大、清华；如果推荐也按考试分数进行综合排名，张允和、吴晗恐怕连进入校长视线的机会都没有。其实，并非只有大学才能培养人才。华罗庚只有一张初中毕业文凭，到清华大学的第二年就升任助教，初中学历当助教，破了清华先例，但却是教授会一致通过的。

给伯乐和偏才一片充分成长的土壤

相对于胡适、闻一多等人果敢推荐偏才的佳话，此次北大"校长实名推荐制"的实施，无论在气度格局、实施过程，还是在阶段结果上，颇为相形见绌。而钱学森"中国的大学为什么培养不出创新型杰出人才"的困惑，似乎又多了一条例证。也许是出于对"推荐综合素质优秀或学科特长突出的高中毕业生"的考量，北大此次推荐结果，从公示的90人学生名单中，可看出两个特点：一是鲜有明显的偏才怪才，一是他们中的很多人是学校和班级的学生干部，属于"全能选手"。而在各学校报上来的学生推荐语中，"气质优雅"、"即兴吟诗作对"等个性化的描述也不时可见，更有学校形容被推荐的学生是"校园的一枝百合花"。

为什么校长推荐倾向于"全才"？舆论普遍发出质疑：北大这坛"酒"似乎酿得有点酸，实名推荐好似一场"教改闹剧"，"北大其实在'掐尖'，以'校长推荐'的名义争夺优质生源"，"北大造了个优秀中学排行榜"，有的校长能推荐五名学生上北大，而有的校长则只有推荐一名的权利，绝大多数的中学则一个名额也没有。

"非不能也，是不敢也！"一位负责推荐学生的校长颇感无奈。推荐方案公布之初，"权力腐败"、"教育公平"一直就成为公众争议的焦点。外界对校长的猜忌，公众对操作的不信任，让校长们承受着太多舆论压力。由于担心标准不清引发争议，"校长实名推荐"也演变为"大家集体讨论"，校长签字报呈，甚至直接"按分数高低论英雄"。于是，"不求有功，但求无过"的校长们推荐出来的学生，清一色的全能尖子生。

"他山之石，可以攻玉。"与时下国内强调由"中学校长"推荐学生上大学不同的是，美国的大学就不看重中学校长的推荐，他们更看重学生的班主任、任课教师或名人的推荐，并且欢迎校友来推荐新生，因为校友对大学的文化、特色更为了解，知道什么样的人更适合。全才和偏才均是人才的重要组成部分，偏才怪才可遇不可求的言论，似乎只是"天下无马"的老调。

尺有所短，寸有所长，如能消除偏见，取长补短，给伯乐和偏才一片自由成长的土壤，大学也得天下偏才而教育之，功莫大焉！我们更需要大批有自由思想、独立意志、从题海和应试教育中解放出来的少年，少年强，则国强。我们也应该不拘一格降人才，而不是一格一格"降"

> **当代教育新理念**

人才。或许这样,众多的偏才"千里马"才能摆脱埋没槽枥的宿命,脱颖而出,纵横驰骋。

"世界杂交水稻之父"袁隆平曾就读于西南大学,1950年,他的大一下学期期末考试成绩单表明:袁隆平当时农学课程成绩并不很突出,反而英文成绩特别好,高达93分。国文64分,植物学65分,普通化学60分,地质学88分,农业概论88分,气象学84分,农场实习67分。他专业成绩在班上仅相当于中等。对此,很多教育界人士表示,成绩并不代表实际能力,袁隆平自己也说过:"书本很重要,电脑很重要,但书本和电脑都种不出水稻。"

——见人民网,2010年7月30日。

第三节 当代教育的个性化趋势

个性教育的思想与实践,在古代就已存在。在当代,强调个性教育更成为重要的潮流和趋势。

在我国,早在先秦时期,孔子在教育中就提倡并实施过个性教育,所谓"夫子教人,各因其材",说的正是这个事实。在西方,文艺复兴时期,个性教育也受到人们的重视。意大利人文主义教育家维多里诺曾强调要尊重儿童的天性和个别差异。他说,我们并不希望每个儿童要表现同样的天才嗜好,儿童总可以有他自己的所好,我们必须跟随儿童的自然本性前进。斯宾塞也强调说:"一个无论怎样竭力坚持也不过分的,就是在教育中应该尽量鼓励个人发展的过程。"① 赫尔巴特曾要求把学生的个性作为教育的出发点,要求在教育中突出学生的个性,并且强调要尽量避免侵犯学生的个性。为此,他还特别要求"教育者识别他本人的僻性,当学生的行为与他的愿望不一致时,他应当慎重考虑。他必须立

---

① [英]斯宾塞:《教育论》,胡毅译,人民教育出版社1962年版,第62页。

即放弃他自己的愿望,如可能,甚至连表达这种愿望也必须抑制住。"①他呼吁要让学生的个性具有鲜明的轮廓,乃至明显地显露出来。

苏联有一大批教育家倡导并论述过个性教育问题。马卡连柯、苏霍姆林斯基以及"合作教育学"等就是其中的主要代表。马卡连柯坚决反对模式化的教育,认为这种教育"使所有的人整齐划一,把人嵌进标准的模型里,把人培养成一套狭窄的类型。"②他强调说:"作为教育的对象来看,人毕竟是非常多种多样的材料,被我们所制成的'产品'也将是形形色色的。个人的一般品质和个别品质,在我们的设计中能够形成很错综复杂的形态。"③为此,他要求教育工作者创造一种方法,"使每一个个人有发展自己的才能、保持自己的个性、按照自己的意愿前进的可能"。④苏霍姆林斯基呼吁教师要善于在每一个学生面前,甚至是最平庸的、在智力发展上最有困难的学生面前,都向他打开他的精神发展的领域,使他能在这个领域里达到顶点,显示自己,宣告大写的"我"的存在,从人的自尊感的源泉中汲取力量,感到自己并不低人一等,而是一个精神丰富的人。为此,他要求学校创造丰富多彩的精神生活。"学校的精神生活应当是如此的多方面,以致能使每一个人都找到发挥、表现和确信自己的力量和创造才能的场所。学校的精神生活的意义就在于,要在每一个学生身上都唤起他个人的人格独特性。"⑤苏联一批教育改革家提出的"合作教育学"对于个性教育也给予了充分的关注。他们重视发展人的个性,反对全民头脑的"标准化",认为"合作教育学应该成为个性的发展的教育学,而不仅仅是智力发展的教育学"。他们把个性的自由发展看成是教育的目标,认为教育的目的就是要培养鲜明的、刚强

---

① [德]赫尔巴特:《普通教育学·教育学讲授纲要》,李其龙译,人民教育出版社1989年版,第41页。
② 吴式颖等编:《马卡连柯教育文集》上卷,人民教育出版社1985年版,第6页。
③ 吴式颖等编:《马卡连柯教育文集》上卷,人民教育出版社1985年版,第78页。
④ 吴式颖等编:《马卡连柯教育文集》上卷,人民教育出版社1985年版,第7页。
⑤ [苏]苏霍姆林斯基:《给教师的建议》,杜殿坤编译,教育科学出版社1984年版,第367页。

的、创造性的、为崇高理想所鼓舞而热情奋发的个性。

日本教育家小原国芳在个性教育问题上也有一系列深刻的论述。他认为,尊重个性应当被视为教育学的"神圣的信条"。这是因为,人与人之间的个性差异是客观存在的。每个人无论他多么渺小,总有一块天地是属于他的,别人无法代替。他明确指出:"人的个性是尊严的。每个人在世界上都是独一无二的个体,是只有一次的生命,是任何其他什么人也替代不了的。每个人都有别人不能执行的各自的高尚使命,如不能完成其使命,将永远给这个宇宙的完全性留下那一份欠缺。"①

在他看来,真正的教育就应当是个性教育。他对教育中轻视乃至抹杀个性的做法表示强烈的愤慨,认为根本无视儿童个性和特长的教育,其实就是"教杀","等于置于死地。"他甚至认为这种行为是"教育工作者的深重罪恶"。小原国芳的批评是有针对性的。日本教育长期以来一直存在划一性、封闭性所造成的受教育者缺乏个性及规格单一的弊端。但是,自20世纪80年代以来,日本临时教育审议会的几次教育改革咨询报告都强调个性问题,把重视个性作为教育改革的一个基本原则。1985年6月公布的《关于教育改革的第一次审议报告》指出:"'尊重个性的原则'是这次教育改革中最主要的、贯穿于其他各条之中的基本原则"。报告呼吁"在教育内容、方法、制度、政策等教育的各个领域,都要根据这一原则进行对照,从根本上加以重新认识。"1987年8月发表的《关于教育改革的第四次审议报告》再次重申重视个性的原则,并进一步指出:"此次教育改革最重要的问题,是要打破我国教育的划一性、僵化性、封闭性这一根深蒂固的弊端,要确立尊重个性的尊严,尊重个性、自由、自律、尽职尽责的原则,即贯彻'尊重个性的原则'。必须对照'重视个性的原则',在教育的内容、方法、制度、政策等教育领域进行根本性的改革。"

具有重要影响的联合国教科文组织教育丛书,如《学会生存》《教

---

① [日]小原国芳:《小原国芳教育论著选》上卷,由其民等译,人民教育出版社1993年版,第245页。

育——财富蕴藏其中》等,也一再强调要重视个性教育。《学会生存》指出:"人类发展的目的在于使人日臻完善;使他的人格丰富多彩,表达方式复杂多样;使他作为一个人,作为一个家庭和社会的成员,作为一个公民和生产者、技术发明者和有创造性的理想家,来承担各种不同的责任。"[1] 在《学会生存》一书看来,之所以要重视个性教育,是因为作为教育主体的人,在很大程度上是一个普遍的人——在任何时候,任何地方都是一样的。然而,作为一个特殊教育过程的对象的某一特殊个人则显然是一个具体的人。事实上,我们一方面加入这个普遍的和抽象的观念世界,另一方面又以自己个人的感情、思想和生存,对世界作出显然富于创造性的贡献。该书还强调指出:"每一个学习者的确是一个非常具体的人。他有他自己的历史,这个历史是不能和任何别人的历史混淆的。他有他自己的个性,这种个性随着年龄的增长而越来越被一个由许多因素组成的复合体所决定。这个复合体是由生物的、生理的、地理的、社会的、经济的、文化的和职业的因素所组成的,而这些方面对于每一个人来说,都是各不相同的。当我们决定教育的最终目的、内容和方法时,我们又如何能够不考虑这一点呢?"[2]

正是基于这个理由,《教育——财富蕴藏其中》一书特别强调个性化的教育原则:"尊重个人的多样性和特性是一个根本原则,这一原则应导致摈弃任何标准化的教学形式。"[3]

第四节 个性教育的实施策略

我们应当承认,在班级上课制的教学形式下,实施个性教育存在着

---

[1] 联合国教科文组织国际教育委员会:《学会生存——教育世界的今天和明天》,见呈送报告,华东师范大学比较教育研究所译,教育科学出版社1996年版,第2页。
[2] 联合国教科文组织国际教育委员会:《学会生存——教育世界的今天和明天》,华东师范大学比较教育研究所译,教育科学出版社1996年版,第195—196页。
[3] 国际21世纪教育委员会:《教育——财富蕴藏其中》,联合国教科文组织总部中文科译,教育科学出版社1996年版,第41页。

先天不足。众所周知，班级上课制的主要缺点正在于不利于因材施教，不利于照顾学生的个别差异。而现在普遍存在的班级人数过多，更成为个性教育的重大障碍。正如 S. 拉塞克和 G. 维迪努在《从现在到 2000 年教育内容发展的全球展望》一书中所说的："……班级学生人数太多，使学生难以有机会对话、发现自己的潜力和表现出有独特兴趣和志向的个性。"① 但是既然我们提出的这个问题就是基于目前的现实，那么探索现有条件下个性教育的具体实施策略就是我们的必然选择。个性教育的实施是一个非常复杂的课题，涉及方方面面。这里仅从态度、组织形式、课程等层面作简要的分析。

一 树立正确的态度

目前在教育实践中，教师对待学生的个性一般有三种态度：一是错误的态度。持这种态度的人，把学生的个性当成问题和包袱而加以限制、否定或制止。在这种情况下，"个性"基本上是在否定的意义上加以使用。如一个人与别人的关系不融洽时，往往说他"个性太强"。他们不能容忍个性比较突出的人，想方设法把他们统一到"常态"模式中来。二是消极的态度。持这种态度的人，认为人的个性无所谓好坏，一般会对个性表示承认、理解和宽容，但绝不提倡，更不予鼓励。三是积极的态度。持这种态度的人会把学生的个性当作宝贵的资源而加以保护利用和积极开发，使它进一步得到发展。就象洛扎克（Theodore Roszak）所强调指出的："我们是带着完整的没有开发的、无法预测的个性进入学校中。教育旨在显露我们的个性——显露个性之最美；认识到个性是我们人类最潜在的资源，是人类的真正的财富。"② 长期以来，教师对待学生的个性主要是采取第一种态度，有意无意地对个性加以否定和排斥。正

---

① ［伊朗］S. 拉塞克、［罗马尼亚］G. 维迪努：《从现在到 2000 年教育内容发展的全球展望》，马胜利等译，教育科学出版社 1996 年版，第 179 页。

② T. Roszak, *Person/Planet*, London: Granada, 1981. 转引自邓志伟《个性化教学论》，上海教育出版社 2000 年版，第 228 页。

确的态度应当是首先承认个性,也即认识到每一个学生都具有自己的独特性,并且承认他们个性存在的权利和价值,同时采取积极的措施努力促进个性的发展。

阅读与思考10-12　不要考100分

已故著名数学家陈省身先生曾给中国科技大学少年班题词:不要考100分。中国科技大学前任校长朱清时院士用种地过度施肥来形象地解释这句话。他记得自己小时候,农民种地不施化肥,亩产四五百斤。后来施化肥,亩产提高到五六百斤。施过两三遍化肥后,产量就很难再提高了。而且,因为过度施肥,土壤板结,也不能种稻子了。

1963年,朱清时考入中国科技大学时,分数并不算高,460多分。其中,最高分是数学,93分,物理79分。而现在高招重点线要高很多,这让他很感慨。那时的高考没有过度"施肥":中学上完课复习一个月就高考了。"那时复习也没有像现在这么紧张,大家都没有去训练如何应付考试,自然而然地考了460多分。"

"为了多考一二十分,孩子们要多做很多练习,要多学很多时间。等他们长大后,当初多得的这一二十分没有起到好的作用,反而起了坏作用。"朱清时说,"不要为了这一二十分,摧残了孩子的创新能力,浪费聪明才智,让人格、品德扭曲僵化,让他们沦为考试的机器。"

——引自《报刊文摘》2009年2月6日。

阅读与思考10-13　铃木父亲的"合格教育"

铃木上小学时,日本的升学竞争很激烈,家长很关心孩子的学习成绩,但铃木的爸爸对他的成绩要求却不高,每门功课只要考60分就行了。

"60分怎么行?"儿子不解地问。"60分怎么不行?"爸爸反问道。"60分就代表及格了,及格了就表示合格。你想想,工厂的产品合格就出厂了,既然你已经合格了,你就没有必要把全部的精力耗费在争夺名次上，考第二名还要争第一名，考 90 分还要争 100 分，一次 100 分不够，还要次次 100 分。儿子啊，求知是人间最大的追求，如果你成天想到的只是考试分数，那求知不就变成一种无尽的苦难吗？"

儿子顿觉身轻如燕，如释重负。但转念一想，不对，忍不住问道："爸爸，这样学习太轻松了，空闲时间做什么？"

"你永远记住爸爸的话，其他时间用来博览群书，把求知的欢乐还给自己。"

父亲的话深深地印在铃木的脑海里，铃木就按照父亲的教导，在功课上花的时间不多，学习成绩中等，而读过的课外书却是全班同学的十几倍。他从中体验到了学习的愉悦和自信。

这个铃木，后来成为日本乃至全球著名的汽车大亨。

这一切源于铃木父亲的"合格教育"。铃木的父亲说"及格了就表示合格了""工厂的产品合格就出厂了"。如此简单的道理，我们却一而再、再而三地忽略。

——林端华文，引自《教育文摘周报》2010 年 2 月 24 日。

阅读与思考 10-14　哈佛招生的偏好

在美国申请上大学，学生会被四大方面的考量来评估，即：高中在校成绩、STA（或 ACT）考试成绩、课外活动经历、学生的家庭背景（如种族、地区、父母教育背景、家庭经济情况）。

在这四项中，第四项是学生和家长很难改变的，所以前三项对华裔子女能否进入名牌大学起到关键性的作用。学习考试成绩往往是华裔学生的长项，而课外活动的表现却最容易成为华裔学生跨进名校门槛的软肋。

有关统计数据显示，61% 的 SAT 获满分的美国中学生有时反而会被哈佛大学拒绝。同样的数据也发生在耶鲁大学和斯坦福大学等美国名校。为何如此，这些名校不把考试拿满分的学生当回事，如果只会读书而无自己的特长和个性，这样的学生不会被看好。说穿了，学校要的是人才，而不是高分宝贝。

美国一流大学在录取学生时,并不是只把学生成绩当成唯一的录取标准。在学生激烈的入学竞争中,除了学习成绩优异外,种族、地区、特殊才能、家庭背景等,都是名校在录取学生时需要考量的。……华裔学生在课外活动中喜欢跟风,兴趣爱好又差不多,弹钢琴、绘画、跳舞,做义工也无非是到图书馆或医院。这种随大流的社区参与没有竞争力,因为当多数人进行相同活动时,一流名校就无法从这些活动上分析一个学生的特质,从而无法去做出选择这些学生入校的决定。

一个申请者要想不被像哈佛这样的名校拒绝,他就一定具备特殊性,这也就是美国中学生中最流行的理念:"我是与众不同的,我是独一无二的,我是一个特殊的人"。

哈佛大学录取学生有一个最经典的例子。一个出生在贫寒之家的女孩,她的母亲靠捡垃圾维生。这个女孩没有抱怨自己的父母,而是立志要通过自己的努力来改变命运。她读书很用功,但更关键的是,她在自己的生活环境中看到了社会中有太多的人需要帮助,她在课余时间做义工,用自己微薄的力量帮助身边的穷人。后来,这名女孩被哈佛大学录取,成为哈佛大学广纳人才,贫寒子弟也可跃龙门的典型例子。

从美国名校录取以及美国普通教育的特性可以看出,美国教育最大的一个特点就是培养个人独立的特质,进而达到人才辈出的局面。

——乔磊文,引自《教育文摘周报》2010年2月24日。

阅读与思考10-15　"哈佛"为什么青睐于她

2004年12月,上海复旦大学附中高三学生汤玫捷被美国哈佛大学提前录取。她与来自印度的一名学生一起成为当年全亚洲的两名提前录取的学生。哈佛青睐该学生并非她学习成绩特别优秀,她也没有在奥赛中摘金夺银的记录。在全校400多名高三学生中,她的成绩只能算中等偏上。打动哈佛的是她超出普通学生一大截的综合素质和能力。

她的特长是演讲、作文和艺术等领域,她在这些领域获得了很多奖励。她还具有领导才能,担任该校的学生会主席。高二时,她曾作为一所美国著名私立中学的交换生到美国修读一年,美国人也称赞她是学生领袖型人才。

——www.jfdaily.com/gb/node2/node142/node152/. 2009-7-1.

阅读与思考10-16　徐浩的幸运和徐浩们的不幸

世界著名数学难题"法伯相交数猜想"被浙江大学刘克峰教授和他的博士生弟子徐浩成功证明。这一成果得到了全球数学界的关注和好评,因为这道难题已经让不少同行苦思冥想了16年。然而,证明这个数学难题的年轻博士生徐浩在我国应试教育体制下曾经是个失败者。

徐浩对数学有特殊的偏爱。他1997年考上浙江大学,2001年考上本校硕士生,硕士毕业后决定继续深造,但由于有必考课不及格,考博士落榜。他不甘心,又于2005、2006年继续考博,无奈依旧被现行考试体制挡在博士学习的门槛之外。在刘克峰眼中,徐浩是一个很优秀的学生,在他考博失败后让他留在数学中心担任秘书,边工作边复习,继续准备考博。两次考博失利后,刘克峰破除阻力,说服有关领导,将他破格录取为自己的博士生。后来又推荐他到哈佛大学做博士后。

刘克峰的另两个弟子有着与徐浩类似的遭遇。硕士生李逸考刘克峰博士生两门课不及格,但他对数学有自己独特的见解。刘克峰将他留在身边当秘书。此后,李逸的两篇论文经刘克峰推荐发表。但李逸再次考博依然落榜。而哈佛大学却凭刘克峰的推荐信和李逸的两篇论文将他录取。同样是刘克峰的硕士生的王捷痴迷数学,常常为解数学难题而闭门数日,但考博时因两门课不及格而落榜,刘克峰又力主将他破格录取,结果他在很短的时间内就有了出色的研究成果。

然而,这样的好苗子,在我们现在的教育体制和考试体制下却止步于深造门槛前。如果不是遇见刘克峰,他们不可能获得继续深造的机会,很可能远离国际数学猜想。

在中国历史上,具有大师潜质却又偏科者不乏其人。吴晗、钱钟书、苏步青等都有因偏科而考试不合格的经历，但这并没有成为他们成才的障碍。很多事例表明，重大的科学发现许多是由偏才完成的，诺贝尔奖得主也大多是偏才。从心理学和生理学来说，对某种学问到了痴迷的程度，必然影响对其他学问的专注。

徐浩、李逸、王捷是幸运的，因为他们遇到了刘克峰；但更多的徐浩们依然不幸，因为他们无缘遇到慧眼识才的伯乐。在倡导制度创新的今天，革除教育和招生体制中的弊端已成必然。

——摘自《文汇报》2009年1月13日。

二 实行小班化教学

从制度层面看，实施个性教育，应逐步缩小班级规模，实行小班化教学。当代发达国家学校的班级规模有逐步缩小的趋势。初等教育阶段的班级平均规模为：法国22.5人，美国24.5人，英国26.8人，德国27.4人，日本40人；中学平均班级规模为：英国21人，法国24.3人，美国24.5人，德国27人，日本40人。①

国外不少研究都证明，小班化教学对于学生个性的发展具有积极的影响。在较小的班级里，教师能关注到每个学生，有利于创设友好的课堂气氛，学生可以更为直接地进行个别化学习。与比较宽松的教室相比，在拥挤的教室里，学生的行动更受限制，教学要求得不到满足。杰克逊在《课堂生活》一书中探讨了教室的拥挤给学生学习带来的消极影响，认为拥挤的教室会导致学生产生耽搁、拒绝、阻断以及分心等体验。班级规模不仅会影响学生的学业成绩，而且会影响他们的情感发展。在一个大型班级中，由于学生人数众多，他们每个人与教师交流的机会便相对较少；而在小班级中，情况有所不同，为数较少的学生，几乎都在教师的视野、交流范围之内。在较小的班里，学生分心的机会较少，冷淡、摩擦以及挫折等现象也相对较少。卡亨（Cahen, L. S.）的研究表明，

---

① 转引自李玢《世界教育改革走向》，中国社会科学出版社1997年版，第321页。

当代教育新理念

在规模较小的班级里，教师和学生往往会表现得更愉快、更活跃，较小规模的班级可以更好地满足学生的不同需要。[①] 格拉斯等人综合考察了60篇关于班级规模与学生动机、对学校的兴趣、自我意识、积极性、注意力、创造性和其他类似的情感因素之间的关系的研究报告。这60篇报告涉及172项小班学生与大班学生在情感方面的比较，其中147项（占85%）的研究肯定了小班。也就是说，有85%的研究表明，在学生情感发展方面，小班优于大班。

研究还表明，班级规模会影响到教师的"教育关照度"。教育关照度是指以班级为单位的条件下，教师对每个学生关心与照顾的程度。教育关照度表示，如果教师对每个学生进行均等教育的话，每个学生将得到教师何种程度的关心与照顾。关照度指数越大，表明教师对每个学生的关心与照顾越多，师生个别交往的机会与时间越多。班级规模的大小还影响成员间的情感关系。学生在小班级的情感表现比大班更为有益，班级规模越大，情感纽带的力量就越弱。班级规模大小还影响成员间的交往模式。班级越大，成员间交往的频率就越低，相互了解就越少。班级规模缩小以后，教师与学生、学生与学生之间接触与交往的机会随之增加，每个学生更有可能得到教师的个别辅导和帮助，每个学生有更多的积极参与的机会，会提高学生的学习兴趣，使学生有更积极的学习态度和更好的学习行为。

我国学校教育在班级规模方面一直存在过大的问题，城市中小学问题尤其突出。小学一般为每班60—70人，而中学则更大一些，有的班级甚至达到80人以上。以江西省为例，2002年该省中小学班级规模的基本情况如下：小学共有112233个班，其中班额在56人以上的共有13369个班，占11.9%；城镇班额在66人以上的有3232个。普通初中共有37919个班，班额在56人以上的有16162个，占42.6%；66人以上的有12414个，占班级总数的32.7%。普通高中共有10365个班，56人以上的班级数

---

① 参阅范国睿《教育生态学》，人民教育出版社2000年版，第262页。

量达6729个,占64.9%;66人以上的有2946个,占班级总数的28.4%。

令人高兴的是,我国上海、北京等地区已在开展小班化教学的改革实验。在推行小班化教学方面,上海起步早进步快:1996年刚刚组织专家进行小班化教学的可行性研究,1997年就已经在黄浦、静安等8个区县的12所小学启动试点;1998年试点学校增加到150所,1999年达到280多所,一些区在一年级基本普及了小班化教学。2001年有300多所小学实施了小班化教学,小班化教学基本模式的研究重心已经移到中高年级。预计在最近几年,上海将有80%的小学实行小班化教学。北京市从1997年开始进行小班化教学实验研究,到2001年有16个区县的145所学校、819个教学班2万多名学生参加,平均班额不足25人。小班化保留了传统班级授课制的优势,但它避免了传统的大班额必然带来的不能充分适应学生个性差异,因而学生的个性化培养受到忽视的状况。由于小班化在教学时间和空间上的变化,以及随之而来的教育设计和教育方式方法的变化,教育变得更精致了。一些人士甚至提出可以为每一个学生定制适合他的教育模式,正如同服装设计的度身定做。小班化教育带来的对个体的充分关注体现了教育的人文关怀,使教育更加人性化。[①]

由于客观条件的限制,要求全国各地同时推行小班化教学当然不太现实。但是想办法将班级规模尽可能地缩小一些,然后再创造条件逐步实行小班化教学应当是可行的。这里的关键恐怕还是对教育是不是真的重视。我们办教育,不能只考虑规模效益,更要考虑教育的实际效果,将学生的利益和学生的发展摆在优先位置。

三 开发学生本位课程

从课程层面看,实施个性教育应当开发学生本位课程。苏霍姆林斯基曾经形象地指出:"在科学基础课程这个整齐的乐队里,要使每一个学生都找到自己喜爱的乐器和自己喜爱的旋律。如果一个学生没有爱上一

---

① 刘华蓉:《小班化,精致教育盖头掀起》,《中国教育报》2001年9月18日。

> 当代教育新理念

门具体的学科、一个具体的科学知识的领域,那就没有个性的智力充满性和精神生活的丰富性。"① 所以,苏霍姆林斯基倡导,在学校里不要使任何一个学生成为毫无个性、没有任何兴趣的人。每一个学生都应当从事一件感兴趣的事,每一个学生都应当有一个进行喜欢的劳动的角落。我们认为,要完成这个任务,一个重要的策略就是开发学生本位课程。

学生本位课程指的是依据学生个体特点和需要而设计的课程,它可以在教师指导下由学生自己设计,也可以由教师与学生共同设计。② 个性化是个体课程的出发点和归宿,设计个体课程首先要依据学生自己的个性发展特点。个性化包含独特性,其他类型课程都是相对统一的,而个体课程则是为学生个体而设置的。个体课程把教育的自主权交给学生自己,它是在教师的指导下,通过学生自己来定位和定向,确立自己的学习与发展目标,并付诸实施,从中培养与建构自己的独立人格、自主学习意识、个别化学习方式、个性化发展取向,同时培养自我评估、自我负责的能力与精神。我国现有基础教育课程由国家课程、地方课程、学校课程(校本课程)三部分构成。这一课程体系的改革和开发过程,就是以国家课程为基础逐步指向教育情境、资源和学生学习需要的过程,反映了课程改革从上到下、从宏观到微观、从普遍到特殊的建构过程。不可否认,地方课程和学校课程的开发具有重要的意义,前者能满足当地经济与文化发展对人才的需求,后者体现了学校的教育特色和人才培养的优势。然而,三级课程主要考虑的还是共性要求,对于学生的个性特点和需要仍然关注不够。共性要求当然是重要的,不容否认的。但是仅仅停留于此则是没有道理的。为了充分照顾学生的个别差异,还应当在已有的三级课程的基础上,再开发第四级课程——学生本位课程。只有建构起四级课程结构,才能使课程既保证共性要求,又照顾到个体的

---

① [苏]苏霍姆林斯基:《给教师的建议》,杜殿坤编译,教育科学出版社1984年版,第60页。
② 参阅黄伟《让每位学生拥有自己的课程——关于学生个体课程的探讨》,《教育科学研究》2001年第6期。

特点和需要。国家课程、地方课程、学校课程这三种课程侧重于关注学生的共性要求和基础学力，而个体课程侧重于关注学生个体的特点与需要，推动学生构建自己的学习方式，寻求适合于自己发展的途径。个体课程是以学生个性发展为逻辑起点和价值旨归的课程，它对于促进学生的个性发展将发挥积极的作用。在很多情况下，学生独特的兴趣、爱好和特长，在传统的正规课程中难以得到培养和发展，即使开设选修课、活动课，也不能真正解决问题。要真正照顾学生的个体特点，满足学生个体的独特需要，让现有的教育适合每个学生而不是每一个学生适合现有的教育，这将寄望于个体课程的研究与开发。

总之，人的精神世界是一个极为丰富而复杂的世界，我们不能拿一把尺子去度量具有多样性的儿童。通过个性教育塑造学生鲜明的个性是我们教育的必然使命。

阅读与思考10-17　武汉部分中小学试行"走班制"

你学的数学课难一些，我上的数学课简单一些；你学的语文课强调作文，我学的语文注重基础。同班同学上学，每天书包里的课本却不同，每个人都有一张属于自己的"课表"……武汉市部分小学、初中试行"走班制"教学，让学生根据自己的兴趣、能力来选择难易程度不一的课程，打破了传统的授课方式，受到老师、学生和家长的欢迎。

井岗山小学副校长韩芳介绍：现在，父母注重孩子的早期教育，新生之间的差别很大，有些孩子识字不多，有的却已能看懂《十万个为什么》，有的学生甚至掌握了几百个英语词汇。每年都会有一些表现超常的儿童进小学，如果让他们按部就班地接受教育，等于对早已掌握的知识不断"炒冷饭"。武汉一初中负责人也表示，在初中，由于学生通过电脑派位产生，知识能力参差不齐，有的学习能力强，觉得课堂上的内容"吃不饱"，有的则觉得课堂知识听得吃力。

在武汉一初中，在保持主干课程不变的前提下，学生可利用每周1至2小时的课余时间，根据自己的能力、兴趣选择上课内容、教室以及

> 当代教育新理念

老师，既让优等生能"吃饱"，又避免"学困生"掉队。

不少家长表示，小学走班制的课程内容丰富多彩，且与学生的日常生活密切相关，拓宽了孩子的知识面，能够激发孩子的兴趣。而走班制中一些特色课程又能把学生的学习兴趣延伸到学科学习中去；初中、高中走班制的课程考虑了学生能力的层次不同，巧妙解决了学生培优、补差的问题。

——www.gmw.cn/content/2005-10/18/content.

第十一章

自由教育理念

自由是人类最可宝贵的品质，也是人类不懈追求的对象。席勒曾对自由赞美道："自由，……永远是所有财富中最神圣的东西，是最值得人们努力追求的目标，也是所有文化中伟大的号召因素"。[①] 同样的道理，自由教育也应当是教育的基本特征。这种教育是孕育人类的自由品质的摇篮，自由的品格只有在自由的环境和教育中才能得到有效的建构。强制性教育使人格陷入封闭、狭隘与萎靡，而自由教育则会使人格走向开放、广阔与高强。

第一节 自由教育的意义

什么是自由教育？在不同的时代，人们对自由教育有不同的理解。[②]

最早提出这一概念的是古希腊哲学家亚里士多德。他认为自由教育是"自由人"（即奴隶主贵族）所应享受的，以自由发展理性为目标的教育。亚里士多德所谓的自由教育包括两层内涵：一是以受教育者具有闲暇为前提，又以受教育者充分利用闲暇为手段；二是其目的在于探索高深的纯理论知识。他认为，实施自由教育适合于"自由人的价值"，可以获得智慧、道德和身体的和谐发展；自由教育同职业训练截然不同，

---

① 转引自［美］列维、史密斯《艺术教育：必要的批评》，王柯平译，四川人民出版社1998年版，第27页。

② 《中国大百科全书·教育》，中国大百科全书出版社1985年版，第570页。

前者高尚,后者卑下。

自由教育的内涵在中世纪发生了变化。当时的基督教教会改组了古代希腊、罗马学校中的一般文化学科,教育内容包括"逻辑、语法、修辞、数学、几何、天文、音乐"等所谓"七艺"(即七种自由艺术)。教会认为,"七艺"是为进一步学习神学以达于神明的基础学科。中世纪的"七艺"渗透着神学的内容,其"自由"已不是指充分发展人的理性,而是指摆脱尘世的欲望,皈依基督的神性。

文艺复兴时代,由于人文主义者要求冲破教会的束缚,倡导解放人性,把谋求个人的自由视为教育的要务,所以意大利人文主义者韦杰乌斯在论述"自由教育"的理想时,提倡的是个人身心的自由发展。他把人文学科(主要是希腊文和拉丁文)作为自由教育的主要内容。他认为,"自由教育"是一种符合于自由人的价值的教育;使受教育者获得德性与智慧的教育;是一种能唤起、训练与发展那些使人趋于高贵的身心、最高的才能的教育。

18、19世纪以来,自然科学兴起,并逐渐与人文学科并驾齐驱,自由教育的概念因此而又有所发展。1868年,英国生物学家、教育家赫胥黎把自由教育解释为文、理兼备的普通教育。中国通常把这一时代的"自由教育"意译为"通才教育"或"文雅教育",以别于学习各种专门知识的专业教育。

综合起来看,自由教育主要有两种内涵。一种内涵是从教育的内容特点来说的。在这个意义上,自由教育有时也称为文雅教育、博雅教育、普通教育、文科教育、通才教育、通识教育等。这种教育与实用教育相对,不具有实用性或职业性,目的是培养和提高人的一般文化修养,促进人的智慧、道德和身体的发展。另一种内涵是就教育的形式性质而言的,它与强制或强迫教育相对,指学生在学习中能自己作主,是学习的主人,不受别人的强制或强迫。我们这里主要从后一种内涵上来探讨自由教育问题。自由教育从积极的意义上说,要培养学生自由的意识和自由的能力。"自由教育之所以称为'自由',是因为它的目的是要把人从无知、偏见和狭窄的束缚中解放出来。"① 从消极的意义上说，要避免束缚、强制或强迫。在教育过程中，学生是学习、认识和发展的主体。在教育过程中，我们可以为学生准备和提供各种学习条件，可以对他们进行指导、引导，但不能强迫学生进行某种活动。因此杜威指出："严格地说，我们不能强加给儿童什么东西，或迫使他们做什么事情。忽视这个事实，就是歪曲和曲解人的本性。"②

第二节　自由教育的目标

自由是人类的生命本质全面实现的最高境界，也是人类全部文化与文明的最高理想。从这个意义上说，人类发展的历史就是摆脱束缚而不断扩充自由的历史。德国哲学家鲁道夫·奥伊肯说过："倘若生活要有意义，自由便是必不可少的。必须能给我们的活动一种个人的特征，并推进到一种自主的生活。否则，我们的生活便不完全属于我们自己，而是由自然或命运指派给我们，它在我们内部发生，却不是由我们决定。这样一种半异己的经验，从外部强加给我们的角色，势必使我们对它的要求漠不关心，倘若我们冷漠置之的东西竟然吸引了我们的全部精力，竟然变成了我们的个人责任问题，我们的生活便将在令人气馁的矛盾中挣扎。"③

自由对于一般人的生活意义重大，对于青少年儿童来说也是如此。青少年儿童是人生的一个非常重要的时期，而教育生活又是他们在这个时期的主要生活形式，学校教育生活是否有意义，自由在其中起着重要的作用。因此，学校教育应当是自由教育，在教育中要力戒强迫和强制，

---

　① [美]伍德林：《"自由教育"作为基本目的——对于美国教育目的之讨论》，见瞿葆奎主编《教育学文集·教育目的》，人民教育出版社1989年版，第606页。
　② [美]约翰·杜威：《民主主义与教育》，王承绪译，人民教育出版社1990年版，第32页。
　③ [德]鲁道夫·奥伊肯：《生活的意义与价值》，万以译，上海译文出版社1997年版，第66—67页。

> 当代教育新理念

让学生自由地成长和发展。

那么，什么是自由？简单地说，自由是指自己能够作主，成为自己的主人。自由主要包括意志自由与行动自由两个方面。意志自由是指主体认识客体、设计目标、决定行为的能力，它是自由的主观状态。行动自由是指依照意志自由的决定支配自我活动，以达到设计目标的能力，它是自由的客观状态。自由作为自我活动的主人，是由意志自由向行动自由不断转变的过程，它是主体本质力量的表现，也是人的本质规定。为了更全面地认识自由教育的目标，有必要对与自由有关的几对矛盾进行具体的辨析。

一　自由与限制

自由是相对于束缚、拘束、规范、纪律、限制、专制等而言的。美国学者里奇拉克认为："自由就是没有拘束，有多种抉择，不受固定的行为进程的限制。""自由总有一个'或多或少'的问题。在讨论自由时，我们实际上关心的是加在我们行为之上的限制的类型及范围。限制越多，自由越少。"[①] 自由固然与限制、纪律、规范等相对，但是自由并不否定或排斥任何限制、纪律和规范。自由不等于放任自流、为所欲为，更不等于无法无天。马克思在《1844年经济学哲学手稿》中深入地揭示了人的能动与受动的关系："人直接地是自然存在物。人作为自然存在物，而且作为有生命的自然存在物，一方面具有自然力、生命力，是能动的自然存在物；这些力量作为天赋和才能、作为欲望存在于人身上；另一方面，人作为自然的、肉体的、感性的、对象性的存在物，同动植物一样，是受动的、受制约的和受限制的存在物，就是说，他的欲望的对象是作为不依赖于他的对象而存在于他之外的。"[②]

合理的纪律和规范是自由的前提和基础。纪律和规范意味着秩序，

---

① ［美］里奇拉克：《发现自由意志与个人责任》，许泽民等译，贵州人民出版社1994年版，第8页。
② ［德］马克思：《1844年经济学哲学手稿》，人民出版社2000年版，第105页。

没有秩序只会有混乱，而不会有自由。规范与自由决不是两个彼此排斥、对立的概念。惟有有了前者，后者才有可能。如果取消任何纪律和限制，其结果自由将不是越来越多，而是越来越少。自由是相对的，世界上从来就不存在绝对的自由。如果试图追求绝对的自由，最终必将陷入绝对的屈从。原因在于，"当各种倾向都得到释放，而不受到任何限制的时候，它们自己就会变得专横跋扈，这些倾向的第一个奴隶恰恰就是那个能够体验到它们的人。"① 因此，在自由与限制的关系这个问题上，不能因为强调自由而否定所有的限制，应当否定的是那些不合理和不必要的限制，尤其是要反对强制和专制。

二 自由与必然

必然指的是客观事物的规律，亦即事物内在本质所规定的联系或必定的发展趋势，自由指人们对必然的认识和对客观世界的改造。当人们尚未认识客观规律时，就处于盲目地受它们支配的地位，没有真正的自由。任何一种规律一旦被认识，人们便能自觉地运用它来改造客观世界，这时人们就获得一定的自由。必然和自由是辩证的统一，形而上学把必然和自由机械地割裂开来，或者强调绝对的必然，导致宿命论；或者强调绝对的自由，陷入唯意志论。

培根曾经提出过"知识就是力量"的著名论断。从自由与必然的关系这个角度看，这一论断是有道理的。一个人拥有知识，认识了客观规律，因而也就拥有了驾驭自然、掌握自身命运的力量。掌握了知识意味着拥有了自由，相反，愚昧则意味着被奴役。无知的人是不自由的，他时时处处都会感到束缚和限制。有知识有能力的人才会较少受到束缚和限制，他才会有更多的选择和自由。斯宾诺莎就是将自由界定为人对必然的认识。他强调事物存在的因果特性，认为在自然中没有任何偶然的东西，凡被认为是偶然的东西，实质上属于知识未及的对象，一旦人们

---

① ［法］涂尔干：《道德教育》，陈光金等译，上海人民出版社2001年版，第46页。

对它有了认识，就会发现偶然背后存在的必然。对自由与必然的关系，斯宾诺莎描述道："凡是仅仅由自身本性的必然性而存在，其行为仅仅由它自身决定的东西叫做自由。反之，凡一物的存在及其行为均按一定的方式为他物所决定，便叫做必然或受制。"① 因此，对于人类来说，在这个问题上能够做的最有意义的事情就是运用其理性，去努力掌握事物发展背后的因果关系，也就是理解事物发展的规律，认识其中蕴含的必然。掌握必然性的人才最终获得了自由。因为他的行动不再盲目，目的与效果、需要与满足需要的行动之间达到了一致。自由程度与人的能力息息相关。这里所谓的能力当然包括理智能力，即对客观规律的认识与利用。对客观规律认识得越清楚，个人的自由就越充分。自由不是不要规律，而是对于规律有自觉的认识和掌握。在这个意义上，能够认识和掌握规律的人，就是自由的人。原始人看到闪电，听到雷鸣，以为这是天神在发怒，因而恐惧，感到不自由。可是现代人因为认识和掌握了闪电和雷鸣的规律，他不仅不恐惧，反而欣赏它们的美，就是这个道理。黑格尔也对自由与必然作了深刻的论述。他说："无知者是不自由的，因为和他对立的是一个陌生的世界，是他所要依靠的在上在外的东西，他还没有把这个陌生的世界变成为他自己使用的，他住在这世界里面不是象居在自己家里那样。"② 从这个意义上来说，通过教育来扩充人的自由程度意味着要充分发展人的全面的能力，这样才能更好地认识和驾驭自然，使自然为主体服务。

三 自由与责任

自由与责任紧密联系在一起，它们两者可以说是互为条件、互为前提。没有自由也就没有责任，没有自由就用不着为自己的行为后果承担责任，这时应当承担责任的是自由的限制者。"绝对不自由的人是没有责任的，因为对社会硬性规定要他做的行为，要负责任的不是他本人，而

---

① [荷] 斯宾诺莎：《伦理学》，贺麟译，商务印书馆1958年版，第4页。
② [德] 黑格尔：《美学》第一卷，朱光潜译，商务印书馆1979年版，第125页。

是社会。在扩大人的自由方面每前进一步，同时也就是在扩大和提高人的责任方面向前迈进了一步。"① 人越是感觉到自己是自由的，他就越是会勇敢地承担起责任。一个人只有在他握有意志的完全自由去行动时，他才能对他的这些行为负完全的责任。里奇拉克认为，自由意志与个人责任"人类生活中的这两个方面必然相互结合，因为只有当一个人能够如他所期望的那样从一开始就自由地行动时，我们才能对这些实际上发生的事件追究责任。"②

与此同时，没有责任也就没有自由，或者没有资格享受自由。鼓励自由并不等于不要责任。自由与懒怠、放纵、游手好闲、无所事事、虚度年华等等是格格不入的。蔡元培在谈到自由与放纵的关系时深刻地指出："自由，美德也。若思想，若身体，若言论，若居处，若职业，若集会，无不有一自由之程度。若受外界之压制，而不及其度，则尽力以争之，虽流血亦所不顾，所谓"不自由毋宁死"是也。然若过于其度，而有愧于己，有害于人，则不复为自由，而谓之放纵。放纵者，自由之敌也！"③

具有自由人格的人不会以自我为中心，更不会唯我独尊，而是富于社会责任感。因此，在教育中，既要重视扩充人的自由程度，也要培养其责任感。这种责任感，不是外加的沉重包袱，而是由于深刻地体会到自由与责任的关联而自觉自愿地树立起来的。

阅读与思考11-1 测智商测出谁的病痛

近日，先有广州13名小学生被学校带到医院测智商。随后，又有媒体报道，无锡儿童医院目前有近500名学生来该院测智商，数量比去年增加了一倍，测智商多是老师所要求。

---

① [苏] 阿法纳耶夫：《社会管理中的人》，贾泽林译，知识出版社1983年版，第342页。
② [美] 里奇拉克：《发现自由意志与个人责任》，许泽民等译，贵州人民出版社1994年版，第1页。
③ 文艺美学丛书编辑委员会编：《蔡元培美学文选》，北京大学出版社1983年版，第39—40页。

为何要组织学生去测智商？学校的说法是："用科学手段了解学生的智力状况，以便因材施教。"但有家长向媒体揭"底"：智商低就可看作智力障碍，智力障碍就可申请随班就读，随班就读就可让成绩不佳的学生只占学位不占平均成绩，如此，则不影响老师的绩效考核，而学校可快速提升平均成绩。

多么荒谬的逻辑，又是多么可怕的决定。一套智力评估方法和一种本为促进特殊儿童教育的好方法，被一些人当作"遮羞布"挡住功利的目的，很多学生无奈地被贴上了"低智商"的标签，幼小的心灵被严重灼伤。

事实上，素质教育推行多年并不断取得成效。面向全体学生、促进学生全面发展的理念被写入教育规划纲要，多把尺子量学生早已成为教育界的共识。可时至今日，在一些学校，智育仍然第一，德体美统统让位，一些老师目光所及多是成绩优异的学生，成绩不好的学生则被搁置冰冷的角落。高智商等于好成绩，好成绩自然好升学，好升学自然好未来，在这种颇有市场的教育逻辑背后，孩子们屡屡被人为排队、分类，以分数高低定优劣成为评价制度中坚不可摧的组成部分。我们说，与素质教育理念背道而驰的测智商等一次次离奇的教育"创意"，违背教育规律和孩子的成长规律，应引起有关部门的高度重视，坚决叫停。

大多数人都知道，测智商只是一种引自国外的评估方法，智商高低与学习成绩乃至未来成才没有必然联系。正如"验证家长职业"、"考察家长收入"不是有教无类一样，"测智商"也不是什么因材施教，很多老师其实心里明镜似的，但他们在和"功利"的遭遇战中选择了维护自己的绩效。这样的教育工作者需要测一测良心，需要特别的培训来温暖他们的内心。

今天的教育面临着复杂的环境，社会上的功利主义和浮躁之风在向学校、老师不断渗透。作为教育工作者，本身应该具有警惕和自省的能力。我们正是应该靠着这种能力，来匡正偏离正道的社会功利之风。对教师而言，当前首要的是提升自己的职业理想，加强道德自律，增强教书育人的责任感和使命感,不要为了绩效去走"捷径"。

当然,各级教育行政部门要在制度上遏制学校和教师把升学率作为"政绩工程"的冲动,从机制上堵住形形色色的"唯成绩论"的做法。教育规划纲要强调,要将师德表现作为教师考核、聘任(聘用)和评价的首要内容。在实践中,我们要把评价机制和教师的师德联系起来,给教师正确的引导。事实上,只有为教师提升职业境界提供更为公正的教育内部环境时,才能让二者和谐互动起来,才能让教师成为有强大精神动力的人,才能抵制外界的挤压并成为文明的引导者。

把促进学生健康成长作为学校一切工作的出发点和落脚点,关心每个学生,促进每个学生主动、生动活泼地发展。这是教育之责,孩子之幸。

——摘自《中国教育报》2011年11月3日。

第三节 对人性的乐观估计与自由教育

从古至今,有无数哲人学者对人抒发过赞词,高唱过赞歌。早在古希腊时期,智者派的代表普罗泰戈拉就提出:"人是万物的尺度,是存在者存在的尺度,也是不存在者不存在的尺度"。他把人作为判断事物存在与否以及真假、善恶的唯一标准。德国宗教改革领袖马丁·路德对人的尊严歌颂道:"人是一种特殊的被造物","是比天地间所有一切东西都更好一些的一种被造物"。夸美纽斯在《大教学论》中甚至认为:"人是造物中最崇高、最完善、最美好的"。莎士比亚在其名著《哈姆雷特》中借剧中人之口对人称赞道:"人类是多么了不起的杰作!多么高贵的理性,伟大的力量!多么文雅的举动,多么优美的仪表!在行为上,多么象一个天使,在智慧上,多么象一个天神!宇宙的精华!万物的灵长!"他们把最美好的言词都用在了对人的赞美上。在这些人看来,人成了十全十美、完美无缺的存在物。

马斯洛认为,每一个人的内部本性并不必然是邪恶的,它们或者是

> 当代教育新理念

中性的，或者是纯粹好的。人的本性远远不是像它被设想的那样坏。实际上可以说，人的本性的可能性一般都被低估了。罗杰斯也主张，只要人的真实的本质得以显露，人总是表现出亲社会而不是反社会，建设性而不是破坏性，积极而不是消极的特点。人天生即是向上、向前、向善的，每个人都天生具有积极的、建设性的、创造性的倾向，在每个人身上都具有自我成长、自我完善、自我引导的力量。人的基本特性不是有敌意、破坏、反社会，或者邪恶的；相反，人的本性是倾向于创造，具有建设性，以及需要与其他人建立密切的个人关系的。他结合自己的心理治疗经验指出：人都具有一个基本上是积极的方向。从我的治疗中，从和我有最深刻接触的受辅者，包括那些带来最多困扰的人，那些行为最反社会的人，那些具有最不正常感觉的人在内，我发现上述的信念都很真确。当我能很敏感地了解他们所表达的感觉，当我能以他们的立场去接纳他们，承认他们有权利和别人不同，然后，我会发现他们都会愿意朝某些方向去改变。那么，究竟是朝哪些方向呢？我相信最能描述这些方向的字眼就是像积极性、建设性，或向自我实现而迈进、向成熟、向社会化而成长等等。① 相信人性本来具有积极性、建设性，或简单地说相信人性本善的思想，是罗杰斯非常强烈的一个信念。在他看来，人具有"实现趋向"，具有一种求生存、求强大、求完满的趋势。他曾经用一段极富诗意的语言表达了这个意思：②

> 我记得我小时候，家里把冬天吃的土豆贮存在地下室的一个箱子里，距离地下室那个小小的窗户有好几英尺。生长条件相当差，可是那些土豆竟然发芽了——很苍白的芽，比起春天播种在土壤里时长出的健壮的绿芽是那么不同。这些病弱的芽，居然长到二三英尺长，尽

---

① Rogers, C. R. *On becoming a person*. Boston：Houghton Mifflin. P26-27. 参阅江光荣《人性的迷失与复归——罗杰斯的人本心理学》，湖北教育出版社2000年版，第69页。

② Rogers, C. R. *The Politics of the Helping Professions*, *In Carl Rogers On Personal Power*. New York：Delacorte Press, 3-28. 转引自江光荣《人性的迷失与复归——罗杰斯的人本心理学》，湖北教育出版社2000年版，第56页。

可能地伸向窗户透进光线的方向。它们这种古怪、徒劳的生长活动，正是我所描述的趋向的一种拼死的表现。它们也许永远也无法长大成株，无法成熟，永无可能实现它们实有的潜能，但是即使在如此恶劣的生长条件下，它们也要拼死地去成长。生命不知道屈服和放弃，即令它们得不到滋养。在与那些生命被严重扭曲的当事人，与州立医院后部病房里的男男女女打交道的经历中，我常常想起那些土豆芽。供这些人成长发展的条件是那样恶劣，以致他们的生命看起来常常是异常的、扭曲的、少人性的。但他们身上那种有方向的趋向仍然值得信赖。理解他们的行为的线索是，他们在以其惟一可行的方式奋斗，趋向成长，趋向成人。对我们来说，他们的努力古怪而又徒劳，但在他们，那是生命要实现自己的拼死挣扎。

自由教育正需要这样一种对人性的坚定的乐观信念。如果对人性抱悲观的态度，认为人性是坏的、丑恶的，在教育中就必然采取限制甚至压制的方法，而不会让人自由发展。显而易见，这样的教育是不可能建构起健全人格的。

我们认为，对人性的估计要同时注意以下两个方面：一是从总体上看，应当承认人性是善良的、建设性的、积极向上的。在这一点上，我们完全同意罗杰斯的上述观点。二是对人性不应当取盲目乐观的态度。人具有优越性，但同时也存在着局限性。人性并非十全十美、完美无缺。人就是人，人有人的伟大与高贵之处，也有各种各样的问题与不足。正如英国哲学家布洛克所说："我们是生活在一个并不完美的世界上的并不完美的生物。"① 在这一点上，我们对那些将人看成是完美无缺的存在物的观点持否定态度。乐观而不盲目的人性观，对自由教育的实施，从而对自由人格的建构具有重要的意义。人性的优越性说明自由人格建构具有可能性，而人性的局限性则说明教育的必要性。人具有局限性，但是

---

① ［英］阿伦·布洛克：《西方人文主义传统》，董乐山译，生活·读书·新知三联书店1997年版，第278页。

📝 **当代教育新理念**

人却不会被动地停留在这种局限性上,不会对这种局限性束手无策。人固然是不完美的,但是却对未来充满希望与憧憬,能够不断超越现实、超越自我。

第四节 自由教育的实施策略

自由教育的实施主要包括解放学生的时空、建立平等合作的师生关系、让学生进行自主选择以及处理好自由与纪律、责任、努力等的关系。

一 解放学生的时间和空间

《学会生存》一书指出:"教育能够是,而且必然是一种解放"。[①] 我们认为,这里所说的解放包括时间和空间的解放。对于人格发展来说,自由的时间和空间是一种非常重要的资源。拥有这种资源,人格的发展就有了基本的保障;而这种资源的失去或被剥夺,则会对人格的发展造成重大的困难和障碍。

什么是自由时间?自由时间现在一般也叫闲暇时间或业余时间,是指个人没有必须做的事情因而可以随意支配和使用的时间。正是由于自由时间具有这种特点,所以它对于人格的发展具有重要的意义。亚里士多德曾经指出:"人的本性谋求的不仅是能够胜任劳作,而且能够安然享有闲暇,这里我们需要再次强调,闲暇是全部人生的唯一本原。"[②] 爱因斯坦也认为:"人的差异产生在业余时间。"这是因为,业余时间为人们发展个人的多种兴趣、爱好和特长,不断充实和丰富自己,提供了客观基础和现实可能性。

对于学生来说,自由时间具有同样重要的意义。学生享有充足的自由

[①] 联合国教科文组织国际教育发展委员会:《学会生存——教育世界的今天和明天》,华东师范大学比较教育研究所译,教育科学出版社1996年版,第175—176页。
[②] 《亚里士多德全集》第9卷,颜一、秦华典译,中国人民大学出版社1992年版,第273页。

时间，就等于享有了充分发展和发挥自己爱好、兴趣和才能的机会。苏霍姆林斯基在《帕夫雷什中学》一书中指出："拥有可以自由支配的时间，是个性发展的一个重要条件。孩子的素质和天资只有当他每天都有时间从事自行选择的喜爱的劳动时才能得到发挥。因此，我们认为给学生提供空余时间就是创造宝贵财富。……我们给自己的教育工作定了这样一条常规：学生应当拥有同花费在学校课堂上一样多的空闲时间。"[1]

现在学生的课余时间本来是比较多的。双休日和节假日加在一起，共有160多天，法定的学习时间还不到200天。但是，对于孩子们来说，真正属于他们自己、完全可以由他们自行支配和安排的时间则少得可怜。以往我们的教育对于时间看得过重，抓得太紧，师生几乎没有喘息的机会。减轻学生负担，推行素质教育已有不少年头了，但平时作业量过大以及利用双休日及节假日补课仍然是一种非常普遍的现象。

闲暇活动包括一般性的读书活动（指没有直接功利目的的阅读）、娱乐活动、体育活动、旅游活动、社会交往活动、表达自己感受和兴趣爱好的活动等等。这类活动具有重要的调节作用，可以使学生由于正规学习造成的紧张情绪得到有效的调整和放松。同时，还可以拓展他们的生活空间，丰富生活经验，增长见识，增加生活情趣，培养自信心。因为闲暇活动是凭兴趣进行而且是感到能胜任的，所以在从事这种活动的时候会感到轻松愉快、心情舒畅。在这类活动中，他们不会感到受限制和受约束，不觉得是压力和负担，因而会全身心地投入其中，甚至达到欲罢不能的境界。正因为如此，所以陶行知一再强烈呼吁解放学生的时间。他说："一般学校把儿童全部时间占据，使儿童失去了学习人生的机会，养成无意创造的倾向，到成人时，即使有时间，也不知道怎样下手去发挥他的创造力了。创造的儿童教育，首先要为儿童争取时间之

---

[1] ［苏］苏霍姆林斯基：《帕夫雷什中学》，前言，赵玮等译，教育科学出版社1983年版，第14页。

当代教育新理念

解放。"①

陶行知的观点仍然有现实意义。卢梭在《爱弥儿》一书中还曾提出一个独特的教育法则——"不仅不应当争取时间,而且还必须把时间白白地放过去"。如果我们对卢梭的这个观点不作极端或片面的理解,那么它还是有其合理性的。

儿童的活动不能只限于学校,更不能只限于课堂。我们应该为儿童提供足够的展现他们天性的生活空间,引导儿童对生活多向感知和领悟,而不把他们限制在课本、课堂、作业及考试的狭窄天地里。陶行知当年提出的"五大解放",其中也包括解放儿童的空间。他打了一个比喻,从前的学校完全是一只鸟笼,改良的学校是放大的鸟笼。放大的鸟笼比鸟笼大些,有一棵树,有假山,有猴子陪着玩,但仍然是个放大的模范鸟笼,不是鸟的家乡,不是鸟的世界。鸟的世界是森林,是海阔天空。现在鸟笼式的学校,培养小孩用的是干腌菜的教科书。"鸟笼"的讽喻令人深思,至今具有警示意义。当今流行的应试教育正是一种"鸟笼式教育"。现在我们提倡自由教育,就是要破除这种"鸟笼式教育",使儿童有机会自由地观察、接触和了解自然与社会。这是儿童成长过程中不可缺少的营养,是构建其自由人格的必需经历。

阅读与思考11-2 给孩子一个开阔的成长空间

儿童、少年、青年时期是人一生中最自由的时光。这样的自由感,首先来自自由的时间感与空间感。本来,时间是属于一切刚刚开始的孩子的,他们有充足的时间去做他们想做的事情;而我们的教育也应该给孩子一个开阔的成长空间。

这里,我要特别提出"自然空间"的问题。我曾经说过,"人在自然中,这本身就是一个最基本的、最重要的,也是最理想的状态。脚踏实地,仰望星空,这样的生存状态,对人的精神成长,可以说是具有决

---

① 陶行知:《创造的儿童教育》,见《陶行知全集》(第三卷),湖南教育出版社1985年版,第527页。

定意义的"。

现在的中小学生的天空越来越小了，他们没有仰望空间的权利。尤其是城里的孩子，城市居住拥挤的空间，使得他们头顶的空间本来就非常狭窄，现在又被数不清的书本压着，眼睛里就是书，哪里还有天空？也就是物质的天空、精神的天空，都没有了。被剥夺的，还有孩子的时间。请老师们，也请家长们，都来关心一下：你们的学生，你们的孩子，每天有多少时间让他自由支配？我看是很少很少了。但大家想过没有：剥夺了孩子自由的时间、自由的空间，这又意味着什么？这就是剥夺孩子生命的自由，这就是扼杀生命，简直是犯罪啊！这绝不是危言耸听。我们还要呼吁：请把时间和空间，请把生命的自由，还给中小学生，不要剥夺他们仰望星空的权利，不要剥夺他们自由成长的权利！

——钱理群：《我的教师梦——钱理群教育讲演录》，华东师范大学出版社2008年版，第40—43页。

阅读与思考 11-3　我和儿子的战争

年轻的时候，我做过成为吉他演奏家的黄粱美梦。无奈我起步太晚，五指笨拙得很，知道自己不是这块料后，自然沮丧伤感。儿子十一岁那年的暑假，我庄重地把吉他交给他。儿子很无辜地听完我的慷慨陈词后，叹了口气说，好吧，那就这样吧。

儿子喜欢阅读历史书籍。练琴期间，他发过牢骚：这东西叮叮当当的没意思，还不如我看历史书呢。我严肃地给儿子上了一堂思想政治的课。儿子又一次说，好吧，那就这样吧。

儿子开始发狠地练琴了。从早到晚，他待在琴房里，弹拨着练习曲，周而复始，不折不扣。其间虽然会开点小差，但他很快会重新步入正轨。

那天中午，儿子在琴房里练习，想着他刻苦的样子，我欣慰感动之余也有些心疼，便泡了一杯咖啡，推门送进去。让我目瞪口呆的是：儿子双手捧着一本历史书，着迷地看着，吉他声却波澜不惊地响着。

实际情况是：儿子用录音机把自己弹拨的练习曲录进去，一劳永逸地播放着，制造他认真练琴的假象。他却在这假象的掩护下，看他喜欢看的书。

我怒火中烧，老婆忙把我拉出来问，你儿子不笨吧？我说简直就是狡猾。老婆说，如果我们逼一个聪明人做不喜欢的事，他会变得狡猾；如果我们让一个聪明人做他喜欢的事情，他一定会做得很漂亮。

我叹口气说，好吧，就这样吧……

现在儿子上了高中。近日，一个朋友来我家做客，和儿子聊得热火朝天。朋友对我说，你儿子的历史知识和用历史的眼光看问题的能力，接近于我。

这位朋友，是位历史学的博士。

——引自《今日文摘》2011年第12期。

二 建立平等合作的师生关系

如果学生的自由发展只是表现为在自由时间里能够从事自己感兴趣的活动，而在他们必须参加的教育活动中仍然遭受束缚和强制，那么所谓的"自由"发展就仍然是不充分的。因此，自由教育还必须包括教育活动本身的改善。从自由教育这个角度看，教育活动的改善是一个大课题，这里先谈师生关系，其他的问题后面再讨论。在教育中存在多种多样的人际关系，当然最主要的还是师生关系。教育的自由与否，在很大程度上决定于作为教育活动主要承担者的教师与学生的关系是否平等。

学生丰富的本质力量只有在自由的教育条件下才能够充分实现和切实展开。而在强制或强迫的教育条件下，学生的感受力会降低，情感会受到压抑，创造力会受到削弱。灌输式教育与自由教育相悖，因而受到广泛的批评。"全球教育改革联盟"（GATE）力主恢复教育的本来内涵："'教育'这个术语素来给人一种'灌输'的印象。在文明濒临危机的今日，迄今为止的'灌输'的教育逆时代之潮流，理应寿终正寝了。'教育'原本具有'引出'的涵意，如今，正是恢复教育之本来面貌的时代：引出并哺育每一个人身上所拥有的不可替代的潜能。"①

教育过程本应成为真正的师生共同参与的过程，成为真正合作的相互作用的过程。但是，我们教育中的师生关系基本上还是以教师为中心，学生只是教师控制的对象。课堂教学中的提问现象从一个侧面反映了这一点。1998年10月，北京师范大学教育系与《少年儿童研究》杂志社联合组成的"走向新世纪的我国中小学学生学习与发展课题组"，抽样选取了10个省市，对3737名10~18岁的学生进行了问卷调查。调查发现，在课堂教学中当场举手提问的学生中，小学生占13.8%，初中生占5.7%，高中生仅占2.9%。进一步分析发现，"没有把握就不举手"者最多：小学生占34.8%、初中生占48.8%、高中生占42.8%。"知道也不举手"者中，小学生占4.5%，初中生占14.5%，高中生竟达33.8%。②造成这种现象的原因在于，在我们的课堂教学中只习惯于教师向学生提问，而不欢迎、不提倡甚至不允许学生向教师提问，更不用说帮助学生形成提问的学习习惯。1998年美国科学教育协会代表团访问上海，在一所著名重点中学听了一堂物理课。任课教师是一位特级教师，教学内容精当、层次清楚、节奏紧凑、学生活动充分，教师的提问都是精心设计的，学生的回答也都清晰明了。按照我们的评价标准，这堂课上得可算是天衣无缝了。可是美国代表团成员反应很平淡。他们说，课堂上都是老师提问，学生回答，既然学生都已能回答了，这堂课为什么还要上呢？上课应该是学生有问题，学生提问，教师回答，师生共同讨论。莫里斯·L.比格认为，在民主的教学情境中，教师的主要目的是引导他的学生们研究他所教的领域中的重要问题。这种研究预定要交换证据和见解，交换意见和互相尊重别人的想法。在民主的课堂里面，教师的意见，正如学生们的意见一样，要接受其他学生和教师的批评。③ 在德国教育家

---

① 转引自钟启泉《"整体教育"思潮的基本观点》，《全球教育展望》2001年第9期。
② 孙云晓：《走进学习社会》，《少年儿童研究》1999年第7—8期。
③ [美]莫里斯·L.比格：《学习的基本理论与教学实践》，张敷荣等译，文化教育出版社1983年版，第389页。

> 当代教育新理念

马丁·布伯看来，师生关系应当是一种伙伴性的"我与你"的关系。他说："真正的教师与其学生的关系便是……"我—你"关系的一种。为了帮助学生把自己最佳的潜能充分发挥出来，教师必须把他看作是具有潜在性与现实性的特定人格，……应把他的人格当作一个整体，由此来肯定他。这就要求老师要随时与学生处于二元关系中，把他视作伙伴而与之相遇。同时，为了让自己对学生的影响充溢整体意义，他不仅须从自己一方，且也须从对方的角度，根据对方一切因素来体会这种关系。"①

《学会生存》一书则从教师职责的角度阐述了这个问题，认为教师的职责现在已经越来越少地传递知识，而越来越多地激励思考。除了他的正式职能以外，他将越来越成为一位顾问，一位交换意见的参加者，一位帮助发现矛盾论点而不是拿出现成真理的人。他必须集中更多的时间和精力去从事那些有效果的和有创造性的活动：互相影响、讨论、激励、了解、鼓舞。如果教师与学生之间的关系不按照这个样子发展，它就不是真正的民主的教育。该书还特别强调说："权威式的教学形式必须让位于以独立性、互相负责和交换意见为标志的师生关系"。② 关于这个问题，巴西教育家保罗·弗莱雷在《被压迫者教育学》一书中也作过精彩的论述。他在该书中强烈反对灌输式教育，同时极力提倡提问式、对话式教育。保罗·弗莱雷认为，没有了对话，就没有了交流；没有了交流，也就没有真正的教育。他明确指出："通过对话，教师的学生（students-of-the-teacher）及学生的教师（teacher-of-the-students）等字眼不复存在，新的术语随之出现：教师学生（teacher-student）及学生教师（students-teachers）。……教师不再仅仅是授业者，在与学生的对话中，教师本身也得到教益，学生在被教的同时反过来也在教育教师，他们合作起来共同成长。在这一过程中，建立在'权威'基础上的论点不再有效；为了

---

① [奥] 马丁·布伯：《我与你》，陈维纲译，生活·读书·新知三联书店1986年版，第158—159页。

② 联合国教科文组织国际教育发展委员会：《学会生存——教育世界的今天和明天》，华东师范大学比较教育研究所译，教育科学出版社1996年版，第110页。

起作用,权威必须支持自由,而不是反对自由。"①

　　创设平等合作的师生关系,要求教师具有一种宽容的精神。宽容不等于要求教师完全同意学生的思想言行,而是说要尽量对学生的思想言行抱一种理解和尊重的态度,对于自己不同意的观点和看不惯的东西不横加指责,更不会严加惩罚,迫使学生服从自己。这样一来,学生才会感到自由和安全,才不怕出现错误和失败,他们的潜能才会充分地表现出来。只有当教师充分尊重学生的时候,教师的活动才会对学生的精神产生真正的影响作用。"人在一定程度上都乐于受其环境的影响。这种接受影响的自觉自愿程度,要视施影响者对受影响者的权利的考虑程度而定。施影响者如果是在伤害对方,那他就不可能对受影响者保持持久性的影响。要最好地影响某一个体,就必须使他感觉他的权利得到了保证。这是教育学中的一个至关重要的论点。"②

　　创设平等合作的师生关系还要求教师具有爱心和同情心。美国心理学家罗杰斯曾经提出"无条件积极关注"(unconditioned positive regard)的主张。无条件积极关注的核心要点是:不以儿童的行为表现是否符合教师的喜好、教师的价值标准来评判儿童。换句话说,就是对儿童的关怀、喜爱、尊重或者认可、赞同等等,是无条件的。在无条件关注的气氛中,儿童会感觉到自己是为教师所关爱的,他不用刻意去做什么或不做什么来取悦教师,他有更多的时间和精力去体会自己的感受,倾听自己内部的声音。"一旦真实,对个人的尊重,理解学生的内心世界等态度出现时,激动人心的事情就发生了。所得的报偿不仅仅在象分数和阅读成绩一类事情方面,而且也在较难捉摸的品质上,诸如更强的自信心,与日俱增的创造性,对他人更大的喜爱。"③

----

① [巴西]保罗·弗莱雷:《被压迫者教育学》,顾建新等译,华东师范大学出版社 2001 年版,第 31 页。
② [奥]艾·阿德勒:《理解人性》,陈刚、陈旭译,贵州人民出版社 1991 年版,第 38 页。
③ 转引自方展画《罗杰斯"学生为中心"教学理论述评》,教育科学出版社 1990 年版,第 32 页。

三　让学生进行自主选择

自由教育也就是自主教育。自由意味着有选择的余地，无从选择是自由的大忌，因此自主教育也就是自由选择的教育。在教育中，学生应当支配教材，支配自己的学习，而不是受教师和教材（知识）的支配。"更多地给予个人以自由，把个人的潜力解放出来，这个观念和这个理想是自由精神永远存在的核心"。① 马斯洛曾详细论述过自由选择的重要性。他说："人，甚至儿童，最终必须自己为自己选择。别人不能经常为他选择，因为这样做会使它衰弱下去，会削弱他的自信心，并会使他对于自己经验中的内在快乐、对于自己的冲动、判断和情感的觉察能力发生混乱，也会使他对于什么是自身内在的东西和什么是他人准则的内化不能区分了。"②

在马斯洛看来，人不仅具有选择的必要，而且具有选择的能力。他说，在健康孩子的正常发展中，在许多时候，假如给儿童真正自由的选择，他会选择有利于他生长的东西。他之所以这样做是因为他所选择的东西使他体验到美好、感受到美好，并带来了愉快和欢乐。"这说明他比别人更'明白'什么东西适合他。……为了让孩子很好地生长，成人一定要对他们和他们的自然生长过程充分信赖，就是说，不要过多地干涉，不要抑制他们的生长，或强迫他们适应预先定下来的设计，相反要以道家的而不是权威主义的方式，让他们生长并帮助他们生长。"③ 在对待儿童自由选择这个问题上，杜威也发表过类似的意见，他认为："给儿童以自由，使他在力所能及的和别人所允许的范围内，去发现什么事能做，什么事他不能做，这样他就不至于枉费时间去做那些不可能的事情，而把精力集中于可能的事情了。儿童的体力和好奇心能够被引导到积极的

---

① ［美］约翰·杜威：《人的问题》，傅统先等译，上海人民出版社1965年版，第100页。
② ［美］马斯洛：《存在心理学探索》，李文湉译，云南人民出版社1987年版，第46页。
③ ［美］马斯洛：《有关生长和自我实现心理学的若干基本观点》，见瞿葆奎主编《教育学文集·教育与人的发展》，人民教育出版社1989年版，第408—409页。

道路上去。教师将发现，学生的自发性、活泼和创造性，有助于教学，而不是像在强迫制度下那样成为要被抑制的讨厌的东西。"①

兴趣爱好对于个体的发展具有重要的意义。人们在从事自己所喜爱的事情时，总是感到有一种莫名的兴奋感和满足感。兴趣和爱好是如何形成的呢？答案是：在自由选择中形成。如果一切都规定得死死的，不给儿童选择的机会，他们的兴趣爱好也就没有发挥和展示的机会。正是在这个意义上，《学会生存》一书呼吁将教育的中心转到学习者身上，充分尊重他们的自我选择和自我决定。该书指出："我们应使学习者成为教育活动的中心；随着他的成熟程度允许他有越来越大的自由；由他自己决定他要学习什么，他要如何学习以及在什么地方学习与受训。这应成为一条原则。即使学习者对教材和方法必须承担某些教育学上的和社会文化上的义务，这种教材和方法仍更多地根据自由选择、学习者的心理倾向和他的内在动力来确定。"②

当然，自主选择不等于不要指导，允许儿童自由选择，并不意味着教师可以放弃作为帮助者、引导者的责任。自主选择也不意味着没有任何约束或限制，不等于放任或放纵。

阅读与思考11-4　瑞典的分级教学

在瑞典，国家教育行政部门对全国中小学的课程设置有统一的规定，在高中阶段的17种国家课程中，母语、英语、数学、自然科学、社会科学、体育与健康等核心课程是必修并要通过国家考试的。但是，这些核心课程又根据难易程度的不同分为若干等级，如社会科学被分为A、B两级，而数学则分为A、B、C、D四级，学生可以按照个人的兴趣爱好和发展方向选择相应一级的内容学习并参加考试。例如将来想成为工程师的，数学就必须通过最深的D级，而社会科学只需要选择较低的A

---

① ［美］约翰·杜威：《学校与社会·明日之学校》，赵祥麟等译，人民教育出版社1994年版，第298页。
② 联合国教科文组织国际教育发展委员会：《学会生存——教育世界的今天和明天》，华东师范大学比较教育研究所译，教育科学出版社1996年版，第263页。

级；而如果有志于成为艺术家的，社会科学就要通过最高的 B 级，而数学只要掌握最基本的 A 级即可，这样节省下来的时间和精力就能够用到与未来发展方向相关的课程的学习中去。

——谢海阳：《莫让过剩知识扼杀创新精神——北欧基础教育考察见闻之一》，《文汇报》2002 年 11 月 11 日。

阅读与思考 11-5   上海中小学推行"分层递进教学"

统一的学校课程，有的学生"吃不饱"，有的学生却"吃不了"。太过整齐划一的课堂内外教学，时常让学习变得效果低下、负担加重。然而，在上海虹口区大部分的中小学里，老师们利用分层递进教学法，不断做课程"加减法"给学生减负，提高教学的有效性——让不同层次的学生都能更好、更愉快、更轻松地得到发展。如今，"分层递进教学"不仅在全区 40 多所中小学得到推广，还向全国辐射。

分层递进教学，起源于华东师大一附中实验中学。从 1990 年起，该校先采用观察、测试、问卷、家访、座谈等方式，摸清学生信息，然后根据学生的不同层次，与学生协商后，制定不同的教学目标。分层不是把学生分成三六九等，简单地按成绩贴上"好、中、差"标签。每门学科的教师都会根据学生学习能力、专长和弱项，设计灵活的分层。对于困难学生，老师有时会给予特别"偏爱"，如更多提醒和赞扬，课堂提问得到优先"回答权"，作业可以得到面批。

——引自《教育文摘周报》2010 年 12 月 29 日。

四 处理好自由与纪律、责任及努力的关系

自由教育并不排斥教育中的纪律要求。自由是相对的，不是绝对的，它和纪律是一个统一体的两个矛盾着的侧面。一个人既享受着自由，同时又必须用纪律约束自己。没有纪律就只是放任，而不是真正的自由。从一定意义上说，纪律也是一种束缚，但却是必要的束缚。自由并不是反对任何纪律，只是反对不必要的、专制性的纪律。管束过严固然不对，

但放任不管同样是错误的。鲁迅曾对儿童放任不管或管束过严这两种教育偏向的后果作过比较分析。他说，前一种教育的结果：在门内或门外是霸主，但到外面，便如失去网的蜘蛛一般，立刻毫无能力。后一种教育的结果：儿童犹如一个奴才，一个傀儡，放他到外面来，则如出笼的小鸟，他决不会飞鸣，也不会跳跃。① 在鲁迅看来，对儿童的天性，无论是放纵还是禁锢，都将导致人格的畸形发展。对于儿童来说，既不能绝对约束，也不能绝对自由。"'自由'并非处于真空状态之中，而是处于受到各种制约的网络中。……教育自由的问题，并不是在对教育毫无约束和规定的情况下产生的，而是在用符合目标的制度和规定来否定某种制度和目标的情况下产生的。"② 在教育中，如果没有任何约束，儿童将会处于一种骚动状态，这种状态使他们忍受不了任何制约，甚至在学校教育之外，他们的行为也会表现出这一特点。

在教育中，提倡自由并不意味着否定学生的责任与努力，不意味着可以对学生不提要求和放弃标准。自由的含义根本不同于不负责任和放任自流。真正的自由总是与责任及努力密切联系在一起，一个人要享受自由就必须承担起相应的责任，付出相应的努力。从字义上看，所谓"责"就是要求做成某事或行事达到一定的标准；所谓"任"，就是担当、承受；"责任"，即指人份内应承担的职责和应完成的任务。自由不会从天上掉下来，必须通过努力去争取。巴格莱正确地指出，自由必须与责任携手并进，而有责任的自由总是经过努力得来的，而不是白送的。他还警告说："如果放弃严格的标准，因而对于学习所必需的努力不提供有效的鼓励，那么许多人将虚度在学校的十几年，只不过发现自己愚昧无知和缺乏基本训练，日益处于严重不利的困境。"③

---

① 《鲁迅全集》第5卷，人民文学出版社1973年版，第160—161页。
② [日]大河内一男等：《教育学的理论问题》，曲程等译，教育科学出版社1984年版，第217页。
③ [美]W·C.巴格莱：《教育与新人》，袁桂林译，人民教育出版社1996年版，第202页。

第十二章

超越教育理念

超越教育与功利主义教育相对，它指的是超脱现实与功利的教育。"功利"一词一般指物质上的功效和利益。因此，所谓功利主义教育，是指片面追求功效和利益的教育。教育有没有功利？回答当然是肯定的。教育的确与功利有关，因而我们在办教育或接受教育的时候考虑功利是理所当然的。但是如果只考虑功利或片面追求功利，这样的教育就成为功利主义教育，这种教育会使人唯利是图，走向堕落。我们提倡超越教育，原因在于这种教育使人摆脱物欲的羁绊，追求精神价值。

第一节 超越教育的意义

在教育领域中，超脱现实与功利不等于否定或排斥现实与功利。教育不能脱离现实，也不能不要功利。国家办教育要考虑到经济利益，要求教育为经济和社会发展服务。个人接受教育自然也要考虑到回报问题，如通过受教育找到一份好的工作，以便有较高的收入，从而过上好的生活。但是，教育不能只考虑现实，更不能只追求功利。国际21世纪教育委员会主席雅克·德洛尔在《为了21世纪的教育——问题与展望》一书的序言中写道："教育当然要适应各种特殊需求，例如教授技能，为个人在经济中发挥作用作准备。但在某种层次上看，仅仅集中于狭窄的实用目标的教育是最不全面的，甚至最终也未必能够恰当地达到这些目标。"① 教育在适应现实和满足功利需求的同时，应当充分考虑自身的独立性和非功利性。

对于国家和社会来说，教育不只是满足其现实功利需要的一种制度和机构，更是社会理想的制定者与实行者。"教育不仅仅是为了给经济界提供人才：它不是把人作为经济工具而是作为发展的目的加以对待的。"② 对于个人来说，学校不能变成职业（专业）技能的培训机构，学生不能只是从中获得谋生的技能，应当"促进每个人将其思想和精神境界提高到普遍行为模式和在某种程度上超越自我的高度。"③ 教育的终极目标和最高境界在于社会的全面进步和人格的整体提升。

人的生存和发展当然要以物质需要的满足为基础，但绝不局限于物质需要。人不仅是一种适应性的存在，更是一种超越性的存在。人区别于动物的重要标志在于能够摆脱纯粹的物欲制约，追求日益丰富的精神价值。我国画家丰子恺在谈到超功利生活态度的意义时，指出："人生处世，功利原不可不计较，太不计较是不能生存的。但一味计较功利，直到老死，人的生活实在太冷酷而无聊，人的生命实在太廉价而糟蹋了。所以在不妨碍现实生活的范围内，能酌取艺术的非功利的心情来对付人世之事，可使人的生活温暖而丰富起来，人的生命高贵而光明起来。"④ 超功利的生活态度不会自然形成，需要通过超越教育来培养和陶冶。教育不能只局限在考试成绩与升学就业的功利目的上，还应当关注学生精神世界的充实与提高。同时，教育还应当使学生明白，进学校学习并不只是为了获得谋生的手段，并非只是为选择职业作准备，丰富个性和提

---

① 联合国教科文组织编：《为了21世纪的教育：问题与展望》，序言，王晓辉等译，教育科学出版社2002年版，第2页。
② 国际21世纪教育委员会：《教育——财富蕴藏其中》，联合国教科文组织总部中文科译，教育科学出版社1996年版，第70页。
③ 国际21世纪教育委员会：《教育——财富蕴藏其中》，联合国教科文组织总部中文科译，教育科学出版社1996年版，第5页。
④ 丰子恺：《静观人生》，转引自金马主编《精神乌托邦——人生理想论》，吉林人民出版社1998年版，第230页。

当代教育新理念

升人格境界也是学习的重要使命。一句话,教育在适应社会和个体眼前需要的同时,要保持对教育本质问题的追问,它应当有更高的境界——应当具有超越的品质。

阅读与思考12-1 神童与法西斯

　　湖北省公安县13岁的聂愿愿在1998年的高考中,以628分的高分考取华中理工大学。聂愿愿受的是他父亲的家庭教育。他父亲制定了一个详细的教学计划,将12年的课程浓缩在4年内完成。他的方法突出一个"背"字,不仅要求儿子将语文、英语等课本背得滚瓜烂熟,数学、物理、化学等课本也要求一本一本地背诵。除了公式定理以外,还要背大量的例题。

　　记者来到学校采访聂愿愿。当问及父亲的教育方法时,他毫不迟疑地回答:"爸爸的方法不好。他每天都让我做功课,动不动就打我。我对他恨得要死,每天都当家里的那堵墙是爸爸,对着打,打得手上都起了老茧。我每天早上5点40分起床,晚上12点才睡觉。现在想起来都害怕。"

　　——孔庆东等主编:《审视中学语文教育》,汕头大学出版社1999年版,第288—289页。

阅读与思考12-2 大学的理念

　　大学诚然不能脱离现实,但又必须和世风流俗保持一定的距离,即所谓远离尘嚣,保持干净、冷静与清醒:它不但不能随波逐流,更不能为歪风恶俗推波助澜,而且应该起到社会清洁剂、清醒剂和中流砥柱的作用。今天的大学特别需要"沉静"、"清洁"和"定力",即所谓静、清、定这三种精神力量。当整个社会陷于喧闹,大学、大学里的老师和学生,就应该沉静;当整个社会空气被腐败所污染,大学、大学里的老师和学生,就应该清洁;当整个社会陷于浮躁,大学、大学里的老师和学生,就应该有定力。

　　——钱理群:《我的教师梦——钱理群教育讲演录》,华东师范大学出版社2008年版,第97—98页。

大学的研究固然应该为经济发展作出重要的贡献，大学教育也应当帮助学生从事有益并令人满意的工作。然而对于一种最好的教育来说，还存在无法用美元或人民币衡量的更重要的方面。最佳的教育不仅应有助于我们在专业领域内更具创造性，它还应该使我们变得善于深思熟虑，更有追求的理想和洞察力，成为更完美、更成功的人。

——[美]陆登庭：《21世纪高等教育面临的挑战》，《高等教育研究》1998年第4期。

大学不能遗世独立，……不能自外于人群，但却不能随外界政治风向或社会风尚而盲转、乱转。大学应该是"时代的表征"，它应该反映一个时代之精神，但大学也应该是风向的定针，有所守，有所执著，以烛照社会之方向。

——金耀基：《大学之理念》，生活·读书·新知三联书店2001年版，第24页。

阅读与思考 12-3　大学的"学"与"用"

大学的兴盛，是民族的兴盛；大学的衰落，是民族的衰落。在进入90年代后，随着人文理性的低迷，由社会形成的"新"的人生观和价值观，使某些大学生在学与用、个人生活目标与社会长远发展、物质享受和精神理想之间产生了尖锐的冲突，在迷茫焦虑中感到信念消解化、精神平面化、基本人格虚无化，进而将大学的功能看成是急功近利地获得一些实用技能，将教育目标定为毕业以后找一个"金饭碗"，从而过早过于彻底地丧失了大学生应具有的文化底蕴和精神素质，由于匆忙而盲目地否定了大学的神圣性和铸灵性。这一精神误区最直接地表现在"学"与"用"的关系的误解上。

记得多年以前德国一著名学府的校长面对全校学生说：学自然科学的学生们，我为你们而自豪，因为你们是这个时代的列车。人文科学的学生见状低下了头。校长转过头来说，学人文科学的学生们，抬起你们的头来，我为你们而骄傲，因为你们是这个时代列车的司机。在经久不息的掌声中，一代学子深邃地领会了"学"与"用"的形而上学意义。

可以说，战后德国教育的复兴，思想大师的辈出（学？），对整个德国经济的发展和人的素质的提高（用？），其意义不可低估。就世界范围的现代化而言，西班牙和意大利的商业发展、英国的工业革命、法国的政治革命、德国的思想革命到美国的文化多元共生，不仅是世界科技中心的转移，也是其文化精神的拓展，尤其是德国人文精神和人文理性的深邃博大、人文思想大师辈出，使德国科技、经济获得长足的发展。随着二战后大批德国思想家涌入美国，才出现今日美国学术思想界的全新局面。不难看出，一个拒绝简单的急功近利之"用"的民族，其目光胸襟的远大必将有其大用，而且是花费最小的现代化"代价"而获得的。

在走向现代化的今天，大学生活却出现了狭窄化、专业化、技术化的倾向。"三点一线"的单调生活，使学习成了机械训练和应付考试的枯燥过程，生活成为注重实用、只对专业技能感兴趣的单维化生活。在工艺层面的操作和忙乱中，个性和创造性逐渐消隐，在跟着潮流走中心里封闭起来，在重理轻文中使感受力受到压抑，进而导致情绪抑郁、性格孤僻、矜持而不善心灵交流。于是远大的人生抱负渐淡渐消，卓越的眼光和超迈的胸襟逐渐被市侩式的世故虚荣所取代，生命中的无聊感在牢骚、郁闷、无奈中呈现出来，甚至出现了将哲学、美术、文学、史学大师著作丢在一边，而热心于公关学、谋略学、厚黑学的现象。

人文理性是生命意义和社会价值的灵魂，它不仅构成人的生命内在光辉和超越性质，而且构成社会和谐发展的文化地基和一个民族的价值认同。科技的实用性、功利性是"短、平、快"的，而人文精神的陶冶却很难获得"短期效应"，但却具有更根本的"精灵性"功用。……人文科学将在市场经济向现代化大潮中，使人的行为、人的心理更具规范性和协调性。人文科学不应被置于社会的"边缘"。当然，在"经济主战场"中，它也无意于成为"中心"，它将吸引一大批真正的学人，潜心于学术研究和人文理性重建，以此为这个"社会设立一个精神价值尺度"，成为现代社会健康肌体中不可缺少的"微量元素"。

真正的人文理性重建的基点不在生活的平面化和世俗化中，相反，这一基点在充满希望的大学中，在新一代学子之中。超越当下利益得失，放出眼光胸襟，展望新世纪人类图景，反思、传播、创造华夏新文化，是当代大学中睿智学者和莘莘学子所必须担当的历史使命。

——杨东平编：《教育：我们有话要说》，中国社会科学出版社 1999 年版，第 352—355 页。

阅读与思考 12-4　学生需要一些"无用之学"

现在很多学校都开设了拓展课程。那么，是选择自己感兴趣的，还是只选与考试有关的？不少学生为此"纠结"。对学生来说分数固然重要，但它不应成为我们唯一的追求。

德国学校非常重视学生动手能力的培养：小学二年级开设家政课，学生在课堂上学着将面粉做成面包；木工课是德国普通高中二年级的必修课，学生忙着加工木材，学做抽屉、做书柜。其实，基础教育应着眼学生的一生发展，我们需要提倡一点"无功利之用"。

而我们中国很多家长对孩子的教育都带上了"功利"色彩——学钢琴为考级，学数学为竞赛，学习都与升学、考试挂钩，很多学生感到读书越来越苦。

上海大同中学一位数学老师提到，近年来学校开设了 100 多门校本课程供学生拓展选择，老师们花了大量时间设计课程，希望能拓展学生的视野。但据他观察，很多学生对学校的这番"好意"并不领情。一些高一新生凭着一时兴趣选了拓展课程，可听了几次课，感觉与升学考试不搭界，就不再起劲。到了高一下学期再选课时，不少学生会选择学科辅导类的培优强化课程。学生这样的选择，让他很遗憾："对于高中学生来说，除了学好考试科目，还应重视拓展课程的学习，这些'无用之学'或许就能擦出创新的火花。"

——引自《教育文摘周报》2011 年 4 月 13 日。

阅读与思考 12-5　普林斯顿大力发展艺术系

普林斯顿是一所非常好的学校。然而，很多一流大学都设有商学院

> 当代教育新理念

和法学院,可是普林斯顿没有。每过 20 年,普林斯顿都要讨论是否设立这两个学院的问题。每次答案都一样:不。普林斯顿放弃了商学院和法学院这两个在大学里几乎是最赚钱的学院,却决定大力发展一个看起来最不赚钱的专业——艺术系。艺术课程的设置与就业没有直接关系,纯粹出于满足学生的需要。在普林斯顿大学校长雪莉·蒂尔看来,这些看似无用的课程相当重要。因为这种修养会伴随着一个人的一生,而就业只是暂时的。

——原春琳文,摘自《基础教育》2004 年第 11 期。

第二节 超越教育的目标

超越是精神对物质的超越,理想对现实的超越,道义对功利的超越。没有这种超越,人性将沦落为物性。教育的重要目标在于培植人的超越品格。具体而言,包括以下几个方面:

一 培养学生执着的理想追求

弗洛姆曾提出人有"占有"和"存在"两种生存方式。"人本身具有两种倾向:一种是占有的倾向,其力量说到底来源于渴望生存这一生物因素;另一种是分享、奉献和牺牲的倾向,其力量起源于人类生存的特殊状况和人渴望通过与他人的统一来克服人的孤独的内在需求。""我们的目的应该是存在得更美好,而不是占有得更多。"① 当然,这里所说的超功利,不是康德所说的"非功利"(指不涉及利害计较),不是与功利无关,更不是否定和排斥功利。具有超越性人格的人不是脱离现实、不食人间烟火的人。这种人也是世俗之人、现实中人,也是凡身肉体,因而无疑具有生理和物质方面的需要,也有七情六欲。当然,在对待功

---

① 黄颂杰主编:《弗洛姆著作精选——人性、社会、拯救》,上海人民出版社 1989 年版,第 637 页。

利问题上,具有超越性人格的人毕竟与一般的人不同。这种人当然有物质利益的需要,但他的追求不只在此。他追求的不仅仅是物质功利的满足,更重要的是精神生活的充实。他不会唯功利是从,他的所作所为不是只为了功利或者说主要不是为了功利。

人活着总是要有理想的。凡是具有超越品格的人总是不断地追寻着存在的意义并企望实现自身的价值。作为一种超越性追求,理想凝聚了主体对人生意义和价值目标的理解。理想是人的灵魂。一个人如果没有理想,就会在尘世的喧嚣中走向沉沦。"唯有怀抱着理想,才能建构自我安顿的内在根据,并不断在两重意义上实现超越:拒斥世俗的同化,始终坚持高洁的人生取向;化本然的我为理想的我,展现自我的潜在价值。前者是对外在世界的超越,后者则是对内在自我的超越,二者构成了同一过程的两个方面。正是通过如上过程,主体逐渐由迎合躁动的异己世界,转向自我本身的提升和完善,并在理想的洗礼中,卓然挺立。"[①]

当然,超越并不意味着离开日常世界。生命价值的实现,表现为一个在日常世界之中超越日常世界的过程。在一切平凡的践履之中,自我都可以通过对理想的执着追求而达到心灵的净化和超脱。

二 培养学生超脱的人生取向

我们应当承认,这个世界是不完善的、更不可能是完美的。为了摆脱不和谐的现实,有必要在人的内心世界建立一个与它对立的和谐的、自由的、完善的世界。德国19世纪著名诗人诺瓦利斯写道:"人们必须在自身周围建立诗的世界,并生活其中。"[②] 这并不是美化现实,也不是逃避现实。正如德国思想家恩斯特·卡西尔在《人论》中所说的:"生活在形式的领域(即审美世界——引者)中并不意味着对各种人生问题的一种逃避;恰恰相反,它表示生命本身的最高活力之一得到了实

---

① 杨国荣:《理性与价值》,上海三联书店1998年版,第49—50页。
② 转引自周国平主编《诗人哲学家》,上海人民出版社1987年版,第77页。

现。"① 身处有缺陷的现实中而麻木不仁，这不是我们应取的态度。但是，面对有缺点、有问题的世界，当暂时还无力改变时，采取一定的超脱态度则是完全必要的和明智的。反之，如果深陷其中而不能自拔，钻牛角尖，满肚子牢骚，成天唉声叹气，这只会徒增烦恼。由于每个人的主客观条件都不一样，因此要求所有的人都达到人格的最高境界是不现实的。但是，每个人都可以通过自己的努力而不断超越和完善自身。教育应当培养学生在一定程度上超脱现实和功利的人生取向。

三 培养学生乐观的生活态度

所谓乐观，是一种积极的处世心态，表现为以积极、悦纳和豁达的心态去对待自己和观照周围的现实世界。一个人是否幸福与快乐，不完全取决于客观的外在世界，在一定程度上取决于个体内在的感受，取决于对问题的看法。卡耐基在一篇题为《平静》的文章中写道："我相信，我们内心的平静和我们在生活中所获得的快乐，并不在于我们身处何方，也不在于我们拥有什么，更不在于我们是怎样的一个人，而只在于我们的心灵所达到的境界。在这里，外在的因素与此并无多大的关系。以拿破仑和海伦·凯勒的生平为例，就可以证明弥尔顿的话是何等的正确：拿破仑拥有了一般人梦寐以求的一切——荣耀、权力、财富等等，然而他却对圣海琳娜说：'在我的一生中，从来没有过快乐的日子。'而海伦·凯勒是个又盲又聋又哑的残疾人，可她却说：'生活是多么美好啊！'"② 一个人只有对生活抱这种乐观的态度，他才会努力寻找生活中的美好的一面，而不只是看到生活中的阴暗的一面。如果对人生抱一种悲观的态度，那么世界在他眼中将是一团漆黑，一无是处。对人生持乐观态度的人会从平凡的日常生活中发现快乐和幸福。而对人生持悲观态度的人则相反，他生在福中不知福。在这个世界上，幸福都蕴藏在平常

---

① ［德］恩斯特·卡西尔：《人论》，甘阳译，上海译文出版社1985年版，第212页。
② ［美］戴尔·卡耐基：《平静》，效轩译，《上海译报》1996年7月1日。

的事物之中,有些人之所以感觉不到生活的幸福,也许就是因为他们缺少一种超越的、乐观的精神品格。为此,超越教育应当着力培养学生乐观的生活态度。

阅读与思考12-6 每周总结一下快乐有多少

心理学研究表明,快乐是个人选择。我们无法选择命运,却可以选择对命运的态度。快乐作家安德鲁·马修斯每天做的第一件事就是对着镜子说:"生命并不完善,但在未来24小时,我选择快乐。"只要心里想着快乐,并努力实践,你会发现,快乐就在身边。假如每周做一次快乐总结,就能帮你拥有好的心情。

快乐总结的形式很灵活,既可以像周记,如抽时间回忆这一周快乐的瞬间,将时间、地点、人物、事件做简单的整理;也可以像散文,用轻松优美的文字表达情感、描述美景。用什么样的方式并不重要,重要的是能适时重温积极的情绪。这样就会多给内心积极的暗示,帮助我们找到属于自己的快乐方式。

做快乐总结贵在持之以恒。马修斯长期坚持每天早晨对着镜子说话,犹如每天刷牙、洗脸一样。如果我们能像他这样持之以恒养成寻觅、总结快乐体验的习惯,快乐情绪就会不断累积,我们会越来越满足于自己拥有的一切,发现"原来我可以更快乐"。

当然,除写快乐总结外,让自己开心的方式还有很多,如可以罗列让自己感激的人或事,多感受人性中光明的一面;尝试做些新鲜事来丰富生活,适当发展自己的兴趣爱好;多和亲友谈心;适当放弃不太重要的事情,减少不必要的人际交往;每天至少微笑三次;在经济能力允许的情况下,找个时间到一个向往已久的地方去远足。

——引自《教育文摘周报》2009年12月16日。

阅读与思考12-7 幸福的源泉

詹姆斯是美国哥伦比亚大学的哲学系博士,他毕业论文选取的课题是

《人的幸福感取决于什么》。为了完成这一课题，他向市民随机派发出了1万份问卷。问卷中，有详细的个人资料登记，还有五个选项：A 非常幸福，B 幸福，C 一般，D 不幸福，E 很不幸福。最后，收回了5200余份有效问卷，但是，只有121人认为自己非常幸福。

接下来，詹姆斯对这121人做了详细的分析。他发现，有50人是这个城市的成功人士，他们的幸福感主要来源于事业的成功；而另外的71人，有的是普通的家庭主妇，有的是卖菜的农民，有的是公司里的小职员，甚至还有领取救济金的流浪汉，他们又为什么会拥有如此高的幸福感呢？

通过与这些人的多次接触交流，詹姆斯发现，这些人对物质没有过高的要求，他们平淡自守，安贫乐道，很能享受柴米油盐的寻常生活。

最后，詹姆斯得出了这样的论文总结：这个世界上有两种人最幸福，一种是淡泊宁静的平凡人，一种是功成名就的杰出者。如果你是平凡人，你可以通过减少欲望，修炼内心来获得幸福。如果你是杰出者，你可以通过进取拼搏，获得事业的成功，从而达到更高层次的幸福。

他的导师在他的论文结尾批了一个大大的"优"！

十多年后，詹姆斯已经是哥伦比亚大学的哲学系教授。他的一位学生，叫爱德华，在作毕业论文时，选了一个与詹姆斯当年十分类似的题目——《幸福的源泉》。詹姆斯知道后很感兴趣。他把当年那121人的联系方式又找了出来，让爱德华去调查。

几个月后，调查结果反馈回来了。当年那71名平凡者，除了两人去世外，收回69份调查表。这些年来，他们的生活发生了许多变化，有的已经跻身于成功人士的行列；有的一直过着平凡的日子；也有的人由于疾病和意外，生活十分拮据。但是他们的选项都没变，仍然觉得自己"非常幸福"。而那50名成功者却发生了巨大的变化。只有9人事业一帆风顺，仍然选择了"非常幸福"。有16人因为事业受挫，或破产或降职，这次选择了"痛苦"和"非常痛苦"。

面对这样的调查结果，爱德华陷入了沉思。最后，他得出了这样的结论：所有靠物质支撑的幸福，都不会持久，都会随着物质的离去而离去。只有心灵的淡定宁静，继而产生的身心愉悦，才是幸福的真正源泉。

看着爱德华得出的结论，詹姆斯沉凝了许久。最后，他郑重地用红笔在文末批了一个大大的"优"字！

——引自《今日文摘》2011年第6期。

四 培养学生丰富的生活情趣

超越教育应当培养学生丰富的生活情趣，使学生热爱生活，保持活跃的生命感觉。美学家朱光潜曾说，艺术是情趣的活动，艺术的生活也就是情趣丰富的生活。他认为，人可以分为两种：一种是情趣丰富的，对于许多事物都觉得有趣味，而且到处寻求享受这种趣味；另一种是情趣干枯的，对于许多事物都觉得没有趣味，也不去寻求趣味。前者是艺术家，后者则是俗人。情趣愈丰富，生活也愈美满，所谓人生的艺术化就是人生的情趣化。人生富于情趣的人，就是艺术家，也就是诗人，他的生命随着人生的艺术化而艺术化，至于他是不是搞艺术创作，是不是写诗，那是无所谓的。

具有超越性人格的人能在日常很多简单而平凡的事物中发现乐趣。梁启超所抱的人生态度正好可以用来说明这种人格。他说："我生平对于自己所做的事，总是做得津津有味，而且兴会淋漓，什么悲观咧，厌世咧，这种字面，我所用的字典里头可以说完全没有。"他还说："我是个主张趣味主义的人，倘若用化学化分'梁启超'这件东西，把里头所含一种元素名叫'趣味'的抽出来，只怕所剩下的仅有个零了。我以为：凡人必常常生活于趣味之中，生活才有价值。若哭丧着脸捱过几十年，那么生命便成沙漠，要来何用？"[①] 有人可能会说，超越性人格的人也是世俗之人，世俗之人怎么能做到总是乐观豁达呢？不错，超越性人格的人也是世俗的人，在他的生活中，并不总是鲜花和掌声相伴，也不总是

---

① 转引自姚全兴《生命美育》，上海教育出版社2001年版，第71页。

成功和满意相随。换句话说，他也免不了会遭遇挫折和失败，发生烦恼甚至不幸。但是，与一般的人相比，具有超越性人格的人由于具有超然的人生态度，所以他更乐观、更满足，对未来更充满信心。无论是在工作中，还是在日常生活中，他们一般会经常保持平静和平常之心，不会满腹牢骚、愁眉苦脸，不会怨天尤人，也不会自怨自艾，更不会自暴自弃。他首先会勇敢地面对现实，然后想办法从挫折和失败中奋起，从烦恼和不幸中超脱。这种人会认识到生命是短暂的，又是美好的和有意义的，并且会身体力行地使自己的生活过得充实而又有意义。他会热爱生命，珍惜生命，并且衷心地感谢生命。这种人就像马斯洛在论述自我实现的人时所描绘的：他们"会更有享乐、爱、笑和兴趣，会更具有幽默感，更为朴素，更为异想天开和更富有幻想，更可能是一个愉快的'疯子'，而且总的来说，更能使自己经常得到、评价和享有一般的情绪体验和一些特别高级的体验。"①

阅读与思考 12-8 享受诗意人生

诗意人生离我们并不遥远，生活中她如影随形地游走在我们身边；蓝天白云，山水田园；莺歌燕舞，桃红柳绿；海上明月，大漠孤烟；飞絮作雪，落红成霰；渔舟唱晚，雁阵惊寒；枯藤老树昏鸦，小桥流水人家；胡马秋风塞北，杏花春雨江南……春夏秋冬，天南海北，何处不是诗意盎然的境界？哪里不是诗意人生的写照？

享受诗意人生，喜欢倾听鸟语花香，体味鸟儿歌唱的喜悦和衰伤。王维云："人闲桂花落，夜静春山空"；杜甫又云："感时花溅泪，恨别鸟惊心。"

享受诗意人生，愿意和自然对话，能体味到自然的亲切，并从中读懂自我，所以李白说"相看两不厌，唯有敬亭山"。

享受诗意人生，能感受到山的伟岸，水的灵秀，那是丰富细腻情感

---

① ［美］马斯洛：《有关生长和自我实现心理学的若干基本观点》，见瞿葆奎主编《教育学文集·教育与人的发展》，人民教育出版社1989年版，第419页。

的生发，譬如"二月春风似剪刀"，"春风又绿江南岸"……

享受诗意人生，能在风中释放激情，在雨里体味浪漫，在寒霜中经受考验，在冰雪中绽放美丽；能在山重水复中看到柳暗花明。"行到水穷处"，"坐看云起时"，即使处处沙漠，也会坚信芳草就在不远处。

享受诗意人生，善于从平淡朴素中发现美，在紧张的生活中体味到奋斗的激情和忙里偷闲的惬意，感动自己，也感动别人。能从平淡中咀嚼出丰富，苦涩里品味出甘甜；能在安静里享受超然，在平凡中感受伟大；柴米油盐能做出五彩的人生，锅碗瓢盆会奏出美妙的乐曲。

享受诗意人生，能在你不能改变现状的情况下，改变你看现实世界的眼光，改变你的人生态度。心明净了，美好了，人就会快乐起来，生活就会灵动起来。

享受诗意人生，放一轮明月在心，那么任何风霜雪雨、酸甜苦辣都会变得趣味无穷，诗意盎然。享受诗意人生，平淡的生活会变得雅致，定能像海德格尔那样，虽"充满劳绩，但诗意地栖居在这片大地上"。

——引自《教育文摘周报》2010年12月29日。

阅读与思考12-9 人的生活应当是艺术品

生命偶然，人生短暂，人应当怎样度过一生，这是每一个有灵魂的人在人生的某一时刻必定会思考的问题。在人生大部分的时间，人忙忙碌碌，很少会去想这个问题。只有偶然独处时，或在无眠的静夜，这个令人惆怅的问题才会突然来到我们心中。

福柯的人格魅力之一在我看来就是他极力倡导并一生不懈实践的"生活美学"。有一次，福柯对友人说："使我惊讶的是，在我们的社会中，艺术只与物体发生关联，而不与个体或生命发生关联……每一个个体的生活难道不可以是一件艺术品吗？"

不知从什么时候开始，创造艺术品成了一种职业性的活动——由画家作画，由雕塑家雕塑，由音乐家作曲，由文学家写小说，由摄影家拍照。而这些人只占人口的极小一部分，也许连百分之一都不到。我们绝大多数的人，我们这些凡夫俗子，变得与艺术无缘。福柯却告诉我们，我们的生活不但可以而且应当成为一件艺术品。他认为，人的本质——假如人有本质的话——并不是一种与生俱来的、固定的、普遍的东西，而是由许多带有历史偶然性的规范和准则塑造而成的，而那些规范和准则，又是由每个人都必须在其中成长的风俗、习惯和制度所规定的。所有的文化都为生活于其中的人们灌输了各种各样的思维方式、价值观念、行为规范和道德习俗。对于这些规范和习俗，一个没有创造力的人会循规蹈矩，亦步亦趋；而一个有创造力的人却会在自己的生活和自我塑造的过程中对这些规范加以改变。而所有具有创造力的人要做的第一件事，应当不是去创造小说、诗歌、音乐、美术，而是把自己的生命塑造成一件艺术品。难道对一个人来说，这不是最重要、最值得去做的事情吗？

——李银河文，引自《教育文摘周报》2010年12月29日。

阅读与思考12-10　论真性情

我的人生观若要用一句话概括，就是真性情。一个人在衡量任何事物时，看重的是它们在自己生活中的意义，而不是它们能给自己带来多少实际利益，这样一种生活态度就是真性情。

一个人活在世上，必须有自己真正爱好的事情，才会活得有意思。这爱好完全是出于他的真性情，而不是为了某种外在的利益，例如金钱、名声之类。他喜欢做这件事情，只是因为他觉得事情本身非常美好，他被事情的美好所吸引。这就好像一个园丁，他仅仅因为喜欢而开辟了一块自己的园地，他在其中培育了许多美丽的花木，为它们倾注了自己的心血。当他在自己的园地上耕作时，他心里非常踏实。无论他走到哪里，他也都会牵挂着那些花木，如同母亲牵挂着自己的孩子。这样一个人，他一定会活得很充实的。相反，一个人如果没有自己的园地，不管他当多大的官，做多大的买卖，他本质上始终是空虚的。这样的人一旦丢了官，破了产，他的空虚就暴露无遗了，发现自己在世界上无事可做，也没有人需要他,成了一个多余的人。

——周国平文,引自《报刊文摘》2011年1月10日。

五 培养学生宽容的心理状态

宽容者会以一种包容的心态去看待这个世界、看待他人与自己。他们遇事不会走极端,不会钻牛角尖,不会只是用一种标准去衡量这个原本丰富多彩的世界和千差万别的人。常言说:"退一步,海阔天空"。有了宽容,世界就会充满着安宁与祥和;有了宽容,生活将进入恬静和超脱之境。反之,如果失去了宽容,则会充满冲突、争斗和仇恨。教育应使学生对此有足够的认识,应当使他们知道:斤斤计较,会成为人的生命存在的负累。宽容并不是无原则的迁就,它只是迁就非原则的东西。对于涉及原则性的东西,则立场坚定,是非分明,而不会模棱两可,态度暧昧。这种人对别人宽容,对自己的要求虽然更为严格,但绝不苛刻和过分。他们对自己有正确的估计,不会高看自己,也不会轻视自己,他们自尊、自爱、自强和自立。

阅读与思考12-11 扛垃圾

"超越伤痛的唯一办法,就是原谅伤害你的人。"大师说。

"这样,未免太便宜他了!"

大师反问:"你真的相信,自己气得愈久,对他的折磨就愈厉害?"

"至少我不会让他好过。"

"假如你想提一袋垃圾给对方,是谁一路上闻着垃圾的臭味?是你。不是吗?"大师说。

"紧握着怨恨不放,就像是自己扛着臭垃圾,却期望熏死别人一样,这不是很可笑吗?"

——何权峰文,转引自《报刊文摘》2006年5月8日。

阅读与思考12-12 告别仇恨的最佳方式

进入到1994年,南非人格里高便整天生活在不安中。因为这一年,他曾看守了27年的要犯曼德拉顺利当选为南非总统。

格里高常常回想起自己对曼德拉的种种虐待。那是在荒蛮的罗本岛上，到处是海豹、毒蛇和其他危险动物。曼德拉被关在锌皮房里，白天要去采石头，有时还要下到冰冷的海里捞海带，夜晚则被限制一切自由。因为曼德拉是政治要犯，格里高和其他两位同事经常侮辱他，动不动就用铁锹痛殴他，甚至故意往饭里泼泔水，强迫他吃下……

到了5月，格里高和他的两个同事收到了曼德拉亲自签署的就职仪式邀请函。3人只能硬着头皮去参加。

就职仪式开始，年迈的曼德拉起身致辞："能够接待这么多尊贵的客人，我深感荣幸。可更让我高兴的是，当年陪伴我在罗本岛度过艰难岁月的3位狱警也来到了现场。"随即，他把格里高等3人介绍给大家，并逐一与他们拥抱。"我年轻时性子急脾气暴，在狱中，正是他们3位的帮助下，我才学会了控制情绪……"曼德拉这一番出人意料的话，让虐待了他27年的3人无地自容，更让所有在场的人肃然起敬。人群中爆发出经久不息的掌声。

仪式结束后，曼德拉再次走到格里高的身边，平静地说："在走出囚室，经过通往自由的监狱大门那一刻，我已经清楚，如果自己不能把悲伤和怨恨留在身后，那么我其实仍在狱中。"格里高禁不住泪流满面，那一刻他终于明白，告别仇恨的最佳方式是宽恕。

——引自《报刊文摘》2012年4月30日。

阅读与思考12-13　宽容成就一位大画家

17世纪中叶，意大利有一位著名的画家叫麦德卢。他虽然喜爱绘画，但年轻时努力了很久都没有什么进步，在威尼斯一家画廊做起了仿造甚至是假冒世界名画的勾当。

有一天，麦德卢正在自己的画廊里临摹一幅叫《提水人》的名画，这幅画是西班牙画家迭戈·委拉兹开斯画的。这时进来一位游客，站在麦德卢的身后静静地看着他作画，麦德卢一点也没在意。

当麦德卢把画中那位提水的妇女画出来以后,游客失望地说:"那一桶水很重,女人的身体应该更倾斜一些才对!"

麦德卢觉得游客说得有些道理,于是重新画了起来,但那游客似乎依旧不满意,皱着眉头说:"这个妇女站在屋里,水的颜色应该更深一些才对!"

麦德卢惊叹于这位游客的鉴赏能力。之后,他完全按照这位游客的意见把这幅画临摹了出来,简直能以假乱真。

"非常感谢你的指导,现在这幅画一定能卖个好价钱!"麦德卢说。

"是的,这样既不会太糟蹋我的声誉,又能给你带来很高的收益。"游客说。

"你的声誉?"麦德卢不解地说,"冒昧地问一声,你的名字是……"

"迭戈·委拉兹开斯"游客说。麦德卢惊得一句话也说不出来。他万万没有想到站在眼前的竟然是《提水人》作者本人!让他更想不到的是,迭戈·委拉兹开斯说完后就转身离开画廊。麦德卢有些诧异地问:"你不打算告我吗?"迭戈·委拉兹开斯笑笑说:"生活是艺术的土壤,虽然你只是在模仿,但我依旧不希望因为艺术而威胁到你的生活!"

迭戈的宽容让麦德卢羞愧不已。从此后,他再也不仿造别人的画作了,把精力用在真正的艺术创作上,最终成为一位大画家。

多年后,麦德卢在自传里写下了这样一段话:"是迭戈挽救了我,是他的宽容和大度挽救了我!如果他选择让我受到法律的制裁,那我在艺术上可能永远也不会有什么成就。"

——引自《今日文摘》2011年第1期。

六 培养学生简朴的生活方式

复杂是生命处于衰竭状态的标志,简单则说明生命处于旺盛状态。林语堂甚至认为:"生活及思想的简朴性是文明与文化的最崇高最健全的理想,……当一种文明失掉了它的简朴性,而浸染习俗,熟悉世故的人们不再回到天真纯朴的境地时,文明就会到处充满困扰,日益退化下去。"① 真正的简单并非浅薄而是深刻。具有超越品格的人会远离繁琐和奢华,而宁愿过一种简单而素朴的生活。简单并非遁世,而是更积极的入世,是清醒的生存。简单是一种境界,简单的生活可以使人更好地去沉思和反省,去有条不紊地创造人生和享受人生。人生的意义在于创造,而真正的创造大多源于精神的宁静和对名利的淡泊。"淡泊以明志,宁静以致远"说的正是这个道理。孔子说"贤哉回也,一箪食,一瓢饮,在陋巷,人不堪其忧,回也不改其乐"。② 一般人可能难以达到颜回的这种境界,但完全可以尽量超越日常生活的束缚,过一种虽然简单但却是有意义的生活。

在教育中应当使学生认识到,人对金钱和物质的要求是很有限的。卡耐基说得好:"且让我们记住,即使我们拥有整个世界,我们一天也只能吃三餐,一次也只睡一张床——即使是一个挖水沟的工人也可以如此享受,而且他们可以比洛克菲勒吃得更津津有味,睡得更安稳。"③ 正是在这个意义上,19世纪美国思想家梭罗(Heney David Thoreau)极力提倡过一种简单和朴素的生活,他的座右铭是:"简单,简单,再简单!把你的事情减少到两件或三件,而不是增加到百件或千件。简单,简单,再简单,使你数的数字宁可是半打,而不是百万。使你的账目简单到可用手指掐算。"④ 人们提倡过一种素朴的生活,主要原因在于奢侈繁杂的生活,会成为其精神境界提升的障碍,而简单素朴的生活则会使人生更充实、更洒脱、更飘逸。

阅读与思考12-14 简单生活

人的能力和精力都是有限的,执意要迷醉于人生,把人生的一切乐趣享受尽,将人生的所有美景贪图够,那怎么可能?力量过于分散,肯

---

① 林语堂:《生活的艺术》,华艺出版社2001年版,第85—86页。
② 孔子:《论语·雍也》。
③ 赵燕芸等编:《卡耐基妙语》,中国友谊出版公司1990年版,第216页。
④ H. D. Thoreau, *Walden*, *Random House*, INC., 1937, p. 82.

定难成大事。况且，有时自己主观地将某些事情复杂化，有时为了获得某种好处不得不伪装自己，并处心积虑地算计着。如此枷锁在身，焉能不苦不累？

现实生活中有不少人，他们或是不甚清楚自己为谁活着、怎么活着，于是无聊、迷惘，今天不想明天，也不回首昨天，生活失去了目标，总是不得要领，找不到属于自己的位置；有时乱串角色，四处流浪，有时自行设计角色，结果迷失了自我。这些，都不是真正科学的生活。

是到了提倡简单生活的时候了。当然，生活简单，绝不是减少生活的内容，降低生活的质量，取消人们应有的欲望，而是要活得光明磊落，轻松自如。它要求你生活得简单些，不可人为地制造复杂；它要求你生活方向明确，内容明了，不可漫无目的，毫无章法地乱忙一气；它要求你清醒地认识到人生最本质、最重要的东西，并将其紧紧握在手中。只有这样，才能使生活变得简单、明了而抓住要领，才算掌握了生活的真谛和艺术，才会切断浮躁虚伪和贪图私利的神经，把脚步坚实地踏在生活的正轨上，谱写出一曲不平凡的人生乐章！

——黄邦寨文，摘自《光华时报》2005年11月18日。

阅读与思考12-15　大师与凡人

有个信徒问惠海法师："您是有名的禅师，可有什么与众不同的地方？"

惠海法师答："有。"

信徒问："是什么呢？"

惠海法师答："我感觉饿的时候就吃饭，感觉疲倦的时候就睡觉。"

"这算什么与众不同的地方，每个人都是这样的，有什么区别呢？"

惠海法师答："当然是不一样的！"

"为什么不一样呢？"信徒又问。

惠海法师说："他们吃饭的时候总是想着别的事情，不专门吃饭；他们睡觉时也总是做梦，所以睡不安稳。而我吃饭就是吃饭，什么也不想；

我睡觉的时候从来不做梦，所以睡得安稳。这就是我与众不同的地方。"

惠海法师继续说道："世人很难做到一心一用，他们在利害中穿梭，囿于浮华的宠辱，产生了种种思量和千般妄想。他们在生命的表层停留不前，这是他们生命中最大的障碍，他们因此而迷失了自己，丧失了平常心。要知道，只有将心灵融入世界，用心去感受生命，才能找到生命的真谛。"

——摘自《读者》2010 年第 8 期。

阅读与思考 12-16 欲望，人类痛苦和快乐的根源

人类的欲望是填不满的黑洞。普希金《渔夫和金鱼的故事》中，渔夫的老婆起初的欲望只是想要一只新木盆，但得到了新木盆后，她马上就要木房子，有了木房子，她要当贵妇人，当了贵妇人，她又要当女皇，当上了女皇，她又要当海上的女霸王，让那条能满足她欲望的金鱼做她的奴仆，这就越过了界限，如同吹肥皂泡，吹得过大，必然爆破。凡事总有限度，一旦过度，必受惩罚，这是朴素的人生哲学，也是自然界许多事物的规律。民间流传的许多具有劝诫意义的故事都在提醒人们克制自己的欲望。据说印度人为捕捉猴子，制作一种木笼，笼中放着食物。猴子伸进手去，抓住食物，手就拿不出来。要想拿出手来，必须放下食物，但猴子绝对不肯放下食物。猴子没有"放下"的智慧。人有"放下"的智慧吗？

我们应当明白以下基本的道理：房子是盖了住的，不是用来炒的，如果房子盖了不住，那房子就不是房子；在人类发明空调之前，热死的人并没现在多；在人类发明电灯前，近视眼远比现在少；在没有电视前，人们的业余时间照样很丰富；有了网络后，人们的头脑里并没有比从前储存更多的有用信息；交通的便捷使人们失去了旅游的快乐，通讯的快捷使人们失去了通信的幸福，食物的过剩使人们失去了吃的滋味，性的易得使人们失去恋爱的能力。没有必要让动物和植物长得那么快，因为动物和植物长得快了就不好吃，就没有营养，就含有激素和其他毒药。

在资本、贪欲、权势刺激下的科学的病态发展，已经使人类生活丧失了许多情趣且充满了危机。悠着点，慢着点，十分聪明用五分，留下五分给子孙。

——引自《教育文摘周报》2011年1月5日。

第三节 超越教育中的审美教育

一 审美教育及其超越性

审美教育，简称美育。人类关于美育的思想古已有之，但明确提出"美育"这一概念并加以系统阐述的，则始于近代德国戏剧家、美学家席勒。1793年，席勒以书信体写成《美育书简》一书，这是一部具有划时代意义的美育著作，被称为是"第一部美育的宣言书"。我国近代最早提倡美育的是王国维。《教育世界》杂志1903年8月号刊有王国维《论教育之宗旨》一文，该文明确将美育列为教育的组成部分，这是国内迄今发现的最早使用美育这一术语的文献。王国维在该文中提出："完全之人物不可不备真善美之三德。欲达此理想，于是教育之事起。教育之事亦分为三部：智育、德育（即意志）、美育（即情感）是也。"

关于审美教育的内涵，目前尚有不同的看法。有人认为美育是感性教育，有人认为美育是情感教育，也有人认为美育是美感教育，还有人认为美育是美学教育，等等。"美育"在德语中为"asthetiche erzeihung"，在英语中为"aesthetic education"，其中"asthetiche"和"aesthetic"的本义是感性的、情感的，这就是说，"美育"的本来含义是感性教育、情感教育。我们认为，审美教育除了具有感性和情感特征以外，还具有超越的特点。因此，审美教育也可以说是一种超越教育。

审美活动是一种超越了狭隘和粗陋的占有与拥有欲望后的一种具有升华性的人类生命活动。与现实保持一定的距离，摒弃各种私心杂念，超脱眼前世俗功利，这是审美活动区别于其他精神活动的标志。通过审

> 当代教育新理念

美活动,可以把人从物的奴役中拯救出来,而最终成为自己生命的真正的主宰。具体而言即是美可以引导我们控制日益膨胀的物质欲望,使我们有可能从一个更高和更全面的角度去审视和创造我们的生活,从而使我们的整个生活朝着超越之境不断地攀升。"当审美主体达到更纯粹、更个别化的他自己时,他也就能够同世界融合在一起,同从前的非自我融合在一起。……同一性、自我中心的最大成就是在有自身的同时也超越自身,一种在自我中心之上和之外的状态。这时,人能变得相对的没有自我"。①

在审美教育中,通过审美对象的陶冶可以使人的性情得到陶养,从而培养起超越精神。那么,美的对象为什么能培养超越精神呢?蔡元培认为,这是因为它有两种特性:一是普遍;二是超脱。他形象地说道:"一瓢之水,一人饮之,他人就没有分润;容足之地,一人占了,他人就没得并立;这种物质上不相入的成例,是助长人我的区别、自私自利的计较的。转而观美的对象,就大不相同。凡味觉、嗅觉、肤觉之含有质的关系者,均不以美论;而美感的发动,乃以摄影及音波辗转传达之视觉为限,所以纯然有'天下为公'之概。名山大川,人人得而游览;夕阳明月,人人得以赏玩;公园的造象,美术馆的图画,人人得而畅观。"②

在蔡元培看来,要以超越的态度取代功利的态度,审美教育可以发挥积极而不可替代的作用。小原国芳也认为,对美的欣赏是防止物欲和利己心的重要手段。他说:"为了防止贪婪而可怕的物质追求和利己态度,光靠道德和宗教的力量是不够的,绝对需要审美的态度。"③

具有审美态度的人生是一种积极的人生和美的人生。因此,要享受到美的人生,关键在于抱着一种审美的态度。朱光潜认为,人生本来就

---

① [美]马斯洛:《存在心理学探索》,李文湉译,云南人民出版社1987年版,第96页。
② 文艺美学丛书编辑委员会编:《蔡元培美学文选》,北京大学出版社1983年版,第220—221页。
③ [日]小原国芳:《小原国芳教育论著选》,下卷,刘剑乔等译,人民教育出版社1993年版,第285页。

是一种广义的艺术，每个人的生命史就是他的作品。这种作品可以是艺术的，也可以不是艺术的，如同一块顽石，这个人能把它雕塑成一座伟大的雕像艺术，而另一个人却不能使它"成器"，分别全在性分与修养。如果具有艺术的才能和美学修养，人生就无处不是艺术，也无处不是生活。"知道生活的人就是艺术家，他的生活就是艺术作品。"[①] 朱光潜的观点对于人生可能有过分美化之嫌，但他强调通过审美教育来提高人的审美能力，使人过一种高尚的精神生活，则是应当肯定的。审美教育教人学会超越现实，与现实保持一定的距离。审美教育的一项重要任务是使学生养成一种精神生活、理想生活的需要，使人们在现实生活以外还追求一种超现实的生活，在物质生活以上还追求一种精神生活。

阅读与思考12-17　美术的力量

圣·彼得堡和俄罗斯国家博物馆是世界上数得着的大美术馆。在这两大美术馆里，我惊讶地发现，除了小学生和中学生集体席地而坐，详细而系统地聆听讲解之外，居然还有幼儿园的孩子们前来参观。

我很纳闷，这么小，怎么对他们介绍这些名画呢？我好奇地靠前去旁听。

讲解员是富有经验的老妇人，只听她在向小朋友提问：孩子们，这上面有几个人呀？这件衣服是什么颜色呀？这儿有几棵树呀？我恍然大悟：原来老师并没有直接向孩子们讲解美术，而是从小就让孩子们养成走进美术馆的习惯，让美术馆成为人们生活中不可缺少的一部分。

由彼得大帝开始，以后的列位沙皇都是美术爱好者和艺术品的狂热收集者。在涅瓦河岸边，在列宾美术学院正前方，有两尊人面狮身像，石雕，巨大而完整，是18世纪由埃及买回来的。

当时沙皇下令大臣不惜一切代价购买，可惜迟了一步，被德国人买去了。沙皇大怒，结果是花了双倍的价格又从德国人手里买回，放在涅瓦河畔，供全民欣赏。

[①] 《朱光潜全集》第2卷，安徽教育出版社1987年版，第90页。

这种魄力，似可称作"美术建国"。实际上，艺术悟性的潜移默化是非常有力量的。

前些年，俄罗斯经济几乎到了崩溃的边缘，整个社会倒退了许多年，全世界的人都为俄罗斯捏了把汗。可是，在那么困难的条件下，俄罗斯人还是芭蕾舞照看，美术馆照去。

文化修养有底蕴，一旦政策对了头，一下子就能翻上来。在整个民族的内心深处，潜藏着很强的自我修复和完善能力。这就是精神文明的力量。

——引自《今日文摘》2011年第3期。

阅读与思考12-18 寻找渐失的想象力——高中生为何要补童话课？

几年前，上海复旦大学附中特意为高中生开出了一门"童心文学专题"选修课。主讲教师李郦在课上引进了《小王子》《夏洛的网》《查理和巧克力工厂》等优美童话，还准备利用课余时间布置学生们自己动手写童话。

李郦诠释了开童话课的意义和动机："我自己就很爱读童话，所以开设选修课时首先想到了'童话'这个主题。现在的高中生有很多会读《小王子》等流行的童话，以为读懂了，其实并没有理解个中真谛。同时，也有很多学生不爱看童话，甚至对童话完全没有概念。因此，我觉得很需要营造一种氛围，让大家一起来读童话。也许很多人认为童话是小孩子的东西，那是因为他们将童话当成了情节简单的故事。我记得安徒生曾经说过，成人也能看童话。因为这也是一种表达真善美的艺术形式，哪怕像《海的女儿》这样以悲剧收场的童话，歌颂的还是主人公善良的心灵。有人误解童话，那是因为他们不知道童话里最善良的部分就是'童心'，我们每个人都需要'童心'以及由此产生的想象力。学生们可能一下子难以领会个中奥妙，但说不准那天他们的想象力突然迸发，就能理解今天阅读童话的真正意义了。"

李郦还认为，现在的高中生心态比较浮躁，对考试抱有功利思想，不肯扎扎实实读些经典文本，因此希望他们能在紧张的高中学习中，去除猛看教辅书的功利心态，让学生们的心沉静下来，领悟童心文学世界里对真善美的坚持，从而让他们对待生活也能抱有这样一种坚持，看待人生的起落。

——引自《教育文摘周报》2006年4月12日。

二 审美教育的现代转型

作为超越教育的审美教育，对于培养超越人格具有重要的意义。但是，并不是所有的审美教育都能达到这个目的。现实中的美育本身存在的各种问题阻碍了超越目的的实现，其中比较突出的问题是美育德育化与智育化倾向。

美育德育化是指把审美教育等同或附属于思想政治教育，认为审美教育的目的主要是提高学生的思想政治觉悟，陶冶学生的道德情操，从而把审美教育纳入到德育的轨道。美育德育化其实在我国具有悠久的历史。从孔子到蔡元培，都是将美育看成道德教化的重要手段。孔子在《论语·泰伯》中提出的"兴于诗，立于礼，成于乐"，就是把诗和乐作为修身成仁的重要途径。后来荀子的乐教思想及《乐记》则明确提出艺术教育的功能在于移风易俗。到了近代，虽然有人开始重视美育对于人格完善的作用，但从总体上看还是继承了过去偏重道德教化的传统。蔡元培的观点就是一个代表。1912年7月，他在北京召开的"临时教育会议"的演说中，阐述了军国民教育、实利教育、道德教育、世界观教育、美感教育及其相互关系。他说："五者以公民道德为中坚，盖世界观及美育皆所以完成道德，而军国民教育及实利主义则必以道德为根本"。[①] 应当承认，审美教育中确实包含着思想道德教育的因素。但现在的问题是，在美育实践中违背审美教育的特殊规律，无视审美教育的独特功能，这实际上等于取消了审美教育。美国学者加登纳在考察了我国中小学艺术

---

① 转引自陈景磐《中国近代教育史》，人民教育出版社1979年版，第246—247页。

> 当代教育新理念

教育后，写了一篇题为《中美艺术教育的区别》的文章，对中美两国艺术教育的情况进行了比较："同一般教育一样，中国的艺术教育也有政治的、精神的、道德的目的，并追求某种美学的目的。参加艺术活动被认为可以提高人的情操，激发积极的动机和善良的情感。衡量艺术作品和艺术表演的尺度，也是看其在这方面做得怎样。在美国，艺术的政治、精神及道德目的都不明显。事实上，如果有人说艺术作品或艺术教育是为了一个政治目的服务的，大多数人都不会明白是怎么回事。对艺术会提高人的道德或精神境界，他们也不以为然。事实上，美国人习惯于把艺术视为自我表现、创造力、自发性和个人变异的源泉，而不是那种政治的、道德的、精神的目的。"① 加登纳的上述对比说明中美两国在艺术教育目的上确实存在巨大的差异。完全否定艺术教育与政治、精神及道德的联系，当然是片面的。但是过分强调美育的政治、精神及道德功能，则抹杀了美育的特殊性，违背了美育自身的规律。在审美教育中，德育功能只是其审美功能所派生出来的，是审美功能的副产品。

美育智育化是指把审美教育等同于智育。美育智育化的倾向既体现在美育的目的上，也体现在美育的方法上。从美育目的来看，把美育当作开发智力和提高学业成绩的工具或手段。美育与智力是否有关系？回答是肯定的。国内外许多研究都证明，通过美育可以发展感知觉能力、提高智力水平、改善学业成绩。但是，跟上面所说的美育与德育的关系一样，美育的智育功能也只是其审美功能所派生出来的，也是审美功能的副产品。如果将美育智育化，就等于取消了美育独立存在的客观依据。从美育的方法上看，美育智育化体现在将美育作为一门知识性学科。正如有人所指出的："文采飞动的语文课变成了生词抄袭课；真情实感流淌的作文课，变成了八股格式的模仿课；……甚至连音乐、绘画课也成了乐谱的记忆课和横平竖直的训练课。工具价值压倒了目的价值，学生可能掌握了'基本知识和基本技能'，可是却失掉了兴趣、激情和灵性。

---

① 转引自郭声健《艺术教育论》，上海教育出版社 1999 年版，第 17 页。

享受的过程变成了被动接受的过程。"① 由此一来,"本该令人赏心悦目、净化灵魂"的美育课程,"在很多地方却成了加重学生负担、枯燥乏味的课程。"② 在这样的"美育"中,学生得到的可能只是一些微不足道的知识和技巧,但失去的却是弥足珍贵的灵性、悟性和超越精神。

从根本上说,审美教育是一种感性教育、情感教育和超越教育,而不是一种道德教育、知识教育和科学教育。因此,所谓审美教育的转型,指的是要扭转美育的德育化和智育化倾向,重视对美的对象的感悟、体验和创造,培育美的情怀,培植美的精神,向往和追求美的境界。

---

① 袁振国:《教育新理念》,教育科学出版社2002年版,第7页。
② 袁振国:《教育新理念》,教育科学出版社2002年版,第70页。

第十三章

创造教育理念

"人是在创造活动中并通过创造活动来完善他自己的。"① 人的创造性品质，需要依靠创造教育来培养和完善。不可否认，每个人生来就具有创造的潜能，但要使这种潜能转变为现实的创造能力，则需要长期的有意识的鼓励和培养。《教育——财富蕴藏其中》一书呼吁"为了迎接下一个世纪的挑战，必须给教育确定新的目标，必须改变人们对教育的作用的看法。扩大了的教育新概念应该使每一个人都能发现、发挥和加强自己的创造潜力，也应有助于挖掘出隐藏在我们每个人身上的财富。"② 肩负创造性人格培养这一崇高使命的教育，也就是我们这里将要探讨的创造教育。

第一节 创造教育的简要回顾

创造教育其实并不是一个新问题。早在 20 世纪上半叶就有人探讨和实施过创造教育。

现代创造教育（creative education）于 20 世纪 40 年代发源于美国。1906 年专利审核人 E.J. 普林德尔向美国电气工程师协会提交了一篇题

---

① 联合国教科文组织国际教育发展委员会：《学会生存——教育世界的今天和明天》，华东师范大学比较教育研究所译，教育科学出版社 1996 年版，第 188 页。
② 国际 21 世纪教育委员会：《教育——财富蕴藏其中》，联合国教科文组织总部中文科译，教育科学出版社 1996 年版，第 76 页。

为《发明的艺术》的论文，最早提出开展创造教育的建议。

被誉为"创造学之父"的奥斯本（Osborn, A. F）在1941年出版的《思考的方法》一书中，集中反映了美国创造学研究和创造教育实践的基本情况。这一专著的出版，被公认为现代创造学的诞生。奥斯本认为，创造教育的目的是促进人们创造能力的充分发展，他主张从以下几个方面进行努力：一是开发专门研究创造性的课程；二是促进在实践课程中运用创造原则和方法；三是倡导在学科课程教学中运用能产生丰富想象的创造性授课方式。

1948年美国麻省理工学院开设"创造性开发"课程，此后迅速波及其他一些著名大学（如哈佛大学）和一些著名学术团体（如兰德公司）。1954年又成立了"创造教育基金会"，该基金会的宗旨是致力于通过创造教育"培养人们创造革新和解决问题的能力"，"其总体目标是在全世界范围内释放人类的潜能，使每个人都能成为他所服务的团体和社会中更富有创造性、工作更有成效的成员。"该基金会长期坚持举办创造性解决问题讲习会（Creative Problem Solving Instiute，简称CPSI），自奥斯本1955年创办创造性解决问题讲习会以来，每年6月在布法罗市举办一次，至2000年已举办过46届。一般为期一周，主要包括起点项目、领导能力开发项目、扩展项目、整体促进项目和青少年项目等五大内容。进入20世纪90年代以后，创造教育基金会努力实现创造力开发常规化和国际化的目标。1994年的第40届创造性解决问题讲习会有68个国家和地区的代表出席。目前，美国创造教育基金会主办的创造性解决问题讲习会已被公认为"世界规模最大的创造力开发会议"。一些学校还对如何将创造的原理和方法运用到各种课程中去进行了探索。美国科学基金会于1978年正式请求议会拨款建立了创新研究中心。国家的支持进一步推动了企业、大专院校和中小学对创造理论与实践的研究。

进入20世纪80年代以后，美国政府认为，创造能力的训练及开发活动，必须从青少年开始。于是在1984年以后，中小学大量开展了相关实验研究。创造学和创造教育在美国兴起与成熟以后，于20世纪60年代开始传入加拿大、法国、英国、德国及日本等许多国家。

在我国，陶行知早在20世纪20—40年代也曾大力提倡创造教育，并在其创办的育才学校推广创造教育。他在《创造的儿童教育》一文中明确提出："教育是要在儿童自身的基础上，过滤并运用环境的影响，以培养、加强、发挥创造力，使他长得更有力量，以贡献于民族与人类，教育不能创造什么，但他能启发解放儿童创造力以从事于创造之工作。"[①] 1943年，他在《创造宣言》中大声疾呼：创造主未完成之工作，让我们接过来，继续创造。他还告诫人们不能以各种借口而不去创造，认为处处是创造之地，天天是创造之时，人人是创造之人。在他看来，生命的价值在于创造。为此，他强烈要求解放儿童：解放儿童的头脑，使他们能想；解放儿童的双手，使他们能干；解放儿童的嘴，使他们能说；解放儿童的空间，让他们去接触大自然和大社会；解放他们的时间，使他们有空闲来消化学问，并且学一些自己渴望的学问，干一些自己想干的事情。决不能把儿童的时间全部占满，使儿童失去学习人生的机会，养成无意创造的倾向。他认为，创造力最能发挥的条件是民主。"在不民主的环境下，创造力也有表现。但那只限于少数，而且不能充分发挥其天才。但如果要大量开发创造力，大量开发人矿中之创造力，只有民主才能办到，只有民主的目的，民主的方法才能完成这样的大事。……只有民主才能解放最大多数人的创造力，并且使最大多数人之创造力发挥到最高峰。"[②] 当然，由于当时各方面条件的限制，他的主张很难得到推广和普及。

20世纪80年代，我国从日本和美国引入现代创造教育。经过30多年的发展，取得了不少进展，成立了中国发明协会中小学创造教育分会，部分省市也建立了地方创造教育研究会，组织和协调各地学校创造教育的实施。

---

① 《陶行知全集》第三卷，湖南教育出版社1985年版，第522页。
② 《陶行知全集》第三卷，湖南教育出版社1985年版，第528—529页。

第二节 创造教育的内涵与特点

一 创造教育的内涵

什么是创造教育？国内外对此有各种不同的界定。有人从人才培养的角度提出，创造教育是培养创造型、开拓型人才的教育；有人从心理学的角度认为，创造教育是培养人的思维，特别是创造性思维的教育；也有人从开发人的能力的角度提出，创造教育是开发人的创造力的教育；还有人从基础教育特点的角度提出，创造教育是为创造发明打基础、做准备的教育；另有人从创学的角度提出，创造教育是将发明、创造的理论与方法应用于教育实践中，从而培养创造能力的教育，等等。[1] 这些定义都是从某一方面来阐述创造教育的内涵。

我们认为，从综合的观点来看，创造教育指的是培养人的创造意识和创造能力，使之形成创造性人格的教育。那么，创造教育与人们热烈讨论的创新教育是什么关系呢？笔者认为，两者的精神实质是一致的，可以互相替用。事实上，近年来人们在讨论中也是互相通用，不作严格区分的。

二 创造教育与继承教育的关系

强调创造并不是不要知识积累，创造并不意味着可以不要传统，不要借鉴。创造不是无所依托、凭空进行的。为了创造而首先学习别人，这是创造的一条普遍的规律。马克思曾经指出："人们自己创造自己的历史，但他们并不是随心所欲地创造，并不是在他们自己选定的情况下创造，而是在直接碰到的、既定的、从过去继承下来的条件下创造。"[2] 创造教育与继承教育并不矛盾，更不对立，它们是辩证统一的关系。因此，

---

[1] 参阅张武升主编《教育创新论》，上海教育出版社2000年版，第406—407页。
[2]《马克思恩格斯选集》第1卷，人民出版社1995年版，第585页。

当代教育新理念

我们在强调创造性教育的同时,也不能忽视继承性教育。美国心理学家吉尔福特曾经说过:"我是很赞赏事实的知识的。因为没有哪一位富有创造性的人,不需要以往的经验或事实也能够有所作为的,他绝不可能在真空里创造或用真空来创造。"①

当然,继承只是工具和手段,而不是目的本身。学生之所以要继承以往的科学文化遗产,归根到底还是为了自己的创造。教育的根本目的不是传授和继承已有的东西,而是要将人的内在力量解放出来,将人的创造力量诱导和发挥出来。众所周知,记忆和训练是继承以往科学文化遗产的重要方法。创造教育当然不排斥记忆和训练。但是,在教育中不能为了记忆而记忆、为了训练而训练,记忆和训练的最终目的是为了创造。正如日本教育家村井 实所指出的:"一定的'记忆'和'训练'也是必要的,但无论如何都应该是为了'创造'的记忆和训练。只要不与'创造'联在一起,一切的'记忆'和'训练'都与教育之名不相称。"他认为,教育"并不是简单地为了使学生接受既成的价值,如既成的善、既成的美、既成的真。相反,这虽然是要求学生具有既成价值的经验,但其目的是为了使他们在否定和超越这些既成价值时,具备探求新价值的力量。"② S. 拉塞克和 G. 维迪努在《从现在到 2000 年教育内容发展的全球展望》一书中对教育中的继承与创造的关系也有深入的论述。他们指出:"除了传播知识外,教育还担负着让人们具备正确对待这些知识的态度的使命。教育应该培养人的批判精神,培养对不同思想观念的理解与尊重,尤其应该激发他发挥其特有的潜力。换言之,教育首先应该是发展认识的手段,而不再是训练和灌输的工具。"③

---

① 转引自瞿葆奎、施良方《"形式教育"论与"实质教育"论》,见瞿葆奎主编《教育学文集·智育》,人民教育出版社 1993 年版,第 480 页。
② [日] 村井 实:《艺术和学校教育》,见瞿葆奎主编《教育学文集·美育》,人民教育出版社 1989 年版,第 203 页。
③ [伊朗] S. 拉塞克、[罗马尼亚] G. 维迪努:《从现在到 2000 年教育内容发展的全球展望》,马胜利等译,教育科学出版社 1996 年版,第 86—87 页。

第十三章 创造教育理念

阅读与思考 13-1　美国小学教育如何处理创造与继承的关系

当我把九岁的儿子带到美国，送他进那所离公寓不远的美国小学的时候，我就像是把自己最心爱的东西交给了一个我并不信任的人去保管，终日忧心忡忡。

不过，事到如今也只有听天由命。

不知不觉一年过去了，儿子的英语长进不少，放学之后也不直接回家了，而是常去图书馆，不时就背回一大书包的书来。问他一次借这么多书干什么？他一边看着那些借来的书一边打着微机，头也不抬地说："作业"。

这叫作业吗？一看儿子打在计算机屏幕上的标题，我真有些哭笑不得——《中国的昨天和今天》，这样天大的题目，即便是博士，敢去作吗？于是我严声厉色问是谁的主意。儿子坦然相告："老师说美国是移民国家，让每个同学写一篇介绍自己祖先生活的国度的文章。要求概括这个国家的历史、地理、文化，分析它与美国的不同，说明自己的看法。"我听了，连叹息的力气也没有，我真不知道让一个10岁的孩子去运作这样一个连成年人也未必能干的工程，会是一种什么结果？只觉得一个10岁的孩子如果被教育得不知天高地厚，以后恐怕是连吃饭的本事也没有了。

过了几天，儿子完成了这篇作业。没想到，打印出的是一本20多页的小册子。从九曲黄河到象形文字，从丝绸之路到五星红旗……热热闹闹。我没有赞扬，也没评判，因为我自己有点发懵：一是我看到儿子把这篇文章分出了章与节，二是在文章最后列出了参考书目。这是我读研究生之后才运用的写作方式，那时我30岁。

不久，儿子的另一个作业又来了。这次是《我怎么看人类文化》。如果说上次的作业还有范围可循，这次真可谓不着边际了。儿子很真诚地问我："饺子是文化吗？"为了不误后代，我只好和儿子一起查阅权威的工具书。费了番气力，我们总算完成了从抽象到具体又从具体到抽象的反反复复的折腾，儿子又是几个晚上坐在微机前煞有介事地做文章。

我看他专心致志的样子，不禁心中苦笑：一个小学生，怎样去理解"文化"这个内涵无限丰富而外延又无法确定的概念呢？但愿对"吃"兴趣无穷的儿子别在饺子、包子上大做文章。在美国教育中已经变得无拘无束的儿子无疑是把文章做出来了，这次打印出来的是10页，又是自己设计的封面，文章后面又列着那一本一本的参考书。

儿子六年级快结束的时候，老师留给他们的作业是一串关于"二次大战"的问题。"你认为谁对这场战争负有责任？""你认为纳粹德国失败的原因是什么？""如果你是杜鲁门总统的顾问，你将对美国投放原子弹持什么意见？""你是否认为当时只有投放原子弹一个办法结束战争""你认为今天避免战争的最好办法是什么？"……如果是两年前，见到这种问题，我肯定会抱怨："这哪是作业，分明是竞争参议员的前期训练！"而此时，我能平心静气地寻思其中的道理了。学校和老师正是在这设问之中，向孩子们传输一种人道主义的价值观，引导孩子们去关注人类的命运，让孩子们学习高屋建瓴地思考重大问题的方法。这些问题在课堂上都没有标准答案，它的答案，有些可能需要孩子们用一生去寻索。看着12岁的儿子为完成这些作业兴致勃勃地看书查资料的样子，我不禁想起当年我学"二战史"的样子，按照年代、事件死记硬背，书中的结论明知迂腐也当成圣经去记。不然，怎么通过考试去奔光明的前程呢？此时我在想，我们在追求知识的过程中，重复前人和别人的结论往往大大多于自己的思考。而没有自己的思考，就难有新的创造。

儿子的变化促使我重新去看美国的小学教育。我发现美国的小学教育虽然没有在课堂上对孩子们进行大量的知识灌输，但是，他们想方设法把孩子的眼光引向校园外那个无边无际的知识的海洋，他们要让孩子知道，生活的一切时间和空间都是他们学习的课堂；他们没有让孩子们去死记硬背大量的公式和定理，但是，他们煞费苦心地告诉孩子们怎样去思考问题，教给孩子们面对陌生领域寻找答案的方法；他们从不用考试把学生分成三六九等，而是竭尽全力去肯定孩子们的一切努力，去赞扬孩子们自己思考的一切结论，去保护和激励孩子们所有的创造欲望和尝试。

有一次，我问儿子的老师："你们怎么不让孩子们背记一些重要的东西呢？"老师回答说："对人的创造能力来说，有两个东西比死记硬背更重要：一个是他要知道到哪里去寻找他所需要的比他能够记忆的多得多的知识；再一个是他综合使用这些知识进行新的创造的能力。死记硬背，既不会让一个人知识丰富，也不会让一个人变得更聪明。这就是我的观点。"

我常常想到中国的小学教育，想到那些在课堂上双手背后坐得笔直的孩子们，想到那些沉重的课程、繁多的作业、严格的考试……它让人感到一种神圣与威严的同时，也让人感到巨大的压抑与束缚。但是多少代人都顺从着它的意志，把它视为一种改变命运的出路，这是一种文化的延续，它或许有着自身的辉煌，但是面对需要每个人发挥创造力的现代社会，面对明天的世界，我们又该怎样审视这种孕育了我们自身的文明？

——高钢：《我所看到的美国小学教育》，见杨东平编《教育：我们有话要说》，中国社会科学出版社1999年版，第405—410页。

三 教育中学生创造的特殊性

任何创造总是包含"新"的成分。这里所谓的"新"，包括以下三层含义：[①] 第一层次的"新"是对人类社会来讲，是前所未有的，有人称这种创造为"真创造"，也就是现在一般所说的"原创"，而将这一层次的创造力称为特殊才能的创造力。第二层次的"新"是对某一个特定的群体来说是新的、前所未有的，而对于社会来说可能并没有新的含义，有人称这种创造为"准创造"，而将这一层次的创造力称为群体比较的创造力。第三层次的"新"是对个体自身来说是新的、前所未有的，显然这时并不要求对社会来说也是新的，有人称这种创造为"前创造"，

[①] 参阅徐方瞿《创新与创造教育》，上海教育出版社2001年版，第73—74页。

而将这一层次的创造力称为自我实现的创造力。第一个层次的创造力只存在于极少数杰出人才中,第二个层次的创造力存在于一部分人中,而第三个层次的创造力则存在于每一个正常的人身上。在评价成人的创造时,都是依据社会标准进行的,亦即对照人类文化历史,认定唯有超越了过去,才称得上是"创新"。对于以学习为主要任务的学生而言,则一般不需要经受社会评价,只要具有某种程度的新颖性,就可以认定具有创造性。美国创造教育专家托兰斯曾经提出,"我们要考虑到各种水平的创造力,从简单的表达性创造力——对这种创造力来说,技能和产品的质量不具有重要性,如儿童自发地画图——到赖以不断涌现全新发展出全新原理或假设中所表现出来的那种创造力。"① 我们认为,对于中小学生来说,主要考虑的应当是表达性创造力或自我实现的创造力。这种创造力是每个学生身上都存在的,关键是能不能将这种创造力发挥出来,能不能将这种创造的潜力变为现实。我们提倡创造教育,主要目的在于将蕴藏于每个学生身上的创造潜力发现和发挥出来,并使它不断得到提高和增强。

第三节 创造教育的目标

创造是人类赖以生存与发展的条件,也是人的本质的一种特性。人类的历史从根本上来说是创造的历史。"未来不是我们要去的地方,而是我们要创造的地方,通向未来之路不是找到的,而是走出来的。"② 未来需要创造,这已经成为人类的基本信念。英国学者兹克尔(Joseph Zinker)曾以诗意的语言对人的创造性赞美道:"创造性是一个人伟大的祝福,是一个人对做任何事情的可能性的意识。创造性是对生活的祝福——我的生

---

① [美]托兰斯:《教育过程中的创造力》,见瞿葆奎主编《教育学文集·智育》,人民教育出版社1993年版,第357页。
② 国家教委国家教育发展研究中心等编:《未来教育面临的困惑和挑战》,人民教育出版社1991年版,第25页。

活的祝福。它是公开的宣言——我在这里！我爱生活！我能够成为任何所是！我能够做任何事情！创造性不只是一个概念，而是行动本身，是早熟的硕果，是需要的表达。创造性是勇敢的行动，它要说，我愿意冒荒唐和失败的险，因为我要体验日常生活的新颖。"① 在教育中，应当把提高创造素质摆在突出的地位，提高创造素质因此也应当成为当代教育的崇高使命。《教育——财富蕴藏其中》一书明确指出："教育的任务是毫不例外地使所有人的创造才能和创造潜力都能结出丰硕的果实"。②

每个人生来都具有创造的天性。正如托兰斯所说："人是一种喜欢刨根问底的动物，即使没有什么问题要解决，他也不能使他那不安分的头脑不活动。他不断地探索事物，反复思考，努力建立新的组合，寻求新的关系和新的见识。"③ 只要有效地加以引导和开发，蕴藏在人身上的创造性潜能就会变成现实的创造力而显现出来。创造并不是高不可攀的事情。创造并不神秘，也不需要超乎寻常的智慧。杜威曾经形象地指出："一切能考虑到从前没有被认识的事物的思维，都是有创造性的。一个三岁的儿童，发现他能利用积木做什么事情；或者一个六岁的儿童，发现他能把五分钱和五分钱加起来成为什么结果，即使世界上人人都知道这种事情，他也是个发现者。他的经验真正有了增长；不是机械地增加了另一个项目，而是一种新的性质丰富了经验。对于这些幼小儿童的自发行为，富有同情心的观察者莫不为之赞叹，这是因为看到儿童具有这种理智的创造力。如果创造性一词不被误解的话，儿童自己体验到的快乐，就是理智的创造性带来的快乐。"④

当今时代是一个知识日益膨胀和更新不断加速的时代。在这样一个

---

① J. Zinker, Creative Processes in Gestalt Therapy, New York: Vintage Books.
② 国际21世纪教育委员会：《教育——财富蕴藏其中》，联合国教科文组织总部中文科译，教育科学出版社1996年版，第6页。
③ [美] 托兰斯：《教育过程中的创造力》，见瞿葆奎主编《教育学文集·智育》，人民教育出版社1993年版，第354页。
④ [美] 约翰·杜威：《民主主义与教育》，王承绪译，人民教育出版社1990年版，第174页。

时代，创造更具有客观必要性和紧迫性。《光明日报》1998年6月3日发表的一篇文章也介绍了当代科学知识增长的情况。文章指出，如果说工业革命初期就有知识量猛增的现象，那么，第二次世界大战之后这种现象则更为显著。20世纪70年代以来，全世界每年出版图书50万种，每一分钟就有一种新书出版。据联合国教科文组织隶属的"世界科学技术情报系统"的统计，科学知识每年的增长率，已从20世纪60年代的9.5%提高到80年代的12.5%。一位化学家每周阅读40小时，光是浏览世界上一年内发表的有关化学方面的论文和著作就要读48年。在这种情况下，只是满足于继承已有知识，已远远不能适应需要，只有发展创造性才能与时俱进。

创造精神不但是社会发展的动力，而且也是个体幸福生活之源。生活需要不断地创造，只有创造的人生才是有意义的人生、幸福的人生。"构成幸福生活的各种因素只能是一个人所创造的永恒的意义性环境。所有幸福都来自创造性的生活，重复性活动只是生存，而生存只是一个自然过程，无所谓幸福还是不幸。诸如爱情、友谊、艺术和真理都是人类最富有创造性的成就，它们都以意义性的方式存在，所以永恒，所以不被消费掉。"[①] 创造精神和创造力的发挥，可以使人及其人的生活世界的发展具有无限的可能性，可以在更高的境界上实现自己的价值和理想，生成美好的生活意义。具有创造性的人不时享有自我创造性所带来的成功喜悦的机会。同时，这种创造反过来又促使其积极地对待生活，促使其不断进步，增强信心，使其更有效地生活。

创造教育的重要目标之一就是要发挥人的创造性，提高人的创造素质。创造素质主要包括创造意识和创造能力。创造素质的培养，首先应当重视的是创造意识，其次才是创造能力。如果一个人有创造意识，那么他无论在什么时候，在什么地方，做什么事情，他都会表现出来。在看似平凡的问题或事情上面，他会有与众不同、独具特色的新的思路、

---

① 赵汀阳：《论可能生活》，生活·读书·新知三联书店1994年版，第21页。

新的方法、新的设想。在教育过程中，促进学生的创造，关键是要使学生参与到创造的过程中去，而不是要求他们取得实际的成果。当然有好的成果，那是再好不过。但是评价学生不能以成果多少、大小或高下来作为标准，而主要看他是否积极而主动地参与到创造活动中去了，在创造活动中他是否体现了自己的创造性。对于学生来说，创造的过程比创造的结果更为重要。创造教育当然不能轻视创造的结果，但更要重视创造的过程，着力于学生创造性品质的不断开拓和丰富，着力于培养其创造性人格。马斯洛曾经将人的创造性区分为"特殊天才的创造性"和"自我实现的创造性"，并且认为"自我实现的创造性首先强调的是人格，而不是其成就，认为这些成就是人格放射出来的副现象，因此对人格来说，成就是第二位的。自我实现的创造性强调的是性格上的品质，如大胆、勇敢、自由、自主性、明晰、整合、自我认可，即一切能够造成这种普遍化的自我实现创造性的东西，或者说是强调创造性的态度、创造性的人。"[①] 弗洛姆也曾反复强调培养创造性人格的重要性。他说，虽然人的创造性确能创造属于物质上的东西、艺术作品及思想体系，但最重要的创造对象是人自己。他认为，创造主要不在于活动的产品，而是活动的特质。"创造性的行动表示内在活动的状态，这并不一定要生产出某种艺术和学术作品或某种有用的东西来。创造性是一种性格取向，每个感情健康的人都能够具有这种性格取向。"[②]

阅读与思考13-2　把木梳卖给和尚

一家著名的跨国公司高薪招聘营销人员，面试时公司要求每一位应聘者，在十日之内，尽可能多地把木梳卖给和尚。出家和尚，剃度为僧，光头秃顶，要木梳何用？一时间，门庭若市的招聘大厅，仅剩下三人。这三人知难而进，奔赴各地。

---

① [美] 马斯洛：《存在心理学探索》，李文湉译，云南人民出版社1987年版，第131页。
② [美] 弗洛姆：《占有还是生存》，关山译，生活·读书·新知三联书店1988年版，第97页。

期限一到，诸君交差。A君满腹冤屈，声言：十日艰辛，木梳仅卖掉一把。自己前往寺庙诚心推销，却被轰出山门。归途中，偶遇一云游僧人头皮又脏又厚，奇痒无比。奉上木梳并含泪哭诉。游僧试用后果然解痒，便解囊买下。

B君卖掉10把。他深入远山古刹。此处山高风大，前来进香者，头发被风吹得散乱不堪。于是忙找到寺院住持，侃侃而谈：佛门静土，进香拜佛，倘若衣冠不整，蓬头垢面，实在亵渎神灵。故应在每个香案前摆放木梳，供前来拜佛的善男信女梳头理发。住持采纳了此建议买下10把木梳。

C君不慌不忙，从怀中取出一份大额定单，声称不但已卖出1000把木梳，而且急需公司火速发货，以解燃眉之急。公司主管大感不解，忙问C君如何取得如此佳绩。C君说，为推销木梳，自己打探到一个久负盛名、香火极旺的名刹宝寺。找到庙内方丈，向他进言：凡进香朝拜者无不怀有虔诚之心，希望佛光普照，恩泽天下。大师为得道高僧，且书法超群，能否题"积善"二字并刻于木梳之上，赠与进香者，让这些善男信女，梳却三千烦恼丝，以此向天下显示，我佛慈悲为怀，慈航普渡，保佑众生。方丈闻听，大喜过望，不仅将自己树为知己，而且共同主持了赠送"积善梳"首发仪式。此举一出，一传十，十传百，寺院不但盛誉远播，而且进山朝圣者为求得"积善梳"，简直挤破了脑袋。为此，方丈恳求自己急速返回，请公司多多发货，以成善事。

按常理，想将木梳卖给和尚赚钱，简直是天方夜谭。但若换一种思路，就能"柳暗花明又一村"。思想创造财富的能力是难以想象的。

——post.baidu.com/f? kz=131120261. 2006-9-8.

阅读与思考13-3　发现落后的长处

谁也不会想到，经济和文明高度发展的日本，竟然还有着一个偏僻荒蛮的山区，那里的人长期与世隔绝，刚刚脱离原始的生活状态。当地政府伤透了脑筋，想方设法要将这里跟现代文明接轨。然而，此山区既无资源又缺能源，交通闭塞，民智未开，受邀前来投资的企业了解情况后，纷纷摇头。这一天，山区来了一位商人，他找到村长，说："我可以让你们早日脱贫致富，你们这里有什么值得别人投资的吗？"村长承认："没有，我们一无是处，许多商家来了以后再也不愿回头。"商人笑道："你们最大的缺陷在于非常落后，但最大的长处也正在于惊人的落后。"随后商人详细阐明了自己的想法，村长听得半信半疑。"赶快照我说的去做吧，为了让你们真正地过上文明生活，首先必须把你们刚刚接触的那点文明统统抛弃。"商人敦促说。

没多久，日本一家媒体爆料出一则令人震惊的消息：某商人在北部地区发现原始部落，所有人群居住、生活完全处于原始社会状态！

消息一出，顿时引起巨大轰动。各路新闻媒体闻风而动，陆续前往进行追踪报道；好奇的游客更是纷至沓来。一切都如商人计划中的一样。此前，他已嘱咐村民把树上拆掉不久的木屋重新搭建起来，把身上脱掉不穿的兽皮树叶重新穿戴起来，于是媒体和游客面前呈现了一幅活生生的原始画面。投资商终于按捺不住，开始争抢这块"新大陆"，力求将其打造成引人入胜的旅游胜地，于是水、电、路等原先村民不敢奢望解决的难题很快全都迎刃而解。

渐渐地，村民富裕起来，告别了面朝黄土背朝天的生活，变成了职业的"原始人"。白天，他们带着游客体验"刀耕火种"的生活，到树上体验"原始餐"，然后收取不菲的酬劳。晚上，他们则换上牛仔裤，开上丰田车，去城里过现代人的生活。

由"原始"去赚钱，是商人的独到眼光。有些价值，恰恰隐藏在事物看似一无是处的外表下面，关键在于你有没有一双发现的眼睛。

——引自《今日文摘》2010年第24期。

阅读与思考13-4　别出心裁的广告

英国著名小说家毛姆（1874—1965）成名之前，生活非常贫困。虽然写了一部很有价值的书稿，但出版后无人问津。

> **当代教育新理念**
>
> 为了引起人们的注意,毛姆别出心裁地在各大报刊上登了如下的征婚启事:
>
> "本人喜欢音乐和运动,是个年轻又有教养的百万富翁,希望能和毛姆小说中的主角完全一样的女性结婚。"
>
> 几天之后,全伦敦的书店都再也买不到毛姆的书了。
>
> ——引自《今日文摘》2010年第24期。

第四节 创造教育的实施策略

一 创造教育需要创造型教师

创造教育需要创造型教师。只有具有创造性人格的教师才能培养出具有创造性人格的学生,而机械僵化、墨守成规的教师只会抑制乃至扼杀学生的创造性。小原国芳曾深刻地指出:"教师自身有创造性,是使儿童有创造性的第一原理。"①

那么,什么样的教师才是创造型的教师呢?托兰斯认为这种教师有如下特点:对学生发挥出来的创造力感到由衷的喜悦并加以高度赞扬;建立有助于维护个人的自尊心的人际关系;率直的共同感受;了解学生的能力界限和优点;不是为了支配学生;不压制集体的意志和个人的意见;探求各种事物的真相;宽容和亲切的环境。我国学者章志光认为创造型教师具有如下一些品质:② (1) 有创造性动机,善于激发学生的学习热情,让学生成为学习的主人。(2) 热爱创造活动,能随机应变地处理各种问题。在课堂教学中发挥创造性,即使与其他教师使用同样的教材,也能运用启发学生思维的新方式进行教学。(3) 由于他们不断地探索未知世界,因此可以培养学生的知识好奇心。(4) 善于组织集体创造

---

① [日] 小原国芳:《小原国芳教育论著选》下卷,刘剑乔等译,人民教育出版社1993年版,第376页。

② 参见章志光《健全人格及其塑造》,北京师范大学出版社1997年版,第329页。

性的气氛——宽容和互相理解,这不仅能开发个人的创造性,而且能开发集体的创造性。(5)能倾听学生的设想和计划,尊重他们与众不同的疑问和观念。(6)承认学生的创造性,能正确地评价学生的创造力,并能向学生表明,他们的观点是有价值的。

综合起来看,创造型教师主要有以下两个特点:

一是有较强的创新意识和创造能力。对于创造型教师不能作不切实际的理解,不是要求他去搞发明和申请专利。这里所说的创造力仍属前述的第三层次的创造力,即"自我实现的创造力"。因材施教是创造、教育机智是创造、推陈出新也是创造。教师在教育中的任何新的改革,如教育内容的新的处理、采用新的教学方法和手段、对问题的新的认识和理解等等,都属于创造的范围。

二是能够发现学生的创造性,并予以尊重、鼓励和培养。对于创造型的教师来说,除了自己应当具有较强的创新意识和创造能力以外,更重要的是能够发现学生的创造性,并予以尊重、鼓励和培养。教师应当是儿童创造性的欣赏者、激发者和培养者。有创造性的教师,对于那些个性和独立性较强的学生,往往能看到他们的长处和优点,并给予肯定、引导和发展。

二 创造教育需要宽松的环境

创造教育需要有一个民主自由的心理环境,要求教师消除学生害怕出错、出丑的心理压力。美国教育心理学家 J. M. 索里和 C. W. 特尔福德指出:"'心理的安全''心理的自由'乃是创造的两个条件。"① 我国学者张立文更以充满情感的语言论及自由宽松的环境对于创新的重要意义。他说:"创新需要自由,需要一片任鸟飞的天空,需要一种无拘无束交流对话的氛围,这样才能激活思想的创新灵感,撞起理论思维的创新火花;才能敢于超越前人,才敢于像亚里士多德那样宣布'吾爱吾师,吾更爱

---

① [美] J. M. 索里、C. W. 特尔福德:《教育心理学》,高觉敷等译,人民教育出版社 1982 年版,第 311 页。

真理'，才敢于像牛顿那样站在先圣先哲的巨人肩膀上起步；才敢于怀疑，才敢于问一个为什么，才敢于标新立异。"①

为了创造自由宽松的教育气氛，教师在教育过程中要放弃权威心态，与学生平等地交流，不要求学生必须与自己保持一致。教师在教育中无疑要发表自己的意见和看法，但这绝非是学生学习的唯一标准，不少问题并不只有一种答案或一种表达方式。教师应当尽力避免以自己固有的标准和观点来要求学生，允许甚至鼓励学生发表自己独特的观点和意见，即使这种意见不一定正确。

美国创造学家奥斯本曾提出过一种思维激励方法——智力激励法，实施这种方法要遵循如下原则：（1）禁止批评，也不允许对任何一种意见和设想进行取笑和讥讽，而不论这种意见或设想的价值和可行性如何。这是因为批评常常被认为是对创造性思维，特别是对创造性思维成果萌发的最强的抑制因素。（2）提倡任意自由思考，鼓励进行发散性思维，鼓励提出独创的、新奇的甚至是别出心裁的想法和设想。（3）延迟评价。在教学过程中对任何想法或设想，不论其实现的可能性如何，都不立即进行评价，不作判断性结论。这样做的目的是尽可能减少对发散性思维的抑制。（4）连续不断地进行鼓励，鼓励学生积极思维，精神上充分投入。（5）创设平等的教学气氛。教学的目的是激发每个学生的创造性，只有这样，学生才能没有顾虑和精神负担，从而全身心地参加到教学活动中去。作为教师，他的一个重要任务是努力形成一种尊重创造精神和创造性观念的环境，承认不同意见的价值，欢迎健康的争论。从这些原则可以看出，奥斯本的智力激励法实质上就是倡导创设一种宽松的气氛和环境。

不少研究都表明，我国学生的创造性不够理想。但是应当认识到，我们的学生并非天生缺乏创造性。如果我们放弃过去那种死板僵化的教育模式，那么学生的创造性就会自然地得到表现。新概念作文大赛所取

---

① 张立文：《新人学导论》，广东人民出版社2000年版，第212页。

得的成果也许对我们实施创造教育具有借鉴意义。1999年1月，由《萌芽》杂志和北京大学、复旦大学等7所高校发起并联合主办的"全国首届新概念作文大赛"，针对语文教育中应试训练流行带来的各种问题，打破常规，在初赛中采用一般文学刊物征文的形式，不命题，不限题材、体裁。在复赛时给出三种题目供选择，其中一题是："对展示的咬过一口的苹果展开想象写一篇文章。标题、主题、体裁自定。"绝大多数参赛者选择了这道题，结果如何？用《萌芽》杂志主编的序言标题来说，是"意外的惊喜"，"评委会意外地发现，一旦解开了束缚的绳索，学生们的才华竟如火山爆发般喷薄而出；文章质量之高，简直令人不敢相信这是出自学生之手。"

阅读与思考13-5　夏令营管窥中西教育差异

2005年暑假，记者赴深圳参加了为期一个月的"英美名校英语夏令营"。这个夏令营邀请了来自牛津、剑桥、哈佛、普林斯顿等名校的大学生，来给中国小学生授课。这些大学生的教学活动基本上都是在游戏中进行。记者从中感受到中西教育理念的很大差异。

在讲授表达情绪的单词的课堂上，一位来自剑桥大学的学生让孩子们想象一些生活场景，并把它们画出来，要在画中体现情绪。令人惊讶的是，孩子们几乎异口同声地问道："老师，怎么画才算对呀？您先给我们示范一下好吗？"老师再三强调可以随意画，只要能表达出一定的情绪，诸如快乐、悲伤、苦恼等等。可是依然有不少学生抓耳挠腮，不知如何下手。最后老师不得不手把手地给他们画出范例。我们不禁要问：孩子们的想象力到哪儿去了？他们为什么那么在乎"对错"？

——邓丽娟文，转引自《教育文摘周报》2005年10月5日。

阅读与思考13-6　被扼杀的创造力

一次，我旁听一堂地理公开课。老师把中国地图拿出来问学生，你们看中国地图像什么？有的同学说像公鸡，有的同学说像山羊。

> 当代教育新理念

这是我第一次听人说中国地图像山羊。也是第一次惊讶地发现：真的，中国地图更像一只有胡子的山羊而不是公鸡。我不由得多看了几眼那些说像山羊的同学。

没想到那位地理老师再问那些说像山羊的同学："你们再看看像什么？"同学们依然回答说像山羊。想必那位老师认为在他的公开课上竟然出现这种荒谬的答案是丢他的脸，他恶狠狠地再问："你们再看看真的像山羊吗？"他把"再"字说得震天响。那些同学胆怯地说："像公鸡。"老师提高嗓门再问全班一次"中国地图像什么？"全班齐声回答"像公鸡！"

老师满意地笑了。

——张结海文，转引自《报刊文摘》2005年10月19日。

阅读与思考13-7　令人震惊的小学生试卷

母亲去参加我侄子的家长会，带回了两套侄子的考试试卷，我很好奇，拿过来看了看。看了现在小学生的试卷后，我震惊了！

侄子在市里的某著名小学读书，有这么几道题：一个春天的夜晚，一个久别家乡的人，望着皎洁的月光不禁思念起了故乡，于是吟起了一首诗：（　）（　）。

我看到侄子答的是：举头望明月，低头思故乡。但后面是一个大大的"×"，我就奇怪了，我也是想到的这两句。我好奇地问侄子，这个不对吗？那答案是什么？侄子说，标准答案是：春风又绿江南岸，明月何时照我还。

哎！这就奇怪了，因为是个春天的夜晚，就要用这句有春风的？要是这个思念故乡的人不是江南的，是不可能说出"春风又绿江南岸"这句话的。一个东北人春天思念故乡，会说"春风又绿江南岸"吗？思念故乡，一千个人可以吟一千句不一样的诗，这个也可以有标准答案的吗？

还有个题目：《匆匆》这篇课文，是现代著名作家朱自清先生写的，同学们都很喜欢这篇散文，你能把自己最喜欢、印象最深刻的一句写下来吗？

我侄子写的是：我的日子滴在时间的河流里，没有声音，也没有影子。后面又是一个好大的"×"。

但标准答案竟然是：但是，聪明的，你告诉我，我们的日子为什么一去不复返呢？

这就更奇怪了，一篇文章，你可以喜欢这句，我可以喜欢那句，难道最喜欢的一句话也要统一吗？我觉得这个题目应该是"你能把老师最喜欢、印象最深刻的一句话写下来吗？"才对！

最后有个题目让我彻底崩溃了：请用一句话说明"π"的含义。侄子回答的是：π的含义是圆周率，竟然打的是"×"。问了侄子半天，他也没说明白大概的意思。标准答案是：π是一个在数学及物理学领域普遍存在的数学常数。

我无语了。

——引自《今日文摘》2010年第24期。

阅读与思考13-8　我被"差生"问住了

小于同学在我教的班中算是"差生"了。他非常淘气，上课总是低头做自己的事情，经常不完成作业，成绩也不好。我对他的这种印象一直伴随他两年多，直到他开始接触高中数学。

那是一节高一对数的概念课。由于是第一次接触对数，所以学生们都听得津津有味——除了小于同学，他还是老样子，喜欢在课堂上想自己的事情。

然而，当我讲到自然对数的底数e时，他突然眼睛发亮，眉头紧锁，并缓缓地把手举了起来。他的表现引起了我的注意。我想，关于e这个无理数，我已经讲得很清楚了，他还能有什么问题呢？他不会又要搞什么花样、出什么洋相吧？于是，没等他说话，我就先开口了，"有什么事情课下再说吧。"当时，我正讲在兴头上，而且担心我的内容讲不完，就一直没有给他发言的机会。但那节课我上得并不舒服，他一直紧锁的眉头和失望的眼神深深地触动了我，我是不是想错了？

> 当代教育新理念

下课后，我把他叫到身边，问他在课堂上是不是有什么问题。他胆怯地看了我一眼，不知所措。我鼓励他把问题说出来，并保证不论他说什么我都不批评他。他笑了，怯怯地说："老师，您能再给我讲讲 e 是怎么回事吗？"我一听，心里那个气啊！我强压住怒火，说："你看，你上课没认真听讲吧，我讲过了，e 是个无理数啊，大概是 2.7 多吧。明白了吗？"他还是一脸疑惑，说："我有个问题想了一节课了，您说到 e 时，我想到了 π，π 也是无理数啊，有几何意义，是圆周率，也能在数轴上表示出来，那您能告诉我 e 的几何意义吗？它怎么来的，怎么在数轴上找到它？"

一连串的问题让我目瞪口呆，站在我面前的是大家眼里的那个"差生"吗？原来，在课堂上，他一直在思考，而且思考得如此深入，竟是我从教十几年来从未遇到过、从未想过的问题！我一时被他问住了，被一个"差生"问住了！但我心中的喜悦却无以言表，原来"差生"不差啊！是个喜欢琢磨的好学生呢！我抓住这个机会，拉住他说："问得太好了，老师很高兴你能问出这些问题来。我们一起查查资料，看看怎么解决你的问题。"我们在一起研究、讨论了很长时间。由于涉及极限，他仍旧似懂非懂的，但看得出来，他对数学产生了浓厚的兴趣。

离开时，他很兴奋。我看着他离去的背影，陷入了深深的思考。

多少年来，教师们占据课堂，忽略了学生们的兴趣和需求。我们一方面鼓励学生提问，另一方面又在课堂上不自觉地限制学生提问。小于同学的这一问，让我如梦方醒，我决定要真正把课堂还给学生，并继续关注他。

我以后的数学课堂渐渐活跃起来。每每教授新知，我都留时间给学生提问。我的课堂也因此常常不完整，但我仍旧鼓励学生们多提问。小于同学竟然成了领头人物，他的提问让课堂变得生机勃勃。在他的带动下，学生中涌现出了一批好问的"小学者"，课上课下不停地研究、探讨。就在前不久，小于同学入选了参加全国数学联赛的名单。我们的"差生"通过不断的追问，变成了数学尖子！

这个案例对我的启发很大，它促使我把课堂真正还给学生。在教学时，我时刻观察学生的情绪变化。若发现学生流露出不满足或困惑的眼神，我就留出时间，让他们把问题提出来。此外，我还督促学生设立"问题卡"，把平时学习中产生的问题写在卡上。我经常收集"问题卡"，以及时了解学生掌握知识的情况。这样可使课堂教学的针对性更强一些，对于那些不愿提问的学生也起到了督促作用。

学生做学问，就是要边学边问，只学着怎样去回答教师的问题并不是真正的学习。教学不就是要培养会学习、会思考、会质疑、会创新的学生吗？只有革除传统教学模式的弊端，用全新的教学理念来武装教师，把学生推到"学"的制高点上，我们才能培养出新世纪的创新型人才。

——摘自《中小学管理》2011年第3期。

阅读与思考13-9　美国的创造性教育

女儿上高三的时候，有了一个去美国的机会。以她的成绩，考国内优秀大学是有一定把握的。反复权衡之后，我说明种种利弊，让女儿自己选择，她毫不犹豫地选择"走"。

女儿进入波士顿一所最好的公立中学。我原以为，女儿在美国首先遇到的最大问题是语言，只要语言过关，理科课程有国内的底子，可以"后来者居上"。没学过的课程中，最容易的应该是美国历史，"区区200年历史有多少东西？"

仅仅十几天过去，女儿就发来"紧急求援"邮件，一连十几个惊叹号。老师布置的作业要求：在3到5页纸之间，打印出来，至少用3种资料来源（如网上、书籍等），至少有5句引文。对比以下4人关于黑色美国的观点：布克·华盛顿、杜伯依斯、马丁·路德金、马尔科姆。在你的论文里，应该控制关于他们生命的故事，我不想读传记。但是，需要把每个人介绍一点，还必须纳入贴切的材料在你的论文中。然后，讨论他们关于黑色美国的观点，要把你的想法写进去。还要把你的引文或材料的来源列出来。女儿在邮件中说："那几个人都是黑人，但除了金之外，我都不知道怎么翻译……"

面对这个作业，我深感惭愧。说起来，我对美国历史算得上熟悉，至少读过几十本名家专著，多位美国重头总统的大部头传记，全部总统的历传，还有难以计数的文考。可是，这个中学生的寻常性作业却让我"晕菜"了。什么叫"黑色美国"呀？这时我才体会到，研究必须阅读，而阅读并不等于研究，研究必须写作。以往在阅读时，哪里会想到这些问题呢——其中两人甚至毫无印象。

为了帮女儿适应这种学习，我必须应付这个挑战。在两三天的时间里，我生平第一次开始"研究"美国历史。幸亏关于美国的藏书甚丰，于是疯狂阅读，书房里摆满了一本本夹着许多纸条的美国历史著作、不列颠百科全书和《美国读本》这类原始文献，外加网络搜索。等这4个黑人领袖的资料搜集得差不多时，我开始仔细对比他们的观点和实践，行文时材料取舍颇费踌躇，反复推敲观点，从早上一直写到深夜。此时，女儿在大洋彼岸竟一次借了10本书，也在疯狂阅读。

后来，女儿说"部分"采用了我的观点，但结构对她很有启发："原来论文是这么写啊！"我们忐忑不安地等待着美国老师的"判决"。这对我们父女俩都是第一次！

老师的评语下来了："哇！极好的努力的结果和论文。你的关于这几个人的联系展开得非常好，准确而且读起来非常有意思。好样的！"评分：A。这个评语让我孩子般大叫起来！

我以为这种难度的作业不会太多，可"求援"邮件一个接着一个，每一次都让我先晕半小时。在这些"研究写作"中，我补上了许多知识漏洞，并且这样获得的知识，都在写作中与自己的观点形成了"孪生"关系，难以忘记。女儿不仅没有在美国教育中"减负"，而且经常一夜只睡三四个小时。

女儿赴美只有短短的3个月，但变化却很大。通过电子邮件，我开始领教什么是创造性教育，这比我看过的任何一本书都来得真切。

——摘自《中华家教》2003年第9期。

阅读与思考 13-10　美国课堂

这是一节阅读课，他们学习《灰姑娘》。老师先请一个孩子上台给同学讲《灰姑娘》这个故事。孩子很快讲完了，老师对他表示了感谢，然后开始向全班提问。

老师：如果在午夜12点的时候，辛黛瑞拉没有来得及跳上她的南瓜马车，可能会出现什么情况？

学生：辛黛瑞拉会变成原来脏脏的样子，穿着破旧的衣服。哎呀，那就惨啦。

老师：所以，你们一定要做一个守时的人，不然就可能给自己带来麻烦。好，下一个问题：如果你是辛黛瑞拉的后妈，你会不会阻止辛黛瑞拉去参加王子的舞会？你们一定要诚实哟！

学生：（过了一会儿，有孩子举手回答。）是的，如果我是辛黛瑞拉的后妈，我也会阻止她去参加王子的舞会。

老师：为什么？

学生：因为我爱自己的女儿，我希望自己的女儿当上王后。

老师：我们看到的后妈好像都是不好的人，可是她对自己的孩子却很好。你们明白吗？她们不是坏人，只是她们还不能够像爱自己的孩子一样去爱其他的孩子。下一个问题：辛黛瑞拉的后妈不让她去参加王子的舞会，甚至把门锁起来，她为什么还能够去，而且成为舞会上最美丽的姑娘呢？

学生：因为有仙女帮助她，给她漂亮的衣服，还把南瓜变成马车，把狗和老鼠变成仆人。

老师：如果狗、老鼠都不愿意帮助她，她可能在最后的时刻成功地跑回家吗？

学生：不会，那样她就可以成功地吓倒王子了。（全班大笑）

老师：虽然辛黛瑞拉有仙女帮助她，但是，光有仙女的帮助还不够。所以，孩子们，无论走到哪里，我们都是需要朋友的。我们的朋友不一定是仙女，但是，我们需要他们，我希望你们有很多很多的朋友。下面，请你们想一想，如果辛黛瑞拉因为后妈不愿意她参加舞会就放弃了机会，如果她自己没有强烈的参加舞会的愿望，她可能成为王子的新娘吗？是谁决定她去参加王子的舞会？

学生：她自己。

老师：所以，孩子们，就算辛黛瑞拉没有妈妈爱她，她的后妈不爱她，这也不能够让她不爱自己。如果你们当中有人觉得没有人爱，或者像辛黛瑞拉一样有一个不爱她的后妈，你们要怎么样？

学生：要爱自己！

老师：对，没有一个人可以阻止你爱自己，如果你觉得别人不够爱你，你要加倍地爱自己；如果别人没有给你机会，你应该加倍地给自己机会；如果你们真的爱自己，就会为自己找到自己需要的东西。最后一个问题，这个故事有什么不合理的地方？

学生：（过了好一会。）午夜12点以后所有的东西都要变回原样，可是，辛黛瑞拉的水晶鞋没有变回去。

老师：天哪，你们太棒了！你们看，就是伟大的作家也有出错的时候，所以出错不是什么可怕的事情。我担保，如果你们当中谁将来要当作家，一定比这个作家更棒！你们相信吗？

孩子们一片欢呼声。

——摘自《福建教育》2005年第6期。

三 创造教育要渗透到所有的教育活动中

有些人把创造教育理解为小发明、小创造、小制作活动，看成是社团活动或科技辅导员的事情，与各学科教学无关，与其他教师无关。实际上，学生在日常进行的各种学习活动就应当是创造性的活动。我们应当将创造性渗透于教育的各个方面、贯穿于教育的整个过程之中。当然，由于课堂教学是学校教育的基本形式，因此它也是实施创造教育的主要阵地。

中小学创造教育可以考虑以下方式：（1）以课堂教学为主渠道，通过各学科开展创造性教学来发展学生的创造性。我们可以通过动用一些创造性教学方法，充分挖掘教材本身所蕴含的创造性因素，指导学生进行创造性学习。(2) 通过开展"小制作、小发明、小论文"为主的各种课外科技活动而进行创造教育。(3) 通过开设专门的创造教育课程，使学生受到系统的创造思维和创造技能训练而进行创造教育。

阅读与思考13-11　当前教育最缺"问"

《人民日报》2010年12月24日刊登了原国家总督学柳斌在全国基础教育"未来教育家"论坛上的演讲词。基本观点如下：

展望当今教育现状，分数承载了太多的期望，学习承受了太重的压力，童年背负了太沉的包袱。在不少地方，学习活动常常远离了学习者的现实生活；整齐划一的学习任务，偏离了学习者的兴趣、爱好、自主性以及能力差异；学习活动的要求，常常违背了学习者身心发展的规律。

对于青少年来说，知识当然重要，但最重要的还是思考能力。一个人从无知到有知的过程始于发问，学问学问，就是要学会"问"，学会思考。

我们现在教育模式最大的弊端，不是在学"问"，而是在学"答"。我们聘请了很多老师去设计题库、炮制答案，然后把它拿给学生死记硬背，这有什么意义？只是学"答"，等于只活在别人思考的结果里。"答"得再好，也只能是"青出于蓝"而"止于蓝"，要想"青出于蓝而胜于蓝"，除了学"问"、学"思"之外，没有他法。

一个人、几个人不会思考，可能不会影响全局，如果一代人、一个民族缺乏思考能力，那就只能落后挨打。我们不是要建设创新型国家吗？创新来自哪？就从提问开始，从带领学生开发智慧、培养实践能力和创新精神开始。

——引自《报刊文摘》2010年12月29日。

参考文献

陈鸿莹、张德伟：《国际理解教育——全球化背景下各国教育改革策略》，《比较教育研究》2002 年第 S1 期。

陈其：《高中历史课程改革的进展与思考》，《课程·教材·教法》2000 年第 9 期。

崔欣伟：《学校责任教育论纲》，中国社会科学出版社 2012 年版。

冯永刚：《全纳教育理念及其在我国的实践反思》，《世界教育信息》2006 年第 7 期。

高志敏：《终身教育、终身学习与学习化社会》，华东师范大学出版社 2005 年版。

顾明远、孟繁华主编：《国际教育新理念》，海南出版社 2003 年版。

国际 21 世纪教育委员会：《教育——财富蕴藏其中》，联合国教科文组织总部中文科译，教育科学出版社 1996 年版。

何齐宗：《联合国教科文组织教育文献研究：教育理念的视角》，人民出版社 2020 年版。

何齐宗：《全球视野的国际理解教育理念》，载《教育学研究与反思》，华中师范大学出版社 2011 年版。

何齐宗：《全球视野的环境教育理念》，《江西师范大学学报》（哲学社会科学版）2009 年第 1 期。

何齐宗：《全球视野的教育内容理念》，《江西师范大学学报》（哲学社会科学版）2009 年第 5 期。

何齐宗：《全球视野的全民教育理念》，《教育学术月刊》2008 年第 6 期。

何齐宗：《全球视野的终身教育理念》，《江西师范大学学报》（哲学社会科学版）2008 年第 1 期。

何齐宗：《审美人格教育论》，人民教育出版社 2004 年版。

何齐宗：《终身教育的理论与实践》，科学出版社 2020 年版。

黄志成：《全纳教育——国际教育新思潮》，《中国民族教育》2004 年第 3 期。

黄志成：《试论全纳教育的价值取向》，《外国教育研究》2001 年第 3 期。

黄志成、仲建维：《全纳教育的理据：三个维度的分析》，《外国教育研究》2002 年第 11 期。

贾利帅：《西班牙全纳教育改革与发展》，《中国特殊教育》2019 年第 2 期。

姜英敏：《国际理解教育的发展及其问题》，《中国教育报》2007 年 5 月 5 日。

瞿葆奎主编：《教育学文集·教育目的》，人民教育出版社 1989 年版。

瞿葆奎主编：《教育学文集·课外校外活动》，人民教育出版社 1991 年版。

瞿葆奎主编：《中国教育研究新进展·2001》，华东师范大学出版社 2003 年版。

瞿葆奎主编：《中国教育研究新进展·2004》，华东师范大学出版社 2005 年版。

李金波、包万平：《全纳教育核心理念的嬗变与评析》，《中国电力教育》2008 年第 1 期。

李拉：《"全纳教育"与"融合教育"关系辨析》，《上海教育科研》2011 年第 5 期。

李萍：《日本学校中的公民教育浅议》，《道德与文明》2003 年第 1 期。

联合国教科文组织国际教育委员会：《学会生存——教育世界的今天和明天》，华东师范大学比较教育研究所译，教育科学出版社 1996 年版。

林亚芳：《英国的公民教育》，《江西教育科研》2001 年第 10 期。

林语堂：《生活的艺术》，华艺出版社2001年版。

钱丽霞主编：《教育促进可持续发展——国际研究与实践的趋势》，教育科学出版社2005年版。

乔冰、张德祥：《终身教育论》，辽宁教育出版社1992年版。

冉圣宏等：《环境教育》，教育科学出版社1999年版。

万明钢：《论公民教育》，《教育研究》2003年第9期。

王承绪、赵祥麟编译：《西方现代教育论著选》，人民教育出版社2001年版。

王冠蒽、翟利霞：《韩国国际理解教育推行机构及实践研究》，《延边大学学报》（社会科学版）2021年第6期。

王红：《美国公民教育的目标、内容、途径与方法综述》，《外国教育研究》2004年第3期。

王伟、黄志成：《全纳教育在亚太四国的实践》，《全球教育展望》2005年第11期。

王永强：《欧美发达国家中小学课程改革的特点与启示》，《当代教育论坛》2003年第9期。

吴式颖等编：《马卡连柯教育文集》上卷，人民教育出版社1985年版。

徐辉、王静：《国际理解教育研究》，《西南师范大学学报》（社会科学版）2003年第6期。

杨东平编：《教育：我们有话要说》，中国社会科学出版社1999年版。

于凌珊：《芬兰全纳教育的经验及其启示》，《现代特殊教育》2019年第3期。

余新：《国际理解教育发展的研究》，《外国教育研究》2002年第8期。

岳伟、涂艳国：《我国主体性教育研究30年回顾与展望》，《中国教育学刊》2009年第6期。

岳伟、王晓云：《芬兰可持续发展教育：历史演进、实践特点与启示》，《沈阳师范大学学报》（教育科学版）2023年第1期。

张天宝：《主体性教育》，教育科学出版社2001年版。

章新胜主编：《以科学发展观为指导 推动可持续发展教育——关于中国可持续发展教育项目》，教育科学出版社2006年版。

赵明玉：《自由主义公民教育思想探析》，《外国教育研究》2007年第3期。

赵永东：《高教国际化必须重视国际理解教育》，《教育与现代化》2007年第2期。

赵中建编：《全球教育发展的研究热点——90年代来自联合国教科文组织的报告》，教育科学出版社1999年版。

赵中建主译：《全球教育发展的历史轨迹——联合国教科文组织国际教育大会建议书专集》，教育科学出版社2005年版。

朱小蔓：《全民教育全纳化：教师的准备与行动》，《教育学术月刊》2009年第7期。

朱小蔓、冯秀军：《中国公民教育观发展脉络探析》，《教育研究》2006年第12期。

[巴西] 保罗·弗莱雷：《被压迫者教育学》，顾建新等译，华东师范大学出版社2001年版。

[法] 保罗·朗格朗：《终身教育导论》，滕星等译，华夏出版社1988年版。

[美] 约翰·杜威：《民主主义与教育》，王承绪译，人民教育出版社1990年版。

[日] 小原国芳：《小原国芳教育论著选》下卷，刘剑乔等译，人民教育出版社1993年版。

[苏] B. A. 苏霍姆林斯基：《给教师的建议》，杜殿坤编译，教育科学出版社1984年版。

[伊朗] S. 拉塞克、[罗马尼亚] G. 维迪努：《从现在到2000年教育内容发展的全球展望》，马胜利等译，教育科学出版社1996年版。

John Huckle，Stephen Sterling 主编：《可持续发展教育》，王民等译，中国轻工业出版社2002年版。

后　　记

　　教育理念是人们在长期的教育实践中所形成的对教育的理性认识。任何教育行为背后都隐含着某种教育理念。教育理念对教师的教育活动具有重要的制约作用。它会影响教师对教育意义的认识，影响他们对理想的教育的判断和追求，影响他们对各种日常教育和教学问题的处理。拥有先进的教育理念，不断追求教育理想，这是一个优秀教师的基本标志。

　　作为一个教师，应当不断加强修养，树立先进的教育理念。本书所阐述的教育理念具有较强的理想性，与教育现实有着相当的距离，在教育实践中可能不易达成。但是，教育者不能因此而放弃自己的理想和追求。钱理群先生说得好："教育在一定意义上可以说是一个理想主义的事业，……教师最重要的素质，就是理想主义的精神。办教育的，整天忙于具体的教学业务，有时候也需要跳出来，与教育现实拉开距离，考虑一些大的、远的、玄的问题，做一番遐思与畅想，来一点不着边际的空谈，做一回'理想教育'的梦。说不定真的就打开了思路，梦也就部分地变成了现实，有的梦永远也实现不了，但想一想本身也是很美好的。"希望本书能为教师的理想教育之梦的实现有一定的启示意义。

　　本书第四章由苏兰撰写和修改，其他各章均由本人完成。

　　本书初版于2010年由高等教育出版社出版，是作者负责的国家级一流本科课程《当代教育新理念》使用的教材，曾于2012年荣获江西省普通高等学校优秀教材一等奖。

后 记

  本次修订在内容体系上没有进行大的调整，基本上保持了原书的章节结构，主要是充实和更新了一些内容，同时也删去了少数过时的材料。

  在本书的写作和修订过程中，我们广泛参阅了国内外的有关成果和资料，在引注中尽可能予以注明。在此特别加以说明并向各位作者致以衷心的感谢！

何齐宗识于江西师范大学

2024 年 3 月